Derrida

Deleuze

atour

eau-Ponty

Bakhtin

Benjam

Freud

Barthes

Lat

Latou

Foucault

Luhmann

rdieu

ファッションと哲学

16人の思想家から学ぶファッション論入門

アニエス・ロカモラ＆アネケ・スメリク＝編　蘆田裕史＝監訳
安齋詩歩子、大久保美紀、小林嶺、西條玲奈、関根麻里恵、原山都和丹、平芳裕子、藤嶋陽子、山内朋樹＝共訳

フィルムアート社

Thinking through Fashion:
A Guide to Key Theorists
Agnès Rocamora / Anneke Smelik

THINKING THROUGH FASHION:
A Guide to Key Theorists
by Edited by Agnès Rocamora and Anneke Smelik

Japanese translation published by arrangement with
I.B. Tauris & Co Ltd, London,
through The English Agency (Japan) Ltd.

The original English edition of this book is entitled
"Thinking Through Fashion: A Guide to Key Theorists"
and published by I.B. Tauris & Co Ltd.

凡例

- 原文のイタリック体は傍点で示した。
- 註については、原註を［ ］付の数字で、訳註を［◆］付の数字で示し、各章末にまとめた。
- 引用文中の［ ］は、原著者による補足を表す。また、引用文中の［…］は中略を意味する。
- 文中の〔 〕は訳者による補足説明を表す。ただしそれ以外にも、文意に即して最低限の範囲で語を補う。
- 書籍名、雑誌・新聞名、映画作品は『 』、論文タイトル、コレクション名は「 」、美術作品、商品名称は《 》で示した。
- 訳者が必要と判断した場合は原語を（ ）内に示した。

序章
ファッションを通して考える

アニエス・ロカモラ&アネケ・スメリク
蘆田裕史一訳

思考すること、それは旅することである——ドゥルーズ&ガタリ［1］

1　ファッションを理論化する

現代ムスリムのアイデンティティを定義する上でのヴェールの役割、ファッション雑誌に登場する女性の表象、男性用下着の文化史、ファッションブログの勃興、モダニティの定義に関与するファッションショーとその起源、創造的な経済とアフリカン・ファッションのグローバルな流通……。これらは増大しつつあるファッション研究の論文が扱うトピックのほんの一例である[2]。これらすべてのテクストに共通するのは、ファッションの意味を理解すること、すなわちファッション、衣服、外見の社会的・文化的ダイナミクスをひもとき、理解し、そして分析することへの欲望である。実際、ファッションの領域はいまや社会理論や文化理論において主要な研究トピックとなっており、この複合的な分野を理解するために多くの分析がなされている。ファッションのさまざまなレイヤーへの啓発的な問いかけによって明らかにされてきたのは、消費と生産の実践からアイデンティティの政治学までの重要な社会的・文化的論点を考察する豊富なプラットフォームをファッションが提供することである。

あらゆる文化的なプロセスや体験を通して考えるのと同様に、ファッションを通して考えることは刺激的で挑戦的な訓練である。思想家たちは多くの場合ファッションについて書いているわけではないので、他の文化批評の領域とは異なり、ファッションではさまざまな理論や概念を批評的に扱う能力が重要となる。本書はファッションを通じた思考のプロセスに読者を連れ出すことを目的とする。このことは、社会理論や文化理論がファッション、衣服、物質文化の領域にどのように関係しているか、そして逆にそれらの領域が社会理論や文化理論にどのように関係しているかの双方を理解する手助けとなるだろう。それが可能となるのは、厳選された主要な思想家の著作へと読者を導き、鍵となる概念やアイディアを紹介し、場合によってはそれらが他の著作家たちによってどのようにファッションに適用されてきたかを論じ、このトピックについて考察するための他の方法を検討することによってである。

本書はファッションという語を広い意味で、つまり衣服や外見、スタイルといった意味で用いる。私たちはファッションを物質文化と象徴体系の双方の意味で理解している[3]。ファッションは消費財を生産・販売する商業的な産業であり、モダニティとポストモダニティのダイナミクスと結びついた社会＝文化的な力であり、そして実体を持たない意味体系である。このようにファッションは、個人的および集団的な行為者《エージェント》のみならず、生産、消費、流通、表象の実践を通じて融合するモノと記号からも作られる。ファッション研究は必然的に生産から消費まで、そして意味や記号作用の体系といった広大な領域をカバーするため、研究者はさまざまな分野の多様な方法論や理論を必要とする。このようにして衣服、外見、スタイルの研究は服飾史家や美術史家、そして美術館のキュレーターに支配されていた一方で、人類学や言語学、カルチュラル・スタディーズなどからの注目も浴びていた［4］。とりわけカルチュラル・スタディーズはファッション研究を社会的、文化的、経済的な分野に対する関心へと押し広げるのに有益であった［5］。カルチュラル・スタディーズは本質的に学際的であり、本書で論じられている理論家の多くから影響を受けている。

「ファッション・スタディーズ」という用語はしだいに、歴史学（服飾史を含む）、哲学、社会学、人類学からカルチュラル・スタディーズや女性学、メディア・スタディーズまでのさまざまな学問分野を横断する研究領域に及ぶ、より広い意味でのファッション研究を参照するようになった［6］。それは多様な方法論――ファッションの物質性に着目するオブジェクトベースのアプローチから、グローバリゼーションやポストコロニアリズム、あるいは創造的な産業としての重要な役割といった、無形のダイナミクスや基盤への関心まで――を集めてきた［7］。

ファッション・スタディーズは定義上、学際的な領域である。ファッション・スタディーズの研究者は、たとえば美術史や人類学といった特定の分野を専門としていたとしても、つねに隣接分野にも通じているか、少なくとも目配せをしておく必要がある。本書はファッションを通して考える際に想定されるさまざまなバックグラウンドへと学生や研究者を向かわせるのに役立つ。研究者がファッションのある特定の側面に

――たとえば消費よりも生産に、物質的な衣服の損傷よりもメディアにおける表象などに――着目するとき、その研究を効果的に行い、結果を分析するためには適切な方法論や理論を選ばなければならない。ファッションの文脈における重要な理論家を評価的に紹介することで、本書は読者が関連する理論家にアクセスしやすい概観を提供する。それによって、彼らがより深く、批評的に「ファッションを通して考える」ための手助けが可能となる。

本書の基礎をなす前提は、ファッションを通して考えるためのかけがえのない道具を理論家が与えてくれること、そしてファッションを理解し、分析するためにはそれらの理論が必要不可欠だということである。『コリンズ社会学事典（*Collins Dictionary of Sociology*）』でデイヴィッド・ジャリーとジュリア・ジャリーは理論を「ある種の現象や経験的現実の領域を説明するために提示された、論理的あるいは数学的議論に結びつく仮説や命題の設定」[8]と定義している。ファッションを理論化することは、その論理と現れの理解を進める命題と議論を展開することを意味する。理論が目指すのは、表象、生産、消費というファッションの生成にまつわる多くの実践の解説である[9]。

概念的なレベルの理論は、現実の世界から乖離した抽象的なものであるという非難にさらされてきた。しかしながら、イーグルトンが述べるように、「理論の真のむずかしさが出てくるのはこの種の知的洗練ではなくて、まさにその正反対のものからである。つまり理論がむずかしいのは、自然なものに見えるものを却下し、善意の大人から出されるずるい答えでごまかされるのを拒むことによって私たちが幼年期に戻ることをそれが要求するからである」[10]。換言すれば、ファッションの研究者と学生は先入観や偏見を自身の心から取り除き、ファッションという領域を新鮮な目で見る必要がある。それこそが、ファッションのダイナミクスをより理解するのに理論が役立つ理由である。私たちは理論によって、多くの現れを当然のことだと思いこむことなく、その現れの明白さや自然さを疑問視し、複雑なレイヤーを完全に理解するのに必要な批評的距離を獲得する方法を手にすることができる。たとえばジョアン・エントウィスルはブリュノ・ラトゥールについての章で、ラトゥールの「アクター〔行為者〕」という概念がファッションの生成における非人間の役割を再考する手助けをしてくれることを示している。ミハイル・バフチンについてのフランチェスカ・グラナータの議論では、グロテスクという概念が、慣習から逸脱するようなデザイナーたちの作品を理解する助けとなる。アニェス・ロカモラの議論では、ピエール・ブルデューの「場」の概念を援用することで、創造性が集団的なプロセスであることを私たちに気づかせてくれる。つまり、ファッションのコレクションは、社会から乖離した孤独な個人の精神から生じるのではなく、さまざまな社会的、経済的、文化的諸力の産物なのである。ピーター・マックニールは、二元論に基づいた日常生活についてのゲオルク・ジンメルの理論がファッションの論理を理解するのに役立つと論じる。つまり、人は他の誰かのようでありたいという欲望と、他の誰かと違っていたいという欲望に同時に突き動かされていると言える。言い換えるならば、ファッションは同一化であると同時に差異化でもあるのだ。

理論はまた、ある主題の分析と解釈における概念への細心の注意やその運用能力とも関わる。チャールズ・ライト・ミルズが指摘するように、「「理論」とは、なにより、用いている諸々の単語、特にその一般性や、相互の論理的関係にしっかり注意を払うためのものである」[11]。事実、「専門用語」[12]は理論の実践に巻き込まれるものである。これらは、ある理論的枠組みが属し、そして関与する分野の専門用語である。本書が焦点をあわせるのは社会理論や文化理論であるが、それは、社会科学や人文学——史学、哲学、社会学、人類学、カルチュラル・スタディーズやメディア・スタディーズなど――の思想家の著作を特徴づけるものである。

分野間の境界は必ずしも明瞭なものではないし、二つ以上の分野をまたぐ思想家の著作も少なくない。たとえばミシェル・フーコーは、しばしば歴史家として言及されることもあれば、哲学者として言及されることもある。ピエール・ブルデューはそのキャリアの初期においては民族誌学を専門としていたが、後に社会学の領域で確固たる地位を築く。そしてその双方の分野が彼の思想の基礎をなしている。それゆえ理論の実践は、多様な「姉妹」分野や付随する概念と関連することが珍しくない。本書で取りあげる思想家はみな、他者の理論、思想、概念や議論と関わりをもち、対話にのぞんでいる。それは、自身の立場を支えるためでもあり、ある現象の理解を深めるためでもある。理論化は他との関わりを持たずしてなされることはない。理論化は唐突な議論の構築ではなく、既存の著作や理論との批評的な対話のなかでこそなされる。それは「私たちの世界について考えるための新しい道具を提供するため」[13]なのだ。ミシェル・ド・セルトーは次のように述べる。「白いページというフィクションがあるにもかかわらず、私たちはかならず書かれたもののうえに書いているのだから」[14]と。

マット・ヒルズが指摘するように、これこそ理論が「広大な間テクスト性の織物を指さし、読者が今まさに読んでいるものを越えた一連のテクストへとつねに差し向ける」[15]理由である。この織物は空間を越えて広がるだけでなく――理論家たちを見つけることのできる多くの書籍や学術誌におけるように――、時間もこえていく。たとえばカール・マルクスの著作は一九世紀に展開されたものだが、ピエール・ブルデュー やジャン・ボードリヤール――彼の初期の著作はミシェル・フーコーを引用してもいたが、その後距離を取るようになった——といった後世の思想家の著作に影響を与えている[16]。ミハイル・バフチンの著作はジル・ドゥルーズの著作に影響を与えてきたし、ジュディス・バトラーの思想は言説と真実についてのフーコーの理論や精神分析の恩恵を受けている。過去の思想家の理論と概念は著作のなかで生き続けているのだ。

本書は歴史的主題として各々の思想家の思想をめぐるものであるため、思想家をわかりやすく生年順に並べている。時間を単線的に展開すると、過去、そして理論や概念の文脈と起源を把握しやすくなるが、理論の実践において過去と現在はつねに交わるという考えを捉え損ねてしまう。したがって本書の執筆者は、個々の理論を彼らの時代における歴史的主題として紹介する一方で、思想の交配を強調してもいる。本書はそれゆえ、歴史によって切り離された思想家たちが知的に近しいことを強調するが、それは次節で理論が束になって展開していることを私たちに教えてくれるアプローチでもある。

思想家たちは同じ時代に生きていたとしても、名声と評価については異なるタイムラインをたどっているかもしれない。一部の思想家が年長の思想家よりもはやく名を知られ、認められるうることを肝に銘じておかねばならない。また、思想家が著作を書いた時代と、その著作が他の研究者、そして他言語からの注目を受ける時代とには食い違いがあるかもしれない。たとえば、ミハイル・バフチンの著作は一九三〇～四〇年代にロシアで執筆されたが、西欧で注目されたのは一九六〇年代のことだった。他にもフーコーやデリダのようなフランスのポスト構造主義の思想家の著作はアメリカの学者の翻訳を通じて有名になった例がある。こうした現象は「大西洋横断結合」あるいは「切断」[17]、「移動する理論」[18]などと呼ばれてもきた。理論的な著作は異なる時期に異なる国で生まれ、そして受容されうるが、それは思想の流行、翻訳能力や社会的文化的影響による。それは、生年による単線的な順序に沿って並べられた、非同時性の順序である。次節でのテマティックな議論によって、思想家の活動時期が離れていたとしても、その理論や思想と、それらの活用が互いを近づけることが示されるだろう。

キャロライン・エヴァンズがヴァルター・ベンヤミンを引きながら指摘する通り、歴史的な時代は「過去から現在へとなめらかに流れるものではなく、転回と回帰の複雑なリレーである。そこでは、現在を注入することで過去が作動されるのである」[19]。これは理論についても同様に真実である。そこでは歴史的時代と同様、「新しさと古さが相互浸透する」[20]。したがって、読者は本書を始めから終わりまで順に読もうとするかもしれないが、どの章から始めてもらっても、あるいは章をとばしながら――マルクスからボードリヤールへ、フロイトからバトラーへと――読んでも構わない。「転回と回帰」は読者が本書の全体を進むにつれて明らかとなるだろう。そこにおいて理論は、時間と空間、そしてさまざまな思想家の著作の装いのなかにつもった堆積物を越えて流れる思想と概念の布置として提示されている。

一章を一人の思想家にあてるという教科書的な編集の目的は、それぞれの思想家の思想と、ファッション、衣服、物質文化の領域を理解する上で彼らの思想に意義があること、そして彼らのアイディアと上述の領域が批判的に関与していることを理解することにある。私たちは編者として、どのようなコレクションも選別のプロセス、つまり排除と包摂という行為を伴うことにきわめて意識的である。このコレクションは包括的であることよりも選択的であろうとしている。私たちはおもに、その概念や思想が西洋近代の社会理論や文化理論の中心にあって、ファッションを通して考えるために有益だと考えられる思想家を取りあげることにした。本書が紹介する理論は、難しくも刺激的な「ファッションを通して考える」作業を行うために必須だと現時点で私たちが考えるものである。

本書で取りあげた思想家はみな、西洋の伝統的な思考と科学の産物であり、それは西洋のモダニティと結びついている。一七、八世紀以降、とりわけ一九世紀の産業革命の安定化とともに、新たな社会的、文化的、経済的発展がこの世界の新しい理論をもたらした。マルクスやジンメルのような思想家は、社会に作用する変化を解明しようとし、移り変わる存在様態を理解するのに役立つ理論を展開させた。ファッションは幾人かの思想家が取り組んだ主題のひとつであり、たとえばジンメルは論文一本を流行にあてている[21]。というのも、西洋ではファッションがモダニティのひとつのパラダイムとしてみなされるからである。フランスの詩人であるボードレールがモダニティを「一時的なもの、うつろいやすいもの、偶発的なもの」[22]だと述べたことは有名であるが、この定義はファッションにもひとしくあてはまる。実際、彼はモダニティの完全なる表出をファッションに見ていた[23]。

ファッションは西洋近代の典型だとみなされてきたが、それは西洋世界だけの領分であるというわけではない[24]。そこには実に複合的なモダニティの共存があり[25]、プレ＝モダニティ、非モダニティ、モダニティ、ポストモダニティという、当然だと思われている時系列と地理的な刻印が、さまざまな学者によって問題にされている[26]。それは世界全体だけでなく、植民地と本国の中心のなかでの異なる近代化の方法の共存を指し示すためである。たとえばエリザベス・ウィルソン[27]はヨーロッパにおけるファッションの不均等な搾取について論じている。

西洋のモダニティの問題を思考の中心としている西洋の思想家と、そこに起因するファッションに焦点をあわせたために、本書が扱うのはほぼ西洋のファッションとなった。同様に、本書に寄稿しているほとんどのファッション研究者の知識と見解は、西洋世界の消費と生産としてのファッションの研究を基盤にしている。彼らのほとんどは英米あるいは西洋の制度に基づき、英語を母国語としているため、本書が西洋視点に偏ってしまうかもしれない。英語を解する読者に向けて英語で書かれ、他言語で提出された原稿を翻訳する必要もないという事実は確実に地理的な制限をもってしまう[28]。それゆえ本書に続いて、西洋のモダニティの枠組みに縛られないファッションと思考体系を明らかにする書籍があらわれることを私たちは願っている。

束になって展開する理論

考えること――理論を展開し、検証し、評価すること――はある文脈のなかで生じる行為である。すでに延べたように、理論化はひとりで行うことはできない。次節では、鍵となる理論家をより広い文脈のなかに位置づけるが、彼らの思考はそこであらわれ、循環する。社会理論や文化理論において、たとえばマルクス主義やフェミニズム、あるいは構造主義のように、時代や分野をこえてさまざまな思想家を結びつける学派や運動などの集団について語るのは当然のことである。カルチュラル・スタディーズがファッション・スタディーズという新興の分野にとって決定的な枠組みだとみなされるため[29]、私たちはこの特別見晴らしのよい地点から理論の展開をたどる。カルチュラル・スタディーズは広範囲の学術分野を包含しながら、批評理論や文化理論、そして大部分は言語理論によって形成されたのである[30]。

言語論的転回

私たちのマッピングの演習の出発点はロラン・バルトである。彼は構造言語学をポピュラーカルチャーに取り入れた、つまりフェルディナン・ド・ソシュールの記号論に関する構造主義的思想[31]をさらに展開させた最初の理論家である。記号は意味を伝えるための最小要素で、意味伝達の素材であるシニフィアンと参照がなされる内容であるシニフィエから構成される。ソシュールの記号論はシニフィアンとシニフィエのあいだの二項対立を維持するだけでなく、両者のあいだの恣意的な関係を強調しもする。単語の音や文字と、それが表す対象のあいだには本質的な関係はない（より詳しい説明はバルトとボードリヤールの章を参照のこと）。恣意性への着目はテクスト——あるいはイメージ、音楽、一着の衣服——を慣習として、つまり自然やそれに結びついた本質的な意味なしに人間が作り出した構造を理解するために有効であった。

こうした転回は、いわゆる「言語論的転回」と密接に結びついている。この用語は、アメリカの哲学者リチャード・ローティが考案した[32]。ローティは、言語学、記号論、修辞学、そしてテクスト性の他のモデルが現代美術や現代文化についての批評的省察にとってもっとも重要な枠組みになった西洋の思考体系におけるパラダイムシフトを特徴づけるのが言語論的転回だと主張する。記号論についてのソシュールの著作は、あらゆる体系の「文法」の構造主義的分析の展開に役立つ。初めてそれをファッションに適用したのがバルトの『モードの体系』[33]であり、ポピュラーカルチャーのあらゆる種類の表現にりうまく適用したのが『神話作用』[34]である。言語論的転回は、食べ物、CM、衣服、映画、小説などあらゆる種類の記号体系の記号論的読解の成功の始まりを告げる。そのなかには人類学者レヴィ＝ストロースの神話についての著作、ファッションについてのバルトの初期の著作、クリスチャン・メッツの映画についての著作などがある[35]。

意味にとってパラダイムとなるのは言語であるという見解は、構造主義やポスト構造主義にとって中心的なものとなった。それはちょうど、ロラン・バルト、ジャン・ボードリヤール、ジャック・デリダ、ミシェル・フーコーといった、本書で論じられている一九六〇年代から一九七〇年代にかけてのフランスの思想家によっておもに展開されてきた。ミハイル・バフチンはときおり彼らの先駆けとして称賛される一方で、ジュディス・バトラーの著作もまたそうした伝統のなかに位置づけられてもいる。逆に、ジル・ドゥルーズのようなポスト構造主義のフランスの思想家はむしろ言語の中心性という考えに対抗している。言語論的転回の思想家は、言語の文法がひとつの構造であるのと同じ仕方で記号体系が構築されると主張した。バルトが衣服の「文法」を[36]、メッツが映画の「文法」を探求する[37]一方で、ミシェル・フーコーは権力と真理の関係を分析する方法として「言説《ディスクール》」という概念を発展させた[38]。ジャック・ラカンの精神分析理論によれば、無意識でさえ言語のように構築されるという[39]。

言語論的転回は、おもにテクスト性に着目している。しかしながら、イメージ、音楽、建築、あるいはもちろんファッションへと向けられたテクストをこえた広がりを見せてもいる。記号論はいまやあらゆる意味作用の実践、つまりレイモンド・ウィリアムズの有名な言葉である「生活の仕方全体」に適用され[40]、こうしたアプローチはポピュラーカルチャー研究のまったく新しい領域を切り開くこととなった。バルトが『神話作用』で示したように、イタリアのパスタの広告、グレタ・ガルボや新しいシトロエンのグラマラスな写真は、意味が符号化（encode）され、そして解読（decode）されうる場だと言える[41]。ポピュラーカルチャーにはこれまでほとんど議論されることのなかった複雑さが認められるのだ。バルトの試みは、高級文化のみならず大衆文化をも分析しようとする点において新しく、それゆえ両者のあいだの厳密な境界をゆるがすこととなる。実際、これはカルチュラル・スタディーズのおもな特徴のひとつである[42]。

ポスト構造主義のポリティクス

構造主義はポスト構造主義へと流れついたが、その変化の年代を定めることも難しければ、二つの思想のあいだに明確な境界線を引くことさえも難しい。ロラン・バルトは両方の思考方法をまたぎ、『モードの体系』ではより構造主義的で、『テクストの快楽』や『恋愛のディスクール』では完全にポスト構造主義的であった[43]。

ポスト構造主義は言語中心的思考を受け入れたが、主体の安定的地位、二元論的構造、普遍的真理という考えを拒絶した[44]。たとえばジャック・デリダの脱構築主義は、言語と意味が本質的に不定であり、永遠に先送りされ、変化し続けると論じた[45]。ジャン＝フランソワ・リオタールは「大きな物語《ナラティヴ》」の終焉を予見し、イデオロギーはもはや威厳をもって真理を主張することも解放の未来を約束することもできないと述べた[46]。物語《ナラティヴ》はいまだ「大きな」物語《ストーリー》の総合や統一化を提示することができるが、私たちはもはやその真理を受け入れることができない。バルトとフーコーがともに「作者の死」を主張し、意味の権威の中心としての作者の終焉を示したのは、読者のさまざまな快楽に席をあけるためであった[47]。大きな物語《ナラティヴ》における信仰の終焉と作者の死は、それまで抑圧され、周縁化されていた、一九六〇年代以降の個々の物語《ストーリー》を正当化する多くの集団の発展と軌を一にする。その集団とは、若者、黒人、女性、同性愛者、ポストコロニアル的な集団、そしてそのあいだを越境する多くの人々のことである［48］。結果として、人々は「部分的真実」の断片化された「小さな」物語《ストーリー》やダナ・ハラウェイが言うところの「状況におかれた知」［49］に関心を抱くようになった。マイノリティの集団の確かな声のための方法を見つける機会——見方によれば困難とも言えるが——は、「非西洋の」デザイナーたちが文化的真正性という概念に関して自らが商品化されていると気づくような、今日のファッション業界に現れつつある市場とも関わる［50］。

ポスト構造主義は、パリから世界に広がった一九六八年五月の左翼による革命によって知られることとなった。記号論のように言語に触発された理論はマルクスとフロイトのラディカルな再読を通して発展した。マルクス主義と精神分析の組み合わせはすでにベンヤミン、ホルクハイマー、アドルノといった一九四〇年代、五〇年代のフランクフルト学派の思想家たちに影響を与えてきたが、これが一九六八年以降に再び起こったのだ。多くのフランスの思想家が共産主義の独裁体制からは距離をとっていたとはいえ（時間的な隔たりはあるが）、マルクス主義に着想を得たことを知るのは重要である。イギリスのバーミンガム学派のカルチュラル・スタディーズも同じく左翼に端を発するもので、大衆文化の分析における階級問題に強く焦点をあわせた［51］。ポスト構造主義的なプロジェクトは「資本主義の文化的論理」（フレドリック・ジェイムソンの一九九一年の著作の有名なサブタイトルからの引用）を理解するために、政治によって導かれ、ブルジョワの支配からセクシュアリティを解放しもした。マルクス主義と精神分析という記号論の特定の組み合わせもまた、大衆文化の支配的な意味とイデオロギーの問題に取り組むのに役立った。

精神分析への新たな注目はおもにラカンによるフロイトのラディカルな再読［52］に触発されたものであり、それは自律的な、自己を認識する主体としての個人という概念に終止符を打つこととなった。一〇〇年前にマルクスは人間が自己決定する個体だという見解を批判し、その代わりに労働と資本の力によって生産されると論じた[53]。主体は合理的な意志よりも無意識の欲望に支配されているとフロイトは語った[54]。ラカンはそれをさらに推し進め、主体は生を受けたときからつねにすでに分裂していると主張した[55]。

このことはいくぶん否定的な定式化に聞こえるかもしれないが、マルクス主義的・精神分析的な思想は、神や自然、偶然によって生を受ける固定的で不変の本質というよりもむしろ、柔軟でダイナミックなアイデンティティという新たな概念を切り開いた。アイデンティティが社会的に構築されるなら、つまり個人と社会とのあいだ、自然と文化のあいだの複雑な交渉プロセスにおいて「作られた」何ものかだとするなら、それを変えることも変形させることもできる。このことによってラディカルな変化を求める、政治に通じたアプローチが可能となる。なかでも注目すべきはフェミニズム、黒人、ポストコロニアルに関する研究である[56]。さらには、大衆文化における欲望の試練への強い関心[57]、ブルジョワやヘテロセクシュアルのセクシュアリティの規範への批判[58]が生み出された。こうしてイデオロギーの概念はすぐさま、階級意識よりはるかに多くのものを包含し、「人種」やエスニシティ、ジェンダーやセクシュアリティまでをも含むようになった[59]。アイデンティティは本質的な核を持たずしてますます流動的でフレキシブルだとみなされるようになった[60]。これについては本書のジル・ドゥルーズとジュディス・バトラーについての章で扱われている。

ポスト構造主義の理論は社会科学と人文学にとって大きなインパクトがあり、多くの研究領域、つまりジェンダー・スタディーズ、ポストコロニアル・スタディーズ、カルチュラル・スタディーズ、メディア・スタディーズ、そして——ためらいがちに言うが——ファッション・スタディーズにおいて熱狂的な反応を得た。ジル・リポヴェツキーが述べたような、アイデンティティはいまや「流動的な人格と趣味」の問題であるという考えは、私たちのアイデンティティを構築する手段としての装いや着衣の重要性を切り開く[61]。モダニティの断片化と変化する構造の結果として、リポヴェツキーは次のように論じた。曰く、現代社会においては、モダニティの大きな物語がファッションと消費の論理――それはボードリヤールも関わった概念である――によって置き換えられてきた、と[62]。流動性と柔軟性によって特徴づけられるものとしてのアイデンティティというポスト構造主義的概念は、ファッションのダイナミクスによって強化されるが、それによって個人が絶えず自身のアイデンティティを新しく定義づけることが可能となる。フレッド・デイヴィスも論じるように、現代ファッションの意味は「圧倒的でないにせよ、最高の曖昧さ」によって特徴づけられる[63]。デイヴィスやリポヴェツキーのようなファッションの理論家の多くは、ファッションの曖昧さと流動性を称賛しているが、社会学者のジグムント・バウマンはポストモダン文化の「液状性」に対してより批判的である。彼は「アイデンティティのほとんどすべてが一過性的、非固定的であること」を非難する[64]。バウマンはとりわけ、ファッションの社会＝文化的な権力構造のなかでアイデンティティを形成する際に消費が果たす重要な役割――バーバラ・クルーガーの有名な美術作品《我買い物す、ゆえに我あり（I shop, therefore I am）》とたいした違いのない――に懐疑的であった。こうしてポストモダンの条件は、その柔軟なアイデンティティと自由で流動的なシニフィアン――とりわけファッションが遊ぶのに長けたゲーム――のために祝福されることも批判されることもあった[65]。

古い唯物論と新しい唯物論

リチャード・ローティにとって言語論的転回は西洋哲学におけるパラダイムシフトを意味した。それほどの転回はきわめて稀であり、ローティによると西洋哲学の歴史においてそのような劇的な転回が起きたのはたったの三度しかない[66]。つまり、古代哲学と中世哲学におけるモノから一七世紀ないし一九世紀までの観念、そして二〇世紀の言語への転回である。しかしながら、私たちがいま生きている時代では、読書が追いつかないほど次々に転回が起きている。すなわち、視覚論的転回、経験論的転回、空間論的転回、文化論的転回、遂行論的転回、情動論的転回、物質論的転回などである。これはたんに「転回」なる用語が大きなインフレーションを経験していることを意味するだけではなく、私たちが早い変化の時代、すなわちいまだ明確に定義されていないポストモダニズム以降の時代に生き、そして思考をめぐらせていることを意味している[67]。

言語論的転回の問題は、それが言語をあまりにも強調しすぎていることにある。この観点はファッション・スタディーズにおいて指摘されてきた。たとえばジョアン・エントウィスルは、構造主義とポスト構造主義が「身体性や個人という観念は完全に排除され、経験や行為者についての説明は与えられない」と論じている[68]。エントウィスルをはじめとするファッションの研究者たちは、テクスト性と記号論の支配的な枠組みを振り払いながら異なる思想の流派に協力を求める。それは、本書で取りあげられているジンメル、ゴフマン、ブルデュー、そしてラトゥールといった社会学的なアプローチを取る思想家たちである。違いはあれども、そうした社会学的アプローチによって、私たちはファッションを意味体系としてだけでなく、集団的に共有される社会空間において起こる身体化された実践として理解することが可能となる。

　ここにおいて私たちは新たな、いやむしろ復活した物質性の概念に言及することになる。それは「新しい唯物論」あるいは「物質論的転回」として紹介されている[69]。これらの著者は、ポスト構造主義者の言語に対する注目は物質そのもの、そして対象や世界の物質性を無視してきたと主張する。バーバラ・ボルトはファッションを含む芸術に対する物質論的転回の関連性を強調する。というのも、「物質性そのものがテクスト的なもの、言語的なもの、そして言説的なものへと消失していく」[70]からである。ビル・ブラウンが述べるように、これは芸術やファッションにおいてのみあてはまるのではなく、記号を通じてのみならず物質的にも構築され、媒介される私たちの身体やアイデンティティにとってもあてはまることである[71]。問題となるのはアイデンティティであり、アイデンティティは物質なのである（Identity 'matters'）。

　物質論的転回は、実践、身体化、経験のようなファッション・スタディーズと大いに関係する論点を再び開く。私たちの行為主体性《エージェンシー》は物質的なモノや対象――たとえば衣服のような――を通じて生じる。アルジュン・アパデュライが論じたように、人々の対象との関係性は社会的文化的に依存しており、そのことは同様にしてモノ自体が社会的生をもつことを示唆する[72]。私たちは、それを通じて対象が意味を持つようになる（あるいはならない）ような社会システムや対象との関係を媒介する。不安を和らげるチョコレートバーであれ、失恋を思い出させる歌であれ、私たちがセクシーだと思うドレスであれ、対象との感情的な関係から、私たちはアイデンティティが物質文化のなかで機能することを痛感している。食べ物も音楽も衣服も価値をもつ。もちろん、資本主義が進んだ社会において、価値はつねに金銭的なものであるが、カール・マルクスが『資本論』で示したように、価値はたいてい物質的なモノに対する私たちの情動的な関係のための余剰な価値である[73]。物質や対象は内在的な社会的性質をもつ。「モノ（stuff）」――ダニエル・ミラーの著作のタイトルである――はたんに存在するのではなく、つねに社会的な相互作用によってある価値へと変容する。つまり、「我買い物す、ゆえに我あり」である。物質性に重きをおくことはそれゆえ、物質を象徴的なものとして理解することを妨げる。むしろ、それは物質と象徴的なもののあいだの絶えざる交渉があることを表している。

新しい唯物論は「新しさ」を主張する。そのことはテクストとテクスト性への注目が支配的であった数十年の後に、物質と物質性が再び注目されているという意味である。だが、唯物論は長く名誉ある系譜をもち、実際いくつもの起源や学問分野に影響されてきた[74]。これらの理論が完全に分かたれていると理解してはならない。なぜならこれらの理論家の多くが互いに影響やきっかけを与えたりしているからである。第一に挙げられるのは生産と労働の実践に着目したカール・マルクスの史的唯物論であり、これについては本書のマルクスの章で詳しく論じられる。第二に、マルクス主義はソースタイン・ヴェブレンやゲオルク・ジンメルの著作に見られるような、モノの文化への社会学的アプローチに影響を与えてきた[75]。マルクス主義者のヴァルター・ベンヤミンは生産と労働の歴史が流通と消費、したがって「魅了、不安、願望」にいかに密接に関連しているかを理解してきた[76]。第三に、学問領域として見ると、社会学的研究は文化人類学に密接に関連している。それは、中心となるトピックが「対象の存在そのもの」だからである[77]。第四に、ブリュノ・ラトゥールのアクターネットワークセオリー（ANT）は、ある種の行為主体性《エージェンシー》を非人間のアクターに帰する。そのことによって人間と非人間のアクターの集まりとモノの行為主体性《エージェンシー》について考えることができるようになる。第五に、モーリス・メルロ＝ポンティの現象学は人間の身体の物質性に着目し、彼が「世界内身体」と呼ぶ経験を探求した[78]。第六に、唯物論的フェミニズムの一派は人間の身体の物質性とジェンダー化された自然について再考している[79]。そして最後に、ジル・ドゥルーズとフェリックス・ガタリは一方で肉体の唯物論を喚起して身体を知的な問題として考察し、他方で理性という超越論的な概念を拒絶する一種の経験論をもたらす[80]。これら二つの束の集合体が、批判と創造性を結びつける生きた唯物論を生み出すこととなる。

これらの理論家の多くが本書で議論されているという事実は、ファッション・スタディーズにとって唯物論が重要であることを示唆する。ファッションは意味作用の体系であるだけでなく、商品を生産し、販売する商業的な産業でもある。ファッションが物質的な対象からなり、着衣という身体的実践を伴うことは、ひょっとしたら他の文化の領域よりも顕著なのかもしれない。ファッションの研究者はこの事実を忘れてきた。人類学的なパースペクティヴは衣服を対象とみなし、あるいは着衣の実践において重要だとみなしてきた[81]。ダニエル・ミラーは物質文化の特異性を帯びるバランス理論に賛同した[82]。民族誌的研究は人々が何を着るのか、なぜ着るのかを理解するための重要な方法論である[83]。エントウィスルは身体化された衣服の実践を真剣にとらえる、経験論的な社会学に取り組んできた[84]。これらの多様なアプローチはつねに、ファッション・スタディーズにとって不可欠な方法論でありつづけてきたので、「新しい唯物論」の新規性の主張はいくぶん風変わりなように思われる。その意味では、「更新された(renewed)唯物論」と呼んだ方がよいかもしれない。

ファッション・スタディーズはさまざまな理論の束をまとめあげているという点で独特であり、そこでは言語論的転回の極がファッションの物質性そのもの——生産様式だけでなく、テキスタイルやワードローブのなかの衣服、あるいは私たちが身に着ける衣服——への必然的な注目によって抑制されてきた。ビル・ブラウンが巧みに論じたように、「いまや文化それ自体がテクストとしてではなく、テキスタイルとして現れつつある」[85]のだ。本書では幅広い理論家たちがファッション・スタディーズの分野の大家ならびに新進の研究者によって注意深く選び出され、論じられている。執筆者たち自身が思想家をめぐる議論を行い、読者の新たな知的冒険を切り開いている。それどころか、本書はファッション・スタディーズの領域に特有のダイナミズム、そしてそれが社会理論や文化理論を通して思考することに寄与していることを明らかにする。思想家たちの強みと弱みについて熟考することのできる新たな領域を導入する本書には、ファッション・スタディーズを学ぶ学生や研究者のみならず、ファッションにあまりなじみのない社会理論や文化理論の専門家たちにも計り知れない価値がある。

おそらく私たちはファッションを研究することの快楽を喚起することで、思想家と理論の短いマッピングを行って終わるべきだろう。理論はたいてい抽象的で意味がわかりづらかったり、必要以上に難解だったりする。ダニエル・ミラーが語るように、ファッションを学ぶことは「細部、すなわち触り心地や色彩、ドレープに耽溺することを楽しむのと同義である。衣服の研究は冷たくあってはいけない。触覚、感情、感情の親密な世界をかきたてるものであるべきだ」[86]。本書で取りあげる理論は私たちをファッションの研究に没頭させようと誘い出すものであり、それを通じて読者が道を見つけ出せることを私たちは願っている。究極的には、ファッションは単なる娯楽ではなく、重要な問題＝物質なのだから。

2　主要理論家たちの概要

第一章　カール・マルクス（一八一八－一八八三）

本書はカール・マルクスの独創的な資本主義批判――これは暗黙のうちにファッションの批判的研究を下支えしている――についての議論からはじまる。アンソニー・サリヴァンはファッションを文化的、社会的に理解するためにマルクスが与えてくれる豊富な理論的源泉から出発する。マルクスは『共産党宣言』において資本主義を変化、矛盾、陳腐化が継続性、安定性、そして伝統に勝る社会だと鮮やかに特徴づけた。その特徴こそが、マルクスの有名な言葉を引用すれば「あらゆる堅牢なものが溶けて霧散する」ような環境のなかにファッションの出現を位置づける。この章は、資本主義的な「生産様式」のなかでいかに「類的存在」が私たちの労働とその生産物から「疎外される」かを説明する。その結果、私たちと他者、私たちと自然との関係が対象化されることとなる。ファッションの生産についての既存文献や、心理学の影響を受けて一九四〇～五〇年代のドイツに現れたフランクフルト学派の否定弁証法はマルクス主義的なアプローチによって特徴づけられる。サリヴァンは意識的な物質変換としての人類文化への独特のアプローチがこれまで看過されてきたと主張する。マルクスは「衣服は着られたときにはじめて衣服となる」と述べることで、ファッションへの物質文化的アプローチを先取りする。今日のファッションへのマルクスの具体的な適用について議論することで本章は次のことを示す。すなわち、マルクスの著作によって、ファッションはどのようにして、そしてなぜ、力強くあると同時に矛盾するものであり続けるのかが理解可能となることを。マルクスの「商品の物神崇拝」の分析がなければ、魔術的で寓話的なトーテムとしてのファッションの対象――衣服であれ、バッグであれ、靴であれ――の神秘化と再現＝表象は不可解なものであり続けるだろう。本章は、ブランド化されたファッション、エシカルファッション、スローファッションについて、ポスト・マルクス主義の一側面に着目しながらマルクスの著作の強度と限界を説明することで結論を導き出す。

第二章　ジークムント・フロイト（一八五六－一九三九）

ジャニス・ミラーはジークムント・フロイトの思想を研究し、それがファッションや衣服の分析に役立ちうるかどうかを問うている。彼女が見ているのは、フロイトが精神分析と名づけ、一九世紀において精神疾患を治療するために発展させた臨床技術の思想である。精神分析という概念の枠組みは、フロイト自身と、フロイト派の精神分析家であるジャック・ラカンによって推し進められたように、文化の分析にも適用されうる。本章では「フェティシズム」や「まなざし」といった精神分析の概念がファッションの研究者によってどのように使われてきたかを論じるものである。しかしながら重要なことは、ミラーが関心を抱くのは、たんにファッションや衣服の文化的意義を理解するメカニズムとして精神分析の概念がどのように受け入れられたかだけではなく、なぜそれ以外が無視されてきたかもである。本章の目的は、ファッション研究に対するさまざまな精神分析の概念の可能性を評価することにある。最終的にミラーは、ファッション・スタディーズは社会的・文化的読解を好むように思われるが、精神分析はこの分野において世間に流布しがちな枠組みを更新する潜在力を持つと論じる。

第三章　ゲオルク・ジンメル（一八五八―一九一八）

人生のほとんどすべてをベルリンで過ごしたゲオルク・ジンメルにとって、この素晴らしいヨーロッパの世紀末の都市で成熟したことによって彼という人物が形成された事実は拭い去ることのできないものであった。ピーター・マックニールが示すように、社会形式に対するジンメルのアプローチはファッションを理解するためのモデルを生み出す大きな役割を果たした。彼はとりわけ一九一〇年代以降のアメリカにおいて影響力が大きく――そして一九五〇年代と一九八〇年代にリバイバルを見せた――、今日の国際的なファッション・スタディーズのさまざまな動向とも共鳴し続けている。同時代の社会の対象や細部において見られる果てなき差別化というジンメルの分析は、ロラン・バルトに代表される後世の日常生活の理論家の基礎を築いた。ジンメルはまた、北米での「日常生活の社会学」、「エスノメソドロジー」の社会学、そして社会心理学の展開に影響を与えた。ジンメルのファッションへのアプローチは彼のモダニティの理解に強く根づいたもので、方法論や分野を問わずファッションを論じる偉大な著述家たちに影響を与えてきた。マックニールによれば、ジンメルの執筆スタイルは、絵画や音楽の「印象主義」や「象徴主義」に類似している。実のところ彼は、マルクス主義哲学者のジェルジ・ルカーチに「哲学的なモネ」と呼ばれていた。

第四章　ヴァルター・ベンヤミン（一八九二―一九四〇）

アダム・ゲッツィ&ヴィッキ・カラミナスは、ファッション・スタディーズにおけるヴァルター・ベンヤミンの影響は『パサージュ論』において練り上げられた彼のファッション観にあると述べる。ファッションは近代文化と密接に結びついており、それは資本主義のもっとも特徴的な「変化への意志」の表明――ここにおいてカール・マルクスの直接的な影響が見られる――である。ファッション、スタイル、感性はベンヤミンにとって近代文化に内在的かつ根本的なものである。衣服は階級の認識や願望の象徴であるだけでなく、蔓延的にして永続的な一時性の表明でもある。ゲッツィ&カラミナスが論じるように、この一時性は、近代性がうわべの変化の維持を必要とするような仕方に結びつく。このような変化は経済的なだけでなく、ナラトロジー的でもある。なぜなら、近代性はつねに歴史を転覆させるものでも改良するものでもあるからだ。このようにファッションは、今っぽさと新しさの名において明言されるだけでなく、一方で抑圧されてもいるような歴史的文献の織物として見られるべきである。ファッション・スタディーズへのベンヤミンのインパクトは、彼のメディアと表象への独創的な洞察にもある。ゲッツィ&カラミナスは、しばしば引き合いに出されるベンヤミンの論考「複製技術時代の芸術作品」におけるアウラの喪失と複製性の概念が、ファッション・スタディーズにとってきわめて有益であることをも指摘する。なかでも重要なのは、複製、すなわち永続的な存在と魅力が蔓延することを通してアウラが再投資され、あるいは買い戻される仕方である。彼らは、ファッションという表象が空想的な環境のなかで、そしてセレブリティの防護器官に対抗してファッション産業の推進力のひとつになっていると述べる。芸術と歴史の相互作用に関与することによって、ハイファッションは過去二〇年のあいだ、時間との新しい関係を生み出してきたのである。

第五章　ミハイル・バフチン（一八九五―一九七五）

『フランソワ・ラブレーの作品と中世・ルネッサンスの民衆文化』の註釈において、ロシアの研究者ミハイル・バフチンは「衣裳や流行の歴史における［身体の］グロテスクな肉体観と古典的な肉体観の争いを跡づけても面白い」と記している。これは残念ながら彼の生涯を通じて実現されないままに終わったプロジェクトである。フランチェスカ・グラナータはバフチンのグロテスクな規範の文化史はファッション研究、より具体的に言えば流行の身体の歴史の研究に大きく関係すると述べる。グロテスクなものはカーニヴァルの終わりのない集団的身体によって象徴され、また境界の侵犯によって特徴づけられるが、それは「封印され」、霧状化され、個性化された古典的身体――二〇世紀のハイファッションを特徴づける身体――とは対照的なものである。フェミニズム、ジェンダー論、クィア理論、障害学の著作と交差するバフチンの著作は、正常性を維持する一方で、逆説的に規範と逸脱という観念を超え、転覆し、あるいはバフチン的な用語を使えばカーニヴァル化するような乗り物でもある。逆に、バフチン自身が認識していたように、ファッションと身体の切り離すことのできない関係のおかげでファッション研究は彼の理論の応用の中心的な領域を構成している。歴史的にも地理的にも境界線を引かれる個別の事例の利用を通じて、そして他の思想家の著作との連続体のなかにバフチンの著作を位置づけることによって、ファッション・スタディーズはバフチン的なグロテスク性の過剰に祝祭的な読解に正当性を与え、よりよく文脈化することになるだろう。

第六章　モーリス・メルロ＝ポンティ（一九〇八―一九六一）

ルウェリン・ネグリンは次のように述べる。ファッションは着るためにデザインされているという事実によって、身体と切っても切り離すことができない、と。だが、ファッションの分析の多くは触覚的な、そして身体化された形態としての衣服の経験をなおざりにしがちである。ファッションそれ自体は純粋に視覚的な現象として見られてきた一方で、着用者の身体との相互作用という性質は看過されてきた。そのプロセスにおいて無視されてきたのは、ファッションはたんにある特定の「見た目《ルック》」の創造なのではなく、空間における身体の振る舞いでもあるということだ。特定の衣服が重要であるのは、それが伝達する意味やその美的な外観のためだけでなく、それが身体技法の様式を生み出すからでもある。身体からファッションを切断することにおいて、ファッション論は精神／身体の区別を確固たるものにし、身体を刻印の脱物質化された表面へと転換し、その身体的性質を見過ごしてきた。身体は着衣の経験に不可欠だとみなされるというよりむしろ、衣服的な記号が重ねられるタブラ・ラサとして扱われてきた。ネグリンの章では、世界の経験の身体化された性質を前景化させるモーリス・メルロ＝ポンティの現象学が、しばしばこの空隙に向けられえたことが論じられる。メルロ＝ポンティの現象学の中心にあるのは、外的刺激の受動的なレセプターとしてではなく、それを通じて世界を経験することのできるようなメディウムとして身体を意識することである。メルロ＝ポンティが明らかにしたように、身体は精神から独立して存在するたんなる不活性な物体ではなく、それを通じて私たちが世界を知り、そして自己の感覚を明確にすることのできる方法なのである。ネグリンが論じるように、メルロ＝ポンティの現象学は、ファッションをたんに美的あるいは象徴的な現象としてのみならず、触覚的な経験として扱うための理論的な道具を私たちに与えてくれる。

第七章　ロラン・バルト（一九一五―一九八〇）

ロラン・バルトの『モードの体系』は、しばしば誤解あるいは批判されるテクストであるが（リック・ライランスは「暗澹たる書物」と呼んでいる）、バルト自身が述べているように、「私たちが流行の衣服と呼ぶ対象が本当に存在しているかどうか知るという問題を提起する」ものである。バルトの問いかけの中心にあるのは、現実の衣服――私たちが日常生活で着るもの――は、ファッション雑誌の記事の言語的もしくは視覚的なレトリックの記述に対して二次的なものだという仮説である。「ことばの外には、十全なモード、本質的なモードは決して存在しない」。それゆえ本章において、ポール・ジョブリングはバルトが明らかにしたキーワード――記述された衣服とイメージの衣服――のあいだの弁証法について議論し、ファッションのテクストにおける言葉とイメージの反復的なパフォーマティヴィティを分析する。ジョブリングは同時に、「対象《もの》の意味論」や『テクストの快楽』といった重要な著作も取りあげながら、衣服や写真、広告の記号論的意味や、記号としてのファッションの地位に関するバルトの思想の適用可能性を考察する。

第八章　アーヴィング・ゴフマン（一九二二―一九八二）

ゴフマンの独創的な『行為と演技――日常生活における自己呈示』、より具体的に言えば、表舞台と舞台裏、小道具、そしてパフォーマンスという彼の概念は、個人の日常的なファッションとの関係の理解、そしてファッション産業を特徴づける空間を通して労働と専門化の区分の理解の双方にとって有益なツールを与えてくれる。エフラト・ツェーロンは本章において、ゴフマンによる社会的な自己のドラマトゥルギーの分析に注目し、そこでのファッションの役割およびコミュニケーションとしてのファッションという見解について熟考する。ゴフマンは社会的行為の核を、恥、当惑、面子を失うことを避けるための集合的な努力だと見る。日常行為のミクロな分析と、経験的および虚構のさまざまな情報源に基づいた洞察を組み合わせることで、彼は侵犯を通じてその境界を問いただしながら西洋社会を構築する暗黙のルールやコードを抽出する。本章は、真正性を舞台裏に、そして操作を表舞台にわりあてるというよくある誤解に陥ることなく、ゴフマンの衣服に関するドラマツルギー論の一突きを支えるための経験的証拠を提供する。ツェーロンが職業的な外見という概念に関して論じているように、衣服はパフォーマーとしての個人がさまざまな社会的設定のなかで他者との関係を交渉する方法の中心となる「小道具」として見られうる。ゴフマンの研究はたいてい自己呈示という個人的な作業に関するものだが、ツェーロンはそれがファッションという領域に登場する人々のような組織的実践へと拡張されうると論じる。

第九章　ジル・ドゥルーズ（一九二五―一九九五）

ジル・ドゥルーズの哲学はしばしばフランスのポスト構造主義に位置づけられるが、彼の思想はそれと異なり、言語の重要性を強調しているわけではない。ドゥルーズが目的としているのは、生を再考し、活性化させるために新しい概念を創出することであり、それゆえ彼は生気論的あるいは唯物論的思想家として位置づけられる。ドゥルーズの思想がファッションに適用されることはほとんどないが、アネケ・スメリクは「生成変化」や「器官なき身体」、「襞」といった概念が現代ファッションの研究に光を当てうると述べる。創造的な変容の連続的なプロセスは、ドゥルーズと共著者のガタリが「生成変化」によって理解したことである[87]。それはたとえば女性への生成変化、動物への生成変化、機械への生成変化などである。生成変化がもたらす結論は、人間のアイデンティティや着衣の方法に関する別の思考法である。つまり、ゆりかごから墓場まで硬直してても固定されてもなく、私たちの生を通じて流動的でフレキシブルなものである。生成変化のプロセスは、身体に意味を与える方法の再＝組織を参照する「器官なき身体」という概念に結びついている。「器官なき身体」の概念は、多くのハイファッションの過剰なデザインとよく似た、こう見えるべきであるとされる身体の規範的イメージへのカウンターとして役立つ。ドゥルーズの「襞」の概念は内と外、外見と本質という二項対立を解消する。この洞察は、ファッションが魂の内側の襞のなかに隠れた「深層の」自己を覆い隠す、外面性の表層的ゲームであるという見解に対する根本的な批判を含んでいる。もっと言えば、アイデンティティは一連の襞、つまり内に折りたたむことと外に折りたたむこととして理解されうる——日常生活で私たちが着る服の襞と同じように。襞というドゥルーズ的な概念はファッションデザインがいかにして身体を動きのなかに位置づけるかを見るのに役立つ。そのことによって、ファストファッションの大量消費社会におけるアイデンティティの基本モードから身体を解放する可能性がある。

第一〇章　ミシェル・フーコー（一九二六－一九八四）

ジェイン・ティナンはミシェル・フーコーの著作を通してファッションの実践と言説を調査する。彼女の社会統制の場としての身体への関心はさまざまな学術分野の理論家に影響を与え、ファッション、美、様式、そして服装規定に結びつく社会実践に彼の思想を応用してきた。フーコーの著作における学術的な関心の水準は、明らかにファッションと衣服の身体化された実践に適用可能な、空間のなかの身体の管理を軸とする、近代社会についての彼の理論に大きく起因する。言説、統治性、生政治というフーコーの概念に焦点をあわせ、ティナンはファッションと衣服がいかに集団的なアイデンティティを維持することに関わっているかを明らかにする。その議論の先には、破壊的なファッションの実践が、どのようにして身体に向けられた権力を正常化しようとする力に挑戦するかの探求がある。身体を近代における権力の標的として理論化することによって、フーコーはファッション・スタディーズを専門とする研究者や学生に、衣服がどのように共同体を統合しうるのかだけでなく、どのように共同体を分割するのか考察する視座を与えてくれる。

第一一章　ニクラス・ルーマン（一九二七－一九九八）

ドイツの社会学者、ニクラス・ルーマンは一九九〇年代以降、社会科学や人文学において流行してきた。社会学者、哲学者、文学研究者は、すべてを社会的なものとして説明しようとする彼の普遍的な企図の価値を認めている。実際、彼の「超理論」は社会システムの一般理論を提供してくれる。ルーマンの企図は、

「オートポイエーシス」や「システムの自己生産」の思想を通して社会学的なシステム理論の伝統を更新することである。それによって、彼は構築主義と普遍主義の双方を受け入れることを目指した。ルーマンの思想はファッション・スタディーズの分野においても比較的利用されてきた。オレリー・ファン・ドゥ・ペールはルーマンのシステム理論がいかにファッションに実り豊かなアプローチをあたえてくれるかを示そうとする。五〇冊以上の著作のなかで徐々に展開されてきたルーマンの枠組みを詳細に説明するというよりむしろ、彼女はルーマンの思想の要をなし、かつファッション研究に特に関係しうるいくつかの重要な思想について論じる。それらの思想は機能的に分化した社会システムとしての近代社会やコミュニケーションの中心性を参照するものである。ファン・ドゥ・ペールは、そのような社会においてファッションは固有のパラドックスを抱えた自律的でオートポイエティックなサブシステムになってきたのか考える。実際にファッションのサブシステムがそれ自体の合理性に従うことによって動作するのなら、そのことは数々のファッション研究者がこれまで論じてきたこと、すなわちファッションが不当にさげすまれてきたことを改めて主張することになるだろう。

第一二章 ジャン・ボードリヤール(一九二九－二〇〇七)

ポストモダニズムのもっとも名の知れた思想家のひとりであるジャン・ボードリヤールは、新マルクス主義、精神分析、ポスト記号論的言語学の知見を融合させ、モノにおける欲求や欲望の充足ではなく、言説的な体系としてのモノとの関係に基づいた消費理論を展開した。この体系においては、象徴的なモノとしてのイメージに対する飽くことのない欲望を充足しながら、モノが「記号」のように作用する。エフラト・ツェーロンはヨーロッパの歴史におけるファッションの意味を分析するために、言及的な体系から自己言及的な体系までのモノの意味作用のボードリヤールが考える三つの時代区分を用いる。一つ目は前近代であり、それは模倣で成り立っている時代である。それは、外見が現実を反映し、衣服が社会的ヒエラルキーの指標となるような二元論を前提としている。二つ目の近代は、生産の上に成り立っている。機械化と都市化は、それまで貴族の特権であったスタイルや素材をあらゆる階級の人々が入手可能なものにした。その結果、人々は自身のものではないステータスを主張できるようになった。つまり、外見が現実を隠すようになったのである。三つ目のポストモダンの時代は、ツェーロンが論じるように、シミュレーションから成り立っている。つまり、外見がもはや現実の基礎をなすことがないのである。外見は意味することをやめ、そしてコミュニケーションを誘惑と置き換える。外見は人工物と記号のふざけたスペクタクルとなり、もはや何も意味することはない。ちょうど宗教的あるいは国家的な象徴が、象徴価値ではなくその美学に適用されるように。事実、この段階では、外見は現実を発明するのである。

第一三章　ピエール・ブルデュー（一九三〇―二〇〇二）

アニェス・ロカモラはピエール・ブルデューについての章で、このフランスの社会学者の重要な著作がファッションというトピックについて研究するためのきわめて有益なツールを提供してくれることを示している。彼女は場、文化資本、そしてハビトゥスというブルデューの重要な概念を紹介し、一九七〇年代のフランスのハイファッションについてのブルデュー自身の著作と関連づけて論じてもいる。その後彼女は影響力の大きい書物である『ディスタンクシオン』――そこでブルデューは階級というレンズを通して趣味の問題にアプローチすることの重要性を主張している――へと向かい、たとえばファッションの趣味のような趣味判断において現れる社会的・文化的力のことを私たちに思い出させる。本書で取りあげられている他の多くの思想家と同様、ブルデューは文化が自然へと変換する過程と価値の性質を変えようとした。本章の残りでロカモラは、ブルデューの理論的枠組みを、ファッションブログという場とファッションジャーナリズムという伝統的な場とファッションブログという場のあいだの関係について論じ、現代のファッションメディアの変わりゆく性質を明るみに出している。

第一四章　ジャック・デリダ（一九三〇－二〇〇四）

デリダは理論一般のための言語学を考察したもっとも重要な思想家のひとりである一方、それらの理論の決定的なシステムを作る試みについて疑ってもいた。理論にとっての言語の重要性のみならず、言語の曖昧さや決定不能性に対するあらゆる理論の寛容さについての彼の主張によって、デリダ派ポスト構造主義の重要な思想家となった。アリソン・ジルは、デリダの思想のファッション研究への適用可能性を明らかにしようと挑戦している。彼女の章で取りあげられるのは、ファッションデザイナーが衣服制作の原則を批評的に解体しているように思われる事例である。彼女はテクスト、痕跡、そして二重思考といった概念に注目しつつ、まず哲学における脱構築の重要な特徴を概観する。ここでは、ファッションデザインについて別の仕方で思考すること、つまり移ろいやすさを示したり失敗の表現を自ら招いたりすることとどのように関係づけられるかが示されている。章の後半部分でジルは、作者、革新、そしてファッション史という慣習的な概念に挑むファッションデザインにおける移ろいやすさを確認する。テクストの構築と脱構築に関するデリダの思想は、衣服の素材、構造、技法、構築においてメゾン・マルタン・マルジェラが行ったファッションの基礎の型破りな分析を解明するのに役立つだろう。ファッションの商業的なシステムは、革新、スペクタクル、目がくらむような速度で回り続けるシーズンという美的な理想主義を尊重するが、本章では、そうしたシステムにあわせてコレクションを生み出そうとするファッションの執拗な意欲にいかにして「抹消線を引く」かを議論する。

第一五章　ブリュノ・ラトゥール（一九四七‐）

ジョアン・エントウィスルはフランスの社会学者、ブリュノ・ラトゥールの著作を取りあげる。ラトゥールの著作は科学技術論（STS）において影響力を持っており、またアクターネットワークセオリー（ANT）の嚆矢である。彼の著作は「自然」や「文化」といった社会学の主要なコンセプトをラディカルに批判し、社会的な「アクター（行為者）」という慣習的な概念に挑む。アクターネットワークセオリーにとってアクターは人間でも非人間でもありうる。というのも、どちらもそれらが絡め取られるネットワークに影響を及ぼす能力を有しているからである。こうしたネットワーク、あるいは「アサンブラージュ」へのラトゥールの注目は、アクターネットワークセオリー／科学技術論がよりよい方法論であると考えられる限りにおいて、緻密な民族誌的観察を必要とする。彼の著作はその重要性に反して、科学や臨床の研究を超えて適用されることがほとんどなかった。ミシェル・カロンの著作はこのアクターネットワークセオリーのアプローチから現れ、ネットワークとしての市場というアイディアを展開させる。そこでは市場がどのようにして特定のアサンブラージュにおいてひとつになるかが明らかにされている。本章でエントウィスルは、ラトゥールのアプローチを人間と非人間のアクターを結びつけるファッションのネットワークの検討にどのように適用できるのかを分析している。特定の種類のアクターのアサンブラージュとしてファッションの市場を理解するための有効な方法を与えてくれるこのアプローチの応用方法を、エントウィスルはモデルとバイヤーについての彼女自身の研究の事例を通して示すのである。

第一六章　ジュディス・バトラー（一九五六－）

エリザベス・ウィッシンガーが論じるのは、ジュディス・バトラーの哲学とフェミニズムの解釈が、文化的実践を通じて生まれる様式化された身体をいかにして仮定するかである。この文化的実践は言説に強く依存しているが、それでも生きた身体、性化された身体を生み出す。身体の根本的な性質に関する思い込みを攪乱することで、バトラーの著作はパフォーマティヴな過程がいかに自己、身体、そして衣服を決定的に融合させるかを明らかにする。身体はそのようなものとして、前もって与えられた――とはいえ絶えざる交渉にさらされている――コードを通してジェンダーを表現する。ジェンダーの概念を根幹から揺るがし、同性愛のサブカルチャーの研究を通して問いただすことによって、バトラーの著作は初期のクィア・スタディーズの運動が活性化する一助となった。同時に、すべてのジェンダーはパフォーマンスであるという彼女の見解によって、身体化に関するフェミニズムの議論を理解する上で、新たにファッションが重要な役割を果たすこととなる。バトラーによる心理学や記号論のラディカルな再読は、社会生活におけるファッションの役割に関する長年の思い込みを批判するためにも有効だとウィッシンガーは主張する。バトラーのおもな貢献は、行為主体性《エージェンシー》を再考したことにある。つまり、行為主体性はもはや自己決定的な主体に宿るのではなく、境界を越え、思いのままに「問題＝物質」となるような、身体の御しがたい性質に宿るのだ。

原註

[1] Gilles Deleuze and Félix Guattari, *A Thousand Plateaus: Capitalism and Schizophrenia*, B. Massumi (trans.), Minneapolis, University of Minnesota Press, 1987 [1980], p. 482.（『千のプラトー――資本主義と分裂症』宇野邦一・小沢秋広・田中敏彦・豊崎光一・宮林寛・守中高明訳、河出書房新社、一九九四年、五三八頁。）

[2] たとえば以下の文献を参照。Reina Lewis, *Modest Fashion: Styling Bodies, Mediating Faith*, London, I.B. Tauris, 2013. Shaun Cole, *The Story of Men's Underwear*, New York, Parkstone, 2009. Agnès Rocamora, 'Hypertextuality and Remediation in the Fashion Media: The Case of Fashion Blogs' in *Journalism Pratice*, 2012. pp. 92–106. Caroline Evans, *The Mechanical Smile: Modernism and the First Fashion Shows in France and America, 1900–1929*, London, Yale University Press, 2013. Leslie W. Rabine, *The Global Circulation of African Fashion*, Oxford, Berg, 2002.

[3] Yuniya Kawamura, *Fashion-ology: An Introduction to Fashion Studies*, New York, Berg, 2005.

[4] Barbara Burman and Carole Turbin (eds.), *Material Strategies: Dress and Gender in Historical Perspective*, Oxford, Blackwell, 2003. Emanuela Mora, Agnès Rocamora and Paolo Volonté, 'The Internationalization of Fashion Studies: Rethinking the Peer-reviewing Process' in *International Journal of Fashion Studies*, 1 (1), 2014, pp. 3–17.

[5] Christopher Breward, *The Culture of Fashion*, Manchester, Manchester University Press, 1995.

[6] Emanuela Mora et al., op. cit.

[7] グローバリゼーションについては次を参照。Margaret Maynard, *Dress and Globalisation*, Manchester, Manchester University Press, 2004. ポストコロニアリズムについては次を参照。Hildi Hendrickson (ed.), *Clothing and Difference: Embodied Identities in Colonial and Post-colonial Africa*, London, Duke University Press, 1996. ファッションと創造的産業については以下を参照。Norma Rantisi, 'The Designer in the City and the City in the Designer' in D. Power and A.J. Scott (eds.), *Cultural Industries and the Production of Culture*, New York, Routledge, 2004. Walter Santagata, 'Creativity, Fashion and Market Behavior' in D. Power and A.J. Scott (eds.), *Cultural Industries and the Production of Culture*, New York, Routledge, 2004.

[8] David Jary and Julia Jary, *Collins Dictionary of Sociology*, Glasgow, Harper Collins, 1995, p. 686.

[9] Raymond Williams, *Keywords*, London, Fontana, 1983.（『完訳 キーワード辞典』椎名美智・武田ちあき・越智博美・松井優子訳、平凡社、二〇〇二年。）

[10] Terry Eagleton, *The Significance of Theory*, Oxford, Blackwell, 1990, pp. 34–35.（『理論の意味作用』山形和美訳、法政大学出版局、一九九七年、五七頁。）

[11] C. Wright Mills, *The Sociological Imagination*, Oxford, Oxford University Press, 2000 [1959], p. 120.（『社会学的想像力』伊奈正人・中村好孝訳、筑摩書房、二〇一七年、二〇八頁。）

[12] Matt Hills, *How to do Things with Cultural Theory*, London, Bloomsbury, 2005, p. 40.

[13] Chris Barker, *Cultural Studies: Theory and Practice*, London, Sage, 2011, pp. 37–38.

[14] Michel de Certeau, *The Practice of Everyday Life*, Berkeley, University of California Press 1988, p. 43.（『日常的実践のポイエティーク』山田登世子訳、国文社、一九八七年、一一三頁。）

[15] Matt Hills, *op. cit.*, p. 39.

[16] Steven Best and Douglas Kellner, *Postmodern Theory: Critical Interrogations*, London, Macmillan, 1991.

[17] Domna Stanton, 'Language and Revolution: The Franco-American Dis-

Connection' in H. Eistenstein and A. Jardine (eds.), *The Future of Difference*, Boston, Hall, 1980.

[18] Edward W. Said, 'Traveling Theory' in *The World, the Text, and the Critic*, Cambridge, Harvard University Press, 1982.

[19] Caroline Evans, 'Yesterday's Emblems and Tomorrow's Commodities: The Return of the Repressed in Fashion Imagery Today' in S. Bruzzi and P. Church Gibson (eds.), *Fashion Cultures: Theories, Explorations and Analysis*, London, Routledge, 2000, p. 104.

[20] 次の文献から孫引きされたエルンスト・ブロッホの引用。Ibid., p. 102.

[21] Georg Simmel, 'Fashion' in D.N. Levine (ed.), *Georg Simmel*, Chicago, University of Chicago Press, 1971 [1904].

[22] Charles Baudelaire, 'Le Peintre de la Vie Moderne', in *Baudelaire: Ecrits sur L'Art*, Paris, Le Livre de Poche, 1999 [1863], p. 518.（「現代生活の画家」『ボードレール批評（二）』阿部良雄訳、筑摩書房、一六九頁。）

[23] Caroline Evans, *Fashion at the Edge: Spectacle, Modernity and Deathliness*, London, Yale University Press, 2003. Ulrich Lehmann, *Tigersprung: Fashion in Modernity*, London, MIT Press, 2000. Agnès Rocamora, *Fashioning the City: Paris, Fashion and The Media*, London, I.B. Tauris, 2009.

[24] Emanuela Mora et al., op. cit. Sandra Niessen, Ann Marie Leshkowich and Carla Jones, *Re-orienting Fashion: The Globalisation of Asian Dress*, Oxford, Berg, 2003. Leslie W. Rabine, *op. cit*.

[25] Shmuel N. Eisenstadt, 'Multiple Modernities' in *Daedalus*, 129 (1), 2000, pp. 1–29.

[26] Dipesh Chakrabarty, *Provincializing Europe: Postcolonial Thought and Historical Difference*, Princeton, Princeton University Press, 2000. Dilip Parameshwar Gaonkar (ed.), *Alternative Modernities*, Durham, Duke University Press, 2001. Paul Gilroy, *The Black Atlantic: Modernity and Double Consciousness*, London, Verso, 1993.

[27] Elizabeth Wilson, *Adorned in Dreams: Fashion and Modernity*, London, I.B. Tauris, 2003.

[28] 本書の共編者のひとりであるアニエス・ロカモラがウマヌエラ・モラ、パオロ・ヴォロンテと創刊した『インターナショナル・ジャーナル・オブ・ファッション・スタディーズ（International Journal of Fashion Studies）』は、ファッション・スタディーズの支配的な言語が英語であることと、ファッション・スタディーズの国際化という問題に注目し、あらゆる言語での論文査読を行っている。

[29] Christopher Breward, *The Culture of Fashion*, 1995. Christopher Breward, *Fashion*, Oxford, Oxford University Press, 2003.

[30] Dani Cavallaro, *Critical and Cultural Theory*, London, Athlone Press, 2001. Chris Barker, *Cultural Studies: Theory and Practice*, London, Sage, 2011.

[31] Ferdinand de Saussure, *The Course in General Linguistics*, R. Harris (trans.), Chicago and La Salle, Open Court, 1996 [1916].（『一般言語学講義』小林英夫訳、岩波書店、一九七二年。）

[32] Richard Rorty, *The Linguistic Turn: Recent Essays in Philosophical Method*, Chicago, University of Chicago Press, 1967.

[33] Roland Barthes, *The Fashion System*, M. Ward and R. Howard (trans.), Berkeley and Los Angeles, University of California Press, 1990 [1967].（『モードの体系』佐藤信夫訳、みすず書房、一九七二年。）

[34] Roland Barthes, *Mythologies*, A. Lavers (trans.), London, Paladin, 1973.（『神話作用』篠沢秀夫訳、現代思潮社、一九六七年。）

[35] Stuart Sim (ed.), *The Icon Critical Dictionary of Postmodern Thought*, Cambridge, Icon Books, 1998.

[36] Roland Barthes, *The Fashion System*, 1990 [1967].（『モードの体系』、一九七二年。）

[37] Christian Metz, *Psychoanalysis and Cinema: The Imaginary Signifier*, London, MacMillan, 1982.（『映画と精神分析──想像的シニフィアン』鹿島

茂訳、白水社、二〇〇八年。）

［38］ Michel Foucault, *The History of Sexuality*, vol. 1, R. Hurley (trans.), London, Penguin, 1990 [1976].（『知への意志（性の歴史 I）』渡辺守章訳、新潮社、一九八六年。）Michel Foucault, *The Archaeology of Knowledge*, London, Routledge, 2004 [1969].（『知の考古学』中村雄二郎訳、河出書房新社、一九七〇年。）

［39］ Jacques Lacan, *Écrits: A Selection*, NewYork, Norton, 1977.（『エクリ（I－III）』宮本忠雄他訳、弘文堂、一九七二－八一年。）

［40］ Raymond Williams, *Culture and Society: 1780–1950*, Harmondsworth, Penguin, 1958.（『文化と社会　一七八〇－一九五〇』若松繁信・長谷川光昭訳、ミネルヴァ書房、二〇〇八年。）

［41］ Roland Barthes, *Mythologies*, 1973.

［42］ 歴史的な概説については以下の文献を参照。Lawrence Grossberg, Cary Nelson and Paula A. Treichler (eds.), *Cultural Studies*, Routledge, New York, 1992. Simon During (ed.), *The Cultural Studies Reader*, London, Routledge, 1993. John Storey (ed.), *What is Cultural Studies? A Reader*, London, Arnold, 1996.

［43］ Roland Barthes, *The Fashion System*, 1990 [1967]. Roland Barthes, *The Pleasure of the Text*, R. Miller (trans.), New York, Hill and Wang, 1973.（『テクストの快楽』沢崎浩平訳、みすず書房、一九七七年。）Roland Barthes, *A Lover's Discourse: Fragments*, R. Howard (trans.), New York, Hill and Wang, 1977.（『恋愛のディスクール・断章』三好郁朗訳、一九八〇年。）

［44］ Chris Barker, *Cultural Studies: Theory and Practice*, London, Sage, 2011, p. 84.

［45］ Jacques Derrida, *Of Grammatology*, G. C. Spivak (trans.), Baltimore, John Hopkins University Press, 1976.（『根源の彼方に――グラマトロジーについて』足立和浩訳、現代思潮社、一九七二年。）

［46］ Jean-François Lyotard, *The Postmodern Condition*, Manchester, Manchester University Press, 1984.（『ポストモダンの条件』小林康夫訳、書肆風の薔薇、一九八六年。）

［47］ Roland Barthes, 'Death of the Author', reprinted in *Image, Music, Text*, S. Heath (trans.), Glasgow, Fontana Collins, 1967.（「作者の死」『物語の構造分析』花輪光訳、みすず書房、一九七九年。）Michel Foucault, 'What is an Author' reprinted in J. D. Faubion (ed.) (1994) *Aesthetics, Method and Epistemology*, London, Allen Lane, 1969.（『作者とは何か？』清水徹・豊崎光一訳、哲学書房、一九九〇年。）

［48］ Tim Woods, *Beginning Postmodernism*, Manchester, Manchester University Press, 1999.

［49］ Donna Haraway, 'Situated Knowledges: The Science Question in Feminism and the Privilege of Partial Perspective', 1988, reprinted in *Simians, Cyborgs and Women: The Reinvention of Nature*, London, Free Association Books, 1991.（『猿と女とサイボーグ――自然の再発明』高橋さきの訳、青土社、二〇〇〇年。）

［50］ Joanne B. Eicher, *Dress and Ethnicity: Change across Space and Time*, Oxford, Berg, 1999. Dorinne Kondo, *About Face: Performing Race in Fashion and Theater*, London, Routledge, 1997. Sandra Niessen et al., op. cit.

［51］ Raymond Williams, *Culture and Society: 1780–1950*, 1958. Stuart Hall, *Representation: Cultural Representations and Signifying Practices*, London, Sage, 1997.

［52］ Jacques Lacan, *op. cit*.

［53］ Karl Marx, *Capital, Volume One*, B. Fowkes (trans.), London, Penguin, 1990 [1867]. Marita Sturken and Lisa Cartwright, *Practices of Looking: An Introduction to Visual Culture*, Oxford, Oxford University Press, 2009, p. 100.

［54］ Sigmund Freud, 'Interpretation of Dreams' in J. Stratchey (ed.), *Standard Edition*, London, Hogarth, 1964 [1900].（『夢判断』高橋義孝訳、新潮社、二〇〇五年。）

[55] Jacques Lacan, *op. cit.*

[56] Luce Irigaray, *This Sex Which Is Not One*, Ithaca, Cornell University Press, 1985.（『ひとつではない女の性』棚沢直子・小野ゆり子・中嶋公子訳、勁草書房、一九八七年。）Trinh, T. Minh-Ha, *Woman, Native, Other: Writing Postcoloniality and Feminism*, Bloomington, Indiana University Press, 1989.（『女性・ネイティヴ・他者――ポストコロニアリズムとフェミニズム』竹村和子訳、岩波書店、一九九五年。）Paul Gilroy, *The Black Atlantic: Modernity and Double Consciousness*, London, Verso, 1993.（ポール・ギルロイ『ブラック・アトランティック――近代性と二重意識』上野俊哉・毛利嘉孝・鈴木慎一郎訳、月曜社、二〇〇六年。）

[57] Arthur Asa Berger, *Manufacturing Desire: Media, Popular Culture, and Everyday Life*, New Brunswick, Transaction Publishers 1996.

[58] Judith Butler, *Gender Trouble*, London and New York, Routledge 1990.（『ジェンダー・トラブル――フェミニズムとアイデンティティの攪乱』竹村和子訳、青土社、一九九九年。）Rosi Braidotti, *Patterns of Dissonance: A Study of Women and Contemporary Philosophy*, Cambridge, Polity Press, 1991.

[59] Linda Hutcheon, *The Politics of Postmodernism*, London, Routledge, 1989.（『ポストモダニズムの政治学』川口喬一訳、法政大学出版局、一九九一年。）Bell Hooks, *Yearning: Race, Gender, and Cultural Politics*, Boston, South End Press, 1990. Bell Hooks, *Black Looks: Race and Representation*, Boston, South End Press, 1992.

[60] Stuart Sim (ed.), *op. cit.*

[61] Gilles Lipovetsky, *The Empire of Fashion: Dressing Modern Democracy*, Princeton, Princeton University Press, 1994, pp.148–49.

[62] Gilles Lipovetsky, *Hypermodern Times*, London, Polity, 2005, pp. 11–12.

[63] Fred Davis, *Fashion, Culture, and Identity*, Chicago, University of Chicago Press, 1992, p. 7.

[64] Zygmunt Bauman, *Liquid Modernity*, Cambridge, Polity Press, 2000, p. 83.（『リキッド・モダニティ――液状化する社会』森田典正訳、大月書店、二〇〇一年、一〇八頁。）

[65] Jean Baudrillard, *Symbolic Exchange and Death*, I. Grant (trans.), London, Sage, 1993 [1976].（『象徴交換と死』今村仁司・塚原史訳、筑摩書房、一九九二年。）

[66] Richard Rorty, *op. cit.*

[67] Timotheus Vermeulen and Robin van den Akker, 'Notes on Metamodernism' in *Journal of Aesthetics and Culture*, 2: 1–13, 2010.

[68] Joanne Entwistle, *The Fashioned Body: Fashion, Dress and Modern Social Theory*, Cambridge, Polity, 2000, p. 70.（『ファッションと身体』鈴木信雄監訳、日本経済評論社、二〇〇五年、一〇三頁。）

[69] Tony Bennett and Patrick Joyce (eds.), *Material Powers: Cultural Studies, History, and the Material Turn*, London and New York, Routledge, 2010. Diana Coole and Samantha Frost (eds.), *New Materialisms: Ontology, Agency, and Politics*, Durham, Duke University Press, 2010. Rick Dolphijn and Iris van der Tuin. *New Materialism: Interviews and Cartographies*, Open Humanities Press 2012. Estelle Barrett and Barbara Bolt (eds.), *Carnal Knowledge: Towards a 'New Materialism' through the Arts*, London and New York, I.B. Tauris, 2013.

[70] Estelle Barrett and Barbara Bolt (eds.), *op. cit.*, p. 4.

[71] Bill Brown, 'The Matter of Materialism' in T. Bennett and P. Joyce (eds.), *Material Powers , 2010*, p. 60.

[72] Arjun Appadurai (ed.), *The Social Life of Things: Commodities in Cultural Perspective*, Cambridge, University Press, 2013 [1986].

[73] Karl Marx, *op. cit.*

[74] Tony Bennett and Patrick Joyce (eds.), *op. cit.*

[75] Bill Brown, op. cit., p. 62.

[76] Ibid., p. 63.

[77] Bill Brown, 'Thing Theory' in *Critical Inquiry*, 28 (1), 2001, p. 9.

[78] Maurice Merleau-Ponty, *Phenomenology of Perception*, London and New York, Routledge, 2002, p. 167.（『知覚の現象学』中島盛夫訳、法政大学出版局、二〇一五年。）

[79] Rosi Braidotti, *Metamorphoses: Towards a Materialist Theory of Becoming*, Cambridge, Polity Press, 2002.

[80] Gilles Deleuze and Félix Guattari, *op. cit.*

[81] Susanne Küchler and Daniel Miller, *Clothing as Material Culture*, Oxford, Berg, 2005.

[82] Daniel Miller (ed.), *Material Cultures: Why Some Things Matter*, Chicago, University of Chicago Press, 1998.

[83] Sophie Woodward, *Why Women Wear What They Wear*, Oxford, Berg, 2007.

[84] Joanne Entwistle, *op. cit.*

[85] Bill Brown, 'The Matter of Materialism', 2010, p. 64.

[86] Daniel Miller, *Stuff*, Cambridge, Polity, 2010, p. 41.

[87] Gilles Deleuze and Félix Guattari, *op. cit.*

01

カール・マルクス
Karl Marx

ファッションと資本主義

アンソニー・サリヴァン
原山都和丹一訳

はじめに

この章では、「ファッションは資本主義の申し子である」[1]というエリザベス・ウィルソンの見解を考慮しつつ、マルクスの豊富な概念的枠組みがどのようにして社会的、文化的、物質的に、ファッションの起源や原動力に対する深く批評的な理解をつくりだすことができるのかを示している。まるでそれを生み出した資本主義システムと同様、ファッションは喜びと苦痛、または表現と搾取の両方の種となりうるような「二つの顔を持つ」[2]。

マルクスの人生を垣間見て、装いの持つ象徴的な力を学ぶ

マルクスは一八一八年、人生の後半をおそったひどい貧苦とは対照的に、ドイツの大聖堂の街ラインラントで比較的恵まれた中流階級家庭に生まれた。反ユダヤ勢力から逃れるためにプロテスタントに改宗したユダヤ人弁護士の息子として育ったマルクスは、一八三五年にボンで法律を、その一年後にはベルリン大学で哲学を学ぶ。一八四一年、弱冠二三歳にして古代ギリシア哲学についての博士論文を修了したにもかかわらず、彼はそこでアカデミックなキャリアから退いた。そのかわり、マルクスは自分の人生を、資本主義を研究すること、そしてある壮大な計画のための理論的な土台を固めることに捧げた。その計画とはすなわち、資本主義のもとにはびこる階級格差と搾取に起因する苦しみを取り除くことによって社会を解放することである[3]。このシステム、あるいは「生産様式」[4]のもとでは、資本主義者、すなわち「生産手段」(未加工の素材と製造機械)を有する人々の利益をつくり出す製品として販売するために商品が生産される。マルクスによると、資本主義はこれらの商品を作る労働者たちのニーズに応じることを第一に求めてはいない。それどころか彼らの「労働力」は、生きるために必要な賃金の対価として、同じく資本主義者たちによって売り払われ、管理され、搾取される。その一方で、労働者たち自身は消費者に転換し、自分たちが作る商品を異常に高い値段で買い戻すことを強いられる。これから述べていくように、この搾取的な生産システムは資本主義の特徴であり、ファッションの発展の中心である。

マルクスは大学を去った後、不定期のジャーナリスト業をおもな収入源としていたが、その賃金は少なく不安定だった。そのため、自分自身や家族にとって必要なものや食材を買うために、彼は定期的にオーバー

コートを質に入れなければならなかった。質屋へ足繁く通うことは、彼が商品として、そして交換する手段として「コートの価値を知っていた」[5]ことを意味する。しかしながら、金銭のためにコートを諦めることによってマルクスは、ファッションにおいてもっとも重要な特徴のひとつに直面することになる。それはすなわち、ファッションが社会的地位――実際にそうなのかどうかにかかわらず、あるいは「事実か嘘かわからずとも」[6]――を表しうることである。彼はコートなくして研究することはできなかった。なぜなら「(大英図書館の)読書室は路上生活者――彼らはオーバーコートを着ていなかった――を受け入れなかった。[…]オーバーコートを着ていないマルクスは[…]その場にふさわしくなかったのである」[7]。このようにマルクスは、衣服が社会的なアイデンティティとしてのイメージや影響を作り出す手段として、そして「社会の真ん中で自己を個性化する」[8]手段として象徴的な力を持つことをじかに経験した。

ヘーゲル、フォイエルバッハとマルクス――史的唯物論への道

マルクスは同時代人の凝り固まった知性に対してフラストレーションを抱えており、そのために西洋思想史における例外的な思想家となった。「哲学者たちは世界をさまざまに解釈したにすぎない。大切なのはしかしそれを変えることである」[9]と彼は述べている。学生時代、マルクスは急進的な思想家たちが集まるボヘミアンサークルに引き込まれた。「青年ヘーゲル派」として知られる彼らは、次第に批判的にはなるものの、当時もっとも重要な思想家であったヘーゲルの研究に大いに影響を受けていた。彼らは歴史の理解や社会の変換において決定的であった神、自然、超自然的な力に対立するようなアイディアや理性、思想を

強調した一八世紀の啓蒙運動における知的な満足感にいまだ浴していた。一同はベルリンドクターズクラブ[10]に集まって酒を飲みながら議論し、彼ら自身が属していた圧政的なプロイセン（現ドイツ）社会を非難した。

マルクスは、独自の歴史理論の種をヘーゲルの著作のなかに見いだした。それが「史的唯物論」である。ヘーゲルは、社会の発展とそれを形づくるアイディアはいくつかの異なる段階を通じて完遂されると論じた[11]。あるタイプの社会から別のタイプへの変化はすべて、徐々に起こるのではなく、人々が世界を理解する仕方についての相反する思想に根ざした決裂と対立によって起こるのである。それゆえ、ヘーゲルにとって、進歩が生まれるのは新しく革新的な思考方法へと移ることによって思想の矛盾が解決された場合のみである。その思考方法とはすなわち、世界に対するより完全で高次の理解をもたらす総合《ジンテーゼ》である。プロイセン王国は、神や超自然的な力が歴史を形づくったと信じた人々と、すべては理性的に説明されうると考えた啓蒙思想家たちとのあいだの闘争から生まれたとヘーゲルは主張した。

しかしながらマルクスの「史的唯物論」では、社会の変化は社会のなかにある思想の矛盾からではなく、生の物質的な条件と、労働が組織化される方法から生じるものとみなされた。所有権、生産の管理、製品をめぐる闘争は、資本主義社会において核となる矛盾であるとマルクスは主張した。その矛盾ははっきりと異なる集団、または彼の言葉で言えば階級を作り出し、労働力を管理するための階級間の闘争に帰着した。マルクスが次のように述べたことはよく知られている。「今日まであらゆる社会の歴史は、階級闘争の歴史である。自由民と奴隷、都市貴族と平民、領主と農奴、ギルドの親方と職人、［労働者やプロレタリアートと資本家］、要するに圧制者と非圧制者」[12]と。またマルクスは、傑出したヘーゲル批評家であり、物質的生活は意識を形づくると主張したフォイエルバッハの仕事にも感化されている。フォイエルバッハはヘーゲルとは別の思想を提示した。労働という概念は精神的性質の概念にすぎないとヘーゲルは考えたが、このことによって彼は「実在的なものを、自己自身から発して運動する思推の結果であるとする幻想」[13]に屈することになった。しかし、なにより変化と変化に到達するための方法に興味があったマルクスからすると、フォイエルバッハの唯物論は、人間性や思考、振る舞いを不変の本質として考える点に問題があるとされた。

このように、あらゆる思想家たちのアイディアを利用もすれば批判もすることによって、マルクスは「史的唯物論」的観点を発展させていった。人間性は静的であり続けるわけではないと彼は主張する。なぜなら労働とその結果は私たち「類的存在（species being）」を他の動物から区別したからだ。マルクスによれば、労働は人間性それ自体を変化させるのだが、それは労働を通じた物質的世界との能動的な相互作用が私たちの意識を再度形づくるためである。同時に、「かれらの物質的生産とかれらの物質的交通とを発展させつつある人間が、かれらのこの現実とともにかれらの思考およびかれらの思考の生産物をかえてゆくのだ」[14]。マルクスの見解では、階級間の矛盾、すなわち資本主義下にある小さな集団や階級による労働とその生産物の管理こそが、「類的存在（species being）」あるいは創造的な労働力が完全に実現することを妨げる。これこそがマルクスが「疎外（alienation）」と名づけたものである[15]。支配階級による労働の管理は、マルクスと彼の友人であり共著者でもあるエンゲルスが、社会の最高の形態であると考えた共産主義の確立を妨げた。共産主義のもとでは、生産プロセスは透明でわかりやすくなる。労働は民主的に管理され、私益の代わりに社会のニーズに基づいて組織化される。そのような可能性を証明したマルクスは、エンゲルスのサポートもあり、革命的社会主義の主たる理論家になった。『共産党宣言』[16]（以下、『宣言』）のような重要なテクストを通じて、彼は労働者階級が既存の資本主義的な状態を打ち砕くことによって力を得るときにのみ、階級関係、「疎外」、労働の搾取によって生じる不平等や苦難から社会全体が解放されるという信念を貫いた。

資本主義、装いからファッションへ

エリザベス・ウィルソンは、宮廷社会のとりあえずの始まり［17］からおよそ四、五〇〇年前の資本主義の台頭のあいだにファッションが現れたと見る［18］。彼女は、集団の所有物や社会的な帰属意識——衣服、ジュエリー、ボディペイント（メイクアップ）、ピアシングを通じた、トライブやサブカルチャー、ジェンダー、あるいは階級への——を示すための装飾の象徴的な使用はあらゆる文化において見られると主張する。しかしこれらは装いであり、ファッションではない。ファッションというのはむしろ「急速で、継続的な様式の変化が重要な特徴とされる装い」［19］である。

マルクスの『宣言』は、厳密には装いかファッションかという議論をするわけではないが、ファッションが広範な社会的実践として展開した社会環境を立証する。『宣言』が描き出すのは、変化、無常性、はかなさが、連続性、安定性、伝統に勝り続けるような世界である。『宣言』でも鮮やかに論証されているように、このことが意味するのは「固定した、さびついたすべての関係」によって特徴づけられた社会生活が「古くてとうとい、いろいろの観念や意見とともに解消」し、「いっさいの身分的なものや常在的なものは、煙のように消え」［20］た近代の都市社会と資本主義に取って代わられた社会からの変容である。

『宣言』には数多くの印象深い場面が見られるが、そのなかに神の定めた社会秩序に由来する、長らく必然的だと思われてきたことが崩壊する描写がある。その社会秩序とは、君主から貴族へ、そして農民へという不変のヒエラルキーによって決定づけられていた社会関係や階級関係である。マルクスとエンゲルスは次のように述べる。

ブルジョワ階級は、支配を握るにいたったところでは、封建的な、家父長的な、牧歌的ないっさいの関係を破壊した。かれらは、人間を血のつながったその長上者に結びつけていた色とりどりの封建的きずなをようしゃなく切断し、人間と人間とのあいだに、むき出しの利害以外の、つめたい「現金勘定」以外のどんなきずなも残さなかった。かれらは、信心深い陶酔、騎士の感激、町人の哀愁といったきよらかな感情を、氷のようにつめたい利己的な打算の水のなかで溺死させた[21]。

このように、『宣言』では「新しさの衝撃」[22]と、近代性の強い影響が劇的に描かれている。それは、社会移動の可能性や、自己や個人のアイデンティティという概念が優勢となる新しい形態の社会である。さらに、この移動の環境を作り出した階級関係の混乱は、マルクスとエンゲルスが主張したように、ブルジョワ階級が「農村を、都市の支配に屈服させた」[23]という事実によって拡大した。ブルジョワ階級は労働搾取の利益である余剰収益を持っていたため――そのうちのいくらかは消費に費やしたが――、目をつけた公共の都市地域を、由緒ある田舎の上流貴族階級と奪い合った。階級のリーダーシップを取ろうと、経済的、政治的のみならず衣服的にも争いが起こった。ドン・スレーターが述べるように、「新たな資金で不動産を手に入れ、宮廷と「社会」という衣服を着ることで、貴族階級が享受してきた余暇の追求に興じることができる」[24]。エリザベス・ウィルソンとジョアン・エントウィスル双方の見解によると、階級的な観点で見たときに誰がどんな人であるのかわからないため、確実さの欠如が起こることとなった［25］。このことは通りで見知らぬ人とすれ違うときに痛切に感じられた。そのような階級内でのアイデンティティの曖昧さはとりわけ、社会の通貨、すなわち社会的アイデンティティを表出する手段としての、そして社会的アイデンティティを見せたり隠したりしながら戯れる手段としての装いが重要であるという感覚の向上を養った。こうしてマルクスのコートが象徴的に重要になるのだ。それゆえ当然のことながら、初期の資本主義都市はウィルソンにとって「矛盾のるつぼ」［26］、人と人との出会いが起こる都市の混乱の渦のなかに個人のアイデンティティの形成が現れる空間であり、これは資本主義による時代遅れの社会関係の崩壊によって作動するのである。

この新しい競争的社会の文脈でのみ、装いはファッションになることができた。その変化、もしくは終わることのない可変性は、「トリクルダウン」として知られる普及、あるいは「上位」から「下位」の階級へのファッションの伝播によって展開されてきた［27］。職業ごとに規定された封建主義的なドレスコード――その人が「ビスケット屋、ナイフ屋、または文房具屋」［28］のどれなのかによって規定される、あるいは素材や色の観点から服装を管理する「奢侈禁止令」によって取り締まられる――の相対的な永続性に代わって、模倣による流行の競争的サイクルと象徴的な「差異化」が発達した［29］。エントウィスルは、下位と上位の階級のあいだの支配権をめぐる闘争は「剣によるよりもむしろ象徴を通して間接的に行われたのであり、衣服はそうした象徴の中で最も重要なものであった」［30］と述べている。貴族階級が、最初は彼らの消費の仕方を模倣していた新しいブルジョワ階級に対抗して自らのアイデンティティを維持しようとしたように、今度はブルジョワジーが（少なくとも男性の）装いにおいて、より控えめなスタイルを発展させた。地味なフロックコートと暗い色味のスーツ、そのような服装は彼らを貴族階級と労働者階級の双方から区別しようとしている[31]。封建主義から資本主義への変容を理解しないかぎりは、この衣服的な階級闘争を説明すること、そして社会と個人とのあいだの緊張のみならずファッションの変化のダイナミクスが生まれた理由を説明することは難しい。ジンメルが主張するように（第三章参照）とりわけ階級の観点からみると、ファッションは「社会への適応」と「差別化」のどちらをも可能にする同一化と差異化の矛盾した衝動に主体的に折り合いをつける手段となる[32]。

「万人のためのファッション」を生産し、消費する？

もし私たちが資本主義下におけるファッションの物質的側面に、より厳密に言えば、資本主義下で衣服がどのように生産されそして消費されているのかに目を移すなら、その全体像は、重要であるものの不均等で矛盾した、封建的な生産様式からの転換だと見ることができる。動きの遅いこのシステムのもとで、個人または小規模な職人的商品供給が一世を風靡した。布地や衣服の製造は、店を基盤とする仕立屋、熟練の職人、針子やドレスメーカーを巻き込んだ「家内工業」であった[33]。このことと、今日の小売り商品としてのファッションの大規模生産——「プレタポルテ」や世界的ファッションチェーンで手に入る出来合いの衣服——とは顕著な対象をなすと同時に、重要な点で誤解を招いている。

現代は急速に変化する「ファストファッション」の時代だ。最新のセレブリティやファッションショーのスタイルにみられる魅力的なイメージが、インターネットやソーシャルメディアを通じて一気に広まるやいなや、それらはすぐに多数の世界的ファッションチェーンストアによってピックアップされ、今日の消費者に売るための既製服に変わる。デザイン、在庫管理、販売、物流のプロセスにおいてザラが採用したデジタルテクノロジーは、流行を見極めてからその商品が店頭に並ぶまでにかかる時間をたった数週間にまで削減している[34]。しかし、つい最近の一九五〇年代中頃では、「自分で服を作ったり、あるいは誰かに作ってもらったりすることがまだ普通に行われていた」[35]。驚くことに、一九世紀末から二〇世紀初頭にかけてブルジョワジーから始まったファッションが、その後中流階級へと広まっていったにもかかわらず[36]、封建主義が広く終焉を迎えたしばらく後も大部分の人々にとっては非流行的な消費のパターンが残っていた。エコロジーの観点からみると有害な今日の使い捨てファッションの文化とは異なり、一八世紀や一九世紀においては布地が補修され、糸をほどかれ、きれいにクリーニングされ、セカンドハンド、つまり二度だけでなく、三度、四度、五度、六度、そしてそれ以上も再利用され、可能な限り長持ちさせられた[37]。さらに言えば、二〇世紀初頭にいたるまで古着取引は、中流階級、ブルジョワジー、貴族階級を除くすべての人たちに向けて既製服を入手する方法を提供していた[38]。

資本主義時代初期におけるファッションという文化の出現と普及の間には矛盾があり、ファッションがまぎれも無く「万人のためのファッション」[39]となる二〇世紀後半まで、大多数の労働者階級は既製服の流行から排除されていた。これは基本的には新品の既製服の価格の問題であった。あるタイピストは「一九一〇年は一年に約六六ポンド」稼いだなかからおよそ「年五ポンド」を衣服費にあてたが、それでは流行の服を着る余裕はなく、たんに「きちんとした」格好にしかならなかった[40]。マルクスとエンゲルスは『宣言』において、「生産力」という潜在的生産性は、豊かであったはずの時代のなかに欠乏状態を作り出した、階級を基盤とする資本主義の社会関係によって制限もしくは「束縛された」と主張する。この主張はファッションの事例にぴったり当てはまる。一九世紀末から二〇世紀初頭に労働組合が立ち上がるまで、先進国では賃金上昇が余儀なくされ、ファッションは大多数の労働者階級の懐を大きく越えていた。ここでファッションは、様式の陳腐化の急速なサイクルというバルト的な意味において理解される。そこでは、「交替〔の速度〕が荒廃を超えている」[41]のである。この排他的な消費の歴史は、ＣＭＴ（「Cut, Make and Trim」の略で裁断、縫製、検品からなる一連の作業を指す）として知られる古めかしい組立工程を中心に据えたままであるため産業革命前の起源から逃れることができずにいるファッション生産の現実とよく似ている。事実、ＣＭＴは一七〇〇年前のミシンの発明以来ほとんど変わらないテクノロジーと技法を使用している。

労働、「類的存在」、そして装飾品の二重性

前述の通り、資本主義は資本家による労働者の搾取に基づいたシステムであるとマルクスは主張した。彼が「剰余価値」と呼んだものを引き出すためにこの搾取がどのように機能しているのかを理解することは、ファッションの生産と消費とのあいだにある矛盾を理解するための一助となる。より具体的には、なぜ二一世紀のファッションが、私たちのほとんどが今日着ている衣服を生産する衣料業界の労働者の労働を激しく搾取し続けているのかを説明することができる。マルクスの時代の衣料業界の労働者が堪え忍んだ、低賃金労働のぞっとするような状況とほとんど変わらない苦労が今なお存続する。なぜならファッションが大量消費現象としてあり続けるためには、安く作られ、売られなければならないからである。

マルクスの「類的存在」としての労働の概念は、ファッションを理解するために不可欠だ。ひとつ例を挙げるとすれば、綿花の収穫から小売店のディスプレイまで、四〇以上の製造行程のそれぞれに関連する社会的労働なしでは、男性服の定番商品である既製のチノパンは存続できないだろう[42]。研究者のなかには、マルクスの労働者に対する注目はあまりに雑な唯物論だと考える者もいる[43]。つまりマルクスの生産に対する注目は視野が狭く、製品がいくばくかの機能性を持っていさえすれば、美的な側面や品質に頓着していないというのである。悪名高い車である東ドイツのトラバントや、均質化のための制服である中国の人民服などが「共産主義」によって生産されたという事実によって、この誤解は増大されてきた。なぜこれらの国家がそのような「不可思議なこと」をすることになったのか、その理由をここで述べるにはあまりにも複雑であるが、これらの事例が両国において労働者による管理や民主主義の欠乏、または疎外を証明していること、そして各国家がとった行動は共産主義というよりはむしろ「国家資本主義」であったことは指摘できるだろう[44]。そのようなものはマルクスにとって嫌悪すべき対象であった。というのも、彼は国家の所有権や利潤を求める原動力ではなく、労働者の民主的な労働管理や人々の欲求や必要に役立つことをめざして議論を続けたからである。

マルクスの仕事の核心には、能動的で創造的な「類的存在」としての労働という、豊かで大きな可能性を持つ概念がある。この概念によって、人間性は他のどんな種からも区別される。マルクスとエンゲルスは生産可能性を発展させるものとして資本主義を賞賛するが、「ブルジョワ時代」は非難する[45]。それは、多くの者を搾取することによって夢のような商品が大量に作り出される世界であり、そこでは搾取される者の喜びはほんのわずかに限られている。マルクスによると、消費がつねに台無しにされているのは、市場が金銭や信用取引の使用に基づいて商品の入手方法を規定するという事実のためである[46]。私たちの創造的な労働力からの「外化」や「疎遠」[47]を伴うこの矛盾が克服されるのは、「束縛している」階級関係の制限や「束縛」という役割と、生産の個人所有と支配が一掃されるときのみである。

ありとあらゆる種類の魅力的なもの——そこには衣服も含まれる——を創造する労働の持つ、非常に大きな潜在能力に対するマルクスの評価は、彼の著作全体に強く現れている。そのことがもっとも顕著に見られるのは、『資本論』第一巻において彼が次のように述べるときである。「蜘蛛は職匠のそれに似た作業をなし、蜂は蜂の巣の巣室を組み立てる。「しかし、最悪の建築師でも、もとより最良の蜜蜂にまさるわけは、建築師が蜜房を蠟で築く前に、すでに頭の中にそれを築いているということである」、と[48]。他にもまた、「直接必要とするもの」に応じる為に「一面的に生産する」動物とは異なり、人間は「普遍的に生産する。[…]人間そのものは肉体的欲求から自由に生産し、しかも肉体的欲求からの自由のなかで初めて真に生産する」[49]と書いている。マルクスにとって、「類的存在」としての労働は、必要性を越えた意識的なデザインと美的な創造を伴っている。私たちが作り出すものの質こそ、私たちの生産を独自の文化とするのである。なぜなら、彼が述べているように、人間だけが「美の諸法則にしたがってもまた形づくるのである」[50]。

これらの言葉は、粗雑な唯物論者あるいは「生産主義者」としてのマルクスへの評価とぶつかる一方で、まさにファッションの質そのもの——これがファッションを強力な文化の力に仕立てあげる——が装飾の二重性であることを示唆する。『資本論』第一巻のなかでマルクスは、商品を二つの欲求を引きつけるものとして定義している。それは「胃の腑」から出る食欲、すなわち肉体が実際に必要とするものと、創意や「想像」の欲求である[51]。ファッションは機能を持つとともに、それを越えたフォルムの戯れである。つまり、私たちが靴を履くのは、その有用性や足の保護のためだけではない。そうではなく、社会的、象徴的、そして美的な理由のために、ある特定のスタイルの靴――ローファー、ブローグ〔穴をあけて装飾を施した革靴のこと〕、ブーツ、スニーカーなど――を履くのである。

ファッションに関する多くのテクストとは異なり――いくつかの例外はあるが[52]――、マルクスが注目したのは創造的で、美的で、遊び心のあるモノの可能性、つまり理論上のことだけではなかった。マルクスは、商品を生産するために人間の労働がどのように体系的に搾取されたのかを分析することに強い関心を示した。とりわけ資本主義下において、このことが作り上げた矛盾について理解したいと彼は望んだ。ファッションに関して言うと、彼がその矛盾を見出したのは自身のコートをめぐる個人的な経験と苦難だけではなかった。マルクスは、はるかにひどい問題、つまりなぜファッションの生産はこんなにも残酷で非人間的な形を取ったのかという問いに取り組んだ。『資本論』第一巻のなかでマルクスは、美しい衣服を生産するために必要とされた労働の搾取の現実を痛感させるために、繊維産業、仕立職、その他の形態の衣服製造業について考察している。ここでもマルクスはいつもと同じ主張をする。労働を意味する「疎外」は、彼が「必要性を越えた驚異と美しさ」と呼ぶものを作り出したが、つねに「奇形」と労働者の苦しみという犠牲を払った[53]。

父親がマンチェスターで繊維工場を所有していたエンゲルスは同様に、一八四〇年代にイギリスの工業都市においてあらゆる商品生産のなかで起こる貧困と窮状をすでに記録していた。一日に一五～一八時間工場のなかで働き、眠り、食事をしていたのが「一五〇〇〇人の、ほとんどが若い女性の針子」であることを指摘しつつ彼は次のように書いた。「ブルジョワジーのご婦人をかざりたてるためにつかわれる品の製造が、それにたずさわる労働者の健康にたいする、このうえなくいたましい結果と結びついていることは、奇妙なことである」[54]。スタイルの変化というファッションサイクルの犠牲者に憤慨したマルクスは、その「きわめて残忍な気まぐれ」を糾弾した。そして二〇歳の帽子職人が「休むことなく二六時間半働いた」のち、過労により死んだウォークリーの悲劇を強調する。当然のように、マルクスはこれらの事情を考慮して、「決定的な革命をもたらす」ミシンの発明が近代的な産業手法を通じて衣服生産を変容させることを切望した。だが彼の願いは叶わなかった。ミシンの導入は、衣服労働者に対する搾取的な圧力を緩和するというよりむしろ強化することになったからだ。なぜそうなったのかを理解すること、そしてなぜCMTプロセスで衣服を作る際に用いられる技術に大きな進歩がないのかを理解することは、ファッションの矛盾した、もしくは両義的な状況を理解するために重要である。私たちには今日もなお、ファッション産業の二重人格的傾向を理解するためにマルクス主義の観点が必要である。

剰余価値、労働の搾取、競争

資本家と労働者のあいだの社会関係を通じて「剰余価値」や利益がどのように作られているのかを説明するために、マルクスは資本主義の基本公式、より正確には資本主義的な交換を展開した。それがM-C-M[55]である。M-C-Mは、生産手段を所持する階級としての資本家やブルジョワジーがどのように労働者から金を作り出したのか、そしてこの支配階級がどのようにして、労働者が生きるために必要な賃金と引き換えに「労働力」を買ったのかを明らかにする。このプロセスを着実に理解することでマルクスは、資本家は金の価値を高めたと主張した。Mは「労働力」という価値を購入する金（money）、Cは賃金の形で労働者が提供する商品（commodity）をさす。しかし注目すべきは、労働者の総労働によって作り出された価値、つまり方程式の二番目のMは、つねに資本家が投資し、支払った価値を越えるということだ。このように、労働者は自らが作り出した価値のほんの一部分だけを受け取る。マルクスの主張に基づく賃金とは、「社会的に必要な労働時間」すなわちSNLTだった。労働、より正確にはモノを作るためにかかるSNLTは、全ての工業製品の価値の基本である。それは、労働者が社会における標準的な水準の道具や技術を使って、価値を作り出す平均時間を表す。そこには生活から再び労働に戻ってくるための生活、すなわち食事をし、休息を取り、衣服を買い、娯楽を享受するために必要な賃金も考慮されている。マルクスにとって、どんな製品の中心的価値も、それを作るためにかかったSNLTの総額あるいは量に起因する。彼の「労働価値説」は、もし一人の労働者が四時間で自分の生活のために必要な価値を生産したら、一日八時間のうち残り四時間は見返りなしに働いた、つまり彼らが資本家のために四時間の「剰余価値」を作り出しているということを意味する。「剰余価値」は労働者が作り出す過剰な価値であり、資本家は労働者の賃金の価値以上のものを受け取る。金銭的な観点から見れば、この価値は商品が売れたときに資本家の利益として換金される。

これは一般的な光景である。とりわけファッション生産について考察しはじめるならば、そこには衣服労働者に支払われた賃金の総額、すなわち彼らのSNLTの価値がきわめて少なかった――そして今もそうである――ことを保証する固有の特徴がある。歴史的に見ると、前述した古く封建的な「家内工業」システムを続けることで、最初の既製服は製造された。「問屋制家内工業」[56]として知られる、この産業革命前の製造システムは、紡績業者に繊維を、織工に糸を、針子や仕立屋に服地を供給する商人や仲買人を含んでいた。

一定額を支払われ、これらの材料をそれぞれ糸や布地、衣服へと加工するこのシステムのなかで、当初彼らはいくらか力を持つことができた。というのも、彼らは商品としての「労働力」ではなく、彼らの労働の産物を売っていたからである。一八世紀終わりから一九世紀初めの手織り機の職人の場合、大規模な機械化により服地をつくるためにかかる時間が削減されるにつれて彼らの労働の支配は失われた。結果として、繊維産業に参入した「労働力」の価値はすぐに崩壊した。もはや労働の産物を売ることでは競争できないこれら職人の生計手段は破壊され、その代わりに、彼らは「労働力」そのものを安く売ることを余儀なくされた。

衣服の場合は、「労働力」の価値を減じるべく衣服生産にかかる時間を削減することで収益性を向上させる必要性が別の形を取ったとマルクスは主張した。彼は『資本論』第一巻で、「それぞれ利得の分け前を取ることになっている幾人かの手を製品が通り、〔…〕女工の手に入る賃金は、釣合いのとれない惨めなものとなる」[57]との記述がある『児童労働調査委員会第二次報告書（*The Children's Employment Commission*）』（一八六四年）を引用している。アニー・フィザックリー[58]によれば、家内生産者や小規模生産者のネットワークによって分散した製造や「下請け」などの現存するシステムのゆるやかな発展は、技術的革新に対するインセンティヴがほとんどなかったことを意味する。マルクスが資本の「予備軍」[59]と名づけた、搾取のためにたやすく利用できる賃金の安い女性、子ども、出稼ぎ労働者、そして後のグローバルな労働者の予備要員がいる限り、高価な機械に対して資本を投資する必要はなかった。

特に重要なのは、どうやって、そしてなぜ「苦汗制度（sweating）」が衣服製造チェーンの中心であり続けるのかを説明するのがマルクスであることだ。苦汗制度は「資本家が支払う労働価格と、そのうちから介入者が現実に労働者に与える価格部分との差額から生ずる」[60]利益を得る「寄生的な仲買人」や「卸商」

[61]の役割によって形づくられていると彼は主張する。さらに、家内工業または小規模の工場の衣服労働者と、製造者に基礎を置く大規模な工場と小売店とのあいだに代理人として仲買人の「介入」が起きたとき、「出来高給」による支払が促進された[62]。「下請け」、つまり下請け労働者の実際の「労働力」ではなく労働の「産物」を買うことを継続しているように見えるが、実際には「出来高給」と資本家、商人、仲買人や「卸商」[63]が徐々に再交渉したことにより、衣服生産が行われるあらゆる場所で賃金労働を余儀なくされることとなった。一着の衣服に支払われる金額や「レートを固定する」ことで、生産者の労働プロセスに対する有意義な支配が廃絶された、とマルクスは強く主張する。それは「[服作りに従事する]労働の質および強度が」、支払いという「形態そのものによって規定される」[64]ことを確実にした。「出来高給」はそれゆえ、搾り取られた剰余価値の水準を引きあげ、搾取をいっそう悪化させている。実際、より多くの衣服をつくるために必死で働いた一部の労働者に対しての支払いが平均を上回った一方で、この方式は支払い全体の「水準そのものを低下」[65]させた。なぜなら、個々の衣服を作るためにかかる時間を削減することで、そのなかに具体化した「労働力」の価値を自滅的に引き下げたためである。

大まかに言えば、「出来高給」の導入による衣服生産時間の削減に対する圧力のせいで、代理人と下請業者は「労働力」の価値を最低限にまで減じた。そのことは、彼ら仲買人の利益をあげるだけではなく、生活賃金を得るために十分な量の衣服を生産する「労働の下請け」、外注、「搾取（sweating）」をなおいっそう進めることにもなった[66]。これが意味するのは、大量の衣服をつくることによって下落したそれぞれの価値を補うために、家内工業や小規模な生産者が家族——そこには子どもも含まれる——へと仕事を分配することである。ミシンがようやく一八五〇年代に現れ[67]、「固定した」資本の大きさや安さは最終的に、小規模生産者間の競争を助長したとマルクスは述べる。ミシンの値段が比較的安く、どこでも使用できるサイズであったこともその大きな要因であった。このように、マルクスは「敵対する諸資本の数に正比例し、その大きさに逆比例」[68]して激しさを増す競争を指摘した。一世紀半前にマルクスによって明らかになったこれらの搾取的で競争的な原動力は、ファッション製造の市場への絶え間ない参入と退出の原因であったし、いまもあり続けている[69]。今日、バングラデシュやその他の発展途上国で、ウォルマート、プライマーク、ギャップ、H&M、アルカディア、トップショップなどの大規模な世界的小売業者の代理人から下請仕事の契約をとるために、小さな衣服製造会社は競争相手より安値をつけ続けている。大企業が有利に業務を外注し、あらゆるリスクや衣服製造にかかるコストを最小にしている一方、衣服労働者はふくれあがった法人組織の利益と「安価な」衣服のためにとても高い価格を支払い続けている。

商品の物神崇拝とファッション

マルクスは他の誰よりも先に、資本主義が急速に世界的システムになりつつあると『宣言』で述べた[70]。これは、安価な労働者の予備要員——集約型製造のために利用することができた「予備軍」[71]——が結局のところ、SNLTのような労働コストが非常に低い国々も含め、世界的なものだったことを意味する。ファッションの世界的な小売業と消費空間、そしてその世界的な生産の無知蒙昧的な側面を特徴づける、まばゆい光と魔術的イメージ、そして興奮のあいだにある矛盾は、商品としての衣服が競争的な世界市場の利益のために生産されるために強化される。生産のすべての段階において、生産業者の複合体や大部分が不透明なサプライチェーンに関わる人々の労働を、ファッションは搾取しているのだ。

マルクスにとって、労働者を生産手段から切り離すことは、私たち「類的存在」に否定的な影響を及ぼし、それを歪めることであった。マルクスが「疎外」と呼んだ[72]この分離は、モノの世界との新しく、しばしば有害な関係を作り出した。これを彼は「物神崇拝」[73]と呼ぶ。それはすなわち、消費者の生を変えることのできる商品として消費者へ販売される、モノそれ自体に対する信仰である。この点において、ファッションはまたしても典型的な例となる。ファッションに投資されたあらゆる夢と希望の背後、そして映画やマーケティング、セレブリティのイメージのなかでファッションに付随するあらゆる象徴的意味の背後には[74]、ひとつの統一的な可能性の条件がある。労働、そしてその管理が「疎外」され「疎隔」される際に起こることは私たちから分離し失われた。『資本論』第一巻のなかでマルクスは、「資本主義的生産様式の支配的である社会の富は「巨大なる商品集積」として現れ」る[76]と述べた。これは本質的には、莫大な労働の集積、すなわち大部分が隠されたままの相互関係的で協同的な一連の創造行為や「行動」であると彼は主張する。マルクスはさらに次のように続ける。その集積は、「人間に対して物の関係の幻影的形態をとるのは、人間自身の特定の社会関係であるにすぎない」[77]。「物神崇拝」というマルクスの理念の核心にあることの議論は、ランウェイからストリートに至るまでの、視覚を喜ばせるものとして現れるファッションと、生産労働のなかにあるファッションの本質あるいは起源――これは生産労働を通じて存在し続けている――とのあいだのギャップを捉える。消費から生産を区別すること、そして生産手段から生産者を区別することが資本主義を作り出す。そうして資本主義は市場で販売し利益を得るための商品を生産することに基盤を置いたシステムとなる。そこでは「労働力」と現金給与が交換され、今度は現金が商品と交換される。したがって、それは衣服製造に通じる社会的労働を包含するが、一方で人々とこの惑星の双方に対する広範な社会的、生態学的コストを隠してもいる。さらに、創造的な「類的存在」は、世界を変えることによって私たち自身をも変えられることを意味すると強調したマルクスにとって、「物神崇拝」は私たちが歴史を作り、そして作り直すための幅広い力の感覚をおびやかすものなのである。

イタリアの政治経済学者、フェルディナンド・ガリアーニは「価値とは人と人とのあいだの関係である」[78]と語ったが、マルクスは、それは「物的外被の下にかくされた関係」[79]だと付け加えた。ブランディング、市場、距離やルーティンの物神崇拝的効果によって大部分が私たちから隠されているにもかかわらず、ときおりそのファッション製品の殻にひびが入る。

二〇一三年四月二四日、バングラデシュの首都ダッカで、プライマークやその他のファッションチェーンのための服を作っていた縫製工場ラナプラザが崩壊し、一一〇〇人以上が死亡、数千人を超える負傷者が出た。そのとき世界は、そして四〇〇〇万人のファストファッションを生産する下請け労働者たち[80]は、世界的なCMT軍を垣間見た。マルクスの時代でも私たちの生きるこの時代でも、ファッション製造のなかにある搾取された労働の根強さを証明するのは、資本主義のなかでの階級搾取と企業間競争の組み合わせである。一世紀前、ベシー・ガブリロウィッチは一九一一年のニューヨークで起きたトライアングル・シャツウェスト工場の火災から「道路に向かって煙のなかを手探りで進み」、脱出した。彼女の同僚の多くは「上層階の窓から飛び降りた」。そして三〇分間のあいだに一四七人が亡くなった[81]。

一〇一年後の二〇一二年一一月二四日、ウォルマートやC&Aの縫製業務を受注していた、ダッカ近郊にあるタズレーン工場でシャティ・アクター・シュチョナは一〇〇〇人の衣服労働者と共に働いていた。突如火の手が上がったとき、彼女は火災から逃れるために四階の窓から飛び降りることを強いられた。無火災証明書とともに建物が炎に包まれるなか、一一二人の同僚が亡くなった〔82〕。

おわりに──マルクスが未来を形づくる

一八八三年、マルクスは六五歳でこの世を去った。一八四九年以降、彼が政治亡命地として選んだロンドンのハイゲート墓地に彼の遺体は安置された。マルクスの葬儀は英国の新聞では報じられなかったが、二〇世紀の歴史と私たちが今生きている世界に与えた彼の影響の度合いに異議を唱える者はほとんどいないだろう。マルクスの仕事は、労働者たちの闘争や暴動を引き起こした。たとえば、一九一七年に世界初の労働者革命を成功に導いたロシアのボリシェヴィキの闘争もそのひとつであり、これは皇帝による野蛮な圧政と第一次世界大戦の無意味な虐殺の両方に決着をつけた。残念なことに彼の仕事は、圧政や弾圧を正当化するためにも使われてきた。しかしながら、東欧やロシア各地に広まった革命から数十年経った後、「既存の社会主義」が「国家資本主義」のようなまがいものだと暴露され、マルクスの思想は今日再び注目を集めている。

マルクスの仕事は、急速に深刻化する世界的な階級不平等、搾取、そして環境災害の脅威に対する代替策を探し求める人々にとっての重要な資源として復活しつつある。彼の仕事は、世界的な「占拠」運動の活動家や「アラブの春」の革命家のみならず、二〇〇八年の世界金融危機、またそれに続く世界的な経済不調の原因を解明しようとする経済学者にも刺激を与えた。マルクスは深遠なる生態学的思想家のように、「類的存在」としての私たちの労働の民主的・社会的な支配は、私たちを階級社会から解放するだけではなく、自然との「代謝」と彼が呼んだものを維持し、真に持続可能な未来を成し遂げるための鍵を握っていると主張した[83]。マルクスの仕事を再考することは、人間という種にとって今日的な意味を持っている。私たちは、必要性を超えた美しさを設計し創造する驚くべき能力を持つ種であるからだ。その美しさは最高のファッションのなかに垣間見られるだろう。このような理論的投資は、ファッションを学ぶ者にとっていまこそきっと必要である。なぜならファッションは「資本主義の申し子」であるのだから。マルクスを通してファッションを再考することは、ファッションに対する私たちの批判的な理解をただただ深めてくれるだろう。

謝辞
この章の草稿を執筆するにあたって有益な助言、助力、アドヴァイスをくれたロンドン・カレッジ・オブ・ファッションの歴史文化学部の同僚、ジャニス・ミラーに感謝する。

原註

[1] Elizabeth Wilson, *Adorned in Dreams: Fashion and Modernity*, London, I.B. Tauris, 2003 [1985], p. 13.

[2] *Ibid.*, p. 13.

[3] Alex Callinicos, *The Revolutionary Ideas of Karl Marx*, London, Bookmarks, 1983.

[4] Karl Marx, *Preface to a Contribution to the Critique of Political Economy*, Peking, Foreign Languages Press, 1976 [1859], p. 3.（『経済学批判』武田隆夫訳、岩波書店、一九五六年、一三頁。）

[5] Peter Stallybrass, 'Marx's Coat', in P. Spyer (ed.), *Border Fetishisms: Material Objects in Unstable Spaces*, New York, Routledge, 1998, p. 203.

［6］Joanne Finkelstein, *The Fashioned Self*, Cambridge, Polity Press, 1991, p. 128.（『ファッションの文化社会学』成実弘至訳、せりか書房、一九九八年。）

［7］Peter Stallybrass, op. cit., p.187.

［8］Karl Marx and Friedrich Engels, *Selected Works*, Moscow, Foreign Languages Publishing House, 1973, p. 84.

［9］Karl Marx, 'Theses on Feuerbach' in *Early Writings*, Harmondsworth, Penguin, 1974, p. 123.（『フォイエルバッハ論』松村一人訳、岩波書店、一九六〇年、九〇頁。）

［10］Mike Gonzalez, *A Rebel's Guide to Marx*, London, Bookmarks, 2006.

［11］Georg Wilhelm Friedrich Hegel, *Hegel's Logic*, Being Part One of *the Encyclopedia of the Philosophical Sciences*, Oxford, Oxford University Press, 1975.（『小論理学』牧野紀之訳、未知谷、二〇一八年。）

［12］Karl Marx and Friedrich Engels, *The Communist Manifesto*, London, Verso, 1998 [1848], p. 3.（『共産党宣言』大内兵衛・向坂逸郎訳、岩波書店、一九五六年、三八-三九頁。）

［13］Karl Marx, *Grundrisse*, London, Penguin, 1993 [1857], p. 101.（『経済学批判要綱』高木幸二郎訳、大月書店、一九五八年、二三頁。）

［14］Karl Marx and Friedrich Engels, *The German Ideology*, London, Lawrence and Wishart, 1975 [1845], p. 37.（『ドイツ・イデオロギー』古在由重訳、岩波書店、岩波文庫、一九五六年、三二頁。）

［15］Karl Marx, *Economic and Philosophical Manuscripts*, retrieved from https://www.marxists.org/archive/marx/works/1844/manuscripts/labour.htm on 25 November 2013, 1844.（『経済学・哲学草稿』城塚登・田中吉六訳、岩波書店、一九六四年。）

［16］Karl Marx and Friedrich Engels, *The Communist Manifesto*, 1998 [1848].（『共産党宣言』、一九五六年。）

［17］Norbert Elias, *The Civilizing Process: The History of Manners*, Oxford, Blackwell, 1978.（ノルベルト・エリアス『文明化の過程（上）——ヨーロッパ上流階層の風俗の変遷』赤井慧爾・中村元保・吉田正勝訳、法政大学出版局、二〇一〇年。『文明化の過程（下）——社会の変遷/文明化の理論のための見取図』波田節夫・溝辺敬一・羽田洋・藤平浩之訳、法政大学出版局、二〇一〇年。）

［18］Elizabeth Wilson, *op. cit.*

［19］*Ibid.*, pp. 4–5.

［20］Karl Marx and Friedrich Engels, *The Communist Manifesto*, 1998 [1848], p. 38.（『共産党宣言』、一九五六年、四三頁。）

［21］*Ibid.*, p. 37.（同書、四二頁。）

［22］Robert Hughes, *The Shock of the New: The Hundred-Year History of Modern Art, Its Rise, Its Dazzling Achievement, Its Fall*, 2nd edition, New York, McGraw-Hill, 1991.

［23］Karl Marx and Friedrich Engels, *The Communist Manifesto*, 1998 [1848], p. 40.（『共産党宣言』、一九五六年、四五頁。）

［24］Don Slater, *Consumer Culture and Modernity*, Cambridge, Polity, 1997, p. 70.

［25］Elizabeth Wilson, *op. cit.* Joanne Entwistle, *The Fashioned Body: Fashion, Dress and Modern Social Theory*, Cambridge, Polity, 2000.（『ファッションと身体』鈴木信雄監訳、日経経済評論社、二〇〇五年。）

［26］Elizabeth Wilson, *op. cit.*, p. 13.

［27］Thorstein Veblen, *The Theory of the Leisure Class: An Economic Study of Institutions*, New York, Macmillan, 1899.（『有閑階級の理論』村井章子訳、筑摩書房、二〇一六年。）

［28］Elizabeth Wilson, *op. cit.*, pp. 24–25.

［29］Pierre Bourdieu, *Distinction: A Social Critique of the Judgment of Taste*, Cambridge, Harvard University Press, 1984.（『ディスタンクシオン——社会的判断力批判（I・II）』石井洋二郎訳、藤原書店、一九九〇年。）本書の第一三章も参照のこと。

［30］Joanne Entwistle, *op.cit.*, p.106.（『ファッションと身体』、二〇〇五年、一五四頁。）

[31] Christopher Breward, *The Hidden Consumer: Masculinities, Fashion and City Life 1860–1914*, Manchester, Manchester University Press, 1999.

[32] Georg Simmel, 'Fashion' in *International Quarterly*, 10: 130–55, 1971 [1904], p. 296.

[33] Elizabeth Rouse, *Understanding Fashion*, London, BSP Professional Books, 1989. Naomi Tarrant, *The Development of Costume*, London, Routledge, 1994. Beverly Lemire, *Dress, Culture and Commerce: The English Clothing Trade before the Factory, 1660–1800*, Basingstoke, Macmillan, 1997.

[34] Tim Edwards, *Fashion in Focus: Concepts, Practices and Politics*, London, Routledge, 2011.

[35] Elizabeth Rouse, *op. cit.*, p. 244.

[36] Elizabeth Rouse, *op. cit.* Joanne Entwistle, *op. cit*.（『ファッションと身体』、二〇〇五年。）Elizabeth Wilson, *op. cit.*

[37] Beverly Lemire, *op. cit.*

[38] Elizabeth Rouse, *op. cit.* Naomi Tarrant, *op. cit.*

[39] Elizabeth Rouse, *op. cit.*, p. 278.

[40] *Ibid.*, p. 278.

[41] Roland Barthes, *The Fashion System*, M. Ward and R. Howard (trans.), London, University of California Press, 1998 [1983], pp. 297–298.（『モードの体系――その言語表現による記号学的分析』佐藤信夫訳、みすず書房、一九七二年、、四〇六-四〇九頁。）バルトに関する詳細は、本書の第七章も参照のこと。

[42] Jeannette Jarnow and Kitty G. Dickerson, *Inside the Fashion Business,* 6th edition, Upper Saddle River, Prentice-Hall, 1997.

[43] Marshall Sahlins, *Culture and Practical Reason*, Chicago, University of Chicago Press, 1976. Jean Baudrillard, *For A Critique of the Political Economy of The Sign*, St. Louis, Telos, 1981.（『記号の経済学批判』今村仁司・宇波彰・桜井哲夫訳、法政大学出版局、一九八二年。）Jean Baudrillard, *Selected Writings*, London, Polity, 1988.

[44] Tony Cliff, *State Capitalism in Russia*, London, Bookmarks, 1988.

[45] Karl Marx and Friedrich Engels, *The Communist Manifesto*, London, 1998 [1848], p. 38.（『共産党宣言』、一九五六年、四三頁。）

[46] Ben Fine and Ellen Leopold, *The World of Consumption*, London, Routledge, 1993.

[47] Karl Marx, *Economic and Philosophical Manuscripts*, 1844.（『経済学・哲学草稿』、一九六四年。）

[48] Karl Marx, *Capital Volume One*, London, Penguin, 1990 [1867], p. 284.（『資本論（二）』向坂逸郎訳、岩波書店、一九六九年、一〇頁。）

[49] Karl Marx, *Economic and Philosophical Manuscripts*, 1844, n.p.（『経済学・哲学草稿』、一九六四年、九六頁。）

[50] *Ibid.*, n.p.（同書、九七頁。）

[51] Karl Marx, *Capital Volume One*, 1990 [1867], p. 125.（『資本論（一）』、一九六九年、六七頁。）

[52] 以下の文献を参照のこと。Peter Braham, "Fashion Unpacking a cultural production" in *Production of culture/cultures of production*, London, SAGE Publications, 1997. Joanne Entwistle, *The Fashioned Body,* 2000.（『ファッションと身体』、二〇〇五年。）Joanne Entwistle, *The Aesthetic Economy of Fashion: Markets and Values in Clothing and Modelling*, Oxford, Berg, 2011. Ben Fine and Ellen Leopold, *The World of Consumption*, 1993. Annie Phizacklea, *Unpacking the Fashion Industry: Gender, Racism, and Class in Production*, London, Routledge, 1990.

[53] 次の文献から孫引きされたカール・マルクスの引用。John Molyneux, *The Point Is to Change It! An Introduction to Marxist Philosophy*, London, Bookmarks, 2012, pp. 12–13.

[54] Friedrich Engels, *The Condition of the Working Class in England*, London, Penguin, 2009 [1845], p. 12.（『イギリスにおける労働者階級の状態（下）』

一條和夫・杉山忠平訳、岩波書店、一九九〇年、九八頁。）

[55] Karl Marx, *Capital Volume One*, 1990 [1867], pp. 248–57.（『資本論（一）』、一九六九年、二五六－二七一頁。）

[56] 次の文献から孫引きされたエリック・ホブズボームの引用。Beverly Lemire, *op. cit.* p. 55.

[57] Karl Marx, *Capital Volume One*, 1990 [1867], p. 695.（『資本論（三）』、一九六九年、八〇頁。）

[58] Annie Phizacklea, *Unpacking the Fashion Industry: Gender, Racism, and Class in Production*, London, Routledge, 1990.

[59] Karl Marx, *Capital Volume One*, 1990 [1867], p. 781.（『資本論（三）』、一九六九年、二〇五頁。）

[60] *Ibid.*, p. 695.（同書、七九－八〇頁。）

[61] Ellen Leopold, 'The Manufacture of the Fashion System', J. Ash, and E. Wilson (eds.) in *Chic Thrills: A Fashion Reader*, London, Pandora Press, 1992.

[62] Karl Marx, *Capital Volume One*, 1990 [1867].（『資本論（一－三）』、一九六九年。）

[63] Ellen Leopold, op. cit.

[64] Karl Marx, *Capital Volume One*, 1990 [1867], p. 695.（『資本論（三）』、一九六九年、七九頁。）

[65] *Ibid.*, p. 697.（同書、八二頁。）

[66] *Ibid.*

[67] *Ibid.*, p. 603.（『資本論（二）』、一九六九年、四八三頁。）

[68] *Ibid.*, p. 777.（『資本論（三）』、一九六九年、二〇二頁。）

[69] Ellen Leopold, op. cit.

[70] Karl Marx and Friedrich Engels, *The Communist Manifesto*, 1998 [1848].（『共産党宣言』、一九五六年。）

[71] Karl Marx, *Capital Volume One*, 1990 [1867], p. 792.（『資本論（三）』、一九六九年、二二〇頁。）

[72] Karl Marx, *Economic and Philosophical Manuscripts*, 1844.（『経済学・哲学草稿』、一九六四年。）

[73] Karl Marx, *Capital Volume One*, 1990 [1867], p. 163.（『資本論（一）』、一九六九年、一三二頁。）

[74] Pamela Church-Gibson, *Fashion and Celebrity Culture*, London, Berg, 2012. Janice Miller, *Fashion and Music*, London, Berg, 2011.

[75] Karl Marx, *Economic and Philosophical Manuscripts*, 1844.（『経済学・哲学草稿』、一九六四年。）

[76] Karl Marx, *Capital Volume One*, 1990 [1867], p. 165.（『資本論（一）』、一九六九年、六七頁。）

[77] *Ibid.*, p. 165.（同書、一三二頁。）

[78] 次の文献から孫引きされたフェルディナンド・ガリアーニの引用。Karl Marx, *Capital Volume One*, London, Penguin, 1990 [1867], p. 167.（『資本論（一）』、一九六九年、一三五頁。）

[79] *Ibid.*, p. 167.（同書、一三五頁。）

[80] Lucy Siegle, 'Fashion Still Doesn't Give a Damn about the Deaths of Garment Workers' in *the Guardian*, Sunday 5 May, 2013.

[81] Anon, 'City life at the Turn of the 20th Century' in *EyeWitness to History*, retrieved from www. eyewitnesstohistory.com on 20 November 2013, 2000.

[82] Anbarasan Ethirajan, retrieved from https://www.bbc.com/news/world-asia-22049408, 2013.

[83] Karl Marx, *Capital Volume One*, 1990 [1867], p. 283.（『資本論（一）』、一九六九年、一〇頁。）

02

ジークムント・フロイト

Sigmund Freud

フェティシズムでは終わらない──ファッションと精神分析

ジャニス・ミラー
西條玲奈｜訳

はじめに

少なくとも西洋では、ジークムント・フロイトとその思想をまるで聞いたことがないという人はほとんどいない。とはいえ、その知識はごく概説的なものにとどまるか、センセーショナルな内容か、場合によっては歪んだ情報になっていることすらある。フロイトは一八五六年、現在のチェコ共和国のプジーボル──当時はオーストリア帝国だった──でユダヤ人の両親のもとに生まれる。当時オーストリアでは反ユダヤ主義のナチス・ドイツが政権を取っていたため、フロイトは人生の大半を過ごしたウィーンからロンドンへと避難し、一九三九年に八三歳で没している。フロイトは自らを「無神論者のユダヤ人」と称していた〔1〕が、ユダヤ人であることは、ナチズムの台頭以前から続く「きわめて反ユダヤ主義的な世界」〔2〕に生きる彼の処遇を左右する基盤だっただろう。フロイトは一八八一年にウィーンで医師免許を取得し、一八八六年に個人で開業した。フロイトは催眠療法や後の「対話療法」を実践し、精神疾患のさまざまな症状に対処した。一八九〇年代後半までには、フロイトはこの技術を精神分析と名づけている。

本章は、フロイト的な概念と着想を用いて、ファッションおよびファッションに関わるイメージやそれによる媒介を検討し、理解するさまざまな方法を探求する。また、精神分析が有効な事例の存在があるにもかかわらず、ファッション研究の枠組みとして過小評価されてきたことを示したい。本章の主張はこうである。精神分析は、社会学的手法に依拠するファッション・スタディーズの一般的な理論的枠組みを刷新し、補足する手段とみなされるべきである。なぜなら、精神分析によって文化的生活のなかで果たすファッションの役割を少なからず解明できるからだ。

フロイトと性的欲望――過去と現在

フロイトは多作な人で、本、論文、手紙を数多く書いている。なかには死後はじめて出版されたものもあった。フロイトの仕事が目を向けるのは、人間の発達と活動の多様な側面である。性的欲望と性的発達に関するさまざまな問いはフロイトの仕事にとって重要なものである。だが、それらは世間からのイメージに耐え忍んできた部分でもある。フロイトが活動していた時代、性的欲望はさまざまな形でタブー視されていた。

それはとりわけ女性に対して顕著であり、性的欲望の文化的抑圧こそ、女性の患者が苦しむ少なからぬ神経症につながる根本的な原因だとフロイトはみなしていた。一九六〇年代の性の革命によって、男女いずれにとっても性的表現の幅が広がったことは間違いない。だが、性的表現の幅を広げる可能性に寄せられる関心は、現在も弱まっていないのではないか。弱まるどころか、性的欲望はいまなお、肯定的にも否定的にも、過剰なほどの注意を引くものであり続けている。実際のところ、性の革命の結果何が起きたのだろうか。さまざまな文化的文脈で、いまなお個人はフロイトの時代の患者と何ら変わらない抑圧の下にある。だが、現在では、自己の性的欲望を人生のある場面では激しく表現することが期待され、別の場面では否定することが期待されてもいる。フロイトの思想体系は、人間の条件を構成するにあたって性的欲望が担う基礎的な役割に目を向けるだけではなく、さまざまな理由で、性的欲望を管理せよという指令によって文化や個人が形づくられる過程にも注目する。したがってフロイトの思想体系の妥当性は今も失われていない。とすれば、性的欲望に対するこのフロイト派のこだわりは、ファッションと組み合わさることで相乗効果を生む可能性がある。というのもフレッド・デイヴィスが論じる通り、衣服は「セックスをする気があるかどうか（sexual availability）や性癖（erotic taste）の問題に大きな関心を寄せる」［3］からである。

フロイトの仕事に備わる魅力は時代を超えたものである。だからこそ、ポピュラーカルチャーではセラピストの典型としてフロイトを描くことが多いのだろう。たとえば、「フロイト先生を呼び出す（paging Doctor Freud）」という言い回しはジョークとして繰り返し使われてきたが、これは、人の行動や発言が、性的欲望、文化、あるいは母親との関係が世間の規範からずれていることを示す場合に使われる表現である。フロイトの理論では、言い間違いは隠れた思考や感情の証拠とされる。また、男根象徴という概念は、たとえほとんどペニスに似ていない対象であっても、任意のものと結びつけられる記述として機能する。これらは次第に人口に膾炙するようになったフロイトの思想のほんの一部である。これらの見解は彼の著作の基本理念をあらわにしている。というのも、それはしばしば文化が健全あるいは不健全だと解釈している信念、態度や欲望が何かを示す反応であるからだ。加えてフロイトの見解が示唆するのは、隠すことが好ましいとされる態度を私たちが抱いたり表明したりすること、あるいは私たち自身のことを意識すらしていないということである。こうした例が示すとおり、人間が内的な心理的葛藤に形づくられているかもしれないという可能性に思い至るのはきわめて普通のことである。だが、これこそ精神分析とその遺産が中心に据える仮説なのである。

無意識

人間が内的な心理的葛藤に形づくられているかもしれないという可能性は、精神分析の中心的な仮説である。この仮説は、性的欲望に限った話ではない。フロイトにとって内的な葛藤は神経症的行動を生じさせるものだ。このような行動は次のような緊張によって引き起こされる。それは、私たちに期待されること、すなわち私たちが意識していることと、私たちや私たちの文化が受け入れがたい、あるいはとても恐ろしいと考えるために意識から追い出され抑圧された結果、無意識に置かれたこととのあいだの緊張である。無意識はフロイトの全仕事にとって基礎となる概念である。フィリップ・リーフはこう記している。

無意識は単に意識していないことやその時気づかなかったことのみならず〔…〕忘却された自分の起源も含んでいる。だが忘れることはそれを放棄することではない。反対に、出来事や動機を忘れることはその重要性を保存し、増強さえするのである。〔4〕

それゆえ、フロイトは無意識をあらゆる受け入れがたい感情や思考の貯蔵庫だと解釈する。そうした思考や感情は不安を掻き立て、煩わすものだからこそ、隠蔽されたり「抑圧」されたりするのである。フロイトの位置づけでは、こうした行き場のない情報の大半は、幼児期の初期の発達段階に生じるものだ。「神経症」の患者に生じる葛藤は、何らかの「リビドー的発達」の中断や停滞のゆえに発生するとフロイトは考えたのである。フロイトはその著作を通して、葛藤のなかに自分を見出すことのできるいくつかの心理的領域を定義するために多くの用語を使って定義した。たとえば後期の著作では、意識／無意識という用語から離れ、その代わりに精神を自我、超自我、エス（id）という諸相に分類している。どんな言葉であれ、フロイトにとって神経症の症状が起こるのは、自己のある側面が別の側面の要求（demand）や欲望（desire）に凌駕されてしまったときであり、かつ（または）外部世界にある何ものかが精神のこれらの側面と適切な均衡を保てず、それゆえ解消できない葛藤をもたらしたときである。個人の意識と無意識とのあいだの格闘をこのように受け取ることは、フロイトの仕事を理解する基礎となる。

フロイトのファッション論

ピーター・ゲイによれば、「自覚的であれ無自覚であれ、われわれは皆フロイトの言葉を話している」[5]。精神分析の原理が人間心理を語る日常語に組み込まれていることが明らかとなった今、本章で鍵となる問いは次のようなものである。フロイトはファッションについて何か述べているのか。患者の経験談のなかで、フロイトが衣服に象徴的な性質を見出していたことは確かである。フロイトの記録には広場恐怖症の女性が見た夢の分析が残っている。この記録で彼は、その女性の帽子にふちにゆらゆら揺れる飾りが付いていたことに注目している。フロイトはこの患者に、帽子が男性器を意味していると伝えた。患者は最初フロイトの解釈を認めようとしなかったが、「夫の睾丸は、片方が他方よりも下がっているが、これには何か意味があるのか、また、すべての男の人がそうなっているのか」[6]と彼女が質問したときにそれを受け入れたようだ。フロイトにとって、この種の衣類が特定の夢の文脈で登場するとき、男性器だけでなく女性器を暗示している場合もある。このように象徴化の作用を持ちうるとフロイトが感じていたのは衣類だけではなかったが、「男性の夢の中では、ネクタイ〔クラヴァット〕がしばしばペニスの象徴として見いだされる」[7]と考えていたのも事実である。

こうした事例が証明する通り、フロイトが衣服について語ることもある。しかし、エリザベス・ウィルソンによるファッションの定義、すなわちファッションは「急速かつ継続的な様式の変化という特徴を中心とする」[8]服装のことであるという定義を受け入れるならば、フロイトはファッションについては沈黙していると言えるだろう。衣服は人の身体と密接な関係をもつがゆえに記号となる可能性があることをはっきり認めているにも関わらず、フロイトは後のファッション研究のように〔9〕、衣服が社会的アイデンティティを表す流動的なシニフィアンであるとは考えない。クラヴァットも昔は広く普及していたものの、現在はほとんど目にすることがないが、このような衣服への言及はここでどんな働きをしているのか。それはこのイメージをフロイトが活動していた時代の美的価値観に結びつける作用である。もっとも、これだけでは、流行の慣習がこうしたイメージを形づくる役目を果たしていたことについてほとんど何もわからないし、あるいはどうすればこのイメージが流行の慣習との関わりのなかで変化しうるのかも不明である。また、ファッションとアイデンティティとのつながりに気づいたとして、それがフロイトの患者の精神――個人的なものであれ集合的なものであれ――をさらに解明できたのか、という問いに対する答えも出ないままである。

この問題は、精神分析家のJ・C・フリューゲルが一九三〇年の著作『衣服の心理学（*The Psychology of Clothes*）』でいくぶん掘り下げている。ヴィクトリア朝時代の多くの男性と同じく、フロイトはファッションを自分にはほぼ無関係だと感じていたが、ファッションに個人を規定する力があることは理解していたようである。彼は保守的で礼儀正しいヴィクトリア朝時代の男性にふさわしいスタイル、すなわち「身体にぴったり合った上質のスーツに黒いネクタイ」〔10〕に身を包んでいた。

フロイト自身がこうした装いをするとき、フリューゲルの著作で提案された重要概念のひとつを体現している。一九世紀における「男性の偉大なる放棄（Great Masculine Renunciation）」という概念である。フリューゲルの議論によれば、この時代、男性の服装は地味で控えめな、節度のあるものへと変わり、装飾的でこれみよがしに派手な服装から距離をおくようになった。このような衣服的表明を行うにあたって、ヴィクトリア朝時代に支配的であった男らしさという価値を男性が自分の身体に刻み込んでいたに違いない。身体はアイデンティティを構築し表出するための場、あるいは装飾を行うための場とみなす発想を彼らは拒絶したのである。事実、男性服がこのように統一されたことが一因となって、健康的で「正常な」男らしさの中核には、身体よりも精神や性格のあり方が強調されるようになったのだ。フロイトの精神分析そのものも同じく、身体よりも精神を特権化してきた。ジョイス・マクドゥーガルが論じる通り、「その始まりから、精神分析は、フロイトにならい、言語の役割を特権視した。言語は精神を構築し、精神分析による治療を行う際にも用いられるものであった。だがすべてのコミュニケーションに言語が使われるわけではない」[11]。精神分析とファッション・スタディーズの双方において、人間の経験と言語の関係は一般的な分析の論点だが、両分野はどんな分析の形式であれ、ほとんど結びつくことがなかった。フリューゲルが本章で重要なのは、彼がフロイトの着想をファッションの分析に影響を及ぼすものとして導入した第一人者であり、そのような人はほとんどいないからである。この仕事を通じてフリューゲルが提案した仮説はこうだ。装いという人間の活動を動機づける隠れた要因は、身体の保護、慎み、そして装飾の三つである、と。

特にフリューゲルが精神分析的な洞察を行なったのは、身体装飾への欲望と慎みのあいだに起こる緊張である。フリューゲルによれば、身体装飾への欲望は身体をひけらかしたいという幼児期のナルシシスティックな自己愛（self-regard）から生じ、そのような欲望をしきりに妨げようとする文化が慎みを要求する。このようにおよそ調停不可能な要求から矛盾や混乱が生じるのは避けられない。しかし、こうした矛盾や混乱こそがファッションを作り出す。なぜならファッションは、絶えず身体を再定義するものだからである。この再定義は、身体の特定の部分を露わにしたり隠したりしながら、その時代の礼儀や慎みという概念に従う場合もあれば、それに異議を唱える場合もある。後世の多くの研究者によって精神分析的アプローチの抱える問題だと指摘された点は、社会・経済的要因が個人に与える影響を十分に説明できないことである。フレッド・デイヴィスはこう述べている。

フリューゲルが衣服の社会的文脈に無自覚あるいは無関心だと言うわけではない。〔…〕だがそれでも彼の理論的な貢献は〔…〕両義性が突き動かすファッションについて、心理的に生じる不安定さの観点から考えることをはっきりと目指している。決して、文化的に生じ、記号的に処理されたアイデンティティの分裂が主題なのではない。〔12〕

したがって、フリューゲルにとって衣服は、あらゆる精神分析家が研究対象とする内的な精神の葛藤の物質的な現れなのである。

去勢理論

フロイトが人間の主体性を形成するとみなした葛藤について論じた主張のうち、もっとも議論されたものは何か。「去勢理論」または「去勢不安」など、さまざまな呼び方をされる主張は間違いなくそのひとつに入るだろう。この葛藤は特に、ファッションを分析する際に有益であることがわかった。去勢不安は「エディプス・コンプレックス」の概念との結びつきを消すことができない。この概念は、意図せず父親を殺し、母親と結婚したギリシャ神話のオイディプス王の物語から着想を得て作られた。この物語を用いて、フロイトは次のような説を唱えた。男児が自分と父親を同一視するのは、母親への欲望と父親に対する嫉妬と敵意の感情に駆り立てられるからであり、彼は父親を母親の愛情を求めるライバルとみなす。嫉妬の感情は子どもを苦しめるため、その感情は抑圧、昇華されなければならない。さらに、この男児は恐れを抱いてもいる。父親が自分の敵意に気づき仕返しをするのではないか、その仕返しとは去勢ではないか。おそらく母親にペニスがないのは去勢されてしまったからに違いない、と考えるのである。こうした考え方がフェミニストに批判されてきた理由は、男性のファルスをあらゆる人間の主体性を構築する中心として強調するからである[13]。フェミニストたちは、フロイトが著作のなかで女性の欲望や主体性を認めていないと主張する。エディプス・コンプレックスの理論が批判された理由は他にもある。フロイトの理論では西洋の保守的な核家族以外は何も説明できないのだ[14]。しかし、アンソニー・ストーはこう述べる。

> あらゆる男児が父親の手で去勢されることに怯えているという主張は、文字通り受け取れば、なるほど馬鹿馬鹿しいものだろう。だが、違う表現で言い換えることができたならどうか。男児の強い関心が男性的人格として自分のアイデンティティを確立することにある。そして父親を自分のライバルだと感じている。その上、男児は自分の大きさ、弱さ、能力の欠如、経験のなさを軽んじられる言動によって羞恥や恐怖心を強いられやすい。こうした表現が認められるなら、大抵の人はその内容に同意するのではないだろうか。[15]

こうした情報を男児が昇華するときのメカニズムは、事実ファッションの研究に有用だと証明されている。

一九二七年のフェティシズム論で、フロイトはある種の対象をペニス――これを母親は喪失したと男児は信じている――の代理になるとみなす。フェティシズムは去勢恐怖に対する無意識的かつ象徴的な解決法の役目を果たし、「去勢に対する勝利の印であり、その防衛装置であり続ける」[16]のだ。フェティッシュな対象とはこのように母親の失われたペニスあるいは空想上のペニスを表象する、または具現化する試みなのである。このメカニズムは次のようなものである。

フロイトの考えによれば、やがてフェティシストになる男児は、母親が「去勢される」ことを想像する恐怖があまりにも大きいため、母親をファルスのある存在として作り直すのである。男児は母親が去勢されたことを否定し、フェティッシュを用いることで、恐るべき事実の発覚以前の時期に固着しているのである。[17]

ファッションや衣服がフェティシズムの議論で引き合いに出される方法は二つある。第一に、衣服は布地からできているので、「毛皮やベルベットといった[…]特定の素材を介して性的満足に達することしかできない男性は数多く存在するだろう」[18]という主張から、私たちは自然と衣服のことに考えをめぐらすだろう。第二に、フロイト自身の説明において衣服とフェティシズムは自然と相乗効果が生じるものだ。なぜなら「フェティッシュな対象になるのは、靴、ブーツ、足、ベルベット、毛皮などが多いが、これは大抵、去勢の事実が発覚するのは男児が[女性の]スカートを見上げたときだからである」[19]。

ファッションとフェティシズム

ヴァレリー・スティールは一九九六年の著作『フェティッシュ――ファッション・性・権力（*Fetish: Fashion, Sex and Power*）』でフェティシズムとファッションの関係を探究した。スティールの仕事は、フロイトが提示した衣服とフェティシズムのつながりをさらに詳しく論じたものである。彼女の関心はファッションと性的欲望の関係だけではなく、ファッションのメインストリームでフェティッシュな特性が増しつつあることにも向けられる。スティールの分析において、フェティッシュな衣服はただ遠くから見られるだけでなく、服のなかに人が存在し、人によって身につけられるものとして理解される。スティールは「ファリック・ウーマン」という概念を取りあげてこう論じる。ファリック・ウーマンは、過度に高く尖ったヒールの靴から革や毛皮のような手触りや生地まで、ファッションのもっともフェティシズム的な対象や象徴を介してできあがる。「ファリック・ウーマン」はバーバラ・クリードの理解によると、「ファルスまたは男根的属性を備えるか、あるいは男性のファルスを自身のうちに保持している」[20]女性のことだという。スティールのファリック・ウーマンとはある種の権力を体現するためにファッションを用いる者のことである。ここでいう権力とは、ファッションを通じて、また女性の身体と関連させて男らしさを表現することで、保守的な男らしさを脅かすものと理解できるだろう。スティールは次のような具体例も挙げている。制服を着た女性は制度的権力を示しており、それゆえフェティッシュな対象として理解されうる。彼女は身体の一部、身体そのもの、そしてそれゆえ人格もまたフェティシズム的な対象になりうるというフロイトの認識を私たちに思い起こさせる。ファッションやポピュラーカルチャーについて語る際、フェティシズムの言語が積極的に採用される傾向があるため、次の点に留意することが重要である。すなわち、本物の臨床的なフェティシストは、その対象からのみ、かつそこから純粋に快を得ていること、そして「映画館に行きマレーネ・ディートリッヒの麗しい黒いレースのハイヒールを見るよりも、おそらく家でずっと自分の靴を磨く方を好むことだろう」[21]という点に。さらにこうした視座は、ファッションにおけるフェティシズムの解釈は、フロイトの著作に登場する具体例がたいていありふれたものであるのに対して、はるかに華やかな象徴的意味を用いがちであることを思い出させる作用も持つ。ここで重要なのは、もともと精神分析的に定義されたフェティシズムが、文化分析の場面でより多義的かつ流動的な仕方で取りあげられる実例を、スティールの仕事が示していることだ。彼女は、いかにして人が――とりわけ女性が――権力の源泉やファッションの基礎的な役割としてフェティシズムを体現することを選択するのか、それと同時に、なぜ対象それ自体がフェティシズム的になりうるかについて強い関心を持つ。だがフロイトの著作はファッションにおけるフェティシズム的対象を理解するための豊かな概念的枠組みを提供しただけではない。それだけでなく、フロイトの著作は見ることの実践の理解にも大きな影響を与えた。見ることは、身体を形づくる際に図像が持つ役割を理解する要となるものなのである。

まなざし

フロイト自身の説明から明らかな通り、見ることを通じてフェティシストは作られる。視覚は精神分析において実にさまざまな場面で機能するが、その基礎的な役割は何か。それは、視覚が治療家のオフィスという医療の文脈から文化分析の言説へとどのように移行するかを説明するのに役立つことである。アンソニー・エリオットとブライアン・S・ターナーが論じる通り、フロイトの仕事はすべて人間の精神と想像力がもつ創造的機能に関わるものだが、「皮肉なことに、フロイトは人生を捧げて無意識の想像力がたどる創造的プロセスを発見しようとしたものの［…］その反面、社会それ自体で機能する想像の序列の役割を認識することから目を背けていた」[22]。二〇世紀にフロイトに帰ることを提唱し、精神分析の考えを「治療の実践ではなく文化分析のために企図した」[23]体系に変換したのはジャック・ラカンだった。ラカンはフロイト同様、見ることが自己の感覚あるいは「主観性」が形成される過程にとって根本的であることに注目する[24]。ラカンの鏡像段階という概念は、生後六ヶ月頃に人間という主体が鏡のなかにいる自分を認識し、それと同時にそこに自分の完全な姿を目にし、その姿と同一化しつつも疎外感をも抱く契機として説明される。ラカンにとって鏡のなかの像はその子どもの理想の姿なのだ。

とりわけ映画研究者は、見ることに関するフロイトやラカンの着想の可能性に関心を寄せ、観客とスクリーンに投射される映像の関係を説明できないかと考えた。一九七五年にまなざし（gaze）というラカン的な概念を用いて、見ることは映画に関して二つの機能を持つと主張したのがローラ・マルヴィである。第一に、見ることが快楽を生み出すのは、スクリーン上の人間が欲望の対象として作用する、すなわちモノ化される場合である。この時、像は見ることの喜びに没入するよういざなう機能を担っている。第二に、ラカンの鏡像段階を反響するようにして、見ることは同一化およびアイデンティティの形成において基礎的な役割を果たす。したがってマルヴィの映画論では次のように論じられている。

ラカンがフロイトの分析を再度概念化した際、見ることはまなざしという概念に変化した。［…］まなざしは単なる視線や一瞥ではない。まなざしは、自分とまなざしが向けられる対象を区別することで、まなざす者のアイデンティティを構成する手段なのである。同時に、まなざしは自分が見られているかもしれないことにも気づかせる。それゆえこうした気づきはアイデンティティそれ自体の一部になるのである。[25]

一九七二年という早い段階で、作家のジョン・バージャーはさまざまな文化における女性の立場と図像を結びつけた。ここでは、まなざしという精神分析の概念が、文化におけるジェンダー・アイデンティティの分析と結びつけられるのである。バージャーが指摘する通り、歴史的なヨーロッパの絵画から同時代の広告の図像にいたるまで、そこには女性を見られる受動的な対象として作り上げ、モノ化して表象する慣習が存在していた。そのような図像のなかでは、女性が生命を持ち、呼吸をし、思考する個人として示されることはない。また、複雑で多様な集団として示されることもない。女性はステレオタイプ化されるのだ。すでに見た通り、まなざしはアイデンティティを構成する手段だと論じられた。バージャーにとって中核的な関心は、こうした表象やステレオタイプに関して、女性が歴史的に権力の代理人としてほとんど力をふるうことがなかったという事実である。したがって、どのように女性を表現するかが女性自身の手に任されることはほとんどなかった。このことはさらに、女性がどのように評価されるか、そして女性が自らの価値をどう理解するかにもつながった。その結果、女性の図像は、それがどのような形でどこに見出されるものだとしても、社会集団としての女性のみならず、個々の女性自身に対してかけられる期待をも潜在的に形づくることになる。バージャーによれば、このまなざしは本質的に男性のものであり、それでいてすべての存在を包括しようとするため、自身のジェンダーにかかわらず、誰もが男性の立場に身を置くよう仕向けられるのである。

まなざしの概念はファッションにも応用され、あらゆる種類のイメージやメディアにおける身体表象の方法を批評する際に用いられた。レスリー・ラビンは、ファッションのイメージが限定的で抑圧的な女性の図像を流通させていることを糾弾する。ラビンは次のように主張する。

映画におけるカメラの視点に相当する、ファッションの世界でのまなざしは、写真におけるファインダーとして機能している。写真は欲望を与え、女性を見る者にそのイメージにまつわる性的興奮を与える。フェミニスト写真や映画におけるまなざしがどの性別のものであるにせよ、アングロ－アメリカのファッション雑誌の写真は――まれな例外はあるものの――きわめてあからさまに男性の視線で作られており、その対象は異性愛者の女性である。その視線の外では、ファッションの女性は存在し得ないのである。[26]

アネケ・スメリクは、観客が自分自身と比べて、スクリーン上の身体がどのようにファッショナブルで、獲得することが困難な理想の身体を反映し、特徴づけるのかに関心を持つ。彼女の仕事は、ある重要な論点を思い出させる。それは、身体そのものもまた、それを覆う衣服同様に流行の変化の影響を被るということである。現代のまなざしはどちらのジェンダーにも向けられているという点では中立的になったが、やはり社会に広く浸透しているとスメリクは言う。彼女はこう主張する。「窃視症的まなざしは、細いけれども力強く鍛えられた身体という不可能な規範のなかに内面化されてきている」[27]。

ジェンダー化されたまなざしの理論は拡張され、同性を鑑賞するまなざし[28]や女性のまなざし[29]についても考えられるようになった。たしかにファッションのイメージがジェンダーの因習を疑問視する場所になることも多い。だがその一方で、ファッションに関連するイメージの大半は、女性をきわめて因習的なかたちで位置づけることが(つねにとは言わないまでも)、今なお多いことをはっきり証明している。ただし、たとえばデイヴィッド・ベッカムを起用した二〇〇九年のアルマーニの広告のように、ときに男性もまた同じようにモノ化される。どれほどジェンダー化されたとしても、まなざしという精神分析の概念は非常に有益だと言える。特に、身体や自己の感覚がいかにして、見ることや同一化のプロセスを通じて形づくられ続けるかを理解しようとするときには。

ジェンダーと仮装

「ファッションはジェンダーにとりつかれている」とエリザベス・ウィルソンは記している。彼女は、ジェンダーの境界が維持され、「再定義」されるにあたってファッションが不可欠だと考える[30]。おそらくたいていの精神分析理論は、フロイト派であれラカン派であれ、等しくジェンダー・アイデンティティに関心を寄せることが明らかになってきたと言えよう。ウィルソンの議論は、ジェンダーは本性に根ざした不変の本質ではなく構築されるものだという、現在では一般的な考えが反映されている。のちにジュディス・バトラーのような論者たちはセックスとジェンダーの区別を破壊するが[31]、それは「適切な」振る舞い――まさしく限られた文化的定義にすぎない——から外れた性的指向やジェンダー・アイデンティティを病理化しようとする歴史的傾向性に抵抗するためであった。しかし、早くも一九二九年に精神分析家のジョーン・リヴィエール[32]は、男らしい、あるいは女らしい振る舞いが、男女それぞれにとって自然で正常なものだとみなしがちなフロイトに抵抗し、代わりに女らしさは「反動形成」であるという見解を示した[33]。フロイト派の精神分析において、反動形成は防衛機制の一種である。これは個人が精神的葛藤に対処するためのもので、一貫した自己の感覚を維持し、葛藤から生じる不安を緩和するために起こる。反動形成には相対的に健全なものとみなされるものもある。困難に直面した時、私たちはそれを否認し、問題から目を背けようとすることもある。誰かを困らせているとき、自分の感情を「投影」し、逆に相手が自分をいらだたせることを非難することもある。抑圧も反動形成のひとつである。反動形成は、振る舞いや感情の過剰さから見分けがつく。リヴィエールにとって、女らしさはあるひとりの女性患者がとった手段であった。彼女は職場の男性にきつく当たりすぎたと感じた時、相手をなだめるために女らしい振る舞いをした。リヴィエールはこの文脈における女らしさを仮装とみなした。女らしさは、女性が自分の男性的特質を隠し、代わりに文化が女性に期待する女性的特徴に忠実であるための一種のカモフラージュなのである。男性的な特質のせいで男性の同僚を象徴的に「去勢」したという事実を、この女性は女らしさによって補償する、より正確に言えば補償し過ぎるのだ。こうしてリヴィエールは精神分析の枠組みを使って次のように論じる。女らしさは女性に、自分の「欠落」やそれが招く不安を補償する手段を与えうる。彼女はまた、女らしさが女性にとってまったく自然なものとは言えないかもしれないことも示唆している。それゆえ、リヴィエールの論文はファッションと身体化の研究にとって注目すべきものであり[34]、ファッションがなぜ女性の生活になくてはならないものであるのか、なぜさまざまな状況で女性を抑圧していると非難されてきたかを説明する方法として機能する。

精神分析とファッション

ファッションが女性を抑圧する可能性を扱った議論には蓄積がある。コルセットのような衣服にまつわる身体の健康への懸念が論じられることもあれば[35]、すでに見てきたように、ファッションのイメージに着目し、まなざしの理論を用いて、こうしたイメージが表象する集団にどのような限界を作り出すかを考察する議論もある。より現代的な言葉を使うなら、ファッションが女性に表現の場を与える可能性が論じられてきたのだ。アリソン・バンクロフトはラカン派の精神分析を使い、ファッションを女性の抵抗の場として肯定的に解釈できることを示した[36]。彼女によれば、ファッションが独特な文化製品であるのは、つねに女らしさの領域に状況づけられているためである。ファッション写真家のニック・ナイトの作品を取りあげ、ファッション写真を因習的、あるいは悪意すらある女性の表象としかみなさないのは単純化がすぎると彼女は述べる。むしろ、バンクロフトはナイトの作品とシュルレアリスム芸術の相乗効果を見出し、次のように論じている。

> シュルレアリスムによる対象の審問、言語と無意識のあいだの境界への写真の位置づけ、そしてもっとも重要なことには、芸術家は見たことと同じくらい経験したことを表象するべきだという要求、これらはすべて、ファッション写真を主体性の形成プロセスの表象だと位置づけることに寄与している。[37]

ファッション写真が慣習に逆らう可能性を秘めていることを理解するには、ラカン派の精神分析が役立つとバンクロフトは述べている。ラカンの主張によれば、人間の精神はみずからに対して、現実界、想像界、象徴界という三つの側面をもつ[38]。バンクロフトのファッションのイメージ分析にとって、もっとも重要なのはラカンの象徴的次元である。なぜなら、象徴界が主体を文化の一部として規定するからであり、ここにおいてこそイデオロギー的な規則や因習が確立されるからである。彼女は次のように論じている。ナイトのファッション写真は表象の因習に従わない。それゆえ、ナイトの写真は抵抗とみなされるべきであり、そうであればこそ女性の表象に関してより肯定的な観点を備えているといえよう。

バンクロフトはファッション写真だけでなくオートクチュールも同様の観点で理解する。彼女の関心は、デザイナー（特にアレキサンダー・マックイーン）の作品がどのようにして挑戦的な女性的アイデンティティの表象を提示できるのかにある。この表象は、女性を抑圧するものではなく、因習的なジェンダー・アイデンティティに対する抵抗の形式だと読みとかれるべきだ。これはファッションによって形づくられた身体そのものに関わるものだ。議論に際して、彼女はラカン派の「享楽」概念を用いる。ラカンおよびそれに続くエレーヌ・シクスーのようなフェミニスト思想家[39]の定義によれば、享楽は性的恍惚の一種であるが、度を越すと問題を引き起こすことがあるものだ[40]。バンクロフトはオートクチュールをこう読み解く。ある種のファッション写真同様、オートクチュールもまた因習にとらわれない、オルタナティヴな女らしさを表現する場を作り出せる。それゆえ、バンクロフトは精神分析を用いてファッションと女性の関係の否定的な読解を批判し、ファッションを女性のための独自の文化的場とみなしている。だからこそ、私たちはファッションを女性を抑圧するものだとして性急に否定したり、女性的アイデンティティの複雑さをファッションでは表象できないと考えたりするべきではないのである。

精神分析の限界

バンクロフトの仕事はファッション理論の新たな可能性を切り開いており、その事例研究で展開される議論も説得力がある。しかし、広範なファッションの領域においてどこまで応用できるかは定かではない。彼女のオートクチュールに関する洞察は鋭いが、ファッションはイメージの観点からも市場の観点からも複雑なものであり、精神分析がより「日常的な」ファッションを理解する役に立つかどうかはまだ検討されていない。しかしこれは検討に対する主題だろう。というのも、ジリアン・ローズが語るように、精神分析そのものは図像や対象を探究する際に利用可能なさまざまな着想を備えているからである。ローズはこう述べている。「同じ図像〔や文化的対象ないし人工物〕に対して異なる精神分析の概念が用いられると、その図像の解釈はまったく違うものになりうる」[41]。精神分析が提供するものは何か。それは文化における図像や対象の意味についてさまざまな仕方で考察する可能性である。精神分析とファッションの解釈との関連性はさらなる検討を行うに値する。

しかしながら、多くの論者によって、方法論としての精神分析が抱える重大な限界が指摘されてきた[42]。こうした限界の原因は、精神分析という分野の基礎である性的欲望を強調する点に根ざすとある面では考えられている。そのため、たとえば人種や階級といった、人間の主体性に関わる他の問題を精神分析の枠組みで考察する余地はほとんどない。こうした文化分析に着手するなら、代わりにカール・マルクスやミシェル・フーコーといった理論家の仕事に向かう方がよいだろう（第一章と第一〇章を参照）。しかし、グリゼルダ・ポロックが主張するように、精神分析が芸術や芸術史の研究によりよい形で応用されるべきだ、というのはもっともである。たしかに、精神分析は文化的製品を作り、消費するという生きた経験を説明することができない。それゆえ、文化分析の手法としては批判されてきたのである[43]。それでもポロックはこう主張する。芸術は「社会的でも精神的でもなければ、公的でも私的でもなく、歴史的でも記号的でもない」[44]。彼女の主張は、ファッションを含め、こうした観点からさらなる検討に値するどんな文化製品に関しても等しく正当なものである。

おわりに

本章では、研究者たちが精神分析の概念を使ってファッションや衣服のさまざまな側面を理解する方法を提示した。ファッション・スタディーズはファッションを解釈する手段として精神分析の枠組みを参照する一方で、同じくらい敬遠する傾向を抱えてきたことが明らかになっていれば幸いである。結局のところ、フェティシズムのように定着した概念もあるものの、精神分析理論はしばしばあまりにも個人主義的すぎて、ファッション理論を支配するファッションの社会－文化的な読解とまったく相容れない。近年では、消費者の経験や生産のプロセスなど、ファッションの普及に関する「民主的」な発想に議論が集中する傾向がある。それに対するバンクロフトの提案はこうである。オートクチュールのファッションに立ち返り、ファッションを単なる経済的商品というより創造的実践として理解するために説得力のある議論をすべきだ、と。

バンクロフトの仕事が思い出させてくれるのは、精神分析がファッション理論に大きな貢献をするのは間違いないこと、そして現在の閉塞的な枠組みを刷新する可能性持つことである。彼女がファッションの分析の枠組みとしてラカンを用いた一方、シアマック・モヴァヘディとゴハール・ホメイヤンプールはフロイトに立ち返り、イランの伝統衣装であるチャドルを分析する[45]。彼らはフロイトの性的欲望に関する著作の先に進み、代わりに別の論点に着目する。それは、一九二二年に出版された『快原理の彼岸』においてフロイトが、反復は困難な経験を最後まで行いきって、克服する役割を持つと考えていたことである。ここでフロイトが注目するのは、彼の生後一八ヶ月の孫エルンストが、親が側から離れてしまうという感情が乱される経験を乗り越えようとする象徴的な試みである。このときエルンストは、糸が巻かれた綿の糸巻きを投げては引き戻す遊びをしていたのである。こうした概念を使って、モヴァヘディとホメイヤンプールはチャドルに見られる関係性、すなわちチャドルを着る女性とチャドルの着用をけしかける家父長制的文化のあいだの関係を、イデオロギーによって動かされているものの、その衣服を身につけるか拒否するか選択するという心理的な葛藤を具体化するものと考える。解明する。チャドルは女性が身につける衣服であり、その家父長的な文化の中では着用が推奨される。その選択が、自分自身やそのジェンダーを抑圧していると理解されうるからだ。彼らの論文において、チャドルは母親の「失われた」身体を表象する第二の皮膚として機能している。そしてまさに女性の身体を覆い、あらわにすることを通じて、ジェンダー・アイデンティティが構成され、維持されるのである。チャドルを着る女性は母親と同一化し、男性は母親から切り離される。フロイトの観点からすると、エルンストは糸巻きを放っては元に戻す遊びにおいて、自分の無意識の願望を遊びを通じて実現していた。モヴァヘディとホメイヤンプールの仕事は、フロイトの概念を斬新に用いて衣服の伝統的な形式を分析することで、現代ファッションを分析する研究者が精神分析のアプローチをどのように展開しうるかについて重要な示唆を与えてくれる。きっと精神分析がファッション——モノとしてもイメージとしても——について語りうることはもっとあるが、それはとりわけ本章で言及した研究者たちが精神分析のファッションへの応用可能性について興味深い問いを立て、それに答えているからからである。つまるところ、もし無意識が遊びを通じて明らかになり、かつ人間の活動のあらゆる領域同様ファッションも遊びの一形態と主張できるなら（ただし「必要不可欠な遊び」であるが［46］）、精神分析がファッション研究に対し、現在行われている研究で主張されているよりも多くのことを提供してくれる可能性があると言っても過言ではないだろう。

原註

［1］以下の文献を参照のこと。Laurence Simmons, *Freud's Italian Journey*, New York, Rodopi, 2006, p. 111. Peter Gay, *A Godless Jew: Freud, Atheism and the Making of Psychoanalysis*, New Haven, Yale University Press, 1987.（『神なきユダヤ人——フロイト・無神論・精神分析の誕生』入江良平訳、みすず書房、一九九二年。）
［2］Laurence Simmons, *op. cit.*, p. 111.
［3］Fred Davis, *Fashion, Culture and Identity*, Chicago, University of Chicago Press, 1994, p.81.
［4］Philip Rieff, *Freud: The Mind of the Moralist*, Chicago, University of Chicago Press, 1959, p. 37.

[5] Peter Gay (ed.), *The Freud Reader*, London, Vintage, 1995, p. xiii.

[6] Sigmund Freud, *The Interpretation of Dreams*, A.A. Brill (trans.), New York, MacMillan, 1913, p. 250.（「夢解釈」『フロイト全集 5』新宮一成訳、岩波書店、二〇一一年、一〇七頁。）

[7] Sigmund Freud, *The Interpretation of Dreams*, A.A. Brill (trans.), New York, MacMillan, 1913, p. 247.（「夢解釈」『フロイト全集 5』、二〇一一年、一〇〇頁。）

[8] Elizabeth Wilson, *Adorned in Dreams: Fashion and Modernity*, London, I.B. Tauris, 2005, p.3.

[9] たとえば以下の文献を参照。Joanne Entwistle, *The Fashioned Body: Fashion, Dress and Modern Social Theory*, Cambridge, Polity Press, 2000. Elizabeth Wilson, op. cit. Susan Kaiser, *Fashion and Cultural Studies*, London, Bloomsbury, 2012.

[10] Giovanni Costigan, *Sigmund Freud: A Short Biography*, London, Robert Hale, 1967, p. 101.

[11] Joyce McDougall, *Theaters of the Body: A Psychoanalytic Approach to Psychosomatic Illness*, New York, Norton, 1989, p. 11.

[12] Fred Davis, *Fashion, Culture and Identity*, Chicago, University of Chicago Press, 1994, p. 84.

[13] たとえば以下の文献を参照。Luce Irigaray, *Speculum of the Other Woman*, New York, Cornell University Press, 1985. Luce Irigaray, *This Sex Which Is Not One*, New York, Cornell University Press, 1985.（『ひとつではない女の性』棚沢直子・小野ゆり子・中嶋公子訳、勁草書房、一九八七年。）Kaja Silverman, *The Acoustic Mirror: The Female Voice in Psychoanalysis and Cinema*, Bloomington, Indiana University Press, 1988. Rosi Braidotti, *Nomadic Subjects: Embodiment and Sexual Difference in Contemporary Feminist Theory*, New York, Columbia University Press, 1994. Teresa Brennan, *Between Feminism and Psychoanalysis*, London, Routledge, 2002.

[14] Gayatri Spivak, *In Other Worlds: Essays in Cultural Politics*, Abingdon, Routledge, 1998.（『文化としての他者（復刊版）』鈴木聡・大野雅子・鵜飼信光・片岡信訳、紀伊国屋書店、二〇〇〇年。）

[15] Anthony Storr, *Freud: A Very Short Introduction*, Oxford, Oxford University Press, 2001, p. 34.

[16] Sigmund Freud, 'Fetishism' in J. Strachey (ed.), *The Standard Edition of the Complete Works of Sigmund Freud*, Vol. 21, London, Hogarth Press, 1961, p. 154.（「フェティシズム」『フロイト全集 19』加藤敏・石田雄一・大宮勘一郎訳、岩波書店、二〇一〇年、二七八頁。）

[17] Clare L. Taylor, *Women, Writing and Fetishism, 1890–1950: Female Cross-gendering*, Oxford, Clarendon Press, 2003, p. 81.

[18] Nicholas Mirzoeff, *An Introduction to Visual Culture*, London, Routledge, 1999, p. 157.

[19] *Ibid*., p. 81.

[20] Valerie Steele, *Fetish: Fashion, Sex and Power*, Oxford, Oxford University Press, 1996, p. 153.

[21] Allen S. Weiss, *Perverse Desire and the Ambiguous Icon*, Albany, SUNY Press, 1994, p. 5.

[22] Anthony Elliott and Bryan S. Turner, *On Society*, Cambridge, Polity Press, 2012, p. 118.

[23] Nicholas Mirzoeff, *op. cit*., p. 169.

[24] Jacques Lacan, *Ecrits: A Selection*, London, Routledge, 2001.（『エクリ（一）-（三）』宮本忠雄ほか共訳、弘文堂、一九七二-一九八一年。）

[25] Nicholas Mirzoeff, *op. cit*., p. 171.

[26] Leslie W. Rabine, 'A Woman's Two Bodies: Fashion Magazines, Consumerism and Feminism' in S. Benstock and S. Ferriss (eds.), *On Fashion*, New Brunswick, Rutgers University Press, 1994, p. 65.（「なぜ、女は二つの身体を持つのか」『問いかけるファッション——身体・イメージ・日本』成実弘至編、せりか書房、二〇〇一年、一一七頁。）

[27] Anneke Smelik, 'Lara Croft, Kill Bill and Feminist Film Studies' in R. Buikema and I. van der Tuin (eds.), *Doing Gender in Media, Art and Culture*, London, Routledge, 2009, p. 183.

[28] 次の文献を参照のこと。Diana Fuss, 'Fashion and the Homospectorial Look' in *Critical Inquiry*, 18, pp. 713–737, 1992.（「ファッションと同性を鑑賞する視線」『問いかけるファッション――身体・イメージ・日本』成実弘至編、せりか書房、二〇〇一年。）

[29] Lorraine Gamman, Margaret Marshment, *The Female Gaze: Women as Viewers of Popular Culture*, Seattle, Real Comet Press, 1989.

[30] Elizabeth Wilson, *op. cit.*, p. 117.

[31] Judith Butler, *Gender Trouble: Feminism and the Subversion of Identity*, London, Taylor and Francis, 1990.（『ジェンダー・トラブル――フェミニズムとアイデンティティの攪乱（新装版）』竹村和子訳、青土社、二〇一八年。）および本書第一六章を参照。

[32] Joan Riviere 'Womanliness as Masquerade' in A. Hughes (ed.), *The Inner World and Joan Riviere: Collected Papers*, 1929–1958, London, Karnac, 2011.

[33] たとえば次の文献を参照。Tara McPherson, *Reconstructing Dixie: Race, Gender and Nostalgia in the Imagined South*, Durham, NC, Duke University Press, 2003.

[34] たとえば以下の文献を参照。Geraldine Biddle-Perry and Janice Miller, '... And If Looks Could Kill: Making Up the Face of Evil' in C. Balmain and L. Drawmer (eds.), *Something Wicked This Way Comes: Essays on Evil and Human Wickedness*, New York, Rodopi, 2009. Marjorie Garber, *Vested Interests: Cross Dressing and Cultural Anxiety*, New York, Routledge, 2012. Janice Miller, 'Heroes and Villains: When Men Wear Makeup' in S. Bruzzi and P. C. Gibson (eds.), *Fashion Cultures Revisited: Theories, Explorations and Analysis*, Oxford, Routledge, 2013. Efrat Tseëlon, *The Masque of Femininity*, London, Sage, 1995.

[35] たとえば次の文献を参照。Leigh Summers, *Bound to Please: A History of the Victorian Corset*, Oxford, Berg, 2001.

[36] Alison Bancroft, *Fashion and Psychoanalysis: Styling the Self*, London, I.B. Tauris, 2012.

[37] *Ibid.*, p.43.

[38] たとえば次の文献を参照。Malcolm Bowie, *Lacan*, Cambridge, Harvard University Press, 1993.

[39] たとえば次の文献を参照。Kelly Ives, *Cixous, Irigaray, Kristeva: The Jouissance of French Feminism*, Maidstone, Crescent Moon Publishing, 2013.

[41] Gillian Rose, *Visual Methodologies: An Introduction to the Interpretation of Visual Materials*, London, Sage, 2001. p. 150.

[42] Gillian Rose, *op. cit.* Griselda Pollock, *Vision and Difference: Feminism, Femininity and the Histories of Art*, Oxford, Routledge, 2003.（『視線と差異――フェミニズムで読む美術史』萩原弘子訳、新水社、一九九八年。）

[43] Gillian Rose, *op. cit.*

[44] Griselda Pollock, *op. cit.*, p. xxxvii.

[45] Siamak Movahedi and Gohar Homayounpour, 'Fort!/Da! Through the Chador: The Paradox of the Woman's Invisibility and Visibility' in W. Muller-Funk, I. Scholz-Strasser and H. Westerink (eds.), *Psychoanalysis, Monotheism and Morality*, Leuven, Leuven University Press, 2013.

[46] たとえば次の文献を参照。Raphael M. Bonelli, *Fashion, Lifestyle and Psychiatry*, London, Bloomsbury, 2013, p. 163.

03

ゲオルク・ジンメル

Georg Simmel

哲学的モネ

ピーター・マックニール
蘆田裕史｜訳

印象主義哲学者のジンメル——彼はそれが真実だと承知していたのであろう——は、かつてこう言った。この世界には一五人しかいない。だが、その一五人があまりに速く動いているがために、人間がもっと多くいるように思えてしまうのだ、と。[1]

はじめに

絶えず動きまわり、美的な実存を作り上げていく、事情通の排他的な小集団。それは「流行」の話に思われるだろうか。さて、この章が主題とするのは、ファッションの社会学的解釈の発展に大きな影響を与えたゲオルク・ジンメルである。

ジンメル（一八五八－一九一八）は近代文化の発展を目の当たりにした。彼は上位中産階級の家庭に生まれ、人生のほとんどをベルリンで、キリスト教化されたユダヤ人として過ごした（おそらく改宗したわけではないが、非ユダヤ人的な振る舞いと服装を選択した）。彼はより裕福な親戚に育てられたため、恵まれた子ども時代を過ごした。世紀末ヨーロッパ最大の都市のひとつで大人になった経験は、彼にとって消えることのないものであったただろう。一九一〇年以来の彼の弟子であるアルバート・サロモンは一九六三年にニューヨークで行ったレクチャーで、「［ジンメルは］都市の文明化の産物であり、さまざまな官能的、知的、技術的、詩的、そして芸術的な印象をもった圧倒的存在であった」［2］と語った。ジンメルが理解しようと試みたのは、刺激が無数にある近代都市で形成される人間の条件である。そのことによって、都市生活と近代ファッションの交差についての独自の理論を生み出し、ヴァルター・ベンヤミン（第四章を参照）をはじめ、後続の思想家に影響を与えることができたのである。衣服の流行はジンメルの研究の主要なトピックというわけではなかったが、社会形式に対する彼のアプローチは、ファッションを理解するためのモデルを構築するにあたって重要な役割を果たした。それはとりわけ一九一〇年代以降のアメリカ合衆国で強い影響力を持ち、さらに一九五〇年代、一九八〇年代に再び注目を集めることとなる。さらには、今日の国際的なファッション・スタディーズでもさまざまな点において共鳴し続けている［3］。現代社会におけるモノと細部の終わりなき差異化についてのジンメルの分析は、後に現れるロラン・バルトら日常生活の理論家の基礎をなした。彼はまた、北米の「日常生活の社会学」や「エスノメソドロジー的」社会学や社会心理学にも影響を与えている［4］。ジンメルのファッションへのアプローチは近代性の理解に組み込まれており、分野や方法論を問わず、多くのファッション研究者に影響を与えてきた。その幅は、『美と向き合って――描かれた女性と化粧術（*Facing Beauty: Painted Women and Cosmetic Art*）』で一九世紀の化粧について論じた美術史家のアイリーン・リベイロから、『機械的微笑（*The Mechanical Smile*）』で近代のファッションモデルについて論じた文化理論家のキャロライン・エヴァンズまで多岐にわたる。ファッションを哲学的に論じようと試みる最近の書物もまた、ジンメルを基礎的な思想家だとみなしている[5]。ジンメルのたゆまぬ影響力は、広範囲にわたってファッションを統合しようとするジル・リポヴェツキーの著作に見ることもできる[6]。彼はそこでファッションがおもに封建主義以降の西洋の発明だと――この見解はいまや物議を醸しているが――論じている。

当初、ジンメルの思想は一部ではあまり受け入れられなかった。彼の職業人生は苦労の連続だった。音楽心理学についての論文のアイディアは受け入れられなかったし、無給の大学教員を務めるなど職業人生を通じて多くの挫折を味わった。ジンメルは人格の鋳造をより広い全体像によって考察する「民族心理学」という新しい分野を研究した。このアプローチはニーチェの哲学から影響を受けている。いまでは使われることのないこの方法においては、社会は不変性をもつものというよりむしろ、文化生産の形式とみなされる。彼は一八八一年に博士号を、一八八五年に大学教授資格（イギリスの「博士号」よりも高位の資格）を取得した。そしてベルリン大学で教鞭を執るが、正教員となることはなかった。彼は六五歳のときにストラスブールで教授職を得たが、そのために愛するベルリンを去らねばならなかった。

ジンメルの研究は、チャールズ・ダーウィン、ハーバート・スペンサー、フリードリヒ・ニーチェ、カール・マルクス、美術や文学の象徴主義、「芸術のための芸術」として知られている運動、アンリ・ベルクソンの哲学などと親和性が高い。彼の仕事は、多領域を横断し、エッセイ、講演、ジャーナリズムの形式を取り、脚注をつける慣例に従わなかったため、彼はディレッタントだと、あるいは厳密さを欠いているとみなされたりした。ジンメルの方法論はどの学術分野にもあまりフィットしなかった。彼が後に否認することになる社会学という新しい分野でさえもそうである。だが、彼は偶像破壊者《イコノクラスト》というわけでもなかった。おそらく彼は裕福でなにかに依存する必要もなかったため、学術的な慣習に従うことに興味をもたなかったのだろう。彼はまた、ルイス・A・コーザーが一九五八年に「ドイツの学術世界のゼラチン」[7]と呼んだ、複雑で反ユダヤ主義的なシステムに乗る必要もあった。ユルゲン・ハーバーマスが指摘するように[8]、ジンメルの軽いエッセイのスタイルと、新聞や雑誌への度重なる登場もまた、彼の著作をめぐる「形式張らない」感覚へとつながった。私たちは、彼の著述のスタイルが絵画や音楽の「印象主義」あるいは「象徴主義」に似ていると言えるかもしれない。実際、ジェルジ・ルカーチはジンメルを「哲学的モネ」と呼んでもいた[9]。

ジンメルの社会学

ジンメルの社会学は、ときおり「関係社会学」と呼ばれることがある。あるいは、ジンメルが社会的「関係性」の理論家だと言われることもある。ナタリア・カント・ミラのすばらしいジンメル研究で指摘されたのは、あらゆるもの――人もモノも――は社会的な文脈に組み込まれているというジンメルの革新的な見解である[10]。ジンメルの著作が位置づけられる領域、すなわち社会学もまたひとつの挑戦である。社会学は文学や歴史といった伝統的な分野の支持者に挑み、これまで当たり前だと思われてきたトピックを研究対象として扱う、新たに展開された分野であるからだ。このことはファッション研究の領域にとってとりわけ意義深い。なぜなら一九世紀後半は、このトピックが文学的な視座から、あるいは歴史的文明化の一側面として記述されていたからである。そこではファッションが、たとえばヨハン・ヘルダーやヤコブ・ブルクハルトの著作に見られるような、美的な自己実現（後にはモダニズム的な形成《ビルドゥング》）の一部であったのだ[11]。

ジンメルの著作は二〇世紀前半のアメリカ合衆国で特に影響力をもった。そこでは社会学が参政権、人種関係、移民など当時差し迫りつつあった問題を理解する手段として、ヨーロッパの大陸的伝統からある程度独立して現れたのである。とりわけ当時の女性のファッションにおいて経験される急速な変化は印象的でもあり、説明が求められるものでもあった。その頃、ドイツの社会学者たちの論文がアメリカの高名な学術誌に英語で掲載されることはほとんどなかったが、アメリカの庇護と敬意を享受したジンメルはそうではなかった。多くの北米の学者が彼のベルリンでの講義に出席し、ジンメルはハーバート・スペンサーやガブリエル・タルドらと並んで、一九二七年にはもっとも引用される社会学者となった[12]。それ以降、アメリカでのジンメルの影響が失われることはなかった。一九五〇年代には再評価を受けてアメリカ合衆国におけるフランクフルト学派やニュースクールに大きな影響を与えたし、一九八〇年にはデイヴィッド・フリスビーのようなイギリス人の翻訳や著作を通じて新たな世代の注目を集めた。北米のファッション研究に与えたジンメルの影響は甚大なものであったが、それはアメリカの社会学の形成において彼が果たした役割によるところが大きい。アメリカ合衆国には、一八九〇年代の「家政学」運動から脱却したファッションと「アパレル」の高等教育機関が数多くあり、そこでは以下に見るように、趣味、トレンド、ファッションビジネスを理解するためにジンメルがしばしば使われていた。しかしながら、フリスビーが『社会学的印象主義——ゲオルク・ジンメルの社会理論の再評価（*Sociological Impressionism: A Reassessment of Georg Simmel's Social Theory*）』

を書いたとき、一九二五年以降ジンメルについて英語で公刊された本がまったくなかったことに彼は気づいた[13]。それはアメリカ合衆国の社会学の本流におけるジンメルの受容が、「七〇年」以上も「ばらばらに」行われていたことを示している。このことはジンメルが断片的に理解されてきたことを強調するものであった[14]。

すでに述べたとおり、ジンメルの著作はファッションに関するものが中心というわけではない。むしろ彼が関心をもっていたのは同時代の社会の、美的側面と社会的側面の連結であった。しかしながら、ジンメルはいまや「流行の哲学」(原著は一九〇一年、英語版は一九〇四年に出版)をはじめとした、スタイルと装飾に関するさまざまなエッセイによってデザイン史において有名となっている[15]。ジンメルの関心は、社会が個人の行為に還元することはできないと要求する「社会化(sociation)」(Vergesellschaftung)と呼ばれるもの——これまではsocialisationと訳されてきた——にある[16]。ジンメルは速度を増しつつある新たな大都市、人々の感覚、そしてポスト工業都市を特徴づける製品を理解しようと試みた。ハーバーマスは次のように述べている。「要するに、ジンメルにとって時代精神の皮膜は広く開かれているのだ」[17]と。ジンメルはこの新しい都市空間で生活するために人々が身につける衣服に関心を抱いた。ファッションは彼にとって、美的形式と社会形式の関係性についての主張を検証し、概説するために有益な主題であった。衣服についての一八頁のエッセイが、流行りの服装の背後に動機や理由があるという二〇世紀的な考え方にあれほど影響を与えたというのは驚くべきことである。

ジンメルは中流階級と大都市が流行と同義語になったと感じていたが、それは裕福な者と貧しい者が異なる生活リズムをとっているがゆえのことである。旅行の増加や、休暇の概念をはっきりさせるために一年を断片的な時間に分割することは、ジンメルにとって近代という時代にあらわれた高度な神経衰弱症だと考えられている。他の多くのことと同様、これはまったく新しい見解というわけではなく、詩人のステファヌ・マラルメがファッション誌『最新流行』で一八七〇年代に論じたことであった。マラルメは、鉄道の発明が一日の新しいリズムをいかに要求したかのみならず、その時間を過ごすための新しい衣服の流行さえも作りあげたことを示した。シャルル・ボードレール（一八二一－一八六七）やマラルメ（一八四二－一八九八）ら影響力の強い人物によって展開された、流行についての考え方の多くはジンメルやヴァルター・ベンヤミン（一八九二－一九四〇）の社会学や批評的思考へと受け継がれる。それはさらにウルリッヒ・レーマンやバルバラ・フィンケンら現代のファッション理論家の著作においても反響し続けている[18]。

ジンメルの著作は、一九七〇年代後半から一九八〇年代にかけての「ニュー・アートヒストリー」的な様相に大きく影響を与えている。これは、印象派やポスト印象派の作家の描く一九世紀の都市生活を通じて成長した、独特な視覚文化や心理学の探求を強調するものであった。服飾研究（dress or costume studies）に対立するものとしてのファッション・スタディーズは、一九世紀に喚起された視覚文化への関心から一九九〇年頃に生まれたと論じることもできるだろう。一九七〇年代から一九八〇年代初頭にかけての女性学、左翼批評、そして「ヴィクトリア」研究はすべて、「ファッション・スタディーズ」の発展に貢献した。ジンメルの研究と再発見は、その試みの中心であった[19]。一九八〇年代から一九九〇年代初頭までの英語圏における美術史専攻や文化人類学専攻の学生にとって、ジンメルは多かれ少なかれ必読書とされていた。この学問的な風潮が、一九三〇年代から一九六〇年代にかけて日常生活の社会＝政治学を探求したアンリ・ルフェーブル、ジョルジュ・ペレック、ミシェル・ド・セルトー、ロラン・バルトといったフランスの思想家によって展開された「日常生活（la vie quotidienne）」（この時点ではまだ「ポピュラーカルチャー」とは名指されていない）の一部としてのファッション研究を作り上げていった（バルトについては第七章を参照）。

ジンメルの美学化された実存

ファッションは人間の美的経験の一部である。その事実がつねにジンメルを前に進めることとなった。彼の思考のある部分は、彼が育った「芸術のための芸術」が標榜される一九世紀後半の環境に強く色づけられている。オスカー・ワイルド、ウォルター・ペイター、そしてステファヌ・マラルメが唱えた文学と美術のこの運動は、詩であれ、再創造的な批評であれ、衣服の流行であれ、超越論的な美の地平に賛同した。社会形式についてのジンメルの考え方は、彼の生き方や思考方法とつながっている。ジンメルが一八九〇年に結婚した妻ゲルトルート・キネルは肖像画家で、彼の私生活はきわめて美的なものであった。彼の都会的なアパートには日本や中国の陶器やテキスタイルのコレクションがあった。大切な少数のゲストのためにときおりテキスタイルが飾られたり、バラをさした花瓶が置かれたりしたが、それは数時間のあいだだけで、「その後すべてがきれいに片付けられた」とジンメルの息子のハンスは証言している[20]。ドイツのデザイン史家、ジークフリート・グロネルトが述べるように、これはある種の演劇的なパフォーマンスで、「芸術と現実のあいだの狭い境界」を動かすものであった[21]。それは一九世紀後半の「退廃」やJ・K・ユイスマンスの『さかしま』（一八八四年）的な嗜好でもあった。ジンメルがいた環境はそれゆえ一九世紀的な耽美主義なのである。

芸術が生活とは切り離された現実であるというよくある主張によって、一九世紀末から二〇世紀初頭のフランスやイギリスの「芸術のための芸術」を唱えた一派のなかにジンメルを位置づけられうるとデイヴィスは認めている[22]。この時代の思い出は次のように記されている。「世紀の始まりの文化こそが、ジンメルが[…]具体化し、そのたった一〇年後、第一次世界大戦のさなかに破壊されることになったものである」[23]。このように、ジンメルの思想は二〇世紀においてきわめて強い影響力をもっていたが、その起源は一九世紀にあると言うことができるのだ。

ベルリン時代のジンメルは大衆のあいだでも高い知名度を誇っていた。彼が有名だったのは、ジャーナリストへのインタビューや定期的に開かれていた文学サロンのためである。ジンメルは同時代の多くの思想家、作家、芸術家、詩人たちとも定期的に接点をもっており、そのなかにはライナー・マリア・リルケや彫刻家のオーギュスト・ロダンなどがいた。彼はレンブラントやアルノルト・ベックリンといった芸術家についてのエッセイも書いていた。彼はまた女性の権利についても関心があり、参政権についてのエッセイもいくつか書いているが、女性には講義にきてほしくないと不平をもらすこともあった。それは彼女たちの鮮やかなドレスが、説教的で緊張感のある彼の独特な教え方にとって気が散るものであったためである。「私は可能な限り無個性で、意志を示さない聴衆を好む。外見や鮮やかな衣服によって気が散ってしまう」[24]。ここでジンメルは、男性が衣服に無関心であるために他の活動に集中できるようになり、指導的立場に立つための資質を持ち、自然と人工の調停を可能にしたと論じる男性思想家の長い伝統のなかに位置づけられうる。このような思想家のなかには、啓蒙主義のなかでももっとも有名な作家であるドニ・ディドロや、かの有名なヨハン・ヴォルフガング・フォン・ゲーテらが含まれる。そして彼らは非常にシンプルな服装をしていた[25]。ジンメルはこうした文学的先駆者、つまり徐々に現れてきたファッション論の可能性に貢献するさまざまな思想家たちを意識していたのであろう。

ファッションを論じた一九世紀末から二〇世紀前半までの主要な思想家たちと同様、ジンメルは自身の生活をとりまく環境を解明しようと試みてもいた。彼はミュンヘンの雑誌『ユーゲント』に装飾美術やデザインについての記事を三〇本執筆した。これらの記事のなかで彼は、ソースタイン・ヴェブレンのような同時代の思想家に比して、曲線的でエロティックなユーゲントシュティルあるいはアールヌーヴォーを好んだ当時の趣味を批判するようなことをあまりしなかった。ジンメルは批判するというよりむしろ、時代を特徴づける趣味や流行の変化を理論的に説明しようとした。彼の論じ方は一八九七年に出版された『ユーゲント』第二四号に掲載された「薔薇——社会的仮説(Roses: A Social Hypothesis)」と題されたエッセイに見出すことができる。

ジンメル——彼は明らかに薔薇を好んでいた——は、特権的な小グループに薔薇を育てる権利が独占されているユートピア的な社会のことを冗談めかして書いている。ここでは、そのグループ以外の人が薔薇を育てることが法で禁じられている。薔薇を育てる権利はこの社会において人生に成功していることを意味する。この話では、成功をめざして各人が努力をすると、ますます多くの人々が薔薇を育てる権利を獲得することが示唆されている。とある扇動者が次のようなパンフレットを書いた。曰く、薔薇を育てる権利はみんなのものだ、と。かいつまんで言えば(ジンメルはこんな調子で話し続けるのだが)、時を経て、混乱と革命の後に社会の全構成員が薔薇を育てることを認められる。いまやあらゆる人が、ますます洗練された、さまざまな品種の薔薇を育てているため薔薇の栽培は二次的にしか生活と関係せず、もはや成功の証ではないと彼らは感じている[26]。これはファッション論の古典的な例である「トリクルダウン理論」と呼ばれるものである。トリクルダウン理論はジンメルの流行理論のアキレス腱でもある。ジンメルの方法論の基本的な欠点——

ほとんどの場合これは経験主義的な歴史家をいらだたせるものだが――は「階級」の流行に関するものである。ルース・P・ルビンシュタインが『ドレス・コード――アメリカ文化における意味とメッセージ（*Dress Codes: Meanings and Messages in American Culture*）』において指摘しているように、ジンメルは「社会階級のあいだの境界が堅く閉ざされ、階級を移る可能性がまったくないようなヒエラルキー的社会のなかでは流行が存在しないと説明する」[27]。つまり前工業社会は強固だという考え方が大きな問題なのだ。歴史が示しているように、たしかに過去には「自由競争」がなかったが、社会秩序のあいだでの流動性は――いつの時代にも――あった。

「個人主義」と協調というパラドックスは、西洋における印刷の勃興を通じても取り組まれてきた問題である。エリザベス・アイゼンステインは一九七九年に次のように主張した。「変化をもたらす主体《エージェント》として、印刷はヨーロッパのあらゆる場所の学術的なコミュニティが採用するデータ収集、保管、検索システム、そしてコミュニケーションのネットワークの方法を刷新した。それには特別な効果があったので、特に注意を払う必要がある」[28]と。彼女はさらにこうも述べる。「実際、多様性のより完全な認識は標準化の付属物であった[…]。この点に関して、人は新たな形式の標準化の副産物としての個人主義という新しい感覚の出現について考察することができるかもしれない」[29]。アイゼンステインの古典的な説明によれば、印刷は散種、標準化、組織化、保存、増幅、強化といった効果をもたらし、聞くことから読むことへの変化のきっかけとなった。印刷されたファッションのイメージの普及は疑いなくそれが届く範囲を変化させた。ファッション＝イメージの文化と新しい個人主義の結びつきは、二〇世紀の最初の一〇年間にジンメルが提案した有名な定式化のなかで屈折する。そこではファッションが個人主義と協調の二重作用として特徴づけられている[30]。

このような、無数の選択肢だけでなく社会的調和への傾向も有する近代的な個人の堅実な要約は、ファッションのパラドックス、つまり衣服に関する方法と技術を通じて差異化と同一化を同時に行うというパラドックスについての多くの研究に用いられてきた。

それゆえ、薔薇の栽培のように他の人たちには「表面的」に見えるトピックを、ジンメルは深い社会的事実として提示する。ジークフリート・グロネルトは「ジンメルの取っ手——デザイン研究の歴史と理論(Simmel's Handle: A Historical and Theoretical Design Study)」において、日常的なデザインの理論化に対するジンメルの貢献をより広範に論証している。つまり、ジンメルの関心は衣服の流行を越えて拡張しているのである。ジンメルは社会学者のヴェルナー・ゾンバルト（ファッションなどの贅沢についての刺激的な著作がある）のようにドイツ工作連盟のメンバーではなかったが、彼の著作はアンリ・ヴァン・ド・ヴェルドやペーター・ベーレンスといった、この運動の著名な芸術家・デザイナーなどにも知られていた。そのうちのひとつが『ユーゲント』に掲載された陶器の取っ手に関するエッセイである。水差しやティーポットの取っ手は分析の対象となりえる。そして、こうした器について再考する同時代のデザイナーのデザインは見直されるべきものである。ジンメルの目には、取っ手は「そのカテゴリーをもっとも表面的に象徴するものと映る。だが、より正確に言えば、表面的であるがゆえに、そのカテゴリーの範囲をこの上なく明らかにするものである」[31]。この種のアナロジーは、女性のショールは三〇の単純なカテゴリーを持つ一方、脚——ストッキングをはいているにせよはいていないにせよ——はあまり記号論的ではないと述べた数十年後のロラン・バルトに影響を与えたようにも思われる[32]。グロネルトの結論は、コーヒースプーンを集団的歴史と捉えるギーディオンの主張（『機械化の文化史』［一九四八年］）やロラン・バルトの『神話作用』（一九五七年）といった、二〇世紀の「アフォリズム的な」デザイン論に対してジンメルが遺産を残しているというものである。バルトがジンメルに言及することは決してないが、グレタ・ガルボの顔やシトロエンDS19を解釈するとき、彼が「日常の歴史性」を明らかにしているとグロネルトは指摘する[33]。したがってジンメルは、「日常の神話」の可能性を作り上げた先駆者のひとりなのである。そうした主張は、象徴主義の詩人でありファッションのライターでもあったステファヌ・マラルメが一八七〇年代において、一八六〇年代のシャルル・ボードレールと同様に日常を神話化した方法を考察することで練りあげることができるかもしれない。

ジンメルと後の社会学

マレイ・S・デイヴィスは「ゲオルク・ジンメルと社会的現実の美学（Georg Simmel and the Aesthetics of Social Reality）」でジンメルの教え子であるアルトゥル・ザルツを引きながら次のように述べる。ジンメルは「社会学を社会化の形式の研究だと考えていた。だが、形式について論じるものは誰もが美学の領域に移っていく。社会はつまるところ、芸術作品なのである」[34]（ここで私たちは芸術のための芸術とジンメルの青年時代の環境に舞い戻ってくる）。ジンメルは芸術と社会を、時間ではなく「空間における非時間的な配置」と考えていた[35]。

同時代人であるフロイトと同様、ジンメルは人間とその社会的・文化的創造とのあいだの葛藤が永遠のものであること、そしてそれは人間が絶えず敗北を喫する闘争であることを理解していた。創造の短い瞬間をのぞいて、人間は自らが作り出したものに苦しみ、自身が過去に組織化した文化的・社会的世界に耐えなければならない。[36]

ジンメルはしばしば空間と幾何学の比喩を用いたが、これは翻訳においてときおり無視された[37]。たとえば「流行」において、彼はファッションの「集団」について語っている[38]。社会はより複雑になっているため、より多くの社会集団が生まれ、重なり合い、新たな組み合わせを形成する。それによって「個性化」の問題がより強調される。つまりジンメルの薔薇の話である。アン＝マリー・ゼラーベルクが論じるように、ジンメルもまた運動量を意味する曲線の概念を使っている[39]。

ジンメルはファッションを論じる際に二つの概念をペアで用いている。ゼラーベルクが有益に整理しているように、それは同一化と個性化であり、浅い表面と深い内面的意味であり、個人と模倣であり、ファッションの力の上位と下位である[40]。これらのペアは静的な二元論ではない。「それらは互いに拮抗しあい、そうすることで実のところ刺激しあってもいる。そうしてある種の循環的な刺激と運動量（Eigendynamik）を生み出す」[41]。赤ちゃんの名前の流行、スウェーデンのインテリア、アメリカのレストランのメニューなどの流行について研究を行うゼラーベルクは、ジンメルを通じて「ファッションの領域は〔私たちの時代において〕拡張しつつあるが、まとめて提示される一対の二元的な傾向がその駆動力として作用している」[42]と主張する。食とファッションについての彼女の初期の短いエッセイで、彼女は「ファッションはある特定の時間と空間での対象やプロセスについての共同体の注意を固定する」[43]と論じてもいる。これは、『エフェメラの帝国（*The Empire of Fashion*）』で映画の封切りからコカコーラの種類まで、二〇世紀の生活においてますます広がったあらゆる形式の消費について論じたジル・リポヴェツキーと同じ立場でもある［44］。

ジンメルはファッションについてなにを語ったか

顕示的消費の理論家であるヴェブレンとは異なり、ゲオルク・ジンメルはファッションが理想にむかって前進する可能性を受け入れていた。彼の社会学は定量的尺度というよりむしろ、個人間の関係性を調査し、モノがどのように価値を獲得したのか結論づけるものであった。

ジンメルは身のまわりのデザイン文化の歴史性を観察し、「さまざまに様式化されたモノの環境を個人がつくりあげる」方法を理論化する［45］。「そうすることによって、モノはどこかに孤立して置かれることがなくなり、新たな中心を受け入れることになる」。重要なエッセイ「様式の問題（The Problem of Style）」（一九〇八年）においてジンメルは、「個人を肝心なものに」するためにモノとそれをとりまく周囲が様式化されなければならないと述べている［46］。フレデリック・ファンデンベルゲは、社会学の創設者であるマックス・ヴェーバーとジンメルの研究において、「ジンメルの精神は「繊細の精神」、つまり繊細さ、洗練、気配り、デリカシー、そして明敏さの精神である［…］。ジンメルにとって些細なことなどなにもないのだ」［47］と指摘した。

ジンメルがファッション・スタディーズに与えた影響は、別のエッセイ「装飾（Adornment）」（一九〇五年）にも見られる。このテクストのドイツ語原文には、「装飾（品）についての補遺（Exkurs über den Schmuck）」というサブタイトル（より小さなサイズで印刷されている）がつけられている。この表現は、装飾やジュエリーなど異なる訳語が与えられてきたが、たしかにさまざまな意味をもっている。ジンメルにとって、前工業的社会には流行が存在しない。流行はつねに「階級の流行」であり、「ある社会集団をまとめると同時に、他の集団と隔絶させる機能の両面」を持っていると彼は主張する。断片化された近代生活においては、「歩調やテンポ、身ぶりのリズムは基本的に衣服によって規定される」。近代生活のいわゆる「神経衰弱症」について彼はこう述べる。

流行の変遷は神経刺激の鈍磨の程度を示している。時代が神経質であればあるほど、流行はより急速に移り変わる。差異による刺激への欲求は、あらゆる流行の本質的な担い手であり、神経エネルギーの衰えと連動しているからである。[48]

ジンメルはここで、マルクスが注目したブルジョワ的条件の性質に言及する（マルクスについては第一章を参照）。彼は、ブルジョワジーの「精神の運動」と「ブルジョワ的合理性という絶えず溶解するエネルギー」を分析したマルクスを足場とする[49]。

「装飾」のなかでジンメルは、女性の流行に対するこだわりについて、次のような重要な――というのは、これが何度も繰り返されるからである――説明を施している。

流行が、均一化への衝動と個別化への衝動を、模倣することの魅力と際立つことの魅力を表現すると同時に強調するものだとすれば、どうして一般的に女性が流行にとりわけ強く結びついているのかが説明されるかもしれない。女性に申し渡された社会的地位は、歴史の大部分において低かったため、女性は「慣習」や「礼儀作法」といった、一般に妥当なものとされ認められている生活様式と密接につながっているのである〔…〕。しかし慣習や標準的なもの、一般的な水準といった踏み固められた土壌においては、女性たちは今度は強く、可能な限り相対的に個別化したり、独自の個性を際立たせたりしようとする。〔50〕

ジンメルは、現代の私たちであれば女性にとっての「声」や「行為主体性《エージェンシー》」とでも呼ぶ概念、つまり女性や流行についての現代の歴史研究において広く展開される概念を用いながら先へ進む。彼は中世のドイツに個人主義が現れたことについて論じている。「とはいえ、この個性の発展の内部にはいまだ女性たちの場はなく、女性たちには依然として、個人的に活動したり、才能を発揮したりする自由はなかった。女性たちはそのことをきわめて奇抜で大げさな衣服の流行によって埋め合わせることになった」〔51〕。女性が沈黙しているとき、彼女は衣服を通じて自分を表現しているというジンメルの見解は、ファッションとジェンダーに関心のある歴史家の多くに引用されてきた。しかしそれは、クチュリエもまた力を持たないために衣服を表現形式として用いていると結論づけるのでなければ、やはり中世の特徴とされる男性服の凋落の説明にはならない。ジンメルの時代には、アンシャン・レジームや革命後の社会が、実際に機能したよりも単純化したやり方で分析されることは稀であった。このことは私たちが衣服をどのように解釈するか——慣習としてか、ファッションとしてか——に大きな影響を与えている。

トリクルダウン

ジンメルは決して「トリクルダウン」という表現を使わなかったが、それと同じ考えを持っていた。スプロールズはマーケティングの文脈での論考で、いわゆる「トリクルダウン」理論はほぼジンメルに由来するものであると論じた[52]。ジンメルはエッセイ「流行の哲学」においてこう書いている。「下の階級の人たちはその本性からして上の階級に目を向け、あこがれるものであり、これをもっともなし遂げやすいのがモードの支配下にある領域だからである」[53]と。ジョージ・B・スプロールズは、この上流階級の理論はソースタイン・ヴェブレンの『有閑階級の理論』とも結びついていると指摘する。ジンメルは、所属あるいは同調したいという衝動と、同時に個性を表現したいという対立的な衝動をあわせもつ、ファッションのパラドックスについて研究してきた。彼は「流行に特有の刺激的で心を昂ぶらせるような魅力は、その広大な、万人の心をとらえるほどの伝播力と、急速で根本的な移ろいやすさ、すなわち流行にそむくことができるという権利とのあいだのコントラストにある」[54]と指摘する。

「流行」においてジンメルは二つの概念——階級的流行とボードレールの詩と批評を彷彿させるもの——を結びつけており、それよってファッションが何か特別なものを生じさせている。

より上の階級の流行はより下の階級の流行とは区別され、下の階級の流行によって簒奪され始めた瞬間に打ち捨てられる。つまり流行とは、社会的な平等を求める傾向と個人としての差異や変化を求める傾向とを同一の行動にまとめあげる、多くの生活様式のうちの特殊な一つにほかならないのである。[55]

続いてジンメルは、これまでファッションの理論的説明において何度も繰り返されてきた「死」と流行のアナロジーをたどる。

どんな流行も発達することによって終末を迎える［…］。流行は常に過去と未来の分水嶺に立ち、それが栄えているあいだは、ほかの現象では滅多にないほどの強烈な現在感を与えてくれる。［56］

この特質によってファッションは、とりわけ注意を払うべきものとなる。あらゆる都市社会に見られる女性や虚栄心の強い青年の中身のない娯楽だとして評論家たちが退けるにもかかわらず。

こうしてジンメルはかの有名な格言を告げ、ファッションを個人主義と協調という特殊な対概念でまとめる。「個人として差異化を図ると同時に、社会に恭順を示すことも可能となるということが、流行独自の特性なのである」［57］と。

ジンメルはこのエッセイのなかで、一九世紀半ばから末にかけてのヨーロッパに見られたドゥミ・モンド（demi-monde、字義的には「世界の半分」という訳しづらい概念だが、つまりは高級娼婦であり、女優の集団でもある）について長々と論じている。ここで彼はもしかすると、ボードレールとマラルメが何十年も前に骨子を描いた近代都市において実現された、社会カーストと衣服の流行の微細な差異についての魅力を思い出しているのかもしれない。

高級娼婦がたびたび新しい流行の先駆者となるのは、その生活様式がもともとよりどころのないものだからである。高級娼婦は社会で貶められているがゆえに、社会においてすでに認められているものや規制のあり方すべてに対して、顕在的にであれ潜在的にであれ、憎しみを抱いている。この憎しみは常に新しい容姿のあり方を求めようとする意欲のうちに、まだ比較的罪のないかたちで表現されている。新しい流行、これまで聞いたこともない流行を絶えず求めることのうちに〔…〕破壊衝動の美的な形式がある。こうした破壊衝動は完全に社会に隷属していない限りにおいて、すべての貶められた人たちに特有のもののようである。[58]

上流階級に属するわけではない高級娼婦が発信源となった流行を、社会に承認されたおしゃれな女性が模倣したことに鑑みると、上記のことは階級の流行に関する一部のテーゼと矛盾するように思われるかもしれない。エリザベス・ウィルソンがかの有名な『夢に身を包んで――ファッションとモダニティ（*Adorned in Dreams: Fashion and Modernity*）』で、ジンメルは「変人、異端者、そしてアウトサイダー」が近代文化における「ファッションの因習打破、蹂躙、反抗」を生み出すと言いたかったのだろうと推測している[59]。これはひょっとしたらジンメルが意図したことではないかもしれないが、その想像的読解であり、ジンメルがファッション・スタディーズに脈々と受け継がれていることを示す。

同じエッセイの後半で、ジンメルは革命期以降にファッションがより広範に普及したことについて次のように記している。

たび重なる流行の交替は個人を強く圧迫しており、その限りにおいて社会的・政治的自由が大きくなったことを補完する不可欠の現象のひとつなのである〔…〕。絶え間ない変化を必要とする階級や個人は、その発展が速いほど他者に対する優位を得ることができるため、流行のうちに自身の精神の動きと同じテンポを見出すのである。[60]

ジンメルは結局のところ流行が非合理的であることを示した。それは一般に軽薄あるいは女性的と特徴づけられるなにものかについての重要な声明である。「生の相反する諸傾向は社会の目的にかなうように、さまざまな形成物において同じ権利を持つものとして客体化されてきた。流行とはそうした形成物のひとつであり、しかも特別な性格を持つものにほかならないということが、このようにして明らかになった」[61]。この声明はファッションがこうした観点から研究されうることを示唆しており、まさしくファッション・スタディーズにぴったりのものであろう。

おわりに――ジンメルの死後

ジンメルの思想は一九五〇年代から六〇年代にかけてのファッション研究者たちに大きなインパクトを与えたが、批判者もまた生み出した。『季刊社会学（*The Sociological Quarterly*）』に発表されたハーバート・ブルーマーの「ファッション――階級的差異化から集団的選択へ（Fashion: From Class Differentiation to Collective Selection）」は、ジンメル、エドワード・サピア、ラング夫妻のような社会学者の見地について、「ファッションの多様な作用の観察と評価」に失敗していると論じている〔62〕。彼は、ファッションの一次的な様相は階級の流行に関するものだとするジンメルの見解を一部批判している。ブルーマーは次のように述べる。流行をつくるのはエリートの社会的な力なのではなく、むしろ「エリートという名声を付加することを可能にするデザインの適合性や潜在的なおしゃれさなのである」〔63〕と。つまりブルーマーは代わりに「集合的趣味形成」を指摘したのである〔64〕。

ジンメルは一九〇八年までに社会学という分野を確立したと感じ、他の問題、つまり「文化的哲学的問題」に注意を向けはじめた〔65〕。彼は暗く、内省的な表現主義に影響を受けるようになり、そして癌のため一九一八年に比較的若い年齢で命を落とした。

ジンメルはファッション・スタディーズに不朽の遺産を残した。この分野の初学者にとって、彼のテクストは最初に読まれるべきものである。「トリクルダウン」などの概念は、会話やメディアでも使われる日常語となった。一九世紀末の耽美主義のみならず社会学の発生期のさなかで形成された、ファッションとスタイルとをつなげるジンメルの観点は繊細で魅力的なものであった。ブルーマーは異なる方法――後に文化哲学者のジル・リポヴェツキーや文化史家のダニエル・ロシュ〔66〕らの賛同を得ることとなる――を用いて、ファッションが有益な価値を持つと主張した。「しかしながら、事実としてファッションは近代文明の際だった特徴であり、その領域は減少するどころか拡張しつつある〔…〕。ファッションは潜在的にアナーキー的で、移り変わりゆく現在に秩序をもちこむのである」〔67〕。ブルーマーの視点はこのような調子で締めくくられる。「私の判断するところでは、ファッションが絶えず作動しているという認識はジンメルの分析の主要な、しかし意図されざる貢献である」〔68〕。ジンメルの功績は幅広いもうひとつのプロセスを分析するためにファッションを考察したことにあり、これは実際、たとえば「贅沢」という主題について論じたヴェルナー・ゾンバルト〔69〕のような、当時の歴史研究や社会研究の多くと共通するアプローチであった。ファッションは軽薄なものではなく分析対象となりうること、そして近代社会における近代的主体となるプロセスに関する批判的パースペクティヴをファッションが明らかにすることをジンメルは示した。そうすることによって、ジンメルはスリリングかつ発展途上のファッション・スタディーズが生まれる場をつくったのである。

原註

[1] 次の文献から孫引きされたエルンスト・ブロッホの引用。David Frisby, *Sociological Impressionism: A Reassessment of Georg Simmel's Social Theory*, London, Heinemann, 1981, p. 33.

[2] Albert Salomon and Gary D. Jaworski, 'Georg Simmel Reconsidered' in *International Journal of Politics, Culture and Society*, 8 (3), 1995, p. 363.

[3] 次の文献を参照のこと。Natàlia Cantó Milà, *A Sociological Theory of Value: Georg Simmel's Sociological Relationism*, Bielefeld, Transcript Verlag, 2005, p. 14.

[4] Donald N. Levine, Ellwood B. Carter and Eleanor Miller Gorman, 'Simmel's Influence on American Sociology. I' in *American Journal of Sociology*, 81 (4), 1976, p. 829.

[5] Roman Meinhold, *Fashion Myths: A Cultural Critique*, J. Irons (trans.), Bielefeld, Transcript Verlag, 2013.

[6] Gilles Lipovetsky, *The Empire of Fashion: Dressing Modern Democracy*, C. Porter (trans.), Princeton, Princeton University Press, 2002[1987].

[7] 次の文献から孫引きされたコーザーの引用。Murray S. Davis, 'Georg Simmel and the Aesthetics of Social Reality' in *Social Forces*, 51 (3), 1973, p. 322.

[8] Jürgen Habermas, 'Georg Simmel on Philosophy and Culture: Postscript to a Collection of Essays', M. Deflem (trans.) in *Critical Inquiry*, 22 (3), 1996 [1991], pp. 403–14.

[9] 次の文献から孫引きされたジェルジ・ルカーチの引用。David Frisby, *op. cit.*, p. vii.

[10] Natàlia Cantó Milà, *op. cit.*, p. 31.

[11] Peter McNeil, *Fashion: Critical and Primary Sources Volume 1: Late Medieval to Renaissance*, Oxford and New York, Berg, 2009, pp. xxvi-xxvii.

[12] アメリカで最初の社会学学科は一八九二年にシカゴ大学に設立された。次の文献を参照のこと。Donald N. Levine, Ellwood B. Carter and Eleanor Miller Gorman, 'Simmel's Influence on American Sociology. I' in *American Journal of Sociology*, 81 (4), 1976, pp. 815–816.

[13] David Frisby, *op. cit.*, p. viii.

[14] Levine et al., op. cit.

[15] ファッションについてのエッセイには一八九五年、一九〇四年、一九一一年の三つのヴァージョンがあるが、それぞれかなり似た内容のものである。以下の文献を参照のこと。Jukka Gronow, 'Taste and Fashion: The Social Function of Fashion and Style' in *Acta Sociologica*,36 (2), 1993, p. 99. Georg Simmel, 'Fashion' in International Quartely, X, October 1904, pp. 130–55, reprinted in *The American Journal of Sociology*, LXII(6), May 1957, pp. 541–58.（「モードの哲学」岸本督司・古川真宏・渡部洋平訳『vanitas』No. 003、ファッショニスタ、二〇一四年に別ヴァージョンの翻訳あり。）

[16] Natàlia Cantó Milà, *op. cit.*, p. 39.

[17] Jürgen Habermas, *op. cit.*, p. 405.

[18] レーマン『虎の跳躍』のジンメルに関する刺激的な章を参照してほしい。そこでは二〇世紀初頭のアヴァンギャルドの中核である断片／断片的特徴とモデルニテの親和性と使用可能性が強調されている。彼はジンメルが用いたエッセイという形式と文芸欄のフォーマットが周到に計画されたものであり、そのことが一八七〇年代にファッションを論じたフランスの前衛作家とジンメルを結びつけていると述べる。Ulrich Lehmann, *Tigersprung*, Cambridge and London, MIT Press, 2002, pp. 125–95.

[19] 拙著のイントロダクションでこの点について詳しく論じている。次を参照のこと。Peter McNeil, *Fashion: Critical and Primary Sources Volume 1: Late Medieval to Renaissance*, Oxford and New York, Berg, 2009.

[20] Siegfried Gronert, 'Simmel's Handle: A Historical and Theoretical Design Study' in *Design and Culture*, 4 (1), 2012, pp. 60–61.

[21] Ibid., p. 61.
[22] Murray S. Davis, op. cit, p. 324.
[23] David Frisby, *op. cit.*, p. 20.
[24] 次の文献から孫引きされたジンメルの引用。David Frisby, *op. cit.*, p. 18.
[25] ディドロのエッセイについては次を参照。Denis Diderot, *Rameau's Nephew and Other Works*, J. Barzun and R.H. Bowen (trans.), New York, Doubleday, 1956, pp. 325–33.（『ラモーの甥』小場瀬卓三訳、角川書店、一九九六年。）
[26] この記事に注目するきっかけを与えてくれ、さらに大まかな翻訳をしてくれたエミリー・ブレイショウに感謝する。
[27] Ruth P. Rubinstein, *Dress Codes: Meanings and Messages in American Culture*, Boulder, Westview Press, 1995, p. 149.
[28] Elizabeth L. Eisenstein, *The Printing Press as an Agent of Change: Communications and Cultural Transformations in Early-modern Europe. Volumes I and II Complete in one Volume*, Cambridge, Cambridge University Press, 1979, p. xvi.
[29] *Ibid.*, p. 84.
[30] Georg Simmel, 'The Philosophy of Fashion and Adornment', K. H. Wolff (trans.) in *The Sociology of Georg Simmel*, New York, The Free Press, 1950 [1905], pp. 338–44.
[31] 次の文献から孫引きされたジンメルの引用。Siegfried Gronert, op. cit, p. 60.
[32] Michael Carter, *Fashion Classics from Carlyle to Barthes*, Oxford and New York, Berg, 2003, p. 162.
[33] Siegfried Gronert, op. cit., p. 68.
[34] Murray S. Davis, op. cit., p. 320.
[35] Ibid., p. 320.
[36] Ibid., p. 321.
[37] たとえば「社会集団の共通部分」は「集団への帰属の織物」となる。このことによって今風になり、近代的な社会学用語を使うことになったとデイヴィスは言う。次の文献を参照のこと。Murray S. Davis, op. cit., p. 323.
[38] Georg Simmel, 'Fashion', 1957 [1904], p. 558.（「モードの哲学」、二〇一四年、一五三頁。）
[39] Ann-Mari Sellerberg, *A Blend of Contradictions: Georg Simmel in Theory and Practice*, New Brunswick and London, Transaction Publishers, 1994, p. 58. 次の文献も参照のこと。Ann-Mari Sellerberg, 'The Practical! Fashion's Latest Conquest' in *Free Inquiry in Creative Sociology*, 12 (1), 1984, pp. 80–82.
[40] Ann-Mari Sellerberg, *A Blend of Contradictions: Georg Simmel in Theory and Practice*, New Brunswick and London, Transaction Publishers, 1994, p. 59.
[41] *Ibid*, p. 60.
[42] *Ibid.*, p. 72.
[43] *Ibid.*, p. 82.
[44] Gilles Lipovetsky, *The Empire of Fashion: Dressing Modern Democracy*, C. Porter (trans.), Princeton, Princeton University Press, 2002[1987].
[45] Georg Simmel, 'The Problem of Style' in D. Frisby and M. Featherstone (eds.), *Simmel on Culture: Selected Writings*, London, Sage Publications, 1997, pp. 215–216.
[46] *ibid.*, p. 215.
[47] Frédéric Vandenberghe, 'Simmel and Weber as Idealtypical Founders of Sociology' in *Philosophy & Social Criticism*, 25 (57), 1999, p. 63.
[48] Georg Simmel, 'Fashion', 1957 [1904], p. 547.（「モードの哲学」、二〇一四年、一三三頁。）
[49] Ellen Wayland-Smith, 'Passing Fashion: Mallarmé and the Future of Poetry in the Age of Mechanical Reproduction' in *MLN*, 117 (4), French Issue, 2002,

p. 889.

[50] Georg Simmel, 'Fashion', 1957 [1904], p. 550.（「モードの哲学」、二〇一四年、一三九－一四〇頁。）

[51] Ibid., p. 551.（同書、一四〇頁。）

[52] George B. Sproles, 'Analysing Fashion Life Cycles: Principles and Perspectives' in *Journal of Marketing*, 45 (4), 1981, p. 119.

[53] Georg Simmel, 'The Philosophy of Fashion' in D. Frisby and M. Featherstone (eds.), *Simmel on Culture: Selected Writings*, London, Sage Publications, 1997, p. 190.（「モードの哲学」、二〇一四年、一三一頁。）

[54] *Ibid.*, p. 205.（同書、一五三頁。）

[55] Georg Simmel, 'Fashion', 1957 [1904], p. 543.（同書、一二九頁。）

[56] Ibid., p. 547.（同書、一三四頁。）

[57] Ibid., pp. 548–549.（同書、一三六頁。）

[58] Ibid., p. 552.（同書、一四二頁。）

[59] Elizabeth Wilson, *Adorned in Dreams: Fashion and Modernity*, London, Virago, 1985, p. 138.

[60] Georg Simmel, 'Fashion', 1957 [1904], p. 556.（「モードの哲学」、二〇一四年、一四八－一四九頁。）

[61] Ibid., p. 558.（同書、一五四頁。）

[62] サピアはファッションがわれわれの魅力を増大させるという見解に関心を持っていた。Herbert Blumer, 'Fashion: From Class Differentiation to Collective Selection' in *The Sociological Quarterly*, 10 (3), 1969, pp. 275.

[63] Ibid., p. 280.

[64] Jukka Gronow, *op. cit.*, p. 95.

[65] David Frisby, *op. cit.*, p. 36.

[66] Daniel Roche, *The Culture of Clothing: Dress and Fashion in the Ancient Regime*, J. Birrell (trans.), Cambridge, Cambridge University Press, 1994 [1989].

[67] Herbert Blumer, op. cit., pp. 288–89.

[68] Ibid., p. 290.

[69] Werner Sombart, *Luxury and Capitalism*, W. R. Dittmar (trans.), Ann Arbor, University of Michigan Press, 1967 [1913].（『恋愛と贅沢と資本主義』金森誠也訳、講談社、二〇〇〇年。）

04

ヴァルター・ベンヤミン

Walter Benjamin

ファッション、モダニティ、街路

アダム・ゲッツィ&ヴィッキ・カラミナス
藤嶋陽子—訳

はじめに

「モダン（modern）」の最初の数文字が「モード（mode）」であるのは、おそらく偶然ではないだろう。両方とも、「たった今」を意味するラテン語の*modo*を由来としている。ヴァルター・ベンヤミンは、並外れてモダニティに敏感であった。モダニティとは、すでに予期され、すでに存在するものに刻み込まれた絶えざる更新の過程である。「現在」はそれ自体がこれから起こることと、これまで起こってきたことの交差点である。それゆえ、ファッションはベンヤミンの思想において重要な位置を占める。それにも関わらず、一九世紀のフランスの詩人、シャルル・ボードレールによるパサージュについての論評のなかで、ベンヤミンはファッションをすぐさま取りあげることはせず、「これでは深いところまで達しているとは言えない」[1]と述べている。しかしこのことは、移りゆく外観の殻がベンヤミンの思想の中で中心的な問題のひとつであるという事実を妨げるものではない。

一八九二年にベルリンで生まれたベンヤミンは、自身を哲学者というよりも当時より輝かしい肩書きであった「文学者」とみなしていた。彼は文芸批評や翻訳で生計を立て、多数の学術誌や雑誌に論考を書いている。一九三三年にナチスが政権を握ると、ユダヤ人で左翼の知識人であったベンヤミンはパリに亡命し、そこでハンナ・アーレント、ゲルショム・ショーレム、テオドール・アドルノを含む同じ状況に置かれた多くの知識人と友人になった。パリにおいて彼は、彼のもっとも影響力を持つエッセイにして論考である、野心的で未完に終わった『パサージュ論』[2]を執筆した。この重厚な大著のなかで彼は、一九世紀の資本主義の文脈におけるファッションの社会的、文化的、心理的な意味について書いている。ここで私たちは、ベンヤミンに対するボードレールのきわめて明白な影響を見出すことができる。それは、この詩人がファッションについて論じていることに言及している部分だけではなく、ボードレールに捧げられたこのプロジェクトの大部分においても同様である。ベンヤミンは、ゲオルク・ジンメル（第三章を参照）、マルセル・プルースト、シャルル・ボードレールらを援用し、衛生学、社会階級、ジェンダー、政治的・経済的権力、生物学といった観点からファッションを批評している。

ファッションの誕生は、モダニティの誕生と同時に起きたと言える。このことがファッションをモダニティの結果、もしくは補完以上のものにしている。それはむしろ、資本主義の変化への意志のもっとも顕著な現れである。けれども商品との共謀という点に関して、ベンヤミンはファッションに反感を持っていた可能性があるが、彼はまたファッションがモダニティと時間との関係を捉える鍵であると述べてもいた。さらにベンヤミンは、ファッションが表象と絡み合う様子について多大な見識を示した。その関係性は、ファッションがどのように広がり、そして理解されるかというあり方を変えてしまったデジタルファッションの成長によって、今日よりいっそう痛烈なものとなっている。それゆえ、彼のエッセイ『複製技術時代の芸術作品』はファッションのアイテムではなく芸術作品に関するものだが、ファッション・スタディーズにおいても重要な功績となった[3]。ファッションの表象については、本章の後半で議論する。私たちはまず、ベンヤミンのファッションに関する論考、ボードレールとプルーストからの影響、そしてファッション、歴史、時間の関係について検討する。

ヴァルター・ベンヤミンの著作へのシャルル・ボードレールの影響

ヴァルター・ベンヤミンのファッションの概念は、詩人、シャルル・ボードレールを考察することなしには考えることができない。『ベルリンの幼年時代』から「パリ、一九世紀の首都」まで、ベンヤミンにはボードレールの影響が大いにみられる。ボードレールは、当時のもっとも傑出した詩人のひとりというだけではなく、並外れた美術批評家として、その時代でもっとも重要で、そして悲劇的な人物であった。実際、彼の美術批評、特にもっとも参照されるエッセイ「現代生活の画家」には、後にベンヤミンによって展開され、今日ではカルチュラル・スタディーズとして知られているものを見出すことができる。このエッセイのなかでボードレールは、近代都市の生活——ショーウィンドウ、公園、露店、ポスター、そして少なからず、人々が何をどのように着ているか——を観察する、街をさまよい覗き見るような遊歩者（flâneur）という概念を展開した。ベンヤミンは、日常生活に現れる異常や並置を観察することから詩的な洞察を引き出すボードレールの技法を発展させた。この文脈において、ファッションはベンヤミンの中心的な関心となっている。なぜならば、ファッションは過去、現在そして未来の同時発生を表しているからだ。ファッションは過去を奪い、現在を表象し、自らが打ち克つものを予期し、そしてそれに刻み込まれる。

唯物史観のマルクス主義的な思想家として、ベンヤミンは弁証法的想像力という考えをカール・マルクス（第一章を参照）の著作、特に『資本論』（一八六七年）から発展させた。マルクスは過去の犠牲と、政治的および経済的な文脈における記憶の重要性を語ることにかなりの時間を費やした。ベンヤミンが歴史の問題の持ち出したのはまさに資本主義の犠牲者たちの記憶と、進歩の法則に支配された解放の約束とのあいだの関係性を通じてである。ベンヤミンは歴史の展開における進歩を検討するのではなく、現在における過去の新たな構築に着目した。彼は時間が単線的に進むという考えに抵抗し、直接未来につながる手段とならないような関係性に賛同したが、これはメシア的でカバラ的な時間の概念を含んでいる。言い換えるならば、過去はつねに現在のなかに含まれているのと同時に、歴史の内と外に含まれている。ファッション研究へのベンヤミンの思想の適用可能性には二つの側面がある。つまり、衣服が何らかの形式で過去を含む方法は技術的な発達においてか（たとえば、スカートに入れた張り骨やコルセット）、過去をスタイルのインスピレーションとしてみるような美的要素においてかのいずれかである。ファッションのサイクルとスタイルが去来する急速なスピードに、ファッションの本質の中心がある。このように現在に存在するファッションは、過去との弁証法的な関係を含んでいる。マイケル・シェリンガムが雄弁に語ることには、「はかなさはファッションの不安定な──だが、奇妙にも永続的な──現在の要である。現在はそこに取り込まれている過去と、予期している未来の両方と実存的に繋がっている」[4]。

ベンヤミンの思想におけるファッションの位置づけには、二つの段階が見られる。ひとつはボードレール論であり、これは『パサージュ論』[5]の、とりわけ「資料B」と謎めいた呼び方をされる節へとつながることとなる。マルクス主義の定めから描くと、ファッションは資本主義の「虚偽意識」のもっとも根強い行為主体《エージェント》であるため、ベンヤミンは当初からファッションに対して深い不信感を持っていた。この虚偽意識とは、資本主義の制度が虚偽の現実を設定する全体的な効果によって手段と目的を煙に巻き、そうすることで有効な階級闘争の可能性を妨げ、結果としてプロレタリアートを欺き裏切るというマルクスとエンゲルスの見解である。ファッションは新しさというわべであり、歴史が反射鏡のようなゲームとして演出される鏡の間であり、ベンヤミンはこれに「ファンタスマゴリア」という言葉を与えた[6]。ブルジョワジーはファッションとともに有用性という真の記号、つまり真実の作用を排するまで虚偽意識を実行し、目新しさに慰めを求める。ベンヤミンにとって衣服からファッションへの変容は、こういった類の美的な有用性に危害を加えることであると言える。なぜなら、それは気まぐれの虚栄という完全体──流行の美しさは次に来るものに道を譲るべく死ななければならないため、その特性が不当に利用される──をもとに、美しさ、魅力、魅惑、そしてオーラを失墜させるからである。

それゆえファッションは、資本主義が要求する進歩における不誠実さの証拠となる。そこで行われる前進は、利益だけを目的にしている。ファッションと芸術は異なる様式での提示と受容がなされているため、ファッションは芸術とは異なる方法で資本主義と結びついている。ファッションと芸術をモノとして見れば、両者ともにつねに主観的に判断される美的な創造物であるためにその差異は少ないが、両者が占める──社会的、経済的、言語的な──交換の場に差異が存在する。ベンヤミンはファッションがどのようにして、モダニティが自らを顕現させる主要な手段となったかのみならず、どのようにして固有の永遠に変化するアイデンティティ、つまりその「時代精神」を診断するのかについても論証した。ファッションはそのなかで審美性、消費、階級、産業、そして個人のアイデンティティがすべて出会うようなひとつの結晶である。

ファッション産業によってもたらされる変化は、たんに商品の物神性──カール・マルクスの言葉で、私たちが欲望し、そして購入したいと望む他のもののために手放すという商品の終わりのない連鎖──のために起こる変化である。この命題によれば、ファッションにおける記号は不誠実である。ファッションの記号的な価値は、それが望まれて消費される能力に従属する。この点で、ファッション自体の意味は無効にされ不要になる。したがって、一方でファッションに内在する無意味さは、商品価値への追従を通じてさらに無意味なものにされる。ファッションはブルジョワ社会の自己愛、満足と停滞の保証である。他方で、黒いコートの基礎的な共通点にまで至る、男性ファッションの偽装も存在する。ベンヤミンはファッションを、死の儀式への参加として理解していた。つまり、女性にとっては束の間の喜びのための意味と目的の死であり、男性にとっては厄介な暗号に変えられ本物でないとしても平等に与えられた制服、もしくはボードレールが呼ぶところの人を死に誘い込む制服である［7］。

ベンヤミンのファッションに対する考察を理解するためには、ボードレールのファッションとダンディについての考えに少し迂回するのが賢明かもしれない。ベンヤミンは主観と客観を曖昧にするような経験によって捉えられた現在の状況を明らかにする道筋として、ボードレールがファッションにアプローチしたことに影響を受けた。ファッションの窮状の有名な引き立て役は、ボードレールの言葉で言うところの「近代的な何ものかであり、完全に近代の理念につき従っている」[8]ダンディである。ボードレールのダンディは、反＝ファッションの概念へのアプローチと近いものがある。なぜならダンディは、特定の衣服や抑制された外見よりも態度を尊重しているからだ。反＝ファッションは抵抗の衣服として定義するのが最良であろう。これはデザイナーやファッション業界が、現在のファッションに反した衣服のスタイルを描くことの総称である。パンクとヴィヴィアン・ウエストウッドのデザインは、反＝体制のある歴史的な瞬間に申し立てをしたため、反＝ファッションに分類されている。

ダンディズムは、その時代のファッションの外に出ようとする限りにおいて反＝ファッションであり、それによってダンディは自身を自己中心的で、自己参照的で、反抗的で自律的であると表明する。その起源であるイギリス人のダンディ、ボー・ブランメルは、ファッションやスタイルにきわめて意識的で、近代の衣服の起源に対する鍵をいくつか握っていた。ダンディは頭から爪先まで黒い服を着て黒いベッドシーツで寝ていたが、衣服は貴族的な精神の単なる象徴であってはるかに政治的であると主張していたように、ボードレールにとってのダンディズムは衣服的というわけではまったくなかった。ダンディは、彼らが「大胆さ、気力、冷静などの伝統的貴族的美徳を再確認することで、彼らがブルジョワ的、あるいは大衆的俗悪さ」[9]とみなすものに対して立ち向かい、ブルジョワの生活様式とエリート主義を「デカダンスに対する英雄主義の最後の火花」だと軽蔑した。これらは、大量生産と大量消費に特徴づけられた一九世紀というはかなく、荒れた時代のひねくれた無関心と自己陶酔の権力闘争であった。ダンディの服装を象徴するものがあるとすれば、それは至る所に存在する黒であろう。その結果、彼らは遊歩者、もしくは街の散歩人として人混みのなかで混ざり合うだろう。ボードレールが彼の同時代人とは異なり、いかに「自分を欺いて時代を忘れることもできなかった〔…〕、遊歩者《フラヌール》、ごろつき《アパッシュ》、ダンディ、そして屑屋は、ボードレールにとって、それだけの数の役《やく》であった」〔10〕かとベンヤミンは述べる。しかしベンヤミンが次のように記述することは、ファッションの観点からみて興味深い。「近代の英雄《ヘーロス》は主人公《ヘルト》ではなく、主人公を演じる者なのである」〔11〕。モダニティというカーニヴァルにおいて私たちは皆、私たちのために割り当てられた、もしくは選ばれた特定の役を演じている。ブルジョワと異なり、ダンディはデカダンスへの独自の主張においてモダニティの衰退を自覚している。ダンディであれブルジョワであれファッションの魅力はまさに、より深刻な沈滞を和らげる兆しなのである。このような普通とは違う言明は大げさに扱われすぎてきた。とはいえ、私たちはここから次のように主張してもよいかもしれない。ファッションとエレガンスはブルジョワが喜んで維持しようとし、ダンディはそこからのけ者にされていると自任するシステムの外殻である、と。

歴史、記憶、時間

ベンヤミンによると衣服は階級、認知、願望の帰属であるだけでなく、なによりもまず、はかなさについての普遍的で永続的な主張である。このはかなさは、モダニティが変化の外観を維持する必要があるような方法の尺度に深く浸透する。これは経済的なだけではなく物語論的なことでもある。というのも歴史上、モダニティはつねに転覆と改善の両方を行うからである。ファッションは「まさに今」の名の下に、公言と抑圧の両方が存在する歴史上の記述の織物のようである。これらは一九世紀中盤のパリにおける商業的なアーケード街、もしくはパサージュの急増と魅力からタイトルをつけた『パサージュ論』のなかで彼が探求した考えである。この未完の著作において、ベンヤミンは基本的にモダニティの前史としてパリの歴史に関心を持っていた。彼は現代の歴史主義や、社会の唯物論的な解釈に影響を与えたモダニティの誕生の場として一九世紀を振り返る。数多くの断章、理論的な考察、アフォリズムや覚え書きが彼のパサージュについての著作を構成しており、「このマトリックスから、モダニティのイメージが一九世紀が最新の過去を自己満足的に映し出す鏡」として「投影される」[12]。彼は以下のように述べる。

産業による贅沢の産んだ新しい発明であるこれらのパサージュは、いくつもの建物をぬってできている通路であり、ガラス屋根に覆われ、壁には大理石が貼られている。建物の所有者たちが、このような大冒険をやってみようと協同したのだ。光を天井から受けているこうした通路の両側には、華麗な店がいくつも並んでおり、このようなパサージュは一つの都市、いやそれどころか縮図化された一つの世界とさえなっている。[13]

その魅力は「場の曖昧さ」に由来している。つまり、屋根付きの街路は内部空間に変わり、パリの街路に不確定さを与える。街路は「集合住宅」のようにみえ、アーケードはサロンへと変わる[14]。ベンヤミンはこれらの構造を、彼の研究のメタファーをまとめ上げるものとして注目する。なぜならそれは、歴史的に見てこの時代固有の人工物でもあり、一九世紀の商品資本主義に特有の視覚的特徴でもあるからだ。アーケード自体は、近代の大都市の人々にとって広大な知覚の領域のための場であり装置であった。ベンヤミンが集めた資料には、さまよう遊歩者にとっての都市の群衆の役割が含まれていた。すなわち、都市の住民の住まいにおけるパノラマ、のぞき見箱、マジックランタンといった光学的な装置の重要性、大都市の経験の新たな条件、とりわけパリに出現し、あらゆる場所で世界の表象を形づくるようになったディスプレイと広告という近代的な実践などである。

ベンヤミンの著作で明らかにされるトピックのなかでもひときわ目立つのが、審美性の視覚的なシニフィアンとしての、また経済的かつ政治的な力としてのファッションの役割である。ファッションを哲学的に理解することは、「歴史のプロセスの自然かつ完全に非合理な基準はいったい何なのか」[15]を解明することへの関心に動機づけられたベンヤミンの努力である。ベンヤミンによると、特定の歴史的な瞬間と形式は後になってからのみ判読可能なものとなる。自らの存在の前史としてモダニティという概念を要求してきた過去の世紀は、この現在という時間に近づいてくることはない。それはむしろ果てしない先史的な距離へと後退する。この経験を特徴づける時間の感覚は、ファッションが変化するその方法によって示唆される。あらゆる世代が過ぎ去ったばかりのファッションを経験するが、しかしながらファッションは単なる見せかけのものではない。それは歴史の弁証法を例示する、絶え間のない移ろいやすいスペクタクルなのである。というのも、ファッションにおける最新のトレンドや衣服は、「もっとも古いもの、すでにあったもの、なじみ親しんだものという媒体を使っての現れる場合にかぎって」[16]気風を決定づけるからである。ベンヤミンはこの経験を、「もう時代遅れになったもの——ということはつい最近すたれたばかりのもの——と一線を画そうとする」[17]試みとしてさらに説明している。現在という時間は、過去に戻って参照されるのだ。

ファッションにだけ特化した「資料B」の節では、ファッションが近代的な生活における移ろいやすい存在とみなされている。ベンヤミンはファッションが歴史上の記述に投資しながら、同時にそれを蝕んでいく様子に特に関心を持っている。「そのつど最新のものが、すでにあったものを媒体として出来上がるというこの劇こそはモード本来の弁証法的な劇なのである」[18]。この考察を今日のファッションに適用してみよう。一九八三年からシャネルのヘッドデザイナー兼クリエイティヴディレクターを務めるカール・ラガーフェルドは、ブランドに忠実であるために過去のデザインを保管するココ・シャネルのアーカイヴをつねに掘り起こしている。彼のデザインはシャネル的なディテール、色、ツイードの生地、キルトステッチのレザー、金のチェーンと「CC」のロゴを取り入れている。最近のコレクションでラガーフェルドはメンズのTシャツやブリーフにシャネルの特徴《シグネチャー》であるジャージー生地を取り入れるなど、シャネル・ルックの要素を「脱構築した」。同様に、一九五三年のココ・シャネルの復帰コレクションで彼女は、自身のツイードのデザインに手を加えて彼女の有名なルックを更新した。それこそが新たな世代の女性のステータスシンボルとなる、ブレードで縁取りされた金ボタンの襟なしジャケットにスリムなスカートを組みあわせたシャネルスーツであった。それゆえ、ファッションは商品のカーニヴァルの一部としてだけではなく、過去と現在においてつねにそこにあり、すぐにでも到来するものとの複雑な襞として見ることができる。時間を超えて語りかける芸術とは反対に、ファッションには自らが乗り越えられることの不可避性が刻み込まれている。

プルースト的な記憶と襞

ファッションが過去のスタイルを再利用することを通じ、どのように現在が過去の亡霊をはらんでいるのかを説明するためにベンヤミンが用いた襞のメタファーは、何かあるものを現在に持ち込むという文学的な現実化の手法との関わりに由来する。この手法はフランスの作家であるマルセル・プルーストの小説『失われた時を求めて』（一九一三―二七年）で用いられたものであった。プルーストはモノの形而上学的な価値と記憶とを喚起するため、生地やガウンに相当な注意を惜しみなく払っており、それは「過去と現在の時間の知覚のために、ファッションとエレガンスが持つ意味」[19]である。プルーストの世界におけるファッションの誘惑は、記憶、連想、想像的発明がより深く交錯した関係の一部分であり、そこでは瞬間への欲望が故意であろうとなかろうと個人の経験と文化的な歴史の濃密な層と結託している。

ベンヤミンにとって一方では過ぎ去った現在の襞に起因し、他方では予期された未来の襞に起因する弁証法的プロセスは、現在の行動の真理を試練にかける。この物質的＝時間的な覆瓦構造は、過去の内に秘められた爆発的な出来事を引き起こし――その象徴はファッションである――、最終的には時間、物質、自己との関係性をよりよく理解するために歴史という滑らかな連続体を吹き飛ばす。この爆発がファッションであることから、ウルレッヒ・レーマンは、「ファッションは、歴史という新たな政治的な――すなわち唯物論的な――歴史と記憶の双方にとって不可欠な触媒であることが明らかになった」[20]と述べる。布地を折り返して重ねるシャツの袖口のように、記憶を折り目に埋め込むこと。ちょうど袖口が前に後ろに動き、布地上の同じ場所で折りたたんだり開いたりするように。歴史の弁証法的プロセスも同様である（ファッションの襞に関する同様の、しかし異なる理解をするドゥルーズについては、第九章を参照)。ファッションがある時間的な状況から別のそれへとやすやすと飛び移る能力を説明するため、ベンヤミンは虎の跳躍のイメージを呼び起こした。彼が言うには、「ファッションは、かつてあったものの繁みのどこにアクチュアルなものがうごめいていようと、それを嗅ぎわける力をもっている。ファッションは過去のうちへの虎の跳躍なのだ」[21]。まさしくこの歴史的な中継、すなわち「歴史の野外への虎の跳躍」こそが、ファッションを現在と過去のあいだで移り変わる弁証法的プロセスにするのである。というのもファッションは歴史の直線性に挑み、モダニティが有する変化の可能性の象徴となるからである[22]。

それゆえ、パリのアーケードやモダニティに対するベンヤミンの哲学的な探求にとってのプルーストの物語の重要性は過小評価できない。『失われた時を求めて』における記憶の表現は、ベンヤミンにとっては記憶と経験という歴史的な性格の表出であり、それは後に『パサージュ論』を作り上げた理論的断章に埋め込まれていることが見出される。「子どもが(そして、男性がかすかな思い出のなかで)母親のスカートをつかみ、顔をうずめた布地の襞のなかで見つけたもの——これこそが、書物の一頁に違いない」[23]。一九世紀のパリに対するベンヤミンの分析は、想起の行為なのである。

ベンヤミンはプルーストの認識論的構造や文体といった文学モデルを利用し、歴史哲学に対する新たなアプローチを発展させた。プルーストの小説には無意識の記憶がもたらす啓示のなかでことのほか力強く引き起こされる、現在の内での過去の絶えざる現実化が見られる。それこそがベンヤミンの弁証法的イメージという概念を導いたのである。弁証法的イメージは、ベンヤミンが「文学的モンタージュ」として説明したものであり、映画的なモンタージュと類似している。セルゲイ・エイゼンシュテインをはじめとする初期の映画制作者に典型的に見られるように、モンタージュは映画においてコラージュに相当するものである。場所、時間、情報の知覚の流れを拡大するために、一連の短いショットが大胆な配列に編集される。それは組織だったカットよりも象徴性は薄く、時間的な「持続（durée）」に対する理解を深める。それは恣意性と時間的ユニットの意図的な秩序づけの両方の配列、つまりは第三の意味が生じる過去と現在のあいだの摩擦を通じたものである。ベンヤミンが考えるように、それは真実というよりむしろ原型であり、歴史的なリアリティの意味を判断するための基準である。ベンヤミンによると、過去の世代によって作られたイメージはその世代の欲望をはらみ、その適合性は時代を超えて適切さを維持する。結果として、過去のモノはそれ自体にとってではなく、それらが表象するものにとって重要となる。過去のイメージを認識できる可能性はさらに特有のはかなさ、つまり記憶という媒介――そのなかで過去の意味が現在において現実化される――のなかでの運動と調和することによって決まる。最初の具体化において過去は歪められ、変化したものとして現れる。ベンヤミンはそれを夢になぞらえる。イメージの認識は夢からの目覚めのように、真実を明るみに出す外観の場の横断として理解されなければならない。歴史の理解における弁証法的イメージが果たす機能については、ベンヤミンが『歴史哲学テーゼ』のなかで語っている。彼は、「過去はそれが認識可能となる瞬間にだけひらめいて、もう二度とすがたを現すことがない、そのようなイメージとしてしか、確保できないのだ」[24]と認めている。弁証法的イメージは、先行世代の欲望を現在へと導く過去のイメージとして定義するのがもっとも適切だろう[25]。

資本のファンタスマゴリア的な機械

ベンヤミンは、芸術作品がつねに商品というファンタスマゴリア的な機械に飲み込まれるかどうかの瀬戸際にある様子に非常に敏感であった。彼はファンタスマゴリアに魅了されていた。ファンタスマゴリアとは、蝋燭と凹面鏡の入った幻灯機を用いて悪魔、骸骨、幽霊といった恐ろしいイメージを壁に投影する形式の劇である。それは、ひとつには当時の科学への魅了ゆえに一九世紀における人気の娯楽となった。新製品を生み出し、既存の商品の価格を下げた産業革命によって可能となった生産性の向上と同時に、それまで想像の領域に留まっていたファンタジーの物質的な実現を技術が可能にした。映画撮影技術と電力の出現は、ガス灯に代わる大規模な都市照明を生み出し、パリとロンドンの街路を明るく照らした。日常生活が技術的驚異によって様変わりしていく動きとスピードは、知的産物と物質的産物の経験や商品文化をファンタスマゴリアに結びつけていたベンヤミンにとって恐ろしいものであった。

商品のファンタスマゴリア的な力というカール・マルクスの概念を拡張して、ベンヤミンは自身のエッセイにおいてこの言葉を使用し、過去と現在のイメージが現在の展開（unfolding）において衝突する様子を説明した。歴史と時間のなかに埋め込まれたこの弁証法的プロセスは彼の著作の至るところに、特にモダニティと日常生活においていかにファッションが重要な位置にあるかを現在の広がりと結びつけて説明した『パサージュ論』において見られる。ファッションは目に見えるようにモダニティに行き渡った約束である。というのは、ファッションがきわめて恣意的ではかない仕方でではあるが、過去と未来をともに具体化するからである。モダニティは産業化と合理化に基づいた、未来へ向けたプロジェクトであるだけではない。それは同時に、夢――ベンヤミンの言うようなモノや建築的構造の材料となる歴史的な夢――の集積でもある。近代はサロン、万国博覧会、コレクション、アーケードのなかに見ることができる、市場のファンタスマゴリア的な陳列形式の内部にある。ここで私たちにとって重要なのは、モダニティのスペクタクルに存在するさまざまな誘惑の層である。ベンヤミンの言葉では、「ファッションにはどれもにも性愛に対する辛辣な皮肉が含まれている」[26]。「皮肉」という言葉は、ファッションという商売がいささかまがいものであることを示唆している。したがってファッションのはかなさは、より誠実でより公平なはるかに深遠なはかなさと区別される。これは、ファッションにおける断続的で気まぐれな歴史の演出とは対照的な、「本当の」歴史である。

ファッションの時間的な本質に対するベンヤミンの記述は、過去と現在が不可分なところでなされる。彼にとって、ファッションの敏速なテンポは本質的にエロティックである。ファッションが歴史的な時間の変化を表象しているように、それは自然世界と対照的なものでもある。「モードはどれも有機的なものを相対立しながら、生きた肉体を無機物の世界と結び合わせる。生きているものにモードは死体の諸権利を感知する。無機的な存在にセックス・アピールを感じるフェティシズムこそがモードの生命の核である」[27]。ファッションそれ自体における注目すべき分析はさておき、これはファッションと衣服のあいだの差異を根源としている。衣服とは保護や温かさのために着るものである。それはまた、裸の身体を覆うという基本的な儀礼としての慎み深さにも当てはまる。しかしファッションを伴うことで、このような慎み深さはフェティッシュへと昇華される。そのフェティッシュにおいて、身体は意図的かつ自覚的に覆われているにもかかわらず性的なものになる。ベンヤミンの見解ではフェティッシュは死に内在する再生の状態であり、ファッションは死を「刺激する」のである。ファッションは独自のリズムを生み出し、布やプラスチックといった無機質な素材をフェティシズム的に活性化するすべてのものに倣うことで、ファッションが認めるところの死を「あざ笑う」。ファッションは、商品によって生活にもたらされる死への参照の合成物である。ベンヤミンは、「モードこそは物神としての商品をどのように崇拝すべきかという儀礼の方法を指定する」と述べる[28]。彼の色彩豊かな術語を使い、それを屍体と結びつける。ファッションが参照するものは、一時的に空白を埋める以外の目的がないため味気なくグロテスクになりがちである。「身体ではなく屍体が、［ファッションの］実践の完璧な対象である」とベンヤミンは述べる。

それは生きたもののなかで、死体の権利を守る。ファッションは生きたものと無機物を結び合わせる。髪と爪、無機物と有機物の中間は常に、その作用を最も必要としている。有機物の性的なアピールに屈するフェテシズムは、ファッションの生命の核である。それは商品への熱狂を採用する。ファッションは無機物の世界への誓いである。しかしながら一方で、死を乗り越えられるのはファッションだけである。それは現在に孤独な存在［*das Abgeschiedene*］を組み込んでいる。ファッションは、それぞれの過去に対して現代的である。[29]

おそらくベンヤミンにとって、はかなさが隠されることはない。事実、近代的な消費者、すなわちブルジョワ女性が喜んで虚偽と死のちょっとしたゲームに参加していることには不安を覚える。今におけるファッションの登場は、すでにその終焉の記録である。もしくはベンヤミンの言葉では、「ファッションとは、忘却のもたらす恐るべき結末を集団的な規模で補正する薬剤である。一つの時代の寿命が短ければ短いだけ、その時代はモード志向が強い」[30]。

生産、再生産、そして表象

現在と過去が出会う地点としての弁証法的イメージのメタファーは、ベンヤミンにとって文化を歴史として理解する方法であった。彼の一貫した関心は写真の表象の仕方と、それが私たちに時間と歴史とのまったく新しい関係を提供する方法である。その可能性によって私たちは歴史をより近く、より親密により挑戦的に理解することができる。そこにおいて、証拠や物質が偽りや誘惑と絡まりあう。写真は私たちに歴史の可能性の豊かさを突きつける一方で、失ったものを思い出させもする。しかしながらこのことはファッションにとって何を意味しているのであろうか。ベンヤミンにとって、現在は歴史的な意味において現在である——デジタルファッションメディアと印刷メディアの写真は消費者に対し、商品の誘惑と共にある生活様式を提供する。それは最新のスタイルの服や工芸品、そして顕示的消費によって現れる夢の世界へと没入させる。それはすなわち、生きられ経験された生活の約束、あるいは表象である。

ベンヤミンは写真と複雑な哲学的関係を結んでいる。その関係を一九三〇年代の終わりまでに書かれたものの、第二次世界大戦後にアドルノによって出版された有名な著作『複製技術時代の芸術作品』だけに還元することはできない。ベンヤミンの写真に対する多くの関心事項のうちのひとつが、イメージという手段によって過去を現在に保存することができる様であった。こう言うと単純に聞こえるかもしれないが、そうではない。というのも、写真は過去をイメージとして捉えるが、同時にそのイメージは捉えられた瞬間の時間にも属しているからである。捉えられたイメージはもはや芸術の領域には属していないが、しかし今度は歴史的な主張を行う。彼は、写真がどのように歴史と歴史性に新たな側面をもたらすかに関心を抱いていた。彼にとって写真は歴史を切り開き、それによって私たちが過去を見ることのできるような可能性を秘めていた。

これらの考えの多くは、彼の芸術作品に対するエッセイのなかでさらに展開されている。彼の考察のなかでもっとも頻繁に引用されるのが、写真による複製が芸術作品の「アウラ」を奪うという主張である。しかし私たちは、ベンヤミンが議論を逆転させたエッセイの後半部分に着目したい。彼は複製を通じてもなお重要性が付与され、作品はアウラの力を再び与えられると述べている。つまり、大量の複製はそれが行われる必要性を強く主張し、それゆえ作品の価値を主張することになる。ベンヤミンはアウラを、表象不可能なものの表象へと向かう視覚と同様の運動だと定義する。「ある現象のアウラを経験するとは、この現象に私たちをまなざす能力を付与することである」[31]。

ベンヤミンのエッセイはファッションよりも写真や映画について多く言及しているが、創造的な作品が伝統から大衆へと移行するそのあり方は、現代のファッションシステムにおける衣服の生産にも適用できる。一九世紀後半におけるパリでのクチュール産業の成立以前は、ファッションは贅沢を取り締まる強固な法と縫製、生地、パターンメーキング、イラストレーションといった重要な職人技術を持つテーラーやドレスメーカーが構成する職人のギルドによって統制されていた。ファッションはスタイルとトレンドを作り出し、サロンに出向いてあつらえのクチュールの衣服を購入することのできた上流階級の領域であった。デザイナーのチャールズ・フレデリック・ワース（一八二五－一八九五）はギルドから離れて産業を重視し、それを類いまれなる才能と創造の問題としてクチュリエのものとした。この場合、クチュールの衣服は「オリジナル」として機能している。何百年にもわたってギルドに縛られた職人という地位に追いやられた作家性の覆いを押し退け、ワースはクチュリエが芸術家だと主張したのであった。彼は、彼の「作品」と芸術との違いはたんに技術的なことでしかないと言い張った。それならファッションはアウラを持つ地位を主張できるのか。ベンヤミンが「アウラ」によって意味したことは何だったのだろうか。

ベンヤミンによれば、見る者からの距離というよりもむしろ、質や価値に基づいた独自の地位を芸術作品が主張する場合にアウラを持つと言えるだろう。この距離というのは主として対象と見る者とのあいだの空間のことではなく、伝統や規範における地位に基づいた心理的な近寄りがたさと権威によって生まれるものである。ベンヤミンにとって、規範への統合はカルト的な実践や儀式への統合と同義である。「芸術作品を伝統の関連のなかへ埋めこむ根源的なしかたは、礼拝という表現をとったわけである」と彼は述べる。「最古の芸術作品は、儀式に用いるために成立している［…］いいかえると、「真性の」芸術作品の独自の価値は、つねに儀式のうちにその基礎を置いている」[32]。

創造よりもむしろ伝達のプロセスを介して芸術作品がフェティッシュ化されるというベンヤミンの記述は、エリザベス・ウィルソンの画期的な論考「魔術的ファッション（Magic Fashion）」を思い起こさせる[33]。ウィルソンは、魔法のような性質を持つものとしての衣服のメタファーを通じ、芸術とファッションの間の結びつきを明らかにした。また、ベンヤミンとカール・マルクスの商品のフェティシズムに対する考察を引きながら、世俗的な社会においてクチュールの衣服はステータスシンボル以上のものであると論じている。それらの衣服は想像上の象徴的資質を帯びている。ウィルソンは以下のように述べる。「私たちは資本と消費に支配された社会のなかで生きているので、唯物論から離れた価値の象徴的表出のために物質的な商品を奪い取る。これには迷信や、魔法的・霊的な性質といった発想も含まれている。それらを表出し、もしくは具現化するモノ〔衣服〕は、世俗的なフェティッシュのようなものになる」〔34〕。芸術作品がフェティッシュであり続けるならば、つまり距離を取り、距離を取られるような非合理的な力を発揮するモノであり続けるならば、それは特権的な少数の人々の手のなかにだけ残る神聖で文化的な地位を手に入れる。この意味において、唯一かつ本物の物質的なモノであるあつらえの衣服は、オートクチュールと呼ばれるまでに地位を向上させられ価値と地位の象徴となり、カルト的崇拝の特質を獲得する。ベンヤミンにとっての芸術作品のように、ファッションが工業化や技術的可能性によって大量に複製される時代において唯一性を失ったとき、ファッションはその始まりから解放される。つまり、ファッションが民主化されるのだ。

おわりに

ベンヤミンの芸術作品についてのエッセイは、美術史やメディア・スタディーズではすでに大きな影響力を持ちえてきたが、ファッション・スタディーズにはいまだ、そこまで深くは浸透していない。だが、メディア理論家につきまとうのと同じ問いがファッション理論にも共通しているのは確かである。ベンヤミンが今日まで生き続けてきたとしたら、表象の捉えがたいハイパーリアルな世界をどのように考えたであろうか。ここ数十年間で芸術、ファッション、大衆文化のあいだに起こった価値の低下を考えるならば、これはファッション・スタディーズにとってとりわけ妥当な問いである。未完に終わった彼の『パサージュ論』は、ファッションの重要性をモダニティのプロジェクトとして強調する。その本質は移ろいやすく偶発的で、はかなさ《エフェメラル》と現在に密接に結びついている。資料Bは大半をこのトピックに割いているため、私たちはすでにそのことを知っている。手稿を詳細に読み込んでいくことで、ベンヤミンがファッションを哲学的伝統として、また都市生活の日常の生きた経験の表出と解釈として位置づけたことの重要性が明らかになる。私たちはここ二〇年ほどのあいだ、大衆的なイメージにも「批評的な」能力があるとされ、一部のファッションが芸術作品と同等の意味を伝えるような逆説的な状況に直面してきた。これは確実に、私たちと時間とのあいだの新たな関係の兆候である。私たちが生きている現在はいまや、曖昧かつ想像力を欠いたかたちで「現代的（contemporary）」と呼ぶべきだろう。けれども、永続的な現在には実は歴史が充満している。歴史の弁証法的関係はイメージである。ことのほか巧妙な現代ファッションは、私たちに次のことを気づかせる。スタイルのインスピレーションのなかにある歴史的関係が、来たるべきスタイルのためにイメージが存在する場を提供してくれるということを。

あとがき

地中海を見渡すカタルーニャ海岸沿いのバルセロナ北部の都市に、ポルトボウの霊園がある。白い壁に囲まれた霊園自体が、白い墓標の埋め込まれたテラスに沿って広がっている。ハンナ・アーレントがヴァルター・ベンヤミンの墓を探しに来たとき、彼女は「人生で見たなかでもっとも素晴らしく、もっとも美しい場所のひとつ」〔35〕以外の何ものでもないものを見つけた。これはアーレントがゲルショム・ショーレムに宛てて書いたものである。ショーレムはベンヤミンの友人で、テオドール・アドルノと共に戦後、彼の仕事への注目を呼び戻した。一九三九年にナチスがパリに近づき、ベンヤミンは以前の知識人や芸術家がそうしたように、この都市から離れることを余儀なくされ米国への政治亡命に至った。リーザ・フィトコと彼女のパートナーであるハンスがベンヤミンの逃亡を助け、スペイン国境に続く、密輸業者の道を通る曲がりくねった山道を通ることとなる。そこでは、米国当局が米国行きの船を彼のために手配してあった。ベンヤミンはピレネー山脈を横断する際も重い黒のブリーフケースを持ち、それを放棄することを拒んだ。曰く、そこには彼のもっとも重要な仕事が収められている、と。「私はこれを失うリスクを冒せない。必ず守らねばならない原稿なんだ」と、彼はフィトコに言った〔36〕。ベンヤミンが搭乗する船の待つ国境にたどり着くことはなかった。フランスを離れるためにはビザが必要なことを知り、ドイツのゲシュタポに捕まることを恐れた彼は、念のため大切にポケットにしまい込んでいた一瓶のモルヒネを飲み自決した。彼の死亡診断書は一九四〇年九月二七日に作成された。年齢は四八歳と記されている。鑑定士は彼の所持品を以下のように記録している――懐中時計と鎖、スペインのビザが貼られたパスポート、米国の通貨、六枚の写真、パリのＩＤカード、琥珀色の喫煙パイプ、ニッケルの読書用眼鏡、そしていくつかの新聞と個人的な手紙。手稿はなかった。ブリーフケースもなかった。遺体もなかった。失われ、見つかることは決してなかった。多くの研究者がしばしばこう思ってきた。失われた原稿は、彼のもっとも重要な仕事だとベンヤミンが主張していた、『パサージュ論』の完成版ではないかということである。おそらく、私たちが知ることは決してないだろう。

原註

[1] Walter Benjamin, 'Das Paris des Second Empire bei Baudelaire' in *Charles Baudelaire: Ein Lyriker im Zeitalter des Hochkapitalismus*, Frankfurt am Main, Suhrkamp, 1969, p. 89.（「ボードレール論——ボードレールにおける第二帝政期のパリ」『パリ論／ボードレール論集成』浅井健二郎編訳、筑摩書房、二〇一五年、一九九頁。）

[2] Walter Benjamin, *The Arcades Project*, H. Eiland and K. McLaughlin (trans.), Cambridge, Belknap of Harvard University Press, 1999 [1938].（『パサージュ論（一）-（V）』今村仁司他訳、岩波書店、一九九三-一九九五年。）

[3] Caroline Evans, *Fashion at the Edge: Spectacle, Modernity and Deathliness*, New Haven and London, Yale University Press, 2003. Ulrich Lehmann, *Tigersprung: Fashion in Modernity*, Cambridge, MIT Press, 2000.

[4] Michael Sheringham, *Everyday Life: Theories and Practices from Surrealism to the Present*, Oxford, Oxford University Press, 2006, p. 182.

[5] Walter Benjamin, *The Arcades Project*, 1999 [1938].（『パサージュ論（一）-（V）』、一九九三-一九九五年。）

[6] Gyorgy Markus, 'Walter Benjamin or: The Commodity as Phantasmagoria' in *New German Critique*, (83), Special Issue on Walter Benjamin, 2001.

[7] Charles Baudelaire, 'Le Beau, la Mode et le Bonheur' in Y.G. Dantec (ed.), *Le Peintre de la Vie Moderne, Œuvres Complètes*, Paris, Pléiade, 1954, p.676.（「現代生活の画家」、福永武彦編『ボードレール全集（IV）』、人文書院、一九六四年、二九五頁。）

[8] Ibid., p.676.（同書、二九五頁。）

[9] Rosalind Williams, *Dream Worlds: Mass Consumption in Late Nineteenth-Century France*, Berkeley, University of California Press, 1982, p. 111.（『夢の消費革命——パリ万博と大衆消費の興隆』吉田典子・田村真理訳、工作舎、一九九六年、一一五頁。）

[10] Walter Benjamin, 'Das Paris des Second Empire bei Baudelaire' in M. Jennings (ed.), *Walter Benjamin, The Writer of Modern Life: Essays on Charles Baudelaire*, H. Eiland et al. (trans.), Cambridge, Belknap of Harvard University Press, 2006, p. 125.（「ボードレール論——ボードレールにおける第二帝政期のパリ」『パリ論／ボードレール論集成』、二〇一五年、二二八頁。）

[11] Ibid., p.125.（同書、二二八頁。）

[12] 次の文献から孫引きされたベンヤミンの引用。Uwe Steiner, *Walter Benjamin: An Introduction to his Work and Thought*, Michael Winkler (trans.), Chicago, University of Chicago Press, 2010, p. 147.

[13] Walter Benjamin, *The Arcades Project*, 1999 [1938], p. 31.（『パサージュ論（一）』、一九九三年、六三頁。）

[14] Uwe Steiner, *op. cit.*, p. 148.

[15] 次の文献から孫引きされたベンヤミンの引用。Uwe Steiner, *op. cit.*, p. 147.

[16] Walter Benjamin, *The Arcades Project*, 1999 [1938], p. 64.（『パサージュ論（一）』、一九九三年、一一二頁。）

[17] *Ibid.*, p.64.（同書、七頁。）

[18] *Ibid.*, p.64.（同書、一一二頁。）

[19] Ulrich Lehmann, *op. cit.*, p. 209.

[20] Ulrich Lehmann, *op. cit.*, p. 210.

[21] Walter Benjamin, *Illuminations*, H. Zohn (trans.), London, Fontana/Collins, 1968, p. 263.（『[新訳・評注] 歴史の概念について』鹿島徹訳、未來社、二〇一五年、六二頁。）

[22] Walter Benjamin, 'Über den Begriff der Geschichte' in *Gesammelte Schriften*, Frankfurt am Main, Suhrkamp, 1974. Walter Benjamin, Howard Eiland and Michael W. Jennings (eds.), *Selected Writings, Volume 3: 1935–1938*, Boston, Harvard University Press, 2006, Vol. 1. 2, p.701.（同書、六二頁。）

[23] 次の文献から孫引きされたベンヤミンの引用。Ulrich Lehmann, *op. cit.*, p. 207.

[24] Walter Benjamin, *Illuminations*, 1968, p.263.（『［新訳・評注］歴史の概念について』、二〇一五年、四八－四九頁。）

[25] Vicki Karaminas, 'Image: Fashionscapes – Notes Toward an Understanding of Media Technologies and their Impact on Contemporary Fashion Imagery' in Adam Geczy and Vicki Karaminas (eds.), *Fashion and Art,* London and New York: Bloomsbury, 2012.

[26] Walter Benjamin, *The Arcades Project,* 1999[1938], p. 79.（『パサージュ論（一）』、一九九三年、一五二頁。）

[27] *Ibid.*, p. 79.（同書、一五二頁。）

[28] *Ibid.*, p. 8.（同書、一五頁。）

[29] 次の文献から孫引きされたベンヤミンの引用。Ulrich Lehmann, *op. cit.*, p. 271.

[30] Walter Benjamin, *The Arcades Project,* 1999, p. 80.（『パサージュ論（一）』、一九九三年、一五四頁。）

[31] 次の文献から孫引きされたベンヤミンの引用。Christine Buci-Glucksmann, *Baroque Reason: The Aesthetics of Modernity,* London, Sage, 1994, p. 111.（『バロック的理性と女性原理――ボードレールからベンヤミンへ』杉本紀子訳、筑摩書房、一九八七年、七一頁。強調はビュシ＝グリュックスマン。なお、訳文は引用元の次の文献を参照しながら作成した。ヴァルター・ベンヤミン「ボードレールにおけるいくつかのモティーフについて」『パリ論／ボードレール論集成』浅井健二郎編訳、筑摩書房、二〇一五年。）

[32] Walter Benjamin, 'The Work of Art in the Age of its Technological Reproducibility' in M.W. Jennings, B. Doherty and Y.L. Thomas (eds.), *The Work of Art in the Age of Its Technical Reproducibility and Other Writings on Media*, Cambridge, Belknap of Harvard University Press, 2008, p. 24.（「複製技術時代の芸術作品」、多木浩二『ベンヤミン「複製技術時代の芸術作品」精読』、岩波書店、二〇〇〇年、一四六頁。）

[33] Elizabeth Wilson, 'Magic Fashion' in *Fashion Theory: The Journal of Dress, Body and Culture*, 8 (4), 2004.

[34] Ibid., p.378.

[35] 次の文献から孫引きされたアーレントの引用。Michael Taussig, *Walter Benjamin's Grave,* Chicago, University of Chicago Press, 2006, p.3.

[36] *Ibid.*, p.9.

05

ミハイル・バフチン

Mikhail Bakhtin

グロテスクな身体の形成

フランチェスカ・グラナータ

安齋詩歩子｜訳

はじめに

ロシアの文化史・文学史家であり理論家のミハイル・バフチン（一八九五―一九七五）は、一九三〇〜四〇年代にかけて一六世紀のフランス人作家フランソワ・ラブレーの研究を行い、『フランソワ・ラブレーの作品と中世・ルネッサンスの民衆文化』（以下、『ラブレー』）にまとめた。そのなかでバフチンは、無制限で集合的なカーニヴァルの身体を「公式な文化における古典的肉体（classical body of official culture）」、つまり「まったく出来合いの、完成された、厳密に限定された、閉ざされ、外から提示される、個的存在として表現される肉体」

［1］に対置される、グロテスクな肉体の典型として論じている［2］。バフチンはまた、グロテスクをおもに不安を生み出す境界——とりわけ身体的境界の——断絶と反転の現象として理論化した。絶え間のない侵犯、境界の融合と超越は、バフチンのグロテスク概念の中心的な特徴を構成している［3］。

グロテスクな肉体は、［…］生成する肉体である。決して出来合いの、完成されたものではない。常に作られ、創造されつつあるのだが、自ら他の肉体を作り、創造しつつあるのである。［…］このようにグロテスク・イメージの芸術的理論は、肉体の閉ざされた、なだらかな、入りこむことのできない面（表面）は無視してしまい、肉体の凸出——新しい分枝、芽——と穴のみを定着する、つまり肉体の限界の外への導き、また肉体の深淵へと導き入れるものだけに注意を集めるのである。［4］

バフチンは、ラブレーが『ガルガンチュワとパンタグリュエル』を著した時代である後期ルネサンスを、古典的身体のモデルが身体のグロテスクな解釈へと置き換わり始めた時期だとして、他の時代と区別した［5］。「グロテスク」の語源と視覚芸術におけるその使用はバフチンを読解する助けになる。この言葉はイタリア語の「grotto（洞窟）」に由来し、イタリアでローマやその他の地域で発掘が行われることによって古代の装飾画の様態が明らかになった結果、ルネサンス期に普及した。これらのイメージは古典的な彫像と異なり、現実ばなれした表現、すなわち「シンメトリカルな、実物大に釣り合った、そういう秩序が破棄されていたような世界」によって特徴づけられる「無気味なもの」だとして糾弾された［6］。このような古典的身体観とグロテスクな身体観のあいだの「抗争」は、視覚芸術の領域にのみ限定されているわけではなく、むしろさまざまな分野で確認できるものである。これらの「抗争」は、バフチンが「肉体に栓をし、はっきりと境界をつけ、肉体の突出部を平らにする」[7] 試みだとみなす「身のこなしについての規範《カノン》」のみならず、バフチン自身が示唆したように、ダンス史や、究極的にはとりわけ実り豊かな事例研究を生み出すファッションをも含んでいる。バフチンは「衣裳や流行の歴史におけるグロテスクな肉体観と古典的な肉体観の争いを跡づけても面白い」[8] と、『ラブレー』の注釈に記している。バフチンの著作のこうした側面は、ファッション研究への実りある応用の一例である。

ファッションは身体の歴史と密接にかかわっており、その結果として、マナーや礼儀作法のみならず保健や衛生の歴史とも密接にかかわる。それはつまり、身体の規範が歴史的に取り決められてきた特権的な場である。ファッション理論家であり歴史家でもあるキャロライン・エヴァンズは、ノルベルト・エリアスを引用しながら、ファッションは「「文明化の過程」の一部」であると指摘する [9]。よく知られているように、衣服は一九世紀の社会改革者が社会的身体を管理しようとするために利用されたし、ファッションは彼らが下層階級を取り込んで「教育」する試みにおいて好んで用いられ、訓練され管理された自己の促進に向けて使われてきた [10]。しかしながらファッションは、ヨーロッパの歴史のいたるところでさまざまな議論を巻き起こした。ファッションは階級の境界線を曖昧にするという理由によって糾弾され（これは一四世紀から始まる奢侈禁止令を引き起こす懸案事項であった）、またコルセットにまつわる議論に顕著なように、特に女性の健康を害する衣服やスタイルを助長していると繰り返し批判を浴びた [11]。究極的にはファッションは、きわめて曖昧で不安定な文化の産物であり続けるがために、規範と逸脱とが絶えず協議し続ける議論の場なのである。

本章は、バフチンの理論の文脈を確立し、古典的身体とグロテスクな身体の間の闘争が二一世紀の変わり目の実験的なファッションにおいてどのような役割を演じたのかを検証する。このロシアの学者の著作が応用されてきた方法――ファッション・スタディーズに応用されることはほとんどなかったが――を取りあげることから始め、さらなる研究領域を提示する。最後に、歴史的にも地理的にも境界線を引かれる個別の事例を通して、また他の理論家の系譜にバフチンの著作を位置づけることによって、ファッション・スタディーズがグロテスクなるものの過剰に祝祭的なバフチン的読解に値するものであること、そしてその読解をより適切に文脈化することを示す。

バフチンの位置づけ

バフチンの理論は多くの異なる研究領域や学術分野に影響を与え続けてきた。それはバフチンの生前に限定した話ではない。『ラブレー』は主として文化史かつ文芸批評の著作であるにもかかわらず、美術史や美学理論、ジェンダー・スタディーズ、パフォーマンス研究、フィルム・スタディーズ、障害学やその他多くの領域に入り込んでいる。映画研究者のロバート・スタムが指摘するように、バフチンの幅広い応用可能性はまさしく、境界、リミナリティ［◆1］、あいだ性（in-betweenness）へのバフチン自身の興味によるものである。

しかしながら、バフチンが抱えている問題を、かれがたまたま論じた文学メディアなり主題なりにわたしたちが限定するべきであるはずもないだろう。わたしの考えでは、バフチン理論を使って映画を論じることの「妥当性」は、映画という分野の本質およびメディアとしての映画の本質から生まれてくるだけでなく、バフチンの方法にある分野横断的な「移動性の」動きからも生まれてくる。「境界の」思想家と自認したバフチンは、伝統によって決められた制度によって規定されている学界のいろいろな規則が交錯する地点地点で境界の上にいる。バフチンによれば、生産性が非常に高い学問横断的な関係は、さまざまな領域どうしの境界のところに生じるのであって、それらの領域が自分の特殊性に引きこもるときには高い生産性は望めない。[12]

バフチンの理論はまた、のちに生まれる思想の学派や動向に先んじていた。いくつかのバフチンの著作、とりわけ『ドストエフスキーの創作の問題』と『小説の言葉』において展開された対話主義（dialogism）は、ポスト構造主義に先行している。これは、ひとつには文芸理論家で精神分析家のジュリア・クリステヴァがバフチンへの応答として発展させた間テクスト性の概念の予兆でもあった[13]。間テクスト性の概念に類似する対話主義は、他者の発話と他者のテクストとの相互作用から絶え間なく変動する意味を見出す自由なものとして、発話と文学的テクスト（とりわけ小説）の対話的性質に注目する[14]。対話主義は、自由で絶え間なく進化する主観性モデルを不可欠なものとしているが、バフチンはその生涯においてそのモデルを完全には展開させられなかった。しかしながら、このモデルはジュリア・クリステヴァの過程《プロセ》にある主体――異質で、つねに生成しつつある、渦中にある主体――の概念によってのちに展開され、そうしてグロテスクな肉体と合致する[15]。過程《プロセ》にある主体は、実際にはラカンの主体理論と、バフチンの古典的かつグロテスクな身体についてのテクストの統合、すなわち主体と客体という対を乗り越える統合として解釈されてきた[16]。この主体のモデルは、自己、そして自己と他者の関係の再配置と再評価、つまり「意味作用のプロセスの崩壊を伴わない、同一性と差異の再概念化」を可能にしている[17]。これは、誤認によって悩まされる自己と他者との無視できない距離を生み出す、鏡像段階を通して形成されるラカンの疎外された主体とは対照をなす[18]。グロテスクな身体、すなわち「生成の行為のなかにある身体」とほぼ同じく、クリステヴァの過程《プロセ》にある主体――その境界が閉ざされていない開かれた主体――は、母の身体に中心的な場を与えるのだ。したがって、詳細は後述するが、主体性に関するクリステヴァの理論はバフチンと同様、ファッション、女性恐怖（gynophobia）、そして母の身体の解釈の中心になるのである[19]。

『ラブレー』においてヨーロッパのカーニヴァルの伝統を説明するにあたって、バフチンは転倒という概念に着目している。これは、文化人類学、とりわけ象徴人類学によりのちに展開される概念を先取りしたものである[20]。大衆文化の復権のなかで、カーニヴァルは啓蒙主義の伝統、西洋科学や合理性に対する後期モダニティ的な問いかけを予見していた。それはカーニヴァルとグロテスクについてのバフチンのテクストで特権的な地位を与えられる、まさに「周縁的で、脱中心化され、偶発的で、私的な」言説を支持するものである[21][22]。しかし、これらが今では確立された数多くの学問分野に先んじていたという事実はまた、バフチンの理論が適切に修正される必要があることも示している。これは特に、カーニヴァルとカーニヴァレスクな文化表現の革命的な可能性についての過剰に祝祭的な議論に関係していることは明白である。バフチンの思想のこれらの落とし穴は、ある程度はバフチンが著作を執筆した歴史的背景に起因しているが、それだけでなく、この時代にバフチンを取り囲んでいた政治的な環境の影響も大きい。それはすなわち、一九三〇～四〇年代のスターリン主義時代のロシアのことである。

加えてバフチンのテクスト、とりわけ『ラブレー』は、女性の身体とグロテスクの関係を無批判に提示する傾向があるため、このつながりを自然なものとしてしまう恐れがある[23]。ファッション・スタディーズは身体、女性らしさ、そして装飾性との関係においてバフチンの理論が応用されるのにふさわしい場であるだけでなく、視覚文化、物質文化やジェンダー・スタディーズとの緊密な結びつきを通して、バフチンの著作に関する過剰に祝祭的で無批判的な側面を修正するのに適している。

バフチンとファッション・スタディーズ

ファッション・スタディーズへの応用可能性を持つバフチンの理論の豊かさにもかかわらず、ファッションの文献のなかでバフチンのグロテスクに言及した論考はほんの一握りであり、これらはテレビジョン・スタディーズやフィルム・スタディーズとファッションとの関係性に注目する傾向がある。ファッション理論家のパトリツィア・カレファートは、さまざまなサブカルチャーのスタイルを解釈した論文「ファッションとグロテスクのあいだのスタイル（Style and Styles between Fashion and the Grotesque）」のなかで、（おもに映画というメディアについて分析するさいに）バフチンのグロテスク概念を援用している。バフチンの洞察力とロラン・バルト（第七章を参照）の著作を組み合わせ、カレファートはグロテスクがいかに「言説の性質を変化させ、それによって記号論的な状態を暴き出す」かを論じた[24]。また近年では、ディルク・ギントがバフチンのグロテスクの理論を使って、アレクサンダー・マックイーンとニック・ナイトとコラボレーションを行ったビョークを分析している[25]。その他、ファッションの文献でのバフチンのグロテスクについての言及は、『ファッション・カルチャーズ（*Fashion Cultures*）』掲載のロレイン・ガマンの論文「視覚的誘惑と倒錯的追従――フード・ファンタジー、大きな食欲、「グロテスクな身体」（Visual Seduction and Perverse Compliance: Reviewing Food Fantasies, Large Appetites and "Grotesque Bodies"）」にも見られる。この論文は、フェミニズム文学研究者メアリー・ルッソによるグロテスクについての著作を参照して書かれ、「女性のグロテスク」（この論文内ではおもにテレビタレント、ヴァネッサ・フェルツの太りすぎた身体を指している）が「規範的な女性らしさの抑圧」を表象し、それゆえ「正しく理想的な女性の規範を機能させるため」に利用される可能性について、説得力のある議論を行っている[26]。

ガマンの論文が指摘し始めているように、バフチンのグロテスクとフェミニズムとの関係性は問題含みで、単純なものではない。さらに言えば、バフチンのグロテスクな肉体は、ルッソが「女性にとっての文化政治」と示唆するフェミニズム理論への流用の場、あるいは同様にガマンが指摘するように、適切な身体（特に女性の身体）を維持するために用いられる規範からの逸脱として理論化されてきた[27]。

バフチンによるグロテスクとカーニヴァルの解釈と、フェミニズムのあいだにある緊張関係は、ラブレーの『ガルガンチュワとパンタグリュエル』がこの点について問題をはらんでいるという事実に起因するのかもしれない[28]。グロテスクのジェンダー特性は、ルッソの――このトピックについてのフェミニズム的解釈である――著作『女性的グロテスク（*The Female Grotesque*）』で詳細に議論されており、ルッソが指摘するには、バフチンはグロテスクと女性の身体の結びつきについての冗長な議論において、両者の結びつきに関する女性恐怖の系譜を根拠としつづけ、肯定的な観点からグロテスクを考察しているという。一方で彼は、すぐれてグロテスク的な女性の生物学的器官についての理解における女性恐怖の含意を明らかにしなかったどころか、それらを不適切に分析したことによって、最終的にはこのような結びつきを認めてしまっている。

一九世紀、二〇世紀の他の多くの社会理論家と同じように、バフチンは身体政治の記号論的なモデルのなかにジェンダーの社会関係を認めることに、あるいは取り入れることに失敗している。そのため、女性のグロテスクについてのバフチンの概念は、あらゆる方向で抑圧され発展しないままなのである。[29]

しかしながら女性にとって、民族的あるいは人種的な「他者」と同様に、女性の身体をグロテスクな身体と同列に並べることには特定のリスクがあることを認めるならば、その身体がグロテスクとの結びつきによってすでに印づけられる限りにおいて、バフチンの理論のファッションへの応用がこの結びつきを再流用する可能性を切り開くことを論じたい。バフチンのグロテスクは、ファッション・スタディーズに応用されることによって、規範や逸脱の概念を協議するための特に重要な手段になりうるのである。

バフチン、ファッション、越境的身体

バフチンの思想をファッションに応用した実りある功績のひとつは、ファッションの実践者と、ファッションと視覚芸術の接合点で制作を行う者が規範的な身体を問いただし、身体の境界を探求した方法の分析である。筆者が別の論考でも述べてきたように、ファッションによる身体の境界と越境的身体の探求は、フェミ

ニズムとエイズの流行によって促され、一九八〇年代以降からより大きな力を持つようになった〔30〕。この時代はファッションにおけるバフチンのグロテスクについての研究が特に実り豊かだったが、同時に身体の境界への注目の高まりやその取り締まりが起こりもした〔31〕。

二〇世紀に新しいシルエットと女性の身体の理想形を探求するデザイナーたちのあいだで、一九八〇年代から一九九〇年代にかけてのファッション界の独創的な人物たち、すなわち日本人デザイナーでパリを〔発表の〕拠点とするコム・デ・ギャルソンの川久保玲、イギリス人デザイナーのジョージナ・ゴドリー、同じくイギリス人のデザイナーにしてアーティストであり、ナイトクラブの象徴的人物だったリー・バウリーは特筆すべき存在である。川久保、ゴドリー、そしてバウリーは、一九八〇年代と歩調を合わせ、過剰に入れられたパッドやオーバーサイズの服といった表現をしばしば用いた。だが、彼女たちはその表現が象徴するものを転倒させ、一九八〇年代に主流だったシルエットや一般的なファッション史に逆行するようなシルエットを生み出した。三人ともが母の身体をほのめかしたシルエットを作り出しているのだが、この傾向は二〇世紀のファッションデザインが明らかに避け続けてきたものである。

一九八〇年代半ば、ゴドリーは早くも腰、もも、腹部にパッドを施すことによって、女性の身体のシルエットを過激に作り変えた。美術批評家のマリウッチャ・カサディオが述べるように、「〔ゴドリーの〕衣服は、見世物のようなパッドによって、女性の腹部や臀部のフォルムとヴォリュームを作り変え、強調している」のである。「バンプ・アンド・ランプ（Bump and Lump）」と題された、ゴドリーの一九八六年秋冬コレクションのインスピレーションは次のように説明される。

医学的、科学的、整形外科的、婦人科学的な分野から〔インスピレーションを受け〕、身体の特定の部位を支えるために補強された布地とフォルムが用いられた。このような「臨床的」美学は、シルエットに対する新しい発想の出発点となったのだ。彼女の衣服は、かつてない変形可能性を形式化したのである。〔32〕

このコレクションはゴドリー自身が示唆するように、ファッションにおける理想的な身体像、とりわけ一九八〇年代ファッションの超健康的で男性的な、抑制された身体像と正反対のものとして展開された。一九八〇年代の身体像は、ファッションのみならず食事制限やエクササイズ、美容整形、そして何よりもパワースーツ〔33〕などのように、自己がテクノロジーと組み合わさることによって「工学的に設計された」ものであった。

コム・デ・ギャルソンの一九九七年春夏コレクション「ボディ・ミーツ・ドレス（Body Meets Dress）」で川久保玲は、腰、背中、腹部を隆起させ、女性の身体を徹底的に作り変えたシルエット――しばしば妊婦の身体が引き合いに出される――を提案した。このコレクションは、その多くがストレッチの効いたナイロン素材の袖なしもしくはキャップスリーブ〔ごく短い袖〕のドレスで構成されているが、それだけでなく、ダウンの入ったパッドが縫いつけられたシャツやスカートにナイロンのスリップというスタイルも含まれていた。川久保のコレクションは、女性の美しさという前提や、性的魅力とは何か、あるいは西洋的なヴォキャブラリーにおけるグロテスクとは何かを問いかけ、探求し始めている。しかしながらこの探求は、ファッションという体制によって必ずしもじゅうぶんに受け入れられたわけではないし、また容易に消化されたわけでもなかった。一部の新聞や雑誌（とりわけ美術業界や新聞を拠点とするジャーナリスト）が川久保の作品を称賛した一方で、高級なファッション誌（fashion glossies）がこのコレクションを無条件に受け入れることはなかった。『ヴォーグ』も『エル』も、服からパッドを取り除いた写真を掲載することで、この日本人デザイナーの作品に対して間接的な批評を行った。これは、違う意味で冒険的なコム・デ・ギャルソンの取扱店舗の多くでも実際に行われていた[34]。このような抵抗を示す反応は、パリのファッションショーの洗練された環境で妊婦の身体に言及することによって、おそらく当時のファッションデザインにおいてわずかに残るタブーのひとつに川久保が踏み込んだ事実をさらに証明することとなった。フェミニストの哲学者ケリー・オリヴァーが論じるように、妊婦の身体は二〇〇〇年代に入ってようやく現代の視覚文化のなかで理想化されるにいたった。ただしそれはおもに、ハイファッションとは対照的な、セレブリティの文化やハリウッドを通じてであった[35]。有名な先例として、今では見慣れたが、当時は議論を巻き起こした、一九九一年の『ヴァニティ・フェア』の表紙になった妊娠中のデミ・ムーアのヌード写真がある。

リー・バウリーは、生涯を通じて身体の境界を探求し続けた。バウリーの服はしばしば腹部が過剰に強調されるが、パッドの使用によってそれがきわめてわかりやすくなっている。これは、腹部は締めつけられる部位であるという共通理解に逆らうものである。わかりやすく言えば、バウリーの作品の多くの基礎をなすオーバーサイズの身体は、一九八〇年代の都市部のゲイカルチャーに見られた引き締まった身体とも異なる。一九八〇年代後半の彼の作品のなかでも特に象徴的なルックは、母の身体に言及するだけでなく、トランスフォーマー――変形可能なおもちゃのロボット――の本からインスパイアされており、人間の身体の変形可能性と変身に対するバウリーの関心を裏づけている。妊婦の身体への言及は、ミンティ〔バウリーが結成したバンド〕での彼のパフォーマンスで最高潮に達した。そのなかでもっとも有名なのは、一九九三年に〔ニューヨークの〕トンプキンス・スクエアで行われた年に一度のドラァグ・フェスティバル、ウィッグストックでのパフォーマンスである。このとき女装したバウリーは、複雑な構造のハーネスとタイツによって腹部に宿した妻を「出産する」パフォーマンスを行っている。バウリーの出産パフォーマンスは、その生々しく不穏な性質において、母の身体（ひいては女性の身体）に対する問題含みの西洋的理解を外面化し、可視化した。彼はその不安定な境界と生殖能力を「グロテスク」なものとして、ある意味ひどく醜く表現したのである。あるいは『ニューヨーカー』の批評家ヒルトン・アルスの鋭いコメントによると、この出産パフォーマンスはドラァグ・カルチャーが「競うように探し求めている」女性らしさをまったく示していない[36]。出産のプロセスと体液の交換に言及するバウリーのパフォーマンスは、免疫学的な問題をはらんだ、グロテスクとしての妊婦とゲイの男性の身体を、ひとつの連続体のなかに置いたのだ。これはとりわけ同時代的なコンテクストと、一九九四年にエイズによる合併症のために夭逝したバウリーの死を考察するものであろう。

規範を逸脱した身体、具体的には妊婦の身体と出産プロセスへの言及を通して、主体の統一性を問いに付し、身体の境界の策定を問題視するこれらのデザイナーたちを私たちがじゅうぶんに理解することができるのは、バフチンのグロテスクというレンズを通してファッション史を見ることによってのみである。ゴドリー、バウリー、川久保は、きわめて二〇世紀的なファッションの特徴である閉ざされ「抑制された」身体に挑む作品の制作を行うために、グロテスク、女性らしさ、母らしさのあいだの関係性を再流用（re-appropriate）している。実のところ、バフチンの古典的肉体の定義に順応する〔二〇世紀的なファッションの〕モデルは、「支配的な」西洋的な思想と表象の伝統に潜んだ女性恐怖との関係で解釈することができる。

バフチンによると、グロテスクな身体は過程《プロセ》にある身体である。それはすなわち、絶えざる生成の状態にある身体である。反対に、二〇世紀ファッション的な身体は、バフチンの公的な文化における「古典的身体」の観念に従っている。

(この規範による肉体はまず第一に、)厳格に完成され、完全に出来上がった肉体である。さらにそれは孤立させる、ただ一つの、他の肉体と区別された、閉ざされた肉体である。そのため、肉体の未完成、成長、増殖のしるしはすべて回避される。あらゆる突出、分枝は整理され、あらゆる凸起は[…]平らにされてしまい、すべての穴は閉じられる。肉体の永遠に完成することのない性質はいわば隠され、秘密にされる。受胎、妊娠、誕生、死の苦悶は通常示されない。年令は可能な限り母胎と墓から遠いことが好まれる。[…]対象となる肉体の、完成せる自己充足的個性にアクセントが置かれる。[37]

そうして、「この規範［古典的な規範］のもたらす観点から見れば、グロテスク・リアリズムの肉体が醜い、不体裁な形のはっきりしないものと見えるのはまったく明らかである。近代に形成された《美しきものの美学》の枠の中には、この肉体は入りきらないのである」とバフチンは結論づけている[38]。

このようにバフチンのグロテスク理解は、母らしさと、そしてクリステヴァの主体についてのテクストと一致する。クリステヴァによると、母性は過程《プロセ》にある主体のモデル、すなわちその境界が閉じられていないような主体(実のところ主体が他者を内に受け入れている)をもたらす。したがって精神分析と詩的言語とともに、「他者性が自身のなかへと入りこむことを許す、あるいは包含しさえする」ような「言説のモデル」を最終的に描き出すのである。それによって「社会の境界線を引き直す」[39]ことが可能となり、また自己と社会のなかに他者性を包含することが可能になる[40]。

クリステヴァは母という主体を過程《プロセ》にある主体のモデルとして理解したが、それはのちに発表された科学的テクストと比較される。科学人類学者のエミリー・マーティンは、境界侵犯の事例としての妊娠が純粋な自己という概念に基づく現代の免疫学的モデルに適合しないと論じ、クリステヴァと似た結論を導き出している。他なるものが内に入り込むことが許容されると、「「自己」と免疫学的「他者」」の両者を含むがために、免疫学的「問題」が構成される[41]。それが問題視するのは、異質な存在が身体から除去されるためにしばしば腫瘍のような敵として理解される抗争の場であるという免疫学的メタファーである。「免疫学的な視点からすると、胎児は女性の身体が激しく攻撃を試みるべき「腫瘍」として説明されている」[42]。マーティンによると、これはしばしば出産のプロセスの病化（pathologization）として解釈されており、川久保の衣服のこぶが腫瘍として軽蔑的に描写されることに不気味にも反映されているのだ。

このように、ひとたびフェミニスト理論と科学的研究を通して適切に修正され、主体性の理論に統合されたバフチンの理論を通じてこそ、とりわけ母の身体、広くは美の古典的水準と主体の細分化された理解から逸脱した主体と身体とを、ファッション史に再び刻み込み始めることができるのである。

ファッション、カーニヴァル、転倒

バフチンの理論はまた、ユーモアとファッションの関係性——これまでも比較的研究されてきたが——の探求を促すものである。カーニヴァレスクなる概念と、『ラブレー』でバフチンが議論し、笑いと呼んだもののの中心的役割は、研究の看過されてきた範囲を開拓するものである。逆に言えば、ファッションがこのロシアの学者の著作を修正するのを手助けするのである。さらに、カーニヴァルとそれに付随するカーニヴァレスクなる実践を、先験的《アプリオリ》にかつその後もずっと政治的な意味において進歩的なものとして過剰に祝祭的に理解することの手助けもする[43]。ファッション研究は、カーニヴァレスクなるものを扱うバフチンのテクストを、視覚文化と物質文化へ文脈化するのだ。つまりファッション研究はバフチンのテクストを特定の時間と空間に位置づけ、特定のオブジェクトとパフォーマンスに定着させる。そしてそれは、バフチンによってこの用語がしばしば脱文脈的に使用されたことに対立するものでもある。

バフチンの転倒に関するテクストは、一九八〇年代と九〇年代のファッションの「脱構築」のさらなる解釈を可能にする。また、この慣習のもとで同定され、ユーモアに関連して解釈するための、ファッションのカーニヴァレスクでグロテスクな要素の復権も可能にする。これは、ファッションにおいて「脱構築」の用語があてがわれ、間違いなくその用語を代表するデザイナーであるマルタン・マルジェラの作品にとりわけ当てはまる[44]。このベルギー人デザイナーは、スケールの改変、衣服の転倒、機能性との戯れ、そして一時性との戯れと転倒など、カーニヴァレスクでグロテスクな戦略を取り入れた。マルジェラの衣服におけるシンメトリーとプロポーションの軽視は、おそらく一連のオーバーサイズのコレクション（二〇〇〇年春夏、二〇〇〇年秋冬、二〇〇一年春夏）と、バービー人形の服をそのまま大きく仕立て直したコレクション（一九九九年春夏、一九九四年秋冬、一九九五年春夏）に色濃く反映されていると言えるだろう。これらの衣服はすべて、西洋的な美の観念や古典的な美意識にも、ファッションの規範的な身体にも追従せず、こっけいなプロポーションを探求している。加えて、マルジェラの実験的な構築の技術——とりわけ身体のある部分のために作られたパーツを別の部分に着せたり裏表を逆にしたりする——は、カーニヴァルのユーモアの核であり、しばしば参加者の衣装を通しても表現される、転倒、パロディ、転覆したプロポーションといった、カーニヴァレスクな技術と近しい類似性を有している。

> そのため、カーニヴァルのイメージにはかくも多くの裏返しがあり、かくも多くの逆の顔、かくも多くの故意に乱された釣り合いが見られるのである。何よりもこのことはカーニヴァル参加者の服装に見られる。男が女に、女が男に変装する。衣裳が裏返しに着られたり、上着が下着の代わりになったりする等々。一四世紀のシャリヴァリの記述を見ると、その参加者について、《一同はみな後前《うしろまえ》に着ている》と書かれている。[45]

このようなユーモラスな転倒は、バフチンがカーニヴァルの名のもとに分類した「中世およびルネッサンスにおける多様な民衆的・祝祭的生活」のいたるところで段階分けされたヒエラルキーの時間的分断と、再生の精神に備わっていた[46]。転倒とさかさまの世界の理論化において、バフチンの著作は文化人類学者の著作、とりわけ「象徴人類学」として知られるものに先んじていた。その著作はバフチンと同様、文化的否認と象徴的転倒への関心を共有していた。そして、ピーター・ストーリーブラスとアロン・ホワイトが指摘するには、文化人類学は実際の歴史上のカーニヴァルの領域からバフチンの理論をすくい上げ、広範な芸術的・文化的表現に影響を与えたのである[47]。『さかさまの世界——芸術と社会における象徴的逆転』において文化人類学者のバーバラ・バブコックは、「「象徴的逆転〔＝転倒〕」とは、広義に解すれば、言語的、文学・芸術的、宗教的、あるいは社会・政治的のいずれたるとを問わず、一般に行われている文化的な記号《コード》、価値、規範を逆転〔＝転倒〕、否定、または破棄するような、あるいはなんらかの形でそれに代わり得るものを示すような、表現的行動に属するあらゆる行為を指す」〔48〕と説明している。この象徴的逆転〔＝転倒〕の定義は日常語にも現れており、「さかさまにすること」、「位置、順序、連続あるいは関係を逆にすること」〔49〕といった意味で使用されている。

したがって、転倒はバフチンが指摘するように、文化を否認する実践として理解されうる多様な喜劇表現の中心的役割を担っている〔50〕。システムや秩序の否定、カテゴリーや分類体系との戯れやその破壊のなかで、それらは閉じた象徴体系と固定されたカテゴリーへの批判として解釈される。「このような笑いを生み出す「さかさまの状態」の本質は、抑制に対する攻撃であり、閉じた体制に対する攻撃である。つまりは「現象のもつ秩序の不可逆性、完全に自己完結的な連続体の完全な独自性」に対する攻撃である」〔51〕。バフチンの理論に共鳴する文化人類学は、転倒の技術の解放機能――あるいは、バフチンの用語で言う「カーニヴァレスクな」実践――と、それに付随して生まれる「笑い」の理解を促進する。バフチンによると「祝祭の笑い」は、世界の弁証法的理解を可能にし、世俗的に広まっている真実や正統性の仮面をはがす道具として使われうるものである。ユーモアという相対化のレンズを通して、（それが一時的だとしても）既存のヒエラルキーが相対的であり、別の社会秩序の企図が可能であるという理解に従って、世界を別様に理解することができるようになった。またこれらの理論を通して、ファッションにおけるマルジェラの実験が、ユーモアを通じた分裂の瞬間（しかしながら限定的な）として理解できるのである。

このような探求は、もちろんマルジェラの作品に限定する必要はなく、ユーモアと転倒を探求する多くのファッションデザイナー、写真家、実践者にも見られるものである。バフチンのテクストは、ベルギー人デザイナー、ウォルター・ヴァン・ベイレンドンクやパリを拠点とするドイツ人デザイナー、ベルンハルト・ウィルヘルム、そして前述したように転倒、劣化、退廃の戦略を通して身体的ユーモアを探求したリー・バウリーなど、ファッションの実践者による探求に色濃く反映されている[52]。バフチン的解釈を必要とする他の実験的デザイナーとして、転倒とコンメディア・デッラルテ〔仮面を使用する即興演劇の一形態〕に注目したヴィクター&ロルフが挙げられる[53]。「さかさま（Upside-Down）」と題された二〇〇六年春夏コレクションでは、プレゼンテーションと実際の衣服の構造の両方がひっくり返っているという、カーニヴァレスクな転倒が探求されている。このテーマはさらに、一号店となるヴィクター&ロルフのミラノの店舗でも展開され、ここでは家具やマネキンが字義通りひっくり返って天井からつり下げられている。最終的にポップ・パフォーマーのレディー・ガガがこのような数多の実験的ファッションデザイナーの作品を着用し、この探求は円熟の域に達した。著名なスタイリスト、ニコラ・フォルミケッティとハウス・オブ・ガガとのコラボレーションによって、レディー・

図6.1　ヴィクター＆ロルフ、2006年春夏コレクション「Upside-Down」。写真：Michel Dufour/WireImage / ゲッティイメージズ

ガガはしばしばグロテスクの規範を衣装において体現してきた。そのもっとも顕著な例はおそらく、何度も繰り返し使われる生肉のドレスだろう。

おわりに——さらなる提案

本章では、バフチンの著作がファッション——とりわけ現代とそれに近い時代の実験的ファッション——に応用する方法のほんの一部を、そして同様にファッション・スタディーズがバフチンの思想を拡張し修正する方法を論じた。バフチンの著作は歴史的にも文化横断的にも、本章で論じたよりも広くファッション・スタディーズの分野に応用できる可能性がある。彼のテクストは、ファッション史のいたるところに見られる作法と装いの研究に対して大きな妥当性を持っている。このロシア人研究者がふるまいの身体的な基準と規範の劇的な変化が起きた時代だと見たルネサンスは、彼の思想のファッションへのさらなる応用がとりわけ当を得ている時代である。他にバフチンを応用するのにふさわしいのは、ファッションとパフォーマンスに共通して見られる、ハイブリッドな文化の形式とアイデンティティについての研究だろう。たとえば、バフチンとファッションについてのトピックを教えるさいに、カーニヴァルがいまだ強い文化的影響力を持つカリブ海やブラジルのようなハイブリッドな文化空間での実際のカーニヴァルのコスチュームとパフォーマンスは、学生たちにとってすぐさま理解可能で豊かな研究領域となった[54]。著者が担当する大学院ゼミで繰り返し取りあげられた他のテーマは、バフチンの思想が太った身体をどのようにしてファッションに再び刻み込む余地を切り開くことができるか、すなわちファッション・スタディーズとファット・スタディーズ

(fat studies) のあいだを取り持つ重要なつながりをどのようにして示せるか、ということである[55]。

身体の境界に注目することで、バフチンのテクストは医学史とファッション史の接合点となる領域と、両者の力強い言説が身体を理解し視覚化する方法に注意を向けもする。本章の冒頭で述べたように、バフチンの思想は、医療、ファッション、そして身体の境界の探求にもまた応用されるだろう。このことは、身体、医療機器、衣服の境界の変化に関して歴史的に説明されてきたように理解される。それだけでなく、より現代的な観点からすれば、ファッションと生物医学、そしてとりわけ免疫学を通して理解されるはずである。

まとめるならば、バフチンの著作、とりわけ『ラブレー』におけるグロテスクと古典的な規範についての議論は、正常性を維持する上でのファッションの独特な立ち位置を検討するための道具を提供するだけでなく、逆説的にも基準と逸脱の理想を乗り越え、逆転させ、バフチンの用語でいえば、カーニヴァル化するための手段でもあるのだ。その反面、バフチン自身が認識していたように、身体や行動基準とファッションとの密接な関係のために、ファッション・スタディーズはバフチンの理論を応用するための中心的な領域である。本章で論じてきたように、視覚文化と物質文化によるアプローチを通して、そして身体と主体についての議論にかかわる多くの分野（ジェンダー・スタディーズ、クィア理論、障害学、ファット・スタディーズ）と同一線上にバフチンの著作を位置づけることによって、ファッション・スタディーズはバフチンの概念を根づかせ、より良く軌道修正する可能性を持つのである。

原註

［1］Mikhail Bakhtin, *Rabelais and His World*, H. Iswolsky (trans.), Bloomington, Indiana University Press, 1984 [1965], p. 320.（『フランソワ・ラブレーの作品と中世・ルネッサンスの民衆文化』川端香男里訳、せりか書房、一九七三年、二八二頁。）

［2］『フランソワ・ラブレーの作品と中世・ルネッサンスの民衆文化』は政治的問題により一九六五年までロシアでもそれ以外の国でも出版されなかった。

［3］バフチンのグロテスクに対する境界の中心的役割は、多くの研究者によって指摘されている。たとえば次の文献を参照のこと。Frances Connelly (ed.), *Modern Art and the Grotesque*, Cambridge, Cambridge University Press, 2003. Peter Stallybrass and Allon White, *The Politics and Poetics of Transgression*, Ithaca, Cornell University Press, 1986.（『境界侵犯——その詩学と政治学』本橋哲也訳、ありな書房、一九九五年。）

［4］Mikhail Bakhtin, *Rabelais and His World*, 1984 [1965], pp. 317–318.（『フランソワ・ラブレーの作品と中世・ルネッサンスの民衆文化』、一九七三年、二八〇－二八一頁。）

［5］*Ibid*., p.320.（同書、二八二頁-二八三頁。）

［6］Wolfgang Kayser, *The Grotesque in Art and Literature*, Bloomington, Indiana University Press, 1963, p. 20.（『グロテスクなもの——その絵画と文学における表現』竹内豊治訳、法政大学出版局、一九六八年、二〇頁。）

［7］Mikhail Bakhtin, *Rabelais and His World*, 1984 [1965], pp. 322–323.（『フランソワ・ラブレーの作品と中世・ルネッサンスの民衆文化』、一九七三年、二八五頁。）

［8］*Ibid*., pp. 322–323.（同書、二八五頁。）

［9］Caroline Evans, *Fashion at the Edge: Spectacle, Modernity, and Deathliness*, New Haven, Yale University Press, 2003, p. 4.

［10］Daniel L. Purdy (ed.), *The Rise of Fashion*, Minneapolis, University of Minnesota Press, 2004.

［11］David Kunzle, *Fashion and Fetishism: A Social History of the Corset, Tight-Lacing, and other Forms of Body Sculpture in the West*, Totowo, Rowman and Littlefield Publishers, 1982. Valerie Steele, *The Corset: A Cultural History*, New Haven, Yale University Press, 2001.

［12］Robert Stam, *Subversive Pleasures: Bakhtin, Cultural Criticism, and Film*, Baltimore, Johns Hopkins University Press, 1989, pp. 16–17.（『転倒させる快楽——バフチン、文化批評、映画』浅野敏夫訳、法政大学出版局、二〇〇二年、二六頁。）

［13］*Ibid*., p. 2.（同書、三頁。）

［14］Mikhail Bakhtin, *The Dialogical Imagination*, C. Emerson and M. Holquist (trans.), Austin, University of Texas Press, 1981 [1975]. *The Problems of Dostoyevsky's Poetics*, C. Emerson (trans.), Minneapolis, University of Minnesota Press, 1984 [1963].（『ドストエフスキーの詩学』望月哲男・鈴木淳一訳、筑摩書房、一九九五年。）

［15］Julia Kristeva, *Revolution in Poetic Language*, M. Waller (trans.), New York, Columbia University Press, 1984.（『詩的言語の革命 第1部』原田邦夫訳、勁草書房、一九九一年。『詩的言語の革命 第3部』枝川昌雄・原田邦夫・松島征訳、勁草書房、二〇〇〇年。）Julia Kristeva, *Tales of Love*, L. S. Roudiez (trans.), New York, Columbia University Press, 1987. Julia Kristeva, *Strangers to Ourselves*, L. S. Roudiez (trans.), New York, Columbia University Press, 1991.（『外国人——我らの内なるもの』池田和子訳、法政大学出版局、一九九〇年。）

［16］Peter Stallybrass and Allon White, *The Politics and Poetics of Transgression*, 1986, p. 175.（『境界侵犯』、一九九五年、二三六頁。）

［17］Kelly Oliver, *Reading Kristeva: Unravelling the Double-Bind*, Bloomington, Indiana University Press, 1993, p. 12.

[18] Robert Stam, *Subversive Pleasures*, 1989, p. 6.（『転倒させる快楽』、二〇〇二年、八頁。）

[19] 女性恐怖（gynophobia）の語を、より一般的に使用される女性蔑視（misogyny）に対立するものとして使用するのは、母性への恐怖を説明するのに適しているためであり、女性を表すギリシア語のgyneを語源とする接頭辞gynoは、英語ではしばしば女性の生殖機能に関連づけられるためでもある。これはまた柔軟な語でもあり、女性の側のより大きな行為主体性を可能にするものとして、そして女性らしさあるいはジェンダーや性的指向に関係しない母性への恐怖を暗示するものとして理論づけられた。この用語についての最近の評価は次の文献を参照のこと。Emily Apter, 'Reflections on Gynophobia' in M. Merk et al. (ed.), *Coming Out of Feminism*, Oxford, Blackwell Publishing, 1998, pp. 102–22.

[20] Robert Stam, *Subversive Pleasures*, 1989, p. 2.（『転倒させる快楽』、二〇〇二年、三頁。）

[21] Michael Gardiner and Michael M. Bell (eds.), *Bakhtin and the Human Sciences,* London, Sage, 1998, p. 2.

[22] 多くの研究者がバフチンの思想の先駆的な性質と、たびたびポストモダニズムの傘下に位置づけられる議論との関連性を指摘している。この点に関しては以下の文献を参照のこと。Allon White, 'The Struggle Over Bakhtin: Fraternal Reply to Robert Young' in *Cultural Critique*, (8), 1987–1988, pp. 217–41. Linda Hutcheon, 'Modern Parody and Bakhtin' in G.S. Morson and C. Emerson (eds.), *Rethinking Bakhtin: Extensions and Challenges,* Evanston, Northwestern University Press, 1989, pp. 87–103. John Fiske, 'Offensive Bodies and Carnival Pleasures' in *Understanding Popular Culture*, London, Routledge, 1991, pp. 92–93.

[23] Mary Russo, *The Female Grotesque: Risk, Excess, and Modernity*, New York, Routledge, 1995, p. 63.

[24] Patrizia Calefato, 'Style and Styles between Fashion and the Grotesque' in *The Clothed Body,* Oxford, Berg, 2004, p. 30.

[25] Dirk Gindt, 'Björk's Creative Collaborations with the World of Fashion' in *Fashion Theory*, 15 (4), 2011, pp. 425–50.

[26] Lorraine Gamman, 'Visual Seduction and Perverse Compliance: Reviewing Food Fantasies, Large Appetites and "Grotesque" Bodies' in S. Bruzzi and P. Church Gibson (eds.), *Fashion Cultures: Theories, Explorations and Analysis*, London, Routledge, 2000, p. 75.

[27] Mary Russo, The Female Grotesque, 1995, p. 54.

[28] アンチフェミニストとしてのラブレーの作品、ひいてはバフチンの著作に対する非難と議論については、それぞれ以下の文献を参照のこと。Wayne Booth, 'Freedom of Interpretation: Bakhtin and the Challenge of Feminist Criticism' in *Critical Inquiry*, 9 (1), 1982, pp. 45–76. Richard M. Berrong, 'Finding Anti-Feminism in Rabelais: or, A Response to Wayne Booth's Call for an Ethical Criticism' in *Critical Inquiry*, 11 (4), 1985, pp. 687–96.

[29] Mary Russo, *The Female Grotesque*, 1995, p. 63.

[30] Francesca Granata, *The Bakhtinian Grotesque in Fashion at the Turn of the Twenty-First Century* [PhD Thesis], London, University of the Arts, 2010, pp. 149–150.

[31] *Ibid*.

[32] Mariuccia Casadio, 'Georgina Godley' in M. L. Frisa and S. Tonchi (eds.), *Excess: Fashion and the Underground in the 80s*, Milan, Charta, 2004, p. 344.

[33] パワースーツについては次の文献を参照のこと。Joanne Entwistle, '"Power Dressing" and the Construction of the Career Woman' in M. Nava et al. (ed.), *Buy this Book: Studies in Advertising and Consumption*, London, Routledge, 1997, pp. 311–323.

[34] このコレクションの受容についてのより詳細な情報については次の文献

を参照のこと。Caroline Evans, '"Dress becomes Body becomes Dress": Are you an Object or a Subject?' in *032c Magazine*, 4, 2002–2003, pp. 82–83. Lynn Yaeger, 'Material World: Padded Sell' in *The Village Voice*, 1 April 1997.

［35］Kelly Oliver, *Knock Me Up, Knock Me Down: Images of Pregnancy in Hollywood Films*, New York, Columbia University Press, 2012, p. 22.

［36］Hilton Als, 'Life as a Look' in *The New Yorker*, 74 (6), 30 March 1998, pp. 83–84.

［37］Mikhail Bakhtin, *Rabelais and His World*, 1984 [1965], p. 29.（『フランソワ・ラブレーの作品と中世・ルネッサンスの民衆文化』、一九七三年、三二頁。）

［38］*Ibid.*, p. 29.（同書、三二頁。）

［39］Kelly Oliver, *Reading Kristeva*, 1993, pp. 11–12.

［40］クリステヴァはエッセイ「かなしみの聖母（Sabat Mater）」（一九七七年初出）のなかで、母性を過程《プロセ》にある主体の典型例として論じている。また、このエッセイでは、クリステヴァが「異端者（heretic）」と呼ぶ母性の新たな理解に基づく新たな倫理の理論へと進む。『外国人――我らの内なるもの』は「ばらばらなもの」として――もう一度「過程《プロセ》にある主体」として――自分自身を理解し受け入れることで、他者の受け入れが可能になるようなプロセスを示している。Julia Kristeva, *Strangers to Ourselves*, 1991.（『外国人』、一九九〇年。）

［41］Emily Martin, 'The Fetus as Intruder: Mother's Bodies and Medical Metaphors' in R. Davis-Floyd and J. Dumit (eds.), *Cyborg Babies: From Techno-sex to Techno-tots*, New York, Routledge, 1998, p. 126.

［42］*Ibid.*, p. 131.

［43］この点に関しては次の文献を参照のこと。Terry Eagleton, *Criticism and Ideology: A Study in Marxist Literary Theory*, London, New Left Books, 1981. Umberto Eco, 'Frames of Comic Freedom' in U. Eco, V. V. Ivanov and M. Rector, *Carnival!*, New York, Mouton Publishers, 1984.（『カーニヴァル！』池上嘉彦・唐須教光訳、岩波書店、一九八七年。）

［44］Bill Cunningham, 'The Collections' in *Details*, September 1989, p. 246. また、新聞・雑誌と学術的な文献双方における、ファッションに言及した「脱構築」の語法についてのより詳細な議論は次の文献を参照のこと。Francesca Granata, 'Deconstruction Fashion: Carnival and the Grotesque' in *The Journal of Design History*, 26 (2), 2013, pp. 182–98.

［45］Mikhail Bakhtin, Rabelais and His World, 1984 [1965], pp. 410–411.（『フランソワ・ラブレーの作品と中世・ルネッサンスの民衆文化』、一九七三年、三六一頁。）

［46］*Ibid.*, p. 218.（同書、一九二頁。）

［47］Peter Stallybrass and Allon White, *The Politics and Poetics of Transgression*, 1986, p. 18.（『境界侵犯』、一九九五年、三三頁。）

［48］Barbara A. Babcock (ed.), *The Reversible World: Symbolic Inversion in Art and Society*, Ithaca, Cornell University Press, 1978, p. 14.（『さかさまの世界――芸術と社会における象徴的逆転』岩崎宗治・井上兼行訳、岩波書店、一九八四年、三－四頁。）

［49］*Oxford English Dictionary*, 1991.

［50］Mikhail Bakhtin, *Rabelais and His World*, 1984 [1965], p. 410.（『フランソワ・ラブレーの作品と中世・ルネッサンスの民衆文化』、一九七三年、三六一頁。）

［51］Barbara A. Babcock (ed.), *The Reversible World*, 1978, p. 17.（『さかさまの世界』、一九八四年、八頁。）ここでバブコックは、アンリ・ベルクソンの有名なエッセイ『笑い』を参照している。Henri Bergson, 'Laughter' in W. Sypher (ed.), *Comedy*, New York, Doubleday Anchor Books, 1966.（『笑い』合田正人・平賀裕貴訳、筑摩書房、二〇一六年。）

［52］Francesca Granata, 'Fashion of Inversions: The Grotesque and the Carnivalesque in Contemporary Belgian Fashion' in *Modus Operandi: State of Affairs in Current Research on Belgian Fashion*, Antwerp, ModeMuseum, 2008. 'Fashioning the Grotesque' in F. Granata, H. Ingeborg and S. van der Zijpp, *Bernhard Willhelm and Jutta Kraus*, Amsterdam, NAI Publishers, 2009.

[53] Caroline Evans and Susannah Frankel, *The House of Viktor & Rolf*, London, Merrell and the Barbican Gallery, 2008.

[54] 南アメリカとカリブ海のカーニヴァルとバフチンの理論の関連はしかしながら、たとえばロバート・スタムの「人食い《カニバル》とカーニヴァル」(一九八九年)における、ブラジルと映画の関係のように、他の文化的実践との関連で議論されてきた。

[55] ファット・スタディーズの紹介は次の文献を参照のこと。Esther Rothblum and Sondra Solovay (eds.), *The Fat Studies Reader*, New York, New York University Press, 2009. 筆者が指導する大学院生のなかでバフチンを応用しファット・スタディーズとファッション・スタディーズの接合点を探ったのがローレン・ピーターズ・ダウニングである。この二つの領域の相互作用についての彼女の論文が近刊の『ファッション・セオリー(*Fashion Theory*)』に掲載される予定である。

訳註

[◆1] 文化人類学者ヴィクター・ターナーの用語。日常生活の規範から逸脱し、境界状態にある人間の曖昧で不確定な属性をさす言葉。道化、トリックスター、シャーマン、修行者などの位置や状況をさすのに用いる。

06

モーリス・メルロ＝ポンティ

Maurice Merleau-Ponty

ファッションの身体的経験

ルウェリン・ネグリン
小林嶺一訳

はじめに

ファッションは、それが着られるためにデザインされているという事実によって、切り離せないほど密接に身体と結びつけられている。しかしながら最近まで、ファッションに関する多くの分析は、触覚的（tactile）で身体化された（embodied）形態としての衣服の経験を等閑視する傾向があった。それらは、衣服を何よりもまず記号論的に解読されるべき「テクスト」として、あるいはその美学的形態の観点から分析されるべきイメージとして取り扱うのだ。このように、衣服は純粋に視覚的な現象と見なされてきた一方で、その着用者の身体との相互作用という本質は看過されてきた。この過程で見過ごされているのは、ファッションがたんに独特な「ルック」の創造に関するものなのではなく、同時に空間における身体の立ち居振る舞いに関するものであるということだ。ある特定の衣服が重要であるのは、それらが伝達する意味あるいはそれらの美的な外観によるのではなく、それらが肉体的な振る舞いのある様態《モード》を生み出すからである。

本章では、私たちの世界の経験の身体化された本性を前景化するモーリス・メルロ＝ポンティの現象学が、ファッションのこのような側面を取り扱うのにどのように用いられうるかを論じる。メルロ＝ポンティの現象学の中核は、身体を外部刺激の受動的な受容体としてではなく、それを通して私たちが世界を経験するところの媒体《メディウム》として意識することにある。メルロ＝ポンティが明らかにしたように、私たちの身体は、精神から独立に存在するたんに惰性的な客体ではない。身体はむしろ、まさに私たちがそれを介して世界を知るようになり、自己という感覚を分節化するところの手段なのである。彼の現象学はこれから示すように、ファッションをたんに美学的あるいは記号的現象としてではなく、触覚的（haptic）経験として論じるための理論的な道具立てを与えてくれる。

メルロ＝ポンティの受肉した実存についての理論

フランスの哲学者メルロ＝ポンティ（一九〇八－一九六二）は一九四〇年代から一九五〇年代にかけて、『知覚の現象学』や『知覚の優位』、『世界の散文』、そして『見えるものと見えないもの』といった有名な著作のうちで、受肉した実存についての理論を展開した。同士の哲学者であるエトムント・フッサールやマルティン・ハイデガーの現象学（すなわち現象についての学）、そしてジャン＝ポール・サルトルの実存主義に基づいて議論を組み立てることで、メルロ＝ポンティは身体を世界を知る第一の視座として強調した。それは、世界への実践的な参与《アンガージュマン》における私たちの世界についての経験を基礎づけるものである。そうすることで、彼は西洋哲学の伝統を下支えしてきた心身二元論への抵抗を試みたのである。

メルロ＝ポンティにとって、身体を私たちから離れて存在するモノ（thing）、すなわちこの世界内の他の客体とほぼ同じ仕方で私たちが評価しうるモノとして認識することは根本的に誤りである。というのも、他の客体とは異なり、身体は私たちから離れることがないからである。むしろ、身体は私たちがそれを介して世界を知りまた経験するようになるところの媒体《メディウム》なのであり、身体はそのように、私たちの世界＝内＝存在［◆1］の不可分な部分なのである。私たちが身体をどうにかして外部の視点からの監視の下に置くことができるとする考え方は、精神が身体から分離可能であるという誤った前提に基づいている。精神はしかしながら、デカルト的二元論によって措定されたように、感覚的な存在としての私たちから独立して実存を有することはない。むしろ精神はつねにすでに（always-already）受肉しているのである。身体に宿る私たち自身についての感覚は、事実のあとに生じる何ものかのではなく、つねに存在する（ever-present）のである。メルロ＝ポンティは次のように書いている。

> 知覚する精神とは受肉せる（incarnated）精神である。われわれが、意識の自律性を主張する学説や、知覚をわれわれの身体への外的作用の結果とみなす学説に逆らって〔…〕復元しようと試みたのも、精神がその身体およびその世界のうちに根を下ろしているその状態なのである。［1］〔強調は引用者〕

私たちは世界に参与するとき、デカルトのコギトの流儀における純粋に精神的な構造物に基づくのでもなければ、カントの観念論が主張するような既存の理念的枠組みに基づくのでもない。むしろ習慣的で肉体的な図式へと具体化される、実践的な知の暗黙の形式によってそうするのだとメルロ＝ポンティは主張する〔2〕。私たちの世界との相互作用を指揮するのは、私たちという身体的存在に埋め込まれた、これらの実践的な知の形式である。精神は身体のうちに位置づけられており、そして私たちが世界を知るようになるのは、身体図式〔◆2〕を介してなのである。したがって、身体は「世界における客体」であるよりもむしろ、「世界に対するわれわれの視点」を形づくる〔3〕。外部刺激は因果論的な、機械論的な仕方で私たちの身体に到来するのではない。そうではなく、これらの習慣的な行動パターンによって積極的に媒介されているのである。ある状況下において、私たちがこれらのことをある程度まで意識することができる一方で、それらはたいていの場合、多分に無意識的で当然のものと見なされるような仕方で作動しており、世界に対する私たちの自発的な方向づけのための基盤を構成しているのである。

たとえ私たちが鏡のうちでより自己意識的な仕方で自らを評価するとしても、自己のイメージは私たちが宿る物理的身体についての触覚的経験から完全に切り離されることは決してない。むしろ、視覚的なものと触覚的なものはつねに不可分に絡み合っている。メルロ＝ポンティが鏡における自己のイメージについて次のように書くように。

〔やはりこの像は、〕かしこ、事物のさなかに存するのではなくて私の側、つまりいっさいの視覚作用の手前に存するもとの身体に、私を送り返す〔…〕。〔私の身体が〕決して対象にはならず、〔決して「完全に構成される」こともない〕のは、それによって初めて対象があるようになる当のものだからである〔…〕。〔以下の引用は原書の記述に誤りがあるがそのまま訳出した。別途訳註を参照のこと。〕身体は世界における一つの対象ではなく、私たちの世界との交わりの手段である。それは、私たちのあらゆる経験における隠れた地平であり、それ自身あらゆる規定的な思考に先立って存在しているのである。〔4〕〔◆3〕

それゆえ、私たちは完全に身体の外部へと踏み出し、身体を私たち自身から切り離された客体として見ることは決してできない。私たちが自分の身体について持つ意識は、私たちが自分自身について持つ視覚的イメージによって規定されるのみならず、より根源的には、私たちが世界に物理的に参与することを通じて獲得された、私たちが自分の身体について持つキネステーゼ〔◆4〕的な感覚によって規定されてもいる。このことはたとえば幻肢という現象——手足の切断手術を受けた人が、視覚的には手足がないと証明されているにも関わらず、失われた手足がいまなおそこにあるかのような体験をする——を説明してくれる。切断手術を受けた人は、手術以前の能力についての肉体的な記憶を持ち続けているのであり、それが、彼あるいは彼女の見ているものと矛盾するのだ〔5〕。それゆえこの身体についての前＝反省的な経験の仕方は、眼差しの対象としての身体についての意識的な判断よりもさらに原初的なのであり、それはまた、意識的な判断が根拠を置く基盤なのである。

メルロ＝ポンティはさらに次のように述べる。すなわち、世界についての私たちの経験が身体によって媒介されているがゆえに、身体は世界から独立には経験されえないのである。身体は空間から完全に切り離されているというよりはむしろ、身体が住まう空間との関係のうちに存在する。それは、諸々の客体や他の受肉した主体によって占められた世界のなかに、つねに「据え置かれて」いるのである。人が占める空間はその人から切り離された何ものかとして現れるのではない。それはむしろ、人が引き受けている実践的役割との関係のうちで規定されるのである。このように、人は自らの身体についての意識をただ世界への実践的参与を通してのみ展開するのである。メルロ＝ポンティは次のように書く。

> 私の身体が私に現われるのは現実的な、もしくは可能的なある仕事をめざす姿勢としてである〔…〕。そして〔実際〕、その空間性は、外的対象や「空間的感覚」のそれのように位置の空間性ではなくて、状況の空間性である。〔…〕「ここ」という語は私の身体に対して用いられる場合には、他の位置あるいは外部の座標に対して定められた一つの位置を示すのではない。むしろ基本座標の据付け、身体のある対象への能動的な投錨、課題に向う身体の状況を意味する。〔6〕

私たちと世界との相互作用において、私たちが出会う対象は「沈黙した」モノとして現れるのではなく、私たちの実践的な企図と関わりあう限りにおいて意味を持つのである。このように、対象は私たちから離れては理解されえず、また対象に対する有意味な参与から離れても理解されえない。

このことは、たんに私たちの物理的な環境との相互作用に対してだけでなく、人々との交流に対してもまた当てはまる。メルロ＝ポンティの見解では、身体は実際、根源的に社会的なものである。というのも、私たちは他者との相互作用を介して自己自身を理解するに至るからである。身体は社会的世界から離れては存在しない。身体はそこで社会的世界に外部から突き当たるのではなく、むしろ、身体は自らが積極的に参与しているところの世界のうちにつねにすでに巻き込まれているのである。社会的世界もまた自然的世界と同様のものだとメルロ＝ポンティは主張する。

〔社会的世界も〕対象もしくは対象の総体としてではなく、永続的な領野もしくは実存の次元として〔存在している〕のである。それというのも、私はそれから顔をそむけることはできるが、それでもやはりそれに対して状況づけられていることに変りはないからである。社会的なものへのわれわれの関係は、世界へのわれわれの関係と同じく、明瞭などんな知覚よりも、またいかなる判断よりも、深いものなのである。一個の対象を他のもろもろの対象のさなかに置くような仕方で、社会のなかにわれわれを置くことは、思惟の対象として社会をわれわれのなかに置くことと同様、間違いである。いずれの場合にも、社会を対象として扱うところに、誤りがある。われわれが実存するという単なる事実によってわれわれが接している社会的なもの、いかなる客観化にも先だって、われわれに付着したものとしてわれわれが携えている社会的なものに、立ち返らなくてはならないのだ。〔7〕

個人と彼が住まう社会的世界とのあいだの関係が互いから切り離されたものとして捉えられることはもはやない。それは相互決定のひとつなのである。個人はたんに外的に課された文化的コードの受動的な受容者でもなければ、あるいは反対に自律的な仕方で世界を形づくることのできる完全に自由な行為主体《エージェント》でもない。個人はむしろ、彼が世界に参与するのと同時に、彼を形成する世界のなかにすでに状況づけられているものとして自らを見出すのである。

身体図式はこのように、私たちに完全に内在的なのではないが、しかしまた、たんに外部から私たちに課されるものでもない。そうではなく、そのプロセスは相補的なものであり、そこにおいて私たちの自己についての触覚的意識は形をなし、かつ、私たちが出くわす状況によって媒介されている。メルロ＝ポンティが述べるように、「身体は、みずからのうちにその図式を携えている世界に、身を捧げているというだけではない。それは、世界に所有されているというよりも、むしろ世界を遠くから所有しているのである」[8]。実際、本質的に間主観的な身体図式は、私たちと他者との相互作用の結果としてつねに変容される。この点はゲイル・ウェイスのメルロ＝ポンティの現象学についての議論のなかで強調されている。彼女が述べるように、メルロ＝ポンティの身体図式についての着想のおもな特徴は、そこで「特定の身体の内部と外部双方において生じる一連の肉体的なやり取りを介して身体イメージが構築される」[9]ところの、その間身体的な本質にある。自らの身体についての人の意識は、身体における生理学的な変化、あるいは自らを見出す環境における物理的な変化によってのみ影響を受けるのではなく、他者との出会いを介してもまた影響を受けるのである。

このように、メルロ＝ポンティの現象学においては、身体を世界に面して立ち止まるひとつの対象として理解するのではなく、ひとつのプロセスとして理解する方がより適切である。そのプロセスは、永遠に生成変化の状態にあるものとして絶えず創造され、再創造されるものとして理解される。個人は彼の上に外部から課された意味の文化的体系を受動的に内面化するのではない。むしろ、それぞれが相手によって変容させられるような、両者のあいだの能動的な媒介プロセスが存在するのだ。身体図式を介して、私たちは社会的

／文化的世界よって構成されるのと同時に、それに参与するのだ。

メルロ＝ポンティと新しい唯物論《ニュー・マテリアリズム》

メルロ＝ポンティの現象学は、現代の身体論において新たな受容がなされてきた。身体に関する近年の研究のもっとも重大な特徴のひとつは、その物質的あるいは「身体的な」性質を強調していることである。社会理論家たちは文化による身体の構成に多分な注意を払ってきたのだが、そこには身体をたんに意味作用という社会システムの結果と見る傾向があり、一方で、その肉的な（fleshly）本性は看過されてきた。身体を文化的コードのなかで、またそのコードを通じて構成された存在と考えるとき、身体の物質性はほぼ完全にテクスト的なものや言説的なものによって包摂されている。これこそ、新しい唯物論が、身体は意味という文化的システムによって媒介されている一方で、システムへの還元が不可能なものであるという事実を強調することによって取り組もうとする空白である。

意味という文化的システムと私たちの相互作用を媒介する身体的基盤へと関心を集めようとする試みにおいて、多くの理論家がメルロ＝ポンティの現象学の洞察に助けを求めてきた[10]。したがって、たとえばニック・クロスリーの肉の社会学（carnal phenomenology）――文化が身体を構成する際に用いられるさまざまな技術についての分析から、社会的生における身体の能動的な役割についての分析へと焦点を移すもの――を展開しようとする企ては、メルロ＝ポンティの次のような認識に下支えされている。すなわち、「私たちの身体は、世界＝内＝存在というあり方、私たちが世界を経験し世界に属するあり方なのである」[11]という認識に。彼が述べるように、不可避的に受肉した実存の本質についてのメルロ＝ポンティの承認は、身体が文化の能動的な媒介者というよりむしろ、文化の受動的な受容体であるという還元主義的な考え方を私たちが乗り越えるための基礎を提供する。彼の文章を引用する。

［メルロ＝ポンティにとって］知覚は行動に基礎を持つ。つまり、獲得された文化的で習慣づけられた行為の形式としての見ること、聴くこと、触れることなどのうちに基礎を持つのである。身体の知覚はこのように［…］獲得された知覚の図式を実行することによって自らを構成する。それは世界からのメッセージを受動的に受け取ることではなく、自らが獲得した文化的図式によって世界から能動的に情報を取り出すことである。［12］

身体は文化によって書き込まれる以前に存在するのでも、その書き込みから独立して存在するのでもないが、単純にその産物であるわけでもない。むしろ、身体と文化的書き込みのあいだには、互いがそれぞれ相手を前提とし、また同様に、一方を他方に還元することもできないような弁証法的関係が存在する。クロスリーが説明するように、メルロ＝ポンティの現象学は、身体をそれ自体が獲得した文化的技能や技術に基づいて世界に参与する能動的な行為主体《エージェント》として考えることで、一方では言説の対象であり他方で肉的な存在であるという身体における偽りの二元性を克服する。「メルロ＝ポンティは、人間の行為＝主体は身体なのであり、身体は感性的－感覚的であり、伝達的で実践的かつ知的な存在なのだ、ということを私たちに理解させてくれた」［13］。

この新しい唯物論の身体へのアプローチは、身体の文化的な表象（すなわちイメージとしての身体）についての分析から、いかにして身体は身体的な仕方で（すなわち「感覚された」身体として）経験されるのかについての考察へと重点が移されることを示唆する。イメージが最高位に君臨する、メディアで飽和した私たちの環境においては、視覚的スペクタクルとしての身体の構築が多分に強調されているのだが、このことは、私たちが身体を空間内で運動する物質的存在として経験するあり方を描き取ることがない。マイク・フェザーストーンが述べるように、純粋に精神的な構造物としての「身体イメージ」という概念――私たちはそれによって自分を形づくる――は、身体を自己から離れた存在と見なす脱肉化された意識へと個人を還元する限りにおいて、問題含みのものである。そうすることで、「身体イメージ」という概念は、私たちが習慣的に自らの身体を客体――私たちはそれを純粋に認識的な仕方で評価する――としてではなく、自分たちから分離不可能な肉的な実体と見なしているという事実を公正に評価し損ねる[14]。彼の発言を引用しよう。

私たちの視覚のプラットフォームであると同時に、他者によって見られ判断されるものとしての反省的身体という考え方は、身体が日々の生活のなかで習慣的な仕方で生きられており、消費文化の技術者たちの道具的な視線に絶えず晒されている訳ではない、ということを見過ごしている〔…〕。人間の生の多くは非‐認識的な世界を生きており、そこでは身体が身体イメージ、つまり分割不可能な単一の身体、あるいは有機的な身体、記号で満たすべき社会にとっての表面には還元されることがない。[15]

このように彼は、たんに身体の視覚的な現前化に焦点をあわせるよりもむしろ、身体が空間内で運動するその仕方にこそ、より注意が払われるべきだと提案するのである。身体の振る舞いは、身体の表層的な外見よりも優先されるような力強い仕方でコミュケーションを取っているのである。こうしたコンテクストにおいて、メルロ＝ポンティの概念である「身体図式」は「身体イメージ」という概念に対する有効な代替案をもたらしている。というのも身体図式は、身体イメージが含意するものとしての一連の純粋に精神的な構成物よりもむしろ、感覚－運動能力の身体化された全体に関連するものだからである。

受肉した実践としてのファッション理論へ向けて

こうした唯物論的転回は、ファッション理論においてもまた顕著である。それに関して言えば、実存の根源的に受肉した本性についてのメルロ＝ポンティの認識が、アイリス・マリオン・ヤング、ジョアン・エントウィスルやポール・スウィートマンといった、彼の洞察を衣服の肉体的な側面についての分析に適用しようと試みる数多くの理論家によって奉じられてきた。とりわけ彼らが関心を寄せているのは、着用者にとって、身体装飾がたんなる視覚的現象としてではなく同時に触覚的経験として経験される、その方法である。彼らの関心は、衣服の特定の形態を採用することが、ある「ルック」の創造にどのように関わるのかだけでなく、視覚的なものを超越する世界＝内＝存在というあり方であることを示すことに存する。衣服はこの観点において身体の補綴的延長となる。それは私たちの身体図式への組み込みを通じて世界と私たちとの実践的な相互作用を媒介するのだ。

アイリス・マリオン・ヤングは、衣服に関する女性の生きられた経験についての分析にメルロ＝ポンティの現象学を適用することで、身体性についての私たちの経験のジェンダー化された本質——これはメルロ＝ポンティが彼の仕事のうちで看過したものである——を強調しようとした。こうして彼女は「私たちの衣服を取り戻す女性たち（Women Recovering our Clothes）」という論考のなかで、衣服が女性に与えうる官能的快楽に焦点をあわせるのだが、それは男性の視線に沿って構成されるものではなく、衣服の触覚性のうちに宿るものである。これまではほとんどの場合、女性のファッションの外見と、それが他者の目にどのように写るかに対して注意が払われてきた。一方で、衣服の触覚的な性質や、それらが着用者にどのように経験されるのかについては、ほとんど注目されてこなかった。衣服における女性の快楽は、女性が男性の鑑賞者と見なされるような位置に自らを代理的に据えることから派生する二次的なものだと考えられてきたのだ。要するに、彼女たちは客観化する男性の視線の内面化を通じてのみ、つまり他者が彼女たちを見るように自分自身を見ることを通じてのみ、快楽を経験するのだろう[16]。

しかしながらヤングは、マスメディアに偏在する理想化された女性のイメージを超えて、男性の視線に依存することのない衣服における女性の快楽が存在すると示唆する。すなわち、触覚（touch）の快楽である。これは、男性の鑑賞者の仲介なしに着用者によって直接的に経験される快楽である。諸感覚のなかでもっとも距離を持ちうる、つまり客体から主体が隔てられている視覚とは異なり、触覚という感覚には主体と客体のあいだの隔たりは存在しない。というのもそこで、主体と客体は互いに直接的な近接性のうちにあるのだから。彼女はこのことを次のように記述する。

触覚は相互の関係のうちで事物を同定し、比較し、それらを計測することにはあまり関心を持たず、主体を客体との流動的な連続性のうちに浸す。そして自己と他者とのあいだの境界を曖昧にすることによって、触れられる客体は触れる主体へと接触を送り返すのだ。[17]

触覚は肌の上の布地の感触だけでなく、「あらゆる感覚を含む官能性（sensuality）への方向づけ」をも包含している[18]。しばしば私たちを惹きつけるのは見た目ではなく、ウールのジャケットの暖かさや感触、あるいは私たちが歩くとき身体の周りでひらめくスカートのゆったりとした感じのような、素材の質感やカッティングである。

ヤングはこの身体的経験のジェンダー化された性質を、エッセイ「乳房のある経験（Breasted Experience）」のなかで引き続き重点的に取り扱っている。そこで彼女は、乳房はかくあるべしという理想化されたメディア・イメージによって判断される対象として乳房を扱う価値判断が、女性たちがどのように自らの乳房を経験しているかを十分に説明していないと述べる。結局のところ、私たちの文化のなかで乳房が広くフェティッシュ化されているにもかかわらず、女性は乳房を自己から切り離された客体とは見なしてはいない。というのも、女性はその肉体的存在の部分としての自身の経験から自らを完全に切り離すことができないからだ[19]。

「私たちの衣服を取り戻す女性たち」においてと同様にここでも、ヤングは視覚よりも触覚によって受肉した経験についての分析を、以下のような論拠に基づいて進めている。すなわち、「女性の主体という地位から見るならば、彼女の乳房についてもっとも重要なことは、それがどのように見えるかではなく、むしろその感触や感受性である」[20]。ヤングはこの観点から、接触を妨げる役割を持ち、乳房は丸く安定して見えるのがよいという家父長主義的な理想どおりに乳房を鋳型に嵌めるアイテムとしてのブラジャーを批判する。そのような乳房はより魅力的に見えるかもしれないが、その一方でブラジャーによって制限されることのない乳房は接触に対するより大きな感受性を有しており、柔らかく可塑的である。それは身体の位置と運動に反応して変化する。そのようにして乳房は、男根中心主義的な文化が規範として据える、固定的でゆるぎない客体としてではなく、女性の身体の不可欠な部分として経験されるのである。

美容整形は今述べたのと同じような乳房の客体化を前提としており、その第一の強調点は、望ましい「ルック」を得るために乳房の形を変更することに置かれる。ヤングが書いているように、家父長主義的な文化において「もっとも重要なのは乳房がどのように見えるか、どれくらいのサイズなのかということである。それは規範への適合、すなわち胸部にあって丸く、大きく、高いという不可能な美学への適合である。この客体化する構造は、乳房に対する外科医の視線において明白に現れている」[21]。

この乳房の外見の強調は、ヤングが指摘するとおり男性中心的な視点であり、女性にとっての乳房の感触と感受性――これらは乳房のサイズや見え方とは無関係な要素である――の重要性を認識し損ねている。実際、美容整形はしばしば乳房における感受性の喪失をもたらし、柔らかさや可塑性を損なうことによって乳房の感覚作用を自己とは無関係の「疎遠な」客体にしてしまう。このように、「セクシーな」外見を手に入れることは、女性自身の乳房についての官能的経験を犠牲にするのである。

ヤングと同様、エントウィスルの女性服についての試論もまた、理想化された視覚表象よりも女性自身についての肉体的経験に焦点をあわせている。彼女の第一の関心は、「状況づけられた肉体的実践（situated bodily practice）」としての女性服が、着用者によってどのように生きられ、経験され、受肉しているかを分析し、それを説明することにある〔22〕。

キャリアウーマンの服装についての彼女の分析はこのことを例証している。彼女はここで、男性と女性が仕事場を経験するあり方の差異と、それが女性の服装実践にどれだけ影響しているかに注目する。彼女が述べるように、以前は男性主導的な舞台であった仕事に参入するにあたって、職業女性（professional woman）は二つの相矛盾する責務を切り抜けなければならない。彼女は一方で、彼女の同僚たちの尊敬を集めるためにセクシュアリティを最小化するように装わねばならないが、他方で、女性らしさを維持しあまり男性的に見えないようにする必要がある〔23〕。

第一の命令はとりわけ女性にとって困難なものである。というのも、男性に比して女性は伝統的により密接に自らの身体と同一化されてきたからである。男性が知性という超越的な領野を占有してきたように見えるのに対し、女性は自らの肉体性（carnality）に結びつけられたままである。女性がビジネススーツに相当する「婦人服」（すなわち、テーラード・ジャケットとそれに合うスカート）を纏うとき、それは身体を脱エロス化するためにデザインされているのだが、彼女たちはなおも男性の競合相手と比べ、より性的な目で見られつづけている。結果として、職場における服装に関して女性は男性よりも意識的になる傾向があるが、それは彼女たちの外見が性的にまったく挑発的でないことを確実なものとするために特に注意を払っているのである。たとえば、女性は重要なビジネスミーティングに参加するとき、彼女たちの乳房を隠すためにジャケットを着用するだろう。同時に、彼女たちは、過度に男性的に見えないように注意しなければならない。というのも、過度に男性的な装いは、男性の権威へのあまりにも直接的な挑戦であると解釈されかねないからである。このように、女性たちがビジネススーツを採用するにあたっては、パンツよりもスカートが好まれ、シルクのような素材の柔らかなブラウス、スカーフ、控えめなジュエリー、そしてハイヒールといったその他の「女性的な」要素と組み合わされることが多い。

このことは、着用者の身体のジェンダー化された性質が、着用される衣服にどのような影響を与えるのかを明瞭に示している。身体は、記号がそこに刻印されるような中立的な表面ではなく、固有の物質性を有している。それは、衣服が着用者とそれを取り巻く人々の双方によって経験される仕方に影響を与えている。このことはまた、衣服に関する私たちの実践が、それが行われる空間的かつ時間的なコンテクストによっていかに調節されているかを証立ててもいる。何をどのように着るかという決断はつねに、個人が自らをそこに見出し、またそこから離れては理解しえないような、特定の状況との関係のうちで生じるのだ。

エントウィスルが服装についての女性の肉体的な経験に焦点をあわせるのに対して、スウィートマンはタトゥーの実践に関心を寄せる。若者のサブカルチャーの分析における、身体装飾の記号的側面の過剰な強調を批判しつつ、彼はタトゥーの内的経験（visceral experience）の重要性を強調する。彼が主張するには、タトゥーの着用者にとって中心となる重要性とは、その獲得の身体的なプロセスであり、タトゥーが伝える意味ではない［24］。もし彼らの主要な目的がたんに特定のメッセージを伝達することであるならば、肌の表面に貼られた「フェイク」のタトゥーも本物のそれと同様に有効だろう。しかしながら、フェイク・タトゥーがタトゥー着用者のコミュニティのあいだでいかにして機能するかについてを分析すれば、それが有効でないことは明らかだ。

スウィートマンがタトゥー着用者についての研究を通して発見したように、タトゥー獲得の物理的なプロセスはその成果物よりも重要とは言えないにせよ、同程度には重要なものであった。多くの人々にとって、タトゥーの獲得はカタルシス的な経験であると考えられている。それはまた、仲間の着用者たちとのあいだの間身体的な意味を生むのにも役立つ[25]。ミシェル・マフェゾリの現代社会における「ネオ・トライブ」についての分析を引きつつスウィートマンは、個人間の連携は、過去にそうであったような認識的に規定された共通の目標に基づくのではなく、ますます感情的紐帯に基づくようになっていると述べる[26]。これはまさに、たとえばダンスをしたりバイクに乗ったりすることのように、共有される活動の多くが身体上に位置づけられている若者のサブカルチャーの実相である。タトゥーはこうした身体的な儀礼行為の別の一例であり、その経験を共有する人々のあいだに親近感を生じさせるのだ。これらの実践は、上述の連帯をたんに表現するというよりむしろ、構成しているのである。

ヤングの分析と同様に、エントウィスルやスウィートマンは、私たちの身体装飾の実践の肉体的な次元が、私たちのファッションについての経験の中心にあるということを明瞭に示している。自己提示の様態は、それが伝達する象徴的な意味、あるいは純粋に美学的な用語のみによっては理解されえず、私たちの身体的な世界＝内＝存在の不可欠な一側面として考えられなければならない。

このことは、三宅一生や川久保玲、ナオミ・フィルマーといった現代の多くのファッションデザイナーやジュエリーデザイナーらの作品においても明白である。彼らは、新たな「ルック」の創造だけでなく、空間内の身体のさまざまな振る舞い方に関心を抱いている。衣服とそこに住まう身体とのあいだの関係についての彼らの探求において、彼らの作品はメルロ＝ポンティの受肉した存在という概念との著しい一致を示しているのである。

近年のファッションデザインにおける現象学的アプローチ

三宅や川久保の衣服についてのキネステーゼ的経験への関心は、衣服と身体のあいだの関係を西洋の伝統とは異なる仕方で考える日本的な感性によって特徴づけられる。一般に西洋のファッションにおいて、衣服の形状はその制作に伴う精巧な仕立てによって決定されることが多いが、三宅や川久保の衣服は、リチャード・マーティンが指摘するように、身体の周りを包み込む織物という日本的伝統から引き出されている[27]。このことが布地と身体のあいだの柔らかく有機的な関係性を可能にし、そこで衣服は身体の運動に反応して絶えずその形状を変化させているのである。三宅や川久保のデザインは、西洋のファッションおいて見られるような、フィットした衣服によって拘束される身体ではなく、さまざまな身体運動を考慮に入れるのである。彼らの衣服は現れと隠れの美学をめぐって構成されるのではなく、運動におけるキネステーゼ的な感覚を喚起し、それが衣服を主として視覚的な芸術形式としての西洋的なファッション概念の彼方へ導くのである。これらの衣服の形態は静的な視覚的表象としてではなく、衣服に住まう身体によって絶えず再形成される、動的で三次元的な彫刻だと考えられる。マーティンは次のように、二つのアプローチのあいだの差異を記述する。

テーラードの衣服に対する根本的な代替案として提案された、重ね合わせることによって覆い隠すことへの指向は、衣服の表現とはまったく異なる身体として生じる。それらは、基層的かつ可視的な身体の性愛学と力学とを超えて、衣服を転覆させるか、あるいは少なくとも衣服にひとつの選択権を与える。

テーラリングの意図的な軽視はまた、ある種の形式ばらないパスティーシュにおいて、身体の上で構成される衣服への無頓着や、不規則さや自由さへ嗜好をも示唆している。[28]

このことに沿って三宅は、デザインは誰かによって着られるまでは完成されないがゆえに、自らの衣服は未完成であると発言してきた[29]。これは、「不足主義」という日本の概念によって要約される。そこでは除外され、あるいは省かれたもののうちに表現力が宿る。三宅の衣服の未完成性は着用者たちの能動的な参与を惹起し、着用者たちは自らの身体に適った仕方で衣服を再構成するのである。三宅の言葉を引用しよう。「私の衣服は誰かの一部になることができます。物理的な意味での一部です。おそらく私は道具を作っているのです。人々は服を買い、服は着用者の活動のための道具となるのです」[30]。ちょうどメルロ＝ポンティにとって、客体が主体との実践的な相互作用から離れては理解されえないように、三宅の衣服は着用者の身体によって活性化されているのである。三宅の衣服はしばしば、縫い目がなく（seamless）、へこんだような形状をしており、非着用時には不恰好な袋のように見える。ところが、ひとたび着用者の身体がそこに住まうと、その「個性」が現れるのだ。自らを変形させる三宅の衣服の能力はプリーツの使用という特徴によって際立たせられる。それは、身体の運動と連携して衣服の拡張や収縮の能力を増大する[31]。それはまた、ポリエステル・ジャージや〈ピューロン〉――アクリルニット――のような、柔らかく、軽く、柔軟性のある布地を用いることでも際立たせられている[32]。

これと同様に、川久保の作品のなかにも、私たちは衣服と身体のあいだの相互関係を見出すことができる。そこでは、着用者の身体的な振る舞いに対して衣服が影響を与えているのと同時に、衣服が着用者の身体によって賦活されている。このことは彼女の一九九七年のコレクション「Body Meets Dress–Dress Meets Body」に顕著である。奇妙な場所にパッドの詰まった隆起物のついた、伸縮素材で作られたさまざまな服からなるこのコレクションにおいては、身体と衣服のあいだの境界が曖昧であるため、衣服は身体から分離可能なものではなく、身体の補綴的延長となるのである。衣服と身体は互いに区別不可能なものとなり、ガチョウのダウンで満たされた滑らかで柔軟なパッドの付属物が着用者の運動と呼応して形状を変える。ここで衣服は、身体から独立に存在し、しかるのちに、身体によって着られる客体としてではなく、ほどきがたく身体と絡み合ったものとして扱われる。衣服が着用者の身体と気づかれないほどに混交するとき、衣服も身体も、どちらも他方から離れては理解されえないのだ。

三宅の場合と同様に、ここでの川久保の主要な関心は、衣服が身体と相互作用するその仕方に存し、また衣服を纏う身体の肉体的経験に存する。医療技術の発展の結果として私たちの身体図式に補綴的デバイスがますます組み込まれる時代にあって、川久保の衣服は、生あるものとそうでないもののあいだの境界を曖昧にするような、新たな受肉の可能性を模索する。キャロライン・エヴァンズが述べるように、川久保のパッドの入った延長物は「主体であることの新たな可能性を描いている。主体であること［とは］、身体を持って

図6.1　川久保玲／コム デ ギャルソン、1997年春夏コレクション「Body Meets Dress - Dress Meets Body」。写真：Guy Marineau/Conde Nast Collection / ゲッティイメージズ

いることではなく、新たなネットワークと新たなコミュニケーションとを通じて、身体を延長することに関わる」[33]。

現代のイギリス人ジュエリーデザイナーであるナオミ・フィルマーもまた、身体の輪郭線と一体化するよう関連づけられたアクセサリーをデザインすることで、装飾の形状と身体とのあいだの境界面を探求することに関心を寄せている。彼女の作品は、その独立的な固有の実在によって存在するアイテムでは決してなく、着用者の身体の延長であり、自己と他者とのあいだの明確な区別に挑戦しているのである。

このことは、口、顎、そして首といった身体の部位に着目した四つのアイテムからなる彼女の連作《Breathing Volume》によって例示される。それぞれの作品は、口や顎、そして首の印象を出発点として、有機的な楕円状の形態へと発展しており、それは、呼気のヴォリュームと身体を通る経路を連想させる。フィルマーが説明するように、これらのモノによって描かれる曲線的あるいは直線的な形態は、「身体の内部と外部のあいだの、図と地のあいだの、存在と不在のあいだの調和」を模索する[34]。身体に着用されていないときでさえ、これらの形態はそれらが参照する身体の

図6.2　ナオミ・フィルマーによるデザイン《Orchid Neck Piece》2008年、アンヴァレリーアッシュ。

部分の地(negative space)を取り囲むことで、身体の不在を強く示唆している。それらはまた、空間のヴォリュームと身体とのあいだの結びつきを描き出している。ちょうど建築が構築環境と、身体と空間の相互作用とのあいだの関係に関心を抱くように、フィルマーの作品は、身体と、それが占める空間とのあいだの関係を、つねにすでに据え置かれたものとしての身体というメルロ＝ポンティの概念に同意しながら探求する。女性が通常はジュエリーを身につけないような部位——たとえば顎の下や背中の窪みのような——を取り囲む不可視の空間に形を与えることで、フィルマーのアクセサリーは川久保のパッド入りの衣服と同じような仕方で身体の境界を延長する、新たな受肉の経験を模索しているのである。

おわりに

ここまでの議論が示したように、ファッションの理論家たちと同様、ファッションデザイナーたちもますます、単なる視覚的現象としてではなく、身体的経験として、衣服や装飾に注目するようになってきている。この文脈において、世界への参与の根本的に受肉した本質に関心を寄せるメルロ＝ポンティの現象学は、衣服への触覚的な参与に取り組むための理論的な道具立てを与えてくれる。そうすることで、メルロ＝ポンティの現象学は、身体を外面的な現れへと還元してしまう現代文化における身体の客体化への効果的な抵抗として機能するのである。

メルロ＝ポンティ自身は彼の著作のなかではっきりとファッションという現象に取り組んだり、あるいは、ジェンダーのような要素によって受肉した私たちの経験が影響を受けるその仕方を扱ったりすることはないが、それにもかかわらず、根源的に実践的な世界への方向づけについての彼の認識は、状況づけられた肉体的経験として衣服を分析するための確かな基盤を与えてくれる。私たちがどのように見えるかに焦点が絞られるイメージ偏重の文化において、メルロ＝ポンティの現象学はスペクタクルの対象としての身体の彼方に、私たち自身についてのキネステーゼ的感覚を包含する生きられた身体が存在することを思い起こさせてくれる。この観点からすると、衣服は、それを纏うという経験から離れては十分に理解されえないことが明らかとなる。衣服を肉体を欠いた形態と見なすよりもむしろ、私たちから切り離すことのできない第二の皮膚と見なす方がより適切であろう。私たちが世界のうちで活動するとき、私たちはたんに身体として活動するのではなく、衣服を纏った身体として活動する。そこにおいて、私たちの服装は、私たちが空間内で振る舞うその仕方に影響を与えることで、身体図式の不可欠な一部となるのである。

原註

[1] M. Merleau-Ponty, *The Primacy of Perception*, Evanston, Northwestern University Press, 1964, pp. 3–4.（『言語と自然——コレージュ・ドゥ・フランス講義要録』滝浦静雄・木田元訳、みすず書房、一九七九年、一三七－一三八頁。）

[2] M. Merleau-Ponty, *The Phenomenology of Perception*, London, Routledge and Kegan Paul, 1962, pp. vii – xxi, pp. 73–89（『知覚の現象学』中島盛夫訳、法政大学出版局、二〇〇九年、七－一二、一〇三－一一三頁。）

[3] M. Merleau-Ponty, *The Primacy of Perception*, 1964, p. 5.（『言語と自然』、一九七九年、一三九頁。）

[4] M. Merleau-Ponty, *The Phenomenology of Perception*, 1962, pp. 91–92.（『知覚の現象学』、二〇〇九年、一六六－一六八頁。）

[5] *Ibid.*, pp. 80–82（同書、一四七－一五一頁。）

[6] *Ibid.*, p. 100（同書、一七九－一八〇頁。）

[7] *Ibid.*, p. 362（同書、五九三－五九四頁。）

[8] M. Merleau-Ponty, *The Prose of the World*, Evanston, Northwestern University Press, 1973, p. 78.（『世界の散文』滝浦静雄・木田元訳、みすず書房、一九七九年、一〇九－一一〇頁。）

[9] Gail Weiss, *Body Images: Embodiment as Intercorporeality*, London and New York, Routledge, 1999, p. 2.

[10] たとえば以下の文献を参照。Nick Crossley, 'Merleau-Ponty, the Elusive Body and Carnal Sociology' in *Body & Society*, 1 (1), SAGE Publications, 1995, pp. 43–63. Thomas. J. Csordas, 'Embodiment and Cultural Phenomenology' in G. Weiss and H.F. Haber (eds.), *Perspectives on Embodiment: The Intersections of Nature and Culture*, New York and London, Routledge, 1999.

[11] Nick Crossley, op. cit., p. 48.

[12] Ibid., p. 47.

[13] Ibid., p. 60.

[14] Mike Featherstone, 'Body, Image and Affect in Consumer Culture' in *Body & Society*, 16 (1), 2010, pp. 193–221.

[15] Ibid., pp. 207–208.

[16] Iris Marion Young, 'Breasted Experience' in I.M. Young (ed.), *Throwing Like a Girl and other Essays in Feminist Philosophy and Social Theory*, Bloomington, Indiana University Press, 1990.

[17] Iris Marion Young, 'Women Recovering our Clothes' in S. Benstock and S. Ferriss (eds.), *On Fashion*, New Brunswick, Rutgers University Press, 1994, p. 204.

[18] Ibid.

[19] Iris Marion Young, 'Breasted Experience', 1990.

[20] Ibid., p. 194.

[21] Ibid., p. 201.

[22] Joanne Entwistle, *The Fashioned Body: Theorizing Fashion and Dress in Modern Society*, Cambridge, Polity, 2000, pp. 28–35.

[23] Joanne Entwistle, 'Fashioning the Career Woman: Power Dressing as a Strategy of Consumption' in M. Talbot and M. Andrews (eds.), *All the World and Her Husband: Women and Consumption in the Twentieth Century*, London, Cassell, 2000.

[24] Paul Sweetman, 'Stop Making Sense?: The Problem of the Body in Youth/ Sub/ Counter-Culture' in S. Cunningham-Burley (ed.), *Exploring the Body*, Basingstoke, Palgrav, 2001. Paul Sweetman, 'Shop-Window Dummies?' in J. Entwistle and E. Wilson (eds.), *Body Dressing*, Oxford and New York, Berg, 2001.

[25] Paul Sweetman, 'Stop Making Sense?: The Problem of the Body in Youth/ Sub/ Counter-Culture', p. 189.

[26] Paul Sweetman, 'Shop-Window Dummies?', 2001, pp. 70–71.

[27] Richard Martin, 'Our Kimono Mind: Reflections on "Japanese Design: A

Survey since 1950" in *Journal of Design History*, 8 (3), 1995, p. 215.
[28] *Ibid.*
[29] Nicholas Calloway (ed.), *Issey Miyake: Photographs by Irving Penn*, New York, New York Graphic Society, 1988, p.16
[30] 次の文献に引用された三宅の発言。*Ibid.*
[31] Mark Holborn, *Issey Miyake*, Cologne, Benedikt Taschen, 1995, pp. 81–82.
[32] *Ibid.*, pp. 30, 36.
[33] Caroline Evans, *Fashion at the Edge*, New Haven and London, Yale University Press, 2003, p. 269.
[34] 次の文献に引用されたフィルマーの発言。Markus Brüderlin and Annelie Lütgens (eds.), *Art & Fashion: Between Skin and Clothing*, Bielefeld, Kerber, 2011, p. 100.

訳註

[◆1] もともとはマルティン・ハイデガーが『存在と時間』の中で提出した概念。『存在と時間』において、ハイデガーは西欧の形而上学の歴史の中で根本的な仕方では問われてこなかった「存在の意味」を究明することを目的として掲げる。その際ハイデガーは、存在の意味を了解しうる特権的な存在者＝現存在＝人間がいかにしてその日常的な様態から出発して存在了解へと至るかを明らかにするため、さしあたり現存在が置かれている、漠然と世界の意味連関のうち投げ入れられている在り方を分析し、それを「世界＝内＝存在」（In-der-Welt-sein）と呼んだ。メルロ＝ポンティの盟友サルトルはこれを自らの哲学のうちで援用しつつ、主体の意識が世界へ向けて自己を投企する以前の、意識が存在者の側に留まっている様態を「世界＝内＝存在」（être-dans-le-monde）と呼ぶが、これに対してメルロ＝ポンティは、主体の身体的な層と世界との相互的な関わりをいっそう重視する仕方で、身体が世界へと働きかける志向性の意をこめて「世界＝内＝存在」を、"être-dans-le-monde"（世界の＝内の＝存在）ならぬ、"être au monde"（世界における／世界へ向けた／世界に対する存在）と表記し用いた。

[◆2] 身体図式（corporeal schema）は一般的に、反省的認識作用としての意識以前の下層に存在する、人が暗黙のうちに自己の身体全体あるいは特定の部位について持つ総体（ゲシュタルト）としての身体像の表象を意味する心理学の用語。ゲシュタルト心理学の定義に倣えば、私たちの身体の統一的なイメージは、箇々別々の身体経験の総和としてもたらされるのではなく、それに先立つ身体図式の所有こそが、経験の諸々の連合という分解的な理解を可能ならしめている。メルロ＝ポンティの創見は、身体が世界において「ここ」として定位し、また世界へと向けて任意の動作や目的を志向する限りにおいて、図としての動作の背後で、地としての身体図式が獲得されるということを明らかにした点にある。「結局、私の身体が一つの「形」であることができ、またその前景に特別扱いされた図が定かならぬ地の上に浮かび上がることができるのも、身体が自らの課題を極としてその方向に向いており、それに向かって実存し、目標に到達するためにおのれの上に身を縮めているからこそなのである。そして、「身体図式」とはひっきょう私の身体が世界においてある（mon corps est au monde）ことをいい表わす一つの仕方である」（『知覚の現象学』一八〇頁。引用に当たって「身体像」（schéma corporel）を「身体図式」と改めた）。したがって、メルロ＝ポンティの身体図式についての着想にお

いては、世界によって触発される受動的な身体の裏面に、同時に世界に対して積極的に参与する能動的な身体の働きが存在するのであり、身体図式はこれら両側面が絡み合い、絶えず生成変化するダイナミックな運動の総体として浮かび上がるのである。

[◆3] 引用部後半の「身体は［…］存在しているのである。」については引用が不正確である。当該範囲で確認できる原文は以下の通り。
Thus the permanence of one's own body, if only classical psychology had analysed it, might have led it to the body no longer conceived as an object of the world, but as our means of communication with it, to the world no longer conceived as a collection of determinate objects, but as the horizon latent in all our experience and itself ever-present and anterior to every determining thought.（それゆえ、もしも古典心理学が身体に固有の恒常性を分析していたのなら、それは、もはや世界における対象として考えられた身体ではなく、世界と私たちとのコミュニケーションの手段としての身体へと、規定された対象の総和として考えられた世界ではなく、一切の規定的思考に先立って、それ自身絶えず存在している私たちの経験の隠れた地平としての世界へと、心理学を導きえただろう。）

[◆4] キネステーゼ（Kinästhese）は、ギリシア語のキネーシス（運動）とアイステーシス（感覚）とから合成された語。運動感覚とも訳される。とりわけフッサール現象学においては運動と感覚との不可分な結合ないしは運動としての知覚を意味する。メルロ＝ポンティは『知覚の現象学』において、こうしたフッサールのキネステーゼ論を背景に、さまざまな知覚障害や運動障害の事例を分析することによって、身体の世界に対する実践的な関わり合いを規定する。本章におけるネグリンの目的は、このようなメルロ＝ポンティ現象学の理論を応用することによって、現代のファッションデザイナーたちのさまざまな実践を分析することにある。

07

ロラン・バルト

Roland Barthes

記号学とファッションの修辞的コード

ポール・ジョブリング
平芳裕子｜訳

イメージとしての衣服を見る（とき）、人は書かれた衣服を読んでいるのだ。
——ロラン・バルト［1］

はじめに

ロラン・バルト（一九一五－一九八〇）は一九五七年から一九六九年にかけて、「物質、写真、言語」［2］との関連からファッションのコードについての研究を数多く生み出した。『アナール（*Annales*）』『社会学批評（*Revue*

Française de Sociologie)』『マリ・クレール』を含むさまざまな学会誌や有名誌のためのこれらの論考［3］は、ベルトルト・ブレヒトの影響の元に執筆されたものである。マルクス主義的分析を「記号の効果」についての考察に結びつけるブレヒトの類稀なる能力を高く評価したバルトは、記号学的分析に関心を寄せている［4］。ゆえにバルトの探求の核心にあるのは、次の仮説である。すなわち、現実の衣服——私たちが日常生活で着るもの——は、ファッション雑誌や広告において言葉や像のレトリックとして示される手段から派生するのであり、「ことばの外には、十全的なモード、本質的なモードは決して存在しない」［5］。

衣服はどのようにして言語に変換されるのか。バルトの著書『モードの体系』（一九六七年）の中核を成すのは、この記号学的アプローチである。バルトはここで、「流行しているもの」とそうではないものを生み出す機械としてファッション雑誌を読み解く特異な方法を提起し、「雑誌はモードの製造機だ」［6］とそのアイディアを巧みに言い表している。つまり、一見些細な言い回し、たとえば「今年はふわふわではなくてふさふさの素材」といった表現が、なぜ、そしてどのようにして権威的かつ神話的な力を帯びるのかを解明することが、彼の試みであったのだ。

しかし記号学的アプローチを明白に取るものでなくとも、ファッションに関するバルトのエッセイは他にもある。そのなかで彼は、衣服がもたらす社会的・文化的影響に対して鋭い「まなざし」を向け、『モードの体系』で扱うことになる二つの中心的概念、つまり衣服のごく細部に宿る可変性、そして過去と現在のスタイル間の緊張関係を提示する［7］。たとえば「ダンディズムとファッション」（一九六二年）を見てみよう。バルトはここで男性服におけるテクニックの問題にひたすら注目する。「何でもないもの」（ネクタイの結び目やヴェストのボタンなど）と彼が呼ぶもの、この細部こそが真に個性的なダンディのシニフィアンとしての役割を担うと言う。「ダンディが自らの装いを構想するのは、まさしく現代の芸術家がよくある素材を使って作品の構想を練るのと全く同じである」[8]。ところが、既製服が登場し流行のスタイルが広く普及したために、そのような独自性を保ち続けることは実質的に不可能となる。ファッションが広範な現象として現れると、逆説的にもボー・ブランメルのような元祖ダンディたちの先進的な態度は葬り去られてしまう、とバルトは結論づけた[9]。

また同様の観点から、「シャネル対クレージュ」（一九六七年）では二人のデザイナーを比較している。シャネルの服は、どの年においてもほんの微細なバリエーションを提案することで「流行という概念そのものに挑戦する」。それに対してクレージュは、シーズンごとに「全く新しいもの」で魅了することによって、シャネルの「シック」という感覚をつねに転覆させる[10]。バルトは他の重要な論考、たとえば「今日における神話」[11]、「写真のメッセージ」[12]、「対象《もの》の意味論」[13]、「広告のメッセージ」[14]、『テクストの快楽』[15]においても同様の視点を用いている。バルトは、流行そのものには全く関心がない。だが、それらはなおファッション雑誌や広告のレトリックにおける「記号の効果」を明らかにするために有用である。したがって私はこれらのテクストを、彼が『モードの体系』で追究した一連の記号学的問題に欠かせぬ補完となり、またその方法論的欠陥や見落としを修正する手段となる議論へと組み込んでいきたい。その過程において、彼が提起した二つの重要な用語——すなわち「書かれた衣服」（le vêtement ecrit）と「イメージとしての衣服」（le vêtement-image）——における弁証法を検討する。そして、言葉とイメージの間の対応関係やファッションのテクストで繰り返されるパフォーマティヴィティの概念を探求する誰しもに、コードとしてのファッションに関するバルトの著作が不可欠のものであることを示したい。

モードの体系と記号学

『モードの体系』は、一九五七年から一九六三年までの間、バルトがフランス国立科学研究センターから助成を得た研究を元に生まれたものである。その研究は一九五八年六月から一九五九年六月までのフランスの二つの女性誌、大衆向け週刊誌『エル』と高級志向の月刊誌『ジャルダン・デ・モード（*Jardin des Modes*）』を主とした語彙目録の調査に基づいている[16]。書籍が最終的に出版されたのは一九六七年（最初の英語の翻訳は一九八三年）であったが、一九六〇年のエッセイ「今年はブルーが流行」においてすでにその方向性は示されており、以来多大なる誤解と中傷を受けてきた。たとえばリック・ライランスはそれを「暗澹たる書物」[17]と呼んだ。またジョナサン・カラーによれば、バルトの方法論はファッションとそうではないものを区別するが、ファッション誌の通時的読解ではなく共時的読解を重視したことに欠陥があるという[18]。しかしバルト自身が主張するように、分析には一年分の資料さえあれば十分である。そこでは「今年はブルーが流行」といった定型的な言い回しが繰り返され、ファッションがいかに自らを更新しようとするのかが示される[19]。そしてこう断言する。「シニフィエとしての《モード》には識別関与的な対立変異としてはただひとつ、《デモーデ》という変異しか含まれていない。[…]このように、モードが整然としていないということについて、その原因はモードというものの根本規定にあるのではなく、われわれの記憶の限界にある。モードの特徴の数はなるほど多いが、無限というわけではない」[20]。

バルトによれば、ファッションを定義もしくは概念化するためには三つの方法がある。まずは、衣服のコードもしくは現実のコードがあり、それは服そのものを扱う。次に、用語上のコードもしくは発話される言語がある。そしてレトリックのコードがある。それはファッションがいかにして雑誌広告の言葉やイメージへと変換されるかに関わり、「書かれた衣服」と「イメージとしての衣服」と彼が名づけたものである。衣服のコードは社会学の領域に属する。その中心となる対象は生成的な母語の機能を果たし、それを通して実際の衣服は発話行為の事例となる。また、用語上のコードは言語学を、レトリックのコードは記号学をそれぞれ基盤とする。「記号学が記述する衣服は徹頭徹尾想像的なものであり、あるいは純粋に知的なものだといってもいいかもしれない。記号学は実際面を認識させようとするのではなく、イメージを認識させようとする」[21]。要するに、バルトは『モードの体系』の冒頭から、自らの関心がテクストや記号としての衣服にあることを明確に述べているのだ。

バルトが記号学への関心を高めたのは、高級文化と下位文化の対立的な関係がもはや存続し得ない時代であった。それはリチャード・ハミルトンの作品《いったい何が今日の家庭をこれほどに変え、魅力あるものにしているのか》（一九五六年）といったポップ・アートのコラージュにおけるアメリカのコミックや広告から、マスメディアのイメージが再構築された時代である。そして彼には仲間がいた。ジャック・デリダ（第一四章）、ミシェル・フーコー（第一〇章）、ピエール・ブルデュー（第一三章）やジュリア・クリステヴァなどのフランスの知識人たちがアイデンティティの問題を取りあげ、文化――高級文化であれ下位文化であれ――が何を、どのように意味するのか問いかけることによって、豊かな理論的・哲学的探求が始まった時代であった。ゆえにバルトは『記号学の原理』（一九六四年）でこう力説する。「記号学なるものが存在すべきだということは、今日では一部の学者の思いつきからではなく、いわば現代社会の歴史から要求されるものだ」[22]。

かくしてバルトはフェルディナン・ド・ソシュール（一八五七－一九一三）による概念を受け継ぎ、生まれ変わらせた。ソシュールは、発話される言語のコードを分析することによって、記号学分析のための道を切り開いた。死後に出版された『一般言語学講義』（一九一六年）において、ソシュールは「記号学が発見する法則は、言語学にも適用できるだろう。こうして言語学は、人間に関わる事象の集合の中で明確に定義された領域に帰属することになる」と告げていた[23]。バルトは、ソシュールのほかチャールズ・サンダース・パース（一八三四－一九一四）、ルイス・イェルムスレウ（一八九九－一九六五）[24]などの理論家からの影響を『記号学の原理』のなかで認めている。しかしながら彼らに立脚しながらも、バルトは次のように断定する。「記号学は［…］、記号の体系をすべて、その記号が何でできているか、どういう限界をもっているか、ということを問わず、研究対象とすることになる。たとえば映像、体の動き、メロディ、もの、またはこれら全てが組み合わさって形作られる宗教的祭礼、慣習的儀式や大衆的娯楽である」[25]。

記号学の弁証法では原則として、いかなる記号も二つの要素から構成される。シニフィアンは――音や布地、紙やカンヴァスに塗られた印、紙に書かれ印刷された言葉など――から作り出されるものであり、具体的で知覚可能な物質である。シニフィエは、物質的なシニフィアンによってもたらされ、それと結びつけられる文化的で慣習的なものである。これら二つの要素は、記号として不可分である。それゆえ、もしシニフィアンが変化すればシニフィエも変化し、記号もまた変化することとなる。衣服の場合には、たとえば白いコットンTシャツは、（気候の涼しさであろうと感覚的な格好良さであろうと）クールさを意味する文化的記号であると認識される。にもかかわらず、このやや直接的な意味合いは、たとえばTシャツが白ではなく青であった場合のように、生地が変えられるだけですぐさま変化してしまう。キャサリン・ハムネットの手で「58%

DON'T WANT PERSING（58%の人々は弾道ミサイルを望んでいない）」や「VOTE TACTICALLY（戦略的に投票せよ）」といった大文字のスローガンがTシャツにプリントされるやいなや、「クールな服（cool garment）」という記号は政治的反抗を示すイデオロギーの標識へと変えられる。あるいはジェームズ・ディーンやマーロン・ブランドがクールなTシャツを着ると、それは若者たちによる反抗的なセクシーさをも意味することになる。

それゆえ記号学が提起するのは、まさしく次のような説得力のある考え方である。つまり、すべては記号として解読することのできるテクストであり、さらに意味された対象は、ある一つの語のようなものではなく、むしろそれ自体がある一つの文である、ということだ[26]。しかし、いったいどのレベルにおける記号や文なのだろうか？　この問題はまた別の記号学的弁証法、すなわちデノテーション〔外示〕とコノテーション〔共示〕の概念にかかっている。前者は基本的に何かを記述する行為であるが、後者は読者の積極的な関与を求める際限のない多義的な解釈であり、「「証拠」はありえない。あるのは「蓋然性」だけだ」[27]。先に挙げた例について言えば、デノテーションのレベルにある記号は「白いコットンTシャツ」として説明

図7.1　イギリス・ファッション・ウィークのレセプションにおいて、マーガレット・サッチャーが反核のメッセージを掲げたTシャツを着てキャサリン・ハムネットに挨拶をしている。1984年3月、ダウニング通りにて。Courtesy of the Press Association.

される以上のものではないだろう。これは自明の理のようであるが、それでもなお衣服とその装い方、歴史的文化的に構築される習慣を説明している。というのもTシャツは、一九一三年頃、イギリス・アメリカ海軍の軍人たちが肉体労働に従事するために下着の袖を短くした習慣から発展し、やがて第二次世界大戦後にカジュアルウエアのアイテムとなったのだ［28］。それに対してコノテーションのレベルでは、白いコットンTシャツを、涼しげ《クール》に感じたり格好良く《クール》見えたりするものと結びつけたり、またはハムネットが示したように、政治的抗議行動として結びつけて読み解くことができる。

しかしながらそのような意味のレベルよりも、物質的な対象（もしくは現実世界の指示対象）の場合には、さらに対処すべき問題がある。［29］というのも、コットンのTシャツは（どのレベルにしても）格好よさを示す文化的記号であるだけでなく、わたしたちのからだを涼しく保つための機能的なアイテムでもあるからだ。バルトはこの二重性［30］を説明するために、『記号学の原理』において記号－機能（sign-function）という用語を作り出し、『モードの体系』では機能－記号（function-sign）という用語をそれにあてている［31］。この用語はそこで提起される、衣服の（社会学的）コードとレトリックの（記号学的）コードの二項対立を調停するのに役立つ［32］。記号－機能とは「常に対象のある種の無邪気さと戦う」難問やパラドクスを表す［33］。そのとき、大多数のものは機能を果たすべく存在する。にもかかわらず、彼が『対象《もの》の意味論』において主張するように、「意味は対象《もの》の用途からはみ出す［…］。機能はつねにある意味を伴う［…］。機能は記号を生み出すが、その記号はさらに機能の見せ物に再転換される」［34］。別の例をあげてみよう。レインコートは雨の日に濡れないようにするためのものである。しかしこの機能的側面は、雨や雨の日に私たちが託す感情的な意味合いと複雑に重なり合っている。ある人にとっては中止になってしまったイヴェントに関わる憂鬱さの記号であり、ある人にとっては水たまりで遊んだ子どもの頃を思い起こさせる幸せの記号である。

さらにバルトが論じるには、記号として構成される対象は「二つの座標系、二つの規定の交差するところにある」[35]。一つ目は、バルトが分類学的座標系と称したものである。それによって個々の対象は、生産と消費の双方に従って分類される。衣服の場合には、生産とは制作時に使用される、重さの異なる布地やさまざまな種類のボタンのようなものであり、消費とは衣服が美術館でどのような地位をもって展示されるか、あるいはどのタイプの衣服がアーカイヴに収蔵されるかということである。しかしもちろん、消費は日常のレベルでも生じる。私たちがどのように衣服を扱い着用するのか、バルトはこのことをソシュールの概念であるラングとパロールに関連づけて論じた。ラングは言語の使用を統治する体系的なシンタクスや規則であり、パロールは個人がその規則をいかに実践して用いるかを指す。まぎらわしいことに、当初バルトはこの区別をdressとdressing[36]という用語で、のちにはclothingとdress[37]という用語を用いて行った。だが、どちらも衣服の慣習的文法を含んでいることに変わりはない。つまり前者は、いつどのような場合にある服が着用されるのかを示しており、後者はそれが個々人による服装（dressing/dress）を通していかに実践されるのかということを示している。たとえば前者はキツネ狩りのための衣服（dress/clothing）である半ズボンや乗馬コート、後者はボー・ブランメルが同じ乗馬コートを日常着として着用したり、ファッションデザイナーのヴィヴィアン・ウエストウッドが二〇一二–一三年秋冬コレクション「アングロマニア・リー」のためにパッチワークデニムのハンティングジャケットを発表したりしたことを思い浮かべればよい。

しかしながら、バルトがファッションのレトリックに関する著作においてもっぱら追究したのは二つ目の象徴的な座標であり、彼はそれを扱いながらイメージとしての衣服よりも書かれた衣服を優先させる。

「ファッション雑誌はこれら二種の構造にそれぞれ属するメッセージを同時に発表し、ここには写真に撮られた衣服を、そこには同じ記述された衣服を掲載する、という有利な手段を持っている」とバルトは述べるが、言葉によるメッセージがファッションのテクストの純粋な読解を要請するかぎり、前者が方法論的優位に立つのだと論じた。

どのことばもこのように、いわば目から代理を委任されて選択を行うという限りでは、権威の機能をほしいままにする。イメージは無限の可能性を造形し、ことばはただ一つの確実性を定着する［…］。ことばはイメージに知識をつけ加える［38］。

それゆえ、キャプションとして記述された衣服は、写真では必ずしも明白ではない情報を伝えることができる。たとえば、衣服制作で用いられる素材、写真が白黒である場合の色、デザイナーや価格、または着用すべき場所や理由などだ。こういったことはイギリス版『ヴォーグ』（一九五九年一一月号）のアンソニー・アームストロングが撮影したファッション写真、「Va-va-voom!」のページを見れば理解できる。この女性服がアトリマ（Atrima）というブランドのもので、色は黒で、それが幾重ものレースで覆われた絹地であり、一九ギニー（二〇一〇年では三六二ユーロ相当）［39］で販売され、食事や踊りに行くための服であるといった情報を、ただのモノクロのイメージから引き出すことはできないのだ。

さらに、そのような場合において私たちが扱っているエクリチュールとは、次のような記述形式である。そこでは言語がそれ自体の意味を伝達するだけでなく、同時にそれ以外の補助的なさまざまな意味の支えともなっている[40]。「Va-va-voom!」というキャプションは一見無意味であるが、「前を向いて行こう!」[41]と『ヴォーグ』では訳されている。かくしてバルトが論じるように、書かれた衣服は三つの修辞的実践によって規定される。一つ目は衣服の詩学である。それは、感覚や気分と衣服のあいだの同等性を示唆することで、あるいはファッションと歴史、文学、芸術のあいだの関連を成立させることで、「衣服は時に愛するものであり、時に愛を受けるものである」ことを暗示する[42]。二つ目は世界を示すシニフィエである。それは仕事と余暇という現実世界に――しばしばロケーションを措定して――ファッションを位置づける。何もかもがファッションを讃えて繰り広げられるゲームにすぎないようなやり方で、季節ごとのイヴェントに結びつける。最後に、流行という道理(あるいは権利)をもって、書かれた衣服はその細部について自己言及的に語るか、もしくは「今年はブルーが流行」といったフレーズによってひたすら強化される。書かれた衣服は流行を作り上げ普及させる、(編集者やジャーナリストなどの)「一流の権威」によって繰り返される循環型の発話行為のようなものである[43]。それゆえパフォーマティヴィティこそが流行における問題なのだ。私は、著書『流行は伝播する(*Fashion Spreads: Word and Image in Fashion Photography since 1980*)』[44]において、「アムルーズ」(『エル』一九五八年六月一六日号)のような例を分析し、上記の概念を解説している。しかし同じ例を用いて、私はバルトのロゴス中心主義に異議を唱え、バルトが検証した時代だけでなく現代においても妥当な書かれた衣服とイメージとしての衣服について、二つの事柄を論じる。つまり、イメージはしばしば言葉よりも重要であり、ファッションの意味とは言葉とイメージに内在する間テクスト性の問題であるということだ[45]。そして同じ観点から、衣服の詩学と世界を示すシニフィエとファッションの論理との間テクスト的、ハイパーリアルで歴史主義的なメッセージを重視する。それはバルトが一九五六年に「新しい文学」のために初めて執筆し、

「今日の神話」で論じたより広い意味の連鎖やメタ言語の一部なのだ。したがってこの論考を念頭に置きながら、私はイヴ・サンローラン・リヴ・ゴーシュが一九九八年に出したヨーロッパ向けの広告を取りあげ、この広告による衣服の詩学がいかにイメージとしての衣服を前景化しているのかを示したい。そしてまた、神秘的な発話としての広告が「コミュニケーションに適うようにすでに操作された素材から作られる」とするバルトの主張を、それがいかに具現化しているのかを示していきたい[46]。

ファッション、広告、神話

フランスの広告代理店ウォルコフ・エ・アルノルダンの企画によって、ケイティ・グランドのスタイリング、マリオ・ソレンティの撮影で制作された広告には、ある記号が仕掛けられている。それは、エドゥアール・マネの物議を醸した絵画《オランピア》（一八六三年）に大胆な変更が加えられたものであった。マネの絵画では、イヤリング、チョーカー、ブレスレットと日本風のスリッパを身につけただけの裸の女性モデル、ヴィクトリーヌ・ムーランが寝椅子に横たわり、左手を伸ばして局部を覆っている。ところが広告の方では男性モデルに変更されている。かつてゲスジーンズの広告にも登場したスコット・バーンヒルは、エディ・スリマンによるデザインのシャツとパンツを身につけているものの、素足である。同じように、マネの絵画における黒人女性の使用人は服を着ているが、広告の方はヌードである。また色とりどりの花束のかわりにスターゲイザーリリー（百合）のブーケを抱えており、絵画ではベッド上のオランピアの足元に描かれていた黒猫は姿を消している。このように、イヴ・サンローラン・リヴ・ゴーシュの広告は、ジャン・ボードリヤールがポストモダンのハイパーリアリティと呼ぶもの、すなわち別のイメージや記号の体系に基づくイメージを明るみに出すため、わたしたちは表象と現実をもはや区別することができなくなる［47］。それでもなお、広告とオリジナルの芸術作品の形式と内容の間にいかなる意味の一致があるのか、あるいはイヴ・サンローランのキャンペーンは空疎なポストモダン的スタイルを踏襲した一例に過ぎないのかどうかを問う必要がある。

バルトが論じたように、「すべての広告は商品そのものを語るだけではなく、別の何かを語りかける」［48］。それゆえ、広告は二重のメッセージを伝えるだけではなく、使用価値（「これを買ってください」）を象徴価値（「だからこれを買ってください」）に変換し、その過程において神話やメタ言語の形式を頻繁に用いる。彼が言うように、もし神話が「盗まれてから返された言葉」であるならば［49］、神話的な話しかけはさらに力強い動機付けをもつが、それは複雑で解き明かすことが難しい。というのもこの意味の両義性ゆえに、「読者は真実であると同時に非現実である物語としての神話を享受する」からだ［50］。このような点からイヴ・サンローランの広告に注目すると、私たちは次の事実を承認すると同時に却下することとなる。すなわち、名画の猥雑な部分が営利上削除されたのは、フランスのファッションが二〇世紀後半におけるアートの形式であるとする神話を暗示するためであったということだ。さらに具体的に見るならば、マネの《オランピア》の制作と受容をとりまく議論について知ることによって、広告に用いられた写真のスタイルとそこで示された男性モデルの曖昧な性の位置付けをより深く理解することができる。

マネがティツィアーノの《ウルビーノのヴィーナス》（一五三八年）やゴヤの《裸のマハ》（一八〇〇–一八〇五年）といった絵画における裸婦像の慣習を変えたことに限っていえば、しばしば《オリンピア》自体は形式が新しくなっただけで内容は以前と変わらないと見なされてきたことは重要である。加えてジェラルド・ニーダムによると、オランピアのくつろいだ姿勢と媚びた視線は、高尚な芸術ではなくむしろ一九世紀半ばから見られるポルノ写真の下品で野蛮なスタイルを模倣したものである[51]。忍び込む黒猫[52]のモチーフ、そして〔当時マネのオランピアを批評した〕ポストヴェールによると「アーサー氏」[53]だとされる、画面上では「不在」の男性顧客からのブーケをオランピアに届ける黒人女性と併せ、この絵画は批評家たちから「解読不可能」とみなされ、道徳上の理由で非難されもした。[54]けれどもT・J・クラークが論じるように、「批評家たちは、暴力、[…]不衛生、[…]死と腐敗の気配を口々に語ったが、それらはたいていセクシュアリティが置き換えられたものである」[55]。たとえば、ポール・ド・サン＝ヴィクトールは『ラ・プレス』（一八六五年五月二八日号）において、「どん底まで落ちた芸術は非難にさえ値しない」と評し、またエルネスト・チェスノーも『ル・コンスティテュショネル』（一八六五年五月一六日号）においてマネが「スキャンダラスな笑いを引き起こすことには成功している」と述べた[56]。当時の批評家は同じように、マネの草創期の印象主義的技法を理由として《オランピア》に抗議した。この絵画は一八六五年にサロンにおいて物議を醸し、マネのぎこちない筆跡をトレは非難した。しかし、ジョン・A・スミスとクリス・ジェンクス[57]が「オランピアは反響するイメージである」と鋭く指摘するように、その意味は複雑に重なりあっている。ゆえに「オランピアを最初のモダニズムの絵画と見なすことは、他の可能性を排除するものではない」と彼らは主張する[58]。

これらの解釈学的試みを踏まえることで、この絵画がいかにその主題と表現形式に関して多義的な反応や解釈の連鎖を呼び起こし、どのようにイヴ・サンローランの広告の形式と内容にも取り込まれたのかを理解することができる。第一に、《オランピア》は画面処理の完璧な仕上げを否定しているがゆえに、完全に近代的な絵画形式であるとたいていみなされる。だが、マネは一七世紀スペイン美術を自ら研究し、キアロスクーロ〔明暗法〕からも大きな影響を受けている[59]。同じように、イヴ・サンローランの広告イメージには技術上の目覚ましさはなく、むしろ古めかしくすらある。柔らかく落ち着いた色調は、写真を絵画のように見せている。それはまるで二〇世紀初頭におけるアルフレッド・スティーグリッツら写真分離派の手作業による写真のようだ[60]。イヴ・サンローラン・リヴ・ゴーシュのブランド名は、芸術家の署名が入れられるべきところに記されているのに対して、写真家の名前は左上に小さく縦に印字されている。ソレンティ自身がこの作品のスタイルについて次のように述べている。「カラー写真のために色々なことをやってみた。はじめはとても苦労したんだ〔…〕。なぜってこれらの写真は絵画みたいにとても色が暗くて濃かったからなんだ」[61]。第二に、クラークが論じたように、《オランピア》が女性の裸体を公然と晒し鑑賞者を挑発的に見つめていることから、わたしたちはそれを一八六〇年代のパリにおける労働者階級の売春婦をありのままに描いた肖像画と見なすことができる（クラークは、説得力のある包括的研究のなかで彼女について言及するときには、ココットや愛妾といった穏当な言葉を用いることはしなかった）。あるいはこの点について、ジョルジュ・バタイユ[62]やスミス&ジェンクスが「意味が取り消された主題は、もはや行為のための口実、絵画の『賭け事』にすぎない」[63]と論じたように、芸術家とそのモデルの間に当時交わされていた絵画的な行為、見ることをめぐる複雑なやりとりとみなすこともできる。《オランピア》が演じているのは、その二重に掛けられた意味である。そしてそれこそがバルトが論じる多義的な意味の真髄であり、イヴ・サンローランの広告テーマでもあると思われる。このことは実に、一九九〇年代後半におけるクィアな男性のアイデンティティの不確定性を対象化するために、広告の作り手がなぜこのような物議を醸した絵画をそもそも用いたのかを理解する手がかりとなる。したがって技術的には古めかしいスタイルに対して、イヴ・サンローランの広告イメージにおけるラテン系の服装をした男性モデルはより現代的な主題を提起している。魅惑的な黒人女性のパートナーとともにいる世紀転換期のファッショナブルなダンディ、（女性であれ男性であれ）その場にはいない顧客からの贈り物であるスターゲイザーリリーを抱えた奴隷を従えるジゴロもしくは男娼を同時に表しながら。[64]

一八六三年に制作された絵画と一九九八年の広告との間の類似点をたどることで、たんにそれらを等価なものとして捉えることができる、と私は主張しようというのではない。絵画はただ一人の画家によって制作されるが、広告には複数の人間――ソレンティとイヴ・サン＝ローランの名はクレジットに掲載されているが、グランドとウォルコフ・エ・アルノルダンの名はない――が関わる。フランスのアヴァンギャルドの本拠地はここにおいて、マネと印象派の画家たちの溜まり場であったグラン・ブルヴァールからパリの左岸、イヴ・サン＝ローランのアトリエ本部へと移される。しかしながらより重要であるのは、マネがオランピアを売春婦として、つまり女性身体を商品として客体化したかどうかにかかわりなく、広告の主たる目的とは――それがたとえ男性身体、ひいては男性服ではないにしても――まさしく商品化だという事実である。したがって、広告が含意しているのは商品の品質と、ライフスタイルやアイデンティティといった実存的な要素とそれらとの結びつきである。分析の最後に言えることは、広告はブランドと芸術を神話的かつ詩的に結びつけることによって、そのブランドの卓越性と個性を表現する。この点において、イヴ・サンローランの広告はドーメルの「Cloth for Men」（一九七三―一九七五年）やリーバイスの「Settlers Creek」（一九九四年）のようなキャンペーンと多くを共有している。たとえばドーメルはキャンペーンで一九世紀後半におけるデカダン派の美術や文学に敬意を表し、リーバイスはアンセル・アダムズの風景写真におけるスーパーリアリズムを模倣した[65]。それゆえ、まさしくこのレベルにおいて、男性服の広告は――詩や物語がそうであるのと同じくらいに――「イメージの偉大な解放」と関わっている。バルトが「広告のメッセージ」において明らかにしたように、それは「人間に夢を取り戻させ、[…]単なる使用を精神の経験へと変えるのである」[66]。

ファッション、悦楽のテクスト

とはいうものの、記号とは本来恣意的であるという無制限な理論と概念に批判がなかったわけではない。ジェームズ・エルキンズは「記号論は単純に図式化しすぎる」と述べ[67]、スティーヴン・ヒースは「記号学は（結果として）意味の狂乱をもたらさざるを得ない」と主張する[68]。「現代知識のワイルドカード」[69]と記号学をとらえたバルト自身もまた、同じように記号学を認識していた。しかしバルトは記号学を、誰もが自由に参加できる分析法とも、好き勝手なことを述べる自己完結型の方法論ともみなしていたのでもない。「記号学は、その限界の中に置かれれば、形而上学的な罠ではない。それは必要であるが十分ではない、他の科学と同じ一つの科学である」[70]。つまり、すべての記号は歴史的な文脈を有し、また記号学は他の方法論的探求を無効にするのではなく、むしろそれらを補い共存する。したがって、私は次のように提案したい。すなわちリチャード・ハワードが（「テクストに関する覚書」において）論じる現象学的な「読書の快楽」もまたバルトの『テクストの快楽』の核心であり、それがどのようにして具体化された経験の形式としての衣服の記号――および記号－機能――となるのかを考慮することによって、私たちは『モードの体系』に基づき進むことができるのだ。

バルトが『モードの体系』において次のように述べていることは興味深い。「モードの「しかるべき語調」というものがあって、そのためにモードは、美的にも倫理的にも美しさに欠けるようなことは一切口に出すことを禁じられている。［…］それは、自分の娘が悪と接触しないように予防する母親のことばづかいなのだ」［71］。しかし、エルザ・スキャパレリやアレクサンダー・マックイーンといったデザイナーのセクシーな服に着目すると、このような議論は単純には通用しない［72］。敷衍するならば、そのような議論が否定するのはファッション広告の侵犯的なメッセージである。そこにしばしば描かれるのは、ヘロイン・シック［痩せぎすの容貌］や苦痛と快楽に結びついたエロティシズムの巣窟のような問題だ［73］。

しかし私たちはむしろここにおいて悦楽の領野にいるのだ。この言葉こそ、バルトが『テクストの快楽』において、性的な悦楽と衝突もしくは断絶を強調するために用いた言葉であり、それを通して「言語は再分配され［…］二つの縁が描かれる」。これらの縁の一方は慣習的または予見的な言語の使用で、他方は突発的または破壊的な縁であり、後者は「どのような輪郭をも取りうる」［74］。しかしながらバルトにとって意味をなすのは、二つの縁のどちらがより重要であるのかということではなく、むしろ両者の間にある縫い目にこそテクストの快楽やエロスが宿り、「まったく新しい消費の美学」［75］が明示されることである。まさにこうした境界上の分裂的な要素こそが、「オートクチュールは関係ないなんて誰が言う？」といったファッション広告を生み出す（『フランク』一九九七年一〇月）。そうした例としてあげられるのは、テリー・リチャードソンが撮影した広告であるが、そこでは女性モデルがアレクサンダー・マックイーンの赤いイヴニングドレスを着て、コンソールテーブルの上のヘロインを舐めるような仕草をしている。またマリオ・テスティノの写真「プライドと喜び」（『ザ・フェイス』一九九七年四月）は、一人自宅にいる（思春期の）青年を写したものだが、彼は母親の下着を身につけて、ベッドカバーの下でマスターベーションをしている。このような例においては、悦楽とは文字通り「粒々していて、しゅうしゅう言い、くすぐっていて、こすっていて、傷つけていて、つまり楽しんでいる」ことである[76]。さらに悦楽のテクストは、（イヴ・サンローランの広告が示すように）敵対や批判もしないがゆえに、わたしたちに挑みかける。わたしたちは確かに言葉を発しない窃視者の立場に置かれる。「快楽は言葉でいい表されるが、悦楽はいい表せない」[77]。それゆえ、縫い目はまさしく読者の領域にある。そして悦楽のテクストが同時に示しているのは、読者もまた現象学的な意味での身体をもった単独の主体であるということだ。

テクストの快楽、それは私の肉体がそれ自身の考えに従おうとする瞬間だ——私の肉体は私と同じ考えを持っていないから。[…]私に快楽を与えたテクストを「分析」しようとする時、いつも私が見出すのは私の「主観性」ではない。私の「個体」である。私の肉体を他の肉体から切り離し固有の苦痛、あるいは快楽を与える与件である。私が見出すのは私の悦楽の肉体である。[78]

現代におけるセクシュアルなファッションの急増、それに伴う世界中のファッション雑誌や広告における性や快楽の表現を考えるならば、脱構築的な操作としての悦楽のテクストは、一九六〇年代と七〇年代のバルトにとってそうであったように、今日を生きるわたしたちの関心事でもある。

おわりに

もちろん、このことはバルトの分析にまったく欠点がないと主張するものではない。それはある程度、ファッションのレトリックと日常的なモノの意味作用の両者を扱った彼の著書や思考がその後、さまざまな研究者の仕事にいかに伝えられ、どのように修正され評価されたのかを説明することの手助けとなる。バルトが記号－機能という言葉で明らかにした、モノの有用性とその象徴性との間の緊張関係は、ジャン・ボードリヤール[79]とジャン＝マリー・フロック[80]によって詳細に分析された。それとは対照的に、アニエス・ロカモラ[81]は、書かれた衣服という概念をファッション広告のキャプションだけではなく、フランスのファッション雑誌のレポートやインタビュー、コラムにまで適用し、実証的な言説分析を行った。最後に、バルトが「今日の神話」で明示した記号体系のイデオロギー的かつ神話的な作用は、ディック・ヘブディジによるサブカルチャーとスタイルの関係性に対する綿密な調査[82]、ジュディス・ウィリアムソンによる広告の意味についての独創的分析[83]、パトリツィア・カレファアートのスタイル、衣服、ファッションにおける身体、ファッション・メディアに関する社会言語学的な研究[84]にも役立てられた。

だがそれにも増して特筆しておくべきは、バルトの論考には実のところ、ほとんど図が伴わないことである。彼が具体的なイメージや事物を例として参照しているときでも、その——鋭いアイディアに満ちた——分析もまた精選されており、必ずしも引用元が示されてはいないということだ。ジョナサン・カラー[85]がバルトを批判するのはこの点についてであり、また『モードの体系』にまとめられた書かれた衣服に対して、私が疑問を持ち始めたのも同じ点についてであった。バルトは二つの雑誌、『マリ・クレール』や『ジャルダン・

デ・モード』を調査したが、そのどちらにおいても「襟が開いていればスポーティ、閉じていればドレッシーなカーディガン」といった典型的なフレーズを私は見つけることができなかった。そのため、バルトがもと読んだであろう文章に近い形にそれらは書き換えられたものである、と結論せざるをえなかった[86]。にもかかわらず、なお意義を持つのは次のような事実である。これまで論じてきたイヴ・サンローランの広告や白いTシャツなど、モノやイメージは言葉によらない記号であるが、こういったことやバルトが思い起こさせてくれるように、いかなる記号学的分析も「おそかれ早かれ、（この語の通常の意味における）言語を対象にしなければならなくなる。それも、単なるモデルとしてだけではなく、構成要素、または中継、またはシニフィエとしてもである」[87]。バルトの方法論的・理論的枠組みに立ち返るべきだと感じる必要性は必ずしもないけれども、こうした考えはおそらくバルトの記号学的探求における不朽の遺産である。そして、マスメディアと大量生産品の時代においては誰もがみな記号学者に加担する、とした彼の主張を堅固にする。「現代人や都会人は、読むことに時間を費やす。意味は現代社会の思考の様式である。以前はどちらかといえば、事実が実証主義科学の思考の単位を構成した」[88]。したがってこの意味において、私たちは自然発生的な記号論に近づく。『神話作用』のなかの「石鹸と洗剤」「プラスチック」「ガルボの顔」などの多数のエッセイ、そして『言語としてのモード（*The Language of Fashion*）』に収められた衣服とファッションに関する論考において、バルト自身が巻き込まれていくことになったような記号論に。

原註

［1］Roland Barthes, *The Fashion System*, M. Ward and R. Howard (trans.), Berkeley and Los Angeles, University of California Press, 1990 [1967].（『モードの体系――その言語表現による記号学的分析』佐藤信夫訳、みすず書房、一九七二年。）
［2］Roland Barthes, *The Language of Fashion*, A. Stafford (trans.), Sydney, Power Publications, 2006, p. 99.（『モード論集』山田登世子編訳、筑摩書房、二〇一一年、一五〇頁。）
［3］主要事例は以下の通り。'History and Sociology of Clothing' in Annales 3 (July–September, 1957), 430–41; ' "Blue is in Fashion This Year": A Note on Research into Signifying Units in Fashion Clothing' in *Revue Française de Sociologie* , 1 (2) (1960): 147–62; 'The Contest between Chanel and Courrèges: Refereed by a Philosopher' in *Marie Claire* , (September, 1967): 42–44.
［4］Roland Barthes, 'Réponses' [interview] in *Tel Quel*, 47 (autumn), 1971, p. 95.
［5］Roland Barthes, *The Fashion System*, 1990 [1967], p. xi.（『モードの体系』一九七二年、八頁。）
［6］*Ibid*., p. 51.（同書、七六頁。）
［7］バルトによる自明の論評に注目せよ。「《とるにたらない小さなもの》は《すべて》を意味することができるのである。［…］「ディテール」がひとつあるだけで、意味外のものを意味に、デモードをモードに変形することができる。事実、モードは無時態すなわち存在しない時制を前提として要請する。そこで過去はつねに恥ずかしいものであり、現在は今後出現するはずのモードによって絶えず「食われ」ているのだ。」（*The Fashion System*, 1990 [1967], pp. *243 and 289*.［『モードの体系』、一九七二年、三三六頁、三九六頁。］）
［8］Roland Barthes, *The Language of Fashion*, 2006, p. 68.（『モード論集』、二〇一一年、四一頁。）
［9］*Ibid*., p. 69.（同書、四三－四四頁。）
［10］*Ibid*., p. 106.（同書、四九－五〇頁。）
［11］Roland Barthes, *Mythologies*, A. Lavers (trans.), London, Paladin, 1973.（『神話作用』篠沢秀夫訳、現代思潮社、一九六七年。）
［12］Roland Barthes, *Image, Music, Text*, S. Heath (trans.), Glasgow, Fontana Collins, 1978.（『第三の意味――映像と演劇と音楽と』沢崎浩平訳、みすず書房、一九八四年。）
［13］Roland Barthes, *The Semiotic Challenge*, R. Howard (trans.), Berkeley and Los Angeles, University of California Press, 1994.（『記号学の冒険』花輪光訳、みすず書房、一九八八年。）
［14］*Ibid*.（同書。）
［15］Roland Barthes, *The Pleasure of the Text*, R. Miller (trans.), Oxford, Basil Blackwell, 1990 [1973].（『テクストの快楽』沢崎浩平訳、みすず書房、一九七七年。）
［16］バルトは、さまざまな読者層の社会経済的な地位を考慮して雑誌を選択した。それらを達成するために、バルトはあらかじめ定めた期間の『Vogue』、『L'Echo de la Mode』、特定の日刊紙の各週ファッション特集などを調査した。
［17］Rick Rylance, *Roland Barthes*, London, Harvester Wheatsheaf, 1994, p. 42.
［18］Jonathan Culler, *Structuralist Poetics: Structuralism, Linguistics and the Study of Literature*, London, Routledge, Kegan and Paul, 1975, p. 35.
［19］Roland Barthes, *The Fashion System*, 1990 [1967], p. 77.（『モードの体系』、一九七二年、一〇八頁。）
［20］*Ibid*., pp. 269 and 299.（同書、三六九頁、四〇九頁－四一〇頁。）
［21］*Ibid*., pp. 9–10.（同書、二一－二二頁。）現代における使用法では、記号学（semiology）と記号論（semiotics）は互換性のある用語である。記号学（Semiology）は―言葉と／あるいは視覚によるものであれ―あら

ゆる表現形式を研究するための方法である。けれどもそれは言語学に由来しており、言葉と同様に視覚による記号を解読するために言語学的理論のみを展開させる。それに対して、記号論（semiotics）は、英語圏のテクストにおいて一般的に用いられる広義の用語である。それは言葉と／あるいは視覚による記号体系を記述するために使われるが、必ずしも言語学の理論に基づき解釈されるとは限らない。

[22] Roland Barthes, *The Elements of Semiology*, A. Lavers and C. Smith (trans.), New York, Hill and Wang, 1973, p. 9.（『記号学の原理』『零度のエクリチュール』石川美子訳、みすず書房、一九七一年、九一－九二頁。）

[23] Ferdinand de Saussure, *The Course in General Linguistics*, R. Harris (trans.), Chicago and La Salle, IL, Open Court, 1996 [1916], p. 16.（『新訳ソシュール一般言語学講義』町田健訳、研究社、二〇一六年、三五頁。）『一般言語学講義』は、ジュネーヴ大学の元学生であったシャルル・バイイとアルベール・セシュエの二人がソシュールの講義ノートとメモに基づきまとめた書である。

[24] ソシュールのように、C・S・パースもまたシニフィアンとシニフィエといった用語を用い、そのプロセスを八巻本の論文集（一九三一－五八）において「semiosis」と称した。イェルムスレウは「言語学研究」（一九五九）において、表現面（シニフィアン）と内容面（シニフィエ）という用語を用いることによって、言語学と非言語学的言語の間の相関関係について論じた。

[25] Roland Barthes, *The Elements of Semiology*, 1973, p. 9.（『記号学の原理』『零度のエクリチュール』、一九七一年、九一頁。）

[26] Roland Barthes, *The Semiotic Challenge*, 1994, pp. 186–87.（『記号学の冒険』、一九八八年、八九－九二頁。）

[27] Roland Barthes, *The Fashion System*, 1990 [1967], p. 233.（『モードの体系』、一九七二年、三二二頁。）

[28] Josh Sims, *Icons of Men's Style*, London, Laurence King, 2011, p. 104.

[29] 指示対象という語は、なんらかのイメージやテクストに表される現実のものや人物に関係している。しかし写真のイメージについては現実性が極めて重要であり、バルトは『明るい部屋』（一九八〇年）において次のように述べている。「私が《写真の指示対象》と呼ぶものは、ある映像またはある記号によって指し示されるものであるが、それは現実ものであってもなくてもよいというわけではなく、必ず現実のものでなければならない。それはカメラの前に置かれていたものであって、これがなければ写真は存在しないだろう。」Roland Barthes, *Camera Lucida*, R. Howard (trans.), London, Flamingo, 1982, p. 76.（『明るい部屋――写真についての覚書』花輪光訳、みすず書房、一九八五年、九三頁。）

[30] Roland Barthes, *The Elements of Semiology*, 1973, p. 41.（『記号学の原理』『零度のエクリチュール』、一三四頁。）

[31] Roland Barthes, *The Fashion System*, 1990 [1967], pp. 264–65.（『モードの体系』、一九七二年、三六三－三六五頁。）

[32] 記号＝機能の概念はボードリヤール（*The System of Objects*［『物の体系』］）、フロック（*Semiotics, Marketing and Communication*）とジョブリング（*Fashion Spreads*）の書にも現れる。

[33] Roland Barthes, *The Semiotic Challenge*, 1994, p. 158.（『記号学の冒険』、一九八八年、四八頁。）

[34] *Ibid*., pp. 182, 189 and 190.（同書、八二－八四、九四－九六頁。）

[35] Roland Barthes, *The Elements of Semiology*, 1973, p. 183.（『記号学の原理』『零度のエクリチュール』、一九七一年。ただし、原書の指定頁に該当箇所がないため、引用文献あるいは引用頁のミスだと思われる。）

[36] Roland Barthes, *The Language of Fashion*, 2006 pp. 8–10.（『モード論集』、二〇一一年、六六－六九頁。）

[37] Roland Barthes, *The Fashion System*, 1990 [1967], p. 18.（『モードの体系』、一九七二年、三三頁。）

[38] *Ibid*., pp. 13, 14 and 17.（同書、二七頁。）

[39] 以下を使用して計算した。'Measuring Worth', http://www.eh.net/hmit/ppowerbp.

[40] Roland Barthes, *The Language of Fashion*, 2006, p. 47.（『モード論集』、二〇一一年、一一六－一一七頁。）

[41] 一九九八年に始まるルノーのクリオのための一連の広告でも、同じ意味合いで用いられた。『オックスフォード英語辞典』は二〇〇五年にそれを「刺激的で力強く、性的に魅力あるもの」と定義した(Jobling, *Fashion Spreads*, p. 248)。

[42] Roland Barthes, *The Fashion System*, 1990 [1967], p. 241.（『モードの体系』、一九七二年、三三四頁。）

[43] *Ibid*., p. 215.（同書、二九九頁。）

[44] Paul Jobling, *Fashion Spreads: Word and Image in Fashion Photography since 1980*, Oxford and New York, Berg, 1999.

[45] 次の拙稿も参照のこと。Paul Jobling, 'On the Turn – Millennial Bodies and the Meaning of Time in Andrea Giacobbe's Fashion Photography' in *Fashion Theory*, 6 (1), 2002, pp. 3–24.

[46] Roland Barthes, *Mythologies*, 1973, p. 110.（『神話作用』、一九六七年、一四一頁。）

[47] Jean Baudrillard, *Simulacra and Simulations*, S.F. Glaser (trans.), Ann Arbor, University of Michigan Press, 1994, p. 2.（『シミュラークルとシミュレーション』竹原あき子訳、法政大学出版局、一九八四年、二－三頁。）本書の第一二章も参照。

[48] Roland Barthes, *The Semiotic Challenge*, 1994, p. 178.（『記号学の冒険』、一九八八年、七七頁。）

[49] Roland Barthes, *Mythologies*, 1973, p. 125.（『神話作用』、一九六七年、一六三頁。）

[50] *Ibid*., p. 128.（同書、一六八頁。）

[51] Gerald Needham, 'Manet, Olympia, and Pornographic Photography' in T.B. Hess and N. Nochlin (eds.), *Woman as Sex Object*, New York, Newsweek, 1972, pp. 81–89.

[52] シャンフルーリによると無責任な愛の象徴とされる。Champfleury, *Les Chats*, Paris, J. Rothschild, 1869.

[53] T. J. Clark, *The Painting of Modern Life: Paris in the Art of Manet and his Followers*, London, Thames and Hudson, 1985, p. 87.

[54] そこにはクレマンとジルも含まれる。次の文献を参照のこと。*T.J. Clark, The Painting of Modern Life: Paris in the Art of Manet and his Followers*, London, Thames and Hudson, 1985, p. 287.

[55] *Ibid*., p. 96.

[56] George Heard Hamilton, *Manet and his Critics*, New York, Norton, 1969, pp. 71–72.

[57] John A. Smith and Chris Jenks, 'Manet's Olympia' in *Visual Studies*, 21 (2), 2006, p. 159.

[58] マネの絵画の多義性が性的アイデンティティの両義性を暗示するために用いられた事例として、ジョージ・チャクラバーティの演劇映像『オランピア』（二〇〇三年）が挙げられる。彼はオランピアと同じように、裸で片手を局部に伸ばすように長椅子の上でポーズを取っているが、花束を運んでくる使用人は白人男性である。

[59] Gary Tinterow, *Manet/Velazquez: The French Taste for Spanish Painting*, New York, Metropolitan Museum of Art, 2003.

[60] Willian Innes Homer and Catharine Johnson, *Stieglitz and the Photo-Secession 1902*, New York, Viking Press, 2002.

[61] Charlotte Cotton, *Imperfect Beauty: The Making of Contemporary Fashion Photographs*, London, Victoria and Albert Museum, 2000, p. 115.

[62] Anne C. Hanson, *Manet and Modern Tradition*, New Haven and London, Yale University Press, 1977, p. 52.

[63] John A. Smith, Chris Jenks, *op. cit*., p. 163.

[64] 私がここで思い描いているのは、サッカー選手のデイヴィット・ベッカムが二つのファッション広告で取ったホモエロティックなポーズである。一つはニック・ナイトによる『Arena Homme Plus』（二〇〇〇年夏号）のための広告、もう一つはイギリス版『GQ』（二〇〇二年六月号）のためにデイヴィッド・ラシャペルが撮影した「Captain Fantastic」である。ベッカムは前者の時に、同性愛者のアイコンであることに問題はないと公言している。

[65] Paul Jobling, *Advertising Menswear: Masculinity and Fashion in the British Mass Media since 1945*, London and New York, Bloomsbury, 2014.

[66] Roland Barthes, *The Semiotic Challenge*, 1994, pp. 176 and 178.（『記号学の冒険』、一九八八年、七四－七七頁。）

[67] James Elkins, 'Marks, Traces etc.: Nonsemiotic Elements in Pictures' in *Critical Inquiry* (summer), 1995, pp. 824.

[68] Stephen Heath, *Vertige du Déplacement*, Paris, Fayard, 1974, p. 65.

[69] Susan Sontag (ed.), *A Barthes Reader*, New York, Hill and Wang, p. 474.

[70] Roland Barthes, *Mythologies*, 1973, p. 121.（『神話作用』、一九六七年、一四四頁。）

[71] Roland Barthes, *The Fashion System*, 1990 [1967], p. 261.（『モードの体系』、一九七二年、三六〇頁。）

[72] Caroline Evans, 'Masks, Mirrors and Mannequins: Elsa Schiaparelli and the Decentered Subject' in *Fashion Theory*, 3 (1), 1999, pp. 3–31. Caroline Evans, *Fashion at the Edge*, New Haven and London, Yale University Press, 2003.

[73] Rebecca Arnold, 'Heroin Chic' in *Fashion Theory*, 3 (3), 1999, pp. 279–95.

[74] Roland Barthes, *The Pleasure of the Text*, 1990 [1973], p. 6.（『テクストの快楽』、一九七七年、一二頁。）

[75] *Ibid*., p. 59.（同書、一一二頁。）

[76] *Ibid*., p. 67.（同書、一二六頁。）

[77] *Ibid*., p. 21.（同書、三九頁。）

[78] *Ibid*., pp. 17, 62.（同書、三二、一一七－一一八頁。）

[79] Jean Baudrillard, *The System of Objects*, J. Benedict (trans.), London and New York, Verso, 1996 [1968].（『物の体系――記号の消費』）宇波彰訳、法政大学出版局、一九八〇年。）

[80] Jean-Marie Floch, *Semiotics, Marketing and Communication: Beneath the Signs, the Strategies*, London, Palgrave, 2001.

[81] Agnès Rocamora, *Fashioning the City: Paris, Fashion and the Media*, London, I.B. Tauris, 2009.

[82] Dick Hebdige, *Subculture: The Meaning of Style*, London, Methuen, 1979.（『サブカルチャー――スタイルの意味するもの』山口淑子訳、未来社、一九八六年。）

[83] Judith Williamson, *Decoding Advertisements: Ideology and Meaning in Advertising*, London, Marion Boyars, 1978.

[84] Patrizia Calefato, *The Clothed Body*, Oxford and New York, Berg, 2004.

[85] Jonathan Culler, *Structuralist Poetics: Structuralism, Linguistics and the Study of Literature*, London, Routledge, Kegan and Paul, 1975. *Barthes*, London, Fontana, 1987.

[86] Paul Jobling, *Fashion Spreads: Word and Image in Fashion Photography since 1980*, Oxford and New York, Berg, 1999, pp. 66–68.

[87] Roland Barthes, *The Elements of Semiology*, 1973, p. 11.（『記号学の原理』『零度のエクリチュール』、九三頁。）

[88] Roland Barthes, *The Semiotic Challenge*, 1994, pp. 157 and 159.（『記号学の冒険』、一九八八年、四六－五〇頁。）

08

文化観察の技法としての社会科学

アーヴィング・ゴフマン
Erving Goffman

エフラト・ツェーロン
関根麻里恵＿訳

はじめに

カナダ出身のユダヤ人学者であるアーヴィング・ゴフマン（一九二二－一九八二）は、二〇世紀でもっとも重要な社会学者のひとりであり、その概念は規律に関する語彙の一部となっている。ゴフマンは議論を引き起こす人物であり、批判されることも崇拝されることもあった。彼は、個人としても知識人としてもアウトサイダーであり、しばしば社会的作法の慣例で振る舞うことを拒否した。ゴフマンの冷笑的で、懐疑的で、アイロニカルな姿勢は、彼の主題に対する回答を誘発し、探究するよう導いた。彼は異端の社会科学者、すなわち「社会学的な想像力を最大限に生かした無法者の理論家」[1]とみなされた。彼は献身的な学者であり、力強くも注意深い読解、思考、執筆、討論によってその才能を育んだ。彼は深い社会構造にも個人の行為主体性《エージェンシー》にも注目せず、経済、政治のシステム、教育、宗教といった、社会学の伝統的でマクロな構造よりも、日常的な相互作用のミクロな構造を特権化したため、彼を小さな枠にあてはめるのは困難である。

ゴフマンは、スコットランドのシェットランド島の村落共同体における社会的相互作用の研究によって、一九五三年にシカゴ大学で博士号を取得した。シェットランド人がゴフマンの訪問の本当の理由に気づいていなかったため、彼は島の人々が他者といるときにとる行動を容易に観察でき、各人が自分の道徳的立場を他者に納得させるための個人的「外面」のパターンを詳述した。彼はたちまち大学での地位を急上昇させ、ペンシルヴァニア大学で人類学と心理学のベンジャミン・フランクリン記念講座教授に就任した。一九六八年には、彼はアメリカ芸術科学アカデミーの会員に選出された。六〇年代末までに、彼は一般の人々のあいだでも有名になったため、『タイム』誌で特集された。彼の研究書『行為と演技——日常生活における自己呈示』は世界中で五〇万部以上を売り上げており、一九九五年の『タイムズ文芸付録』では、第二次世界大戦以降のもっとも影響力のある一〇〇冊に選ばれている。それに続く『アサイラム』[2]と『スティグマの社会学』[3]の人気は、彼の学術領域外への影響を表している。ゴフマンが亡くなるときまでには、彼の業績は、アメリカとイギリスの大学の社会学のシラバス、書籍、教科書、辞書、百科事典に取りあげられた。

ゴフマンは、方法論的なミクロのデータと概念的なマクロの洞察を融合させることにより、新たな学術領域、すなわち日常の対面的な相互作用の研究を切り開いてきた。ゴフマンのフィールドワークの特徴的なスタイルにおいて、彼は統計データを事例証拠や文学的テクスト——小説、伝記、回想録など——と融合させた。

彼はこのようにして個人と集団についてのオリジナルの言説を作り出した。彼の方法論的アプローチは生きた経験の細部に注目するものであり、そうして一般の人々をひきつけた。このアプローチは、小規模な相互作用の領域の体系的調査という手段によって、大規模な社会的勢力を分析する。同時に、専門家の想像力を捉えた彼の分析、分類、分類法は発見的《ヒューリスティック》なものであった。彼らが生み出したのは、観察可能な無標の日常的な行動——そのほとんどは都会的な環境における見知らぬ人々のあいだのものである——の組織化に対する理論的枠組みである。

本章では、衣服やファッションの研究に適用できる人間の行動の研究にゴフマンが導入したもっとも重要な概念について説明する。ゴフマンのアプローチは、社会的構造だけに注目するのでも、個人の行動だけに注目するのでもないという点において独特であると主張したい。彼の社会生活の分析は文化観察に基づいている。すなわち、彼は文化的生産と行動の規則性の両方を考慮に入れているのである。彼がそうするのは個人の行動を観察することによってである。以下に示すように、彼の概念のおかげで私がワードローブ・アプローチと呼ぶものが可能となる。これは、個人の固有の日常着を研究するもので、その意味は個人の経験、相互作用、語彙の一部となる。これは、私がステレオタイプ・アプローチと呼ぶ衣服の研究における社会構造への注目とは対照的である。このアプローチは象徴的な衣服、儀式的な衣服、過度にコード化された衣服の研究を含む[4]。これには、ゴシック様式からボールガウンに至るまで、美術館で保存すべき作品、デザイナーものの服、ユニフォーム、特定のライフスタイルや社会集団と結びつく衣服が含まれる。ファッション・リサーチの観点からすれば、ゴフマンに従ったアプローチは、衣装の歴史と物質性とのあいだ、または消費者の行動と参与観察とのあいだに適している。

ゴフマンの相互行為秩序

ゴフマンは社会科学の大部分に大きな影響を与え、あらゆるところで引用されているが、細部にわたって議論されることはめったにない。ほぼすべての社会科学者は、一般に受け入れられたゴフマンの多くの概念について何かしら語ることができるが、自分の言葉でゴフマンの思想を研究した者はほとんどいない。社会科学者は、自らの関心に実質的に関わるゴフマンの著作を部分的に適用する傾向にあった[5]。しかし、ピーター・K・マニングが主張するように、「ゴフマンの思想は、現代の生活の（問題として提起された）核となる難問を華麗に、巧みに、独自の仕方で喚起するようなものではなく、この理論やあの理論を説明するためのわかりやすい例として取りあげられてきた」[6]。

ゴフマンは、「何が社会の秩序を可能にするのか」という基本的な社会学的問題に取り組み、私たちの行動を支配する一連の暗黙の指示からなる相互作用秩序のシステムについて概説した。『公共の場での関係（*Relation in Public*）』で彼は、「道路上の交通量を規制するコードのように、かなり形式化されたコードでさえ、多くの問題を暗黙のままにしている」[7]と指摘した。私たちが自宅にひとりでいるときどのような格好をしているかを例にとってみよう。私たちはそのようなときでも、社会的な要求と期待を考慮して着るものを選ぶ。これらの暗黙のコードと無言の規範は、意図せず着飾りすぎたりくだけすぎた服装をしたりするときに作動する。それらは、相互作用のすべての参加者の面子を保つために設計された道徳のシステムに根ざしている。この道徳のシステムは、認識され、支えられたいという自己の欲求を反映し、自己と他者に対する義務という相互に拘束しあうコードに基づいている。これらは社会的な世界において私たちの信頼と信用を基礎づけるが、それは予測可能性、堅実性、秩序という本質を添えることによってである。死の直前の一九八二年、ゴフマンはアメリカ社会学会の会長就任演説で、相互行為秩序の文法規則を公式化する計画に言及した。「長年にわたる私の関心事は、この対面の領域が分析的に実行可能なものとして受容されるのを促進することにあった。それは相互行為秩序——他に適当な名前がないので——と名づけられうる領域であり、ミクロ分析の研究方法が好まれる領域である」[8]。

ゴフマンが述べた相互行為秩序の法則は、実際、ファッションの領域ではかなり見られるものだ。ゲイリー・ワットは『衣服、法、赤裸々な真実（*Dress, Law and Naked Truth*）』で、法とファッションのあいだに類似性を見出している[9]。身体的外見の秩序化は保護（protection）と投影（projection）という目的のために私たちを整えているとワットは指摘する。ワットは、裸で散歩していたためにスコットランドで投獄された人を例にとる。彼は服を着ずに公共の小道を歩く権利を持っていると思っていた。散歩者はそれを「あなた自身であるための問題」と定義している。彼は裸で聴聞会に来ることを選び、「公然猥褻」と「治安破壊」による法廷侮辱罪で投獄された。裸は猥褻であり、衣服にはモラルの限界を取り締まる権威が付与されているという態度が根底にあることがこのような事例において暴かれているとワットは論じる。このことは、衣服がどれほど社会秩序と分かちがたく結びついているかを表す。私たちが参与する日常世界のこうした側面は、西洋文化の上流社会において衣服の着用が期待されていることを知らず知らずのうちに示している。裸の散歩者が不幸にも気づいたように、私たちは同じ行為に挑戦することで、この信念の強さを理解することができる。この例は基本的で些細なことに思われるかもしれないが、衣服の基本法規の作動を強調する。私はゴフマンの相互行為秩序の法則が同じカテゴリーに属すると主張したい。違反を通じてそれらの規則を問いただすことによって、彼はその限界を特定することができたからだ。

パフォーマンスにおけるドラマツルギー・モデル

ゴフマンの仕事を衣服や外見の研究に適用する研究者はほとんどの場合、パフォーマンスの概念を導入した有名な著書『行為と演技』[10]を援用してきた。ここで彼は、自己呈示の概念と、演劇の分析を意味深長な人間の行動の枠組みへと導くドラマツルギーのメタファーを提案する。ゴフマンは次のように仮定する。個人が他者という存在に入りこむとき、彼あるいは彼女は、自分をできるだけよく見せることで、他者が彼や彼女に抱く印象やその状況の定義に影響を及ぼそうとする、と。個々の「行為者（actor）」は、自己に関して情報伝達の二つのチャンネルを持つ。それはつまり、意図的に与えられた情報と、意図せず与えられた情報――ゴフマンの分析が注目されるのはたいていこちら――である。

社会的行為者は、自分がある特定の種類の人物であると主張する。このような主張が有効であるためには、「その人がもっている属性、能力、情報などは、互いに結合し、首尾一貫した形で統合されるとともに、その事態に適切でもある自己を作り上げている」[11]。この主張を表すパフォーマンスは、小道具、衣服、身だしなみ、身振りなど、行為者自身の環境に由来する視覚的かつ物質的な要素によって補強される。パフォーマンスは、身体のどの部分を露出するか、あるいは覆う必要があるか、どの姿勢が許容できないか、許容できる個人空間の基準、フォーマルな服装に関するスタイルのガイドラインといった、身体化されたプレゼンテーションの規範的な期待によって維持される。このような「状況適合性（situational proprieties）」の暗黙の規則は、容認可能な「身体表現(bodily idiom)」を定義している。たとえばゴフマンは、個人の外見や服装の目に見える特徴のある種の振る舞いが、どのようにして社会的逸脱者——社会秩序を無視する浮浪者やそれに気づかない精神病患者のような——と正常な振る舞いを区別するかを説明する。精神病患者は、しわくちゃで乱れたままの服を着て前かがみになって椅子に座るかもしれないし、女性はスカートをはく際に両脚を揃えて座るという西洋的期待を遵守できないかもしれず、それによって逸脱者として特徴づけられるのだ。精神病患者が見せるものは、彼らが無視する規則の一覧を超えている。精神病患者は、身体の管理と外見を基礎づける規範的な期待に応えることができない。これらの期待は、装飾品だけでなく、まさしく行為者が行為主体性《エージェンシー》を有していることを確認しながら文化的な期待を同時に満たす一種の「持続的な自己監視」とも関わる。

行為者とオーディエンスは両者とも、面子を保つよう企図されたゲームに閉じ込められている。ゴフマンは、私たちが印象を操りたいと思うのはおもに、恥や屈辱、面子の喪失や恥ずかしさを避けるために、ゲームの参加者同士が出会ったときに協力を保証することを私たちが望んでいるためだと明らかにする[12]。これらの動機は、人々が互いになじみ、争いや不作法な注目を避けるよう駆り立てる。恥ずかしさは、自分が主張しようとしているペルソナの信頼性に疑問を浮かばせ、冷静さを失うことに対する脅威をもたらす。落ち着きを失うと、それは感情的な爆発として、自分の身だしなみへの無頓着として、無意識のチックとして表れる。それは隠されることもありうる。一瞬の無礼によって面子を失う可能性は、本当のところは永続的な「烙印を押されたアイデンティティ」によって信用を失うことに比肩される。烙印を押されたアイデンティティとは、実際に身体的または精神的なスティグマ——それによって社会の容認から疎外されている——を持つ人々についてゴフマンが言及したことである。

支配的な動機としての恥ずかしさの概念は、オーディエンスの概念を前提としている。実際、ある特定のオーディエンスによって起動される公の自己にとっては、オーディエンスは必ずしも存在する必要はない。ゴフマンの研究によって、想像上のオーディエンスも、人々の自己呈示に影響を及ぼすにあたって同じくらい効果的であることが示されている。ゴフマンは、異なる関与とオーディエンスによって、さまざまな種類の状況を区別した〔13〕。すなわち、出会い、社会行事、懇親会などである。社会的期待によって、異なる種類のオーディエンスとともにさまざまな目的が達成されるとゴフマンは主張した。ある人が知り合いのなかにいるときには親密さが保たれ、見知らぬ人のあいだでは信頼が得られる。

ゴフマンは、ファッションや個人の外見を独立したトピックとして強調することはなかったが、行為者の「個人的外面」を構成する要素の一部として衣服に言及している。そこには、職務あるいは階級の記章、人種的な特徴、サイズや見た目、身体表現が含まれる〔14〕。社会生活を劇場になぞらえるアナロジーにおいて、ゴフマンはパフォーマンスの準備が行われる舞台裏とパフォーマンスが行われる表舞台を区別した。このような区別は、フロントステージが公の仮面であり、バックステージは「本当の顔」が現れる場所であると信じることに容易につながりうるだろう。だが実際には、ゴフマンにとって一方が他方よりも本物であるということはない。両者ともが異なる種類のステージであり、異なる期待を持ち、異なる種類のオーディエンスに向けて上演される。

ゴフマンはまた、自己の表面（façade）としての身体の規律訓練の力学を初めて概説した人物である（第一〇章のフーコーの規律の概念も参照）。ゴフマンは、ある特定の種類のアイデンティティを主張するために必要とされる身体的な呈示の基本規則を論証することで、身体と外見を舞台の中心に置く。リズ・フロストは、ゴフマンの先駆的研究に続く数十年以上ものあいだ、多くの学術的精査が外見とイメージに費やされてきたことに気づいた。それは外見をアイデンティティの必要な側面とするものであり、外見はもはや単なる追加のオプションではないとされた[15]。

重要なのは、ゴフマンの演劇的メタファーの使用が固定化されたアイデンティティという概念に疑問を呈したことである。彼は存在の状態で（state of being）はなく、するという行為（acts of doing）としてアイデンティティを動的に定義することによって、パフォーマティヴな視点を明確に示した（これに関して、第一六章でのバトラーのパフォーマンスの概念も参照のこと）。アイデンティティは、相互作用的な社会プロセスにおける行動の台本の反復を通じて形成され、永続させられる社会的産物の結果である。かくして、アイデンティティは個人のなかに「存在」するものではない。「自己は呈示される場面から〔さまざまの印象を〕寄せ集めて生ずる一つの劇的効果」[16]なのである。したがって、アイデンティティは、「その人物との関わりにおいて彼自身ならびに彼の周囲にいる人びとによって行使される社会統制のパターンのうち」[17]に位置づけられる。

言い換えるならば、ゴフマンの行為者はパフォーマンスの背後に本質を持っているのではない。彼らは彼らのパフォーマンスとしてあるのだ。

ワードローブ・アプローチ

ファッション研究のなかでは、ゴフマンのアプローチは「生きた経験」としての衣服を見る視点への道を切り開いた。ゴフマンのおもな思想についての私自身の経験的かつ概念的な研究は、ゴフマンへのオマージュである著書『女性性という仮面――日常生活における女性の呈示（*The Masque of Femininity: The Presentation of Woman in Everyday Life*）』［18］でも取りあげており、ゴフマンと同様に日常的な経験のありふれた細部に着目した。個人やグループのインタビュー、研究室、実生活の実験、衣服に関するあらゆる行動を網羅的に含むアンケートを用いて、私はワードローブ・アプローチを考案した。このアプローチは、歴史的衣装やデザイナーものの服ではなく、普通の服を特権化し、着用者の視点から、衣服の意味や、どのような理由で着る服を選んだのかを調査するものである。私は「シンボリック相互作用論」を援用しており、意味という概念を社会的に構築され、相互作用を通じて交渉されるものと捉えている。シンボリック相互作用論とは、人々が事物に対してそれらが持っている意味をもとに働きかけを行っているとみなす、ミクロ社会学的理論だ。これらの意味は社会的相互作用に由来している。

こうして私のアプローチは、プロセスベースの研究分野への扉を開いた。これまで支配的であった、美術史家や服飾史家、キュレーター、デザイナー、社会科学者といった専門家の説明に基づく「外部から」見る「ステレオタイプ・アプローチ」とは対照的に、ユーザーの説明に基づく「内部から」見るアプローチを私は発展させた。ステレオタイプ・アプローチは基本的にオブジェクトベースであり、集団の特性に基づいて意味を衣服に結びつけることが通例であったが、使用方法、個人の文脈、個人間の意味は無視されていた。

ゴフマンが論じたオーディエンスの種類間の差異、状況的規則の種類間の差異は、私の研究の一部においてデータを解釈するための有用なツールを与えてくれた。これらの研究において、参加者はどのように、そしてなぜその服を着ることにしたのか、またその服にはどのような意味があるのかといったことに関する詳細な考えと慣例を言葉にした。ゴフマンの用語では、「出会い（encounters）」は、就職面接やデートのような、服装が副次的であるか、あるいは最前線にあるような状況だ。「社会的場（social occasions）」において、行動はドレスコードや調和性によって強制される明確な礼儀作法をもって監視される。「社会的集まり（social gatherings）」は、服装が許容範囲内にあるかぎりは影響を及ぼすことのないような、「一般化された他者」が居あわせる緩やかな会合である。出会いと社会的場は、社会的集まりよりも外見に対する意識の高さの源となる。

たとえば、信頼できたり安心できたりする雰囲気と、評価されたりさらされたりすることを比較すると、女性が身なりに割く努力と注意の量を説明することができるだろう。女性はひとりでいるときにも身なりに気をつかうが、家族や友人といるときよりも見知らぬ人と一緒にいるときのほうがより気をつかう。典型的には、状況的不安は規則への形式的なこだわりによる。それは、女性がある状況のために服を着るとして、その状況における他者との関係に影響を及ぼす。一般に、オンショー／オフショーの次元は、他の要因よりも独立して重要であった。オンショーとは、観察され、精査され、判断される感情に関係する。オフショーは、人目につかず、安全で、見られていないという感覚に関係する[19]。こうして、ストレスフルな状況にいたり、その人の判断が重要であるような人と一緒にいたりすることは、リラックスした状況――友人や気づかう必要のない他人に囲まれるときのように、ほとんど規則のない――よりも強く衣服への意識を生じさせる。

衣服は、女性が判断または評価されていると感じる状況において、信頼性を高めるために使われる。このことは、よく知らない人々、一般化された他者、または意味のある他者（significant others）との付き合いにもときにはあてはまる。受け入れられ、リラックスできると女性が感じるような親しいオーディエンスとの付き合いでは、彼女らは身なりに関してそれほど心配をしてはいなかったが、それでもあえて試してみたい気持ちは持っていた。他の要因は、関係性につきものの相互関係に関連しているように思われた。たとえば女性は、年長の親戚の気分を害しないように、または過度に着飾ることでゲストを当惑させないように服装を調整する。

ソフィー・ウッドワードは、衣服の選択に民族誌的な視点を加えることによってワードローブ・アプローチを補完した〔20〕。女性たちがワードローブから衣服を選んでいることを観察したあと、彼女はとりわけ公の場での呈示という舞台の背後で行われる決定に焦点を絞った。彼女の発見は次のようなことを裏づけた。つまり、人々が着ているものを十分理解するためには選択のプロセスを見なければならないこと、そして選ばれなかった服は「舞台裏」で選ばれるものと同じくらい輝きを持ったものであるということを。ダニエル・ミラーとソフィー・ウッドワードのブルージーンズに関する最近の研究〔21〕は、記号論的疲弊という私の概念、そして世界のための装いにおける重要な次元となる可視性の次元についての私の結論を支持するものである。記号論的疲弊とはつまり、熱心な研究者やポピュラーカルチャーの観察者は着用者自身よりも服装に意味を与えてしまうことである〔22〕。ミラー＆ウッドワードはデニムジーンズに関する世界的な研究において、ブルージーンズの普通さが、記号論から解放された避難所を表象するものであると気づいた。それはつまり、分類、解釈、判断、または註釈を免れた場である。これは、ゴフマンの複数舞台のモデルにおける舞台裏と同じように、安全性と快適性を提供する棄権の立場である。

本物かみせかけか？

ゴフマンによると、自己呈示の本質は「ある類型の人間であるということは、たんに必要な属性を所有するだけではなく、また同時に彼の所属する集団がそのような属性に賦与する挙措動作ならびに外見の基準を遵守することでもある」[23]。これは、言語を通じた自己呈示と言語を介さない自己呈示のどちらにも適用される。このことは、職業的な文脈においては、信頼できる資格（たとえば専門能力）を持つと主張する人が、適切な服装（おしゃれなスーツ、デザイナーものの服）をし、ある種の着こなし（だらしのない、みすぼらしい）を避けることへの期待に見られるだろう。

ゴフマンの理論化は、人間性の操作的な見方を描きだすものとして解釈されてきた。この「操作的な見方」は「印象操作」の研究者[24]によって推し進められた。それは、ある部分では、「状況の定義の制御」というゴフマンの考え方がどのように解釈されるかに関連している。人が自分自身を可能なかぎりよく見せようとするとしたら、それは欺瞞的なのだろうか。それともただ自分に害が及ぶことを避けているだけなのか。「印象操作」の観点[25]からすると、「自己呈示」と「不実呈示（mis-presentation）」という言葉が同じ意味で使用されていることを示唆している[26]。

たとえば初期のゴフマンの詐欺師の研究には、純粋な呈示に関わるメカニズムの特定を解明するような、不実呈示の解釈を容易にすることができたいくつかの理由がある[27]。「詐欺師のような人間の肖像」として一般化されていると、不実呈示は人々に不完全な詐欺師の役をあてていると見られるかもしれない。それはむしろ、人々が信頼をおくありふれた仮定を発見するために極端なケースを検討するゴフマンの理論構築プロセスを明らかにしている。

さらに、ゴフマンを精読するならば、ドラマツルギー的説明によってすべての個人が首尾一貫したありうる自己顕示のレパートリーを持っていることがわかる。大部分の慣習、しきたりおよび習慣は、文脈やオーディエンスとあいまって、レパートリーから適切なパターンの誇示を引き出す。さまざまな舞台でのさまざまなパフォーマンス間の不一致は、自己と他者の面子を保つような仕方で自分自身を描きだす必要性に応える。たとえば、シンディ・L・カインは、患者の前で同情を寄せるホスピスの医療従事者の仕事に表舞台／舞台裏の区分を適用し、そして舞台裏を切り離した[28]。

ゴフマンは「役割距離」に関する論考において、以下に含まれる行動の真偽についてのイデオロギー的な判断を認めないとはっきり述べている。

> 社会思想のなかには個人の行為を、俗なる部分と聖なる部分とに分けようという卑俗な傾向がある［…］。俗なる部分は社会的役割の責務的な世界に帰属している。それは、フォーマルで、硬直し、死んでいる。それは社会によって強要されたものである。聖なる部分は「個人的な」事柄であり、また「個人的な」関係——すなわち、個人が寛ぎ、そして彼の存在のなかにある、そうしたものに向かって彼が押し進むとき、すべての聖なる部分のもとにあるような、個人が「本当に」あるところのもの——とかかわりを持っている。[29]

対照的に、ゴフマンは、操作された行動は必ずしも欺瞞的ではなく、オフステージは「舞台の欠如」と同じではないと主張する。それは「別の種類の舞台」を意味する。実際、すべての行動は、そこに存在するオーディエンス、あるいは想像上のオーディエンスに向けて演じられるのである。

この学術的著作の大部分は、ゴフマンのものであろうと彼の印象操作の副産物であろうと、対面的な相互作用に役立つとされたことをのぞけば、衣服をこのようなものとして論じることはなかった。ゴフマンにとって、「個人の見かけ、外見」や「個人的外面」（衣服、メーキャップ、髪型、その他の表面装飾）は、自己のさまざまな側面を伝えるメカニズムである[30]。

私の研究の一部は、ゴフマンの理論全体を独自の理論として扱い、衣服の研究データを通じて私なりのやり方でその妥当性を検討した。私が取りあげた疑問は、存在論的なものである。衣服を通して見ると、ゴフマン的な行為者は面子を失うまいとする正直ものであるのか、それとも意図的に他人を操ろうとする人であるのか。私の研究は、ゴフマンのオリジナルのモデルと印象操作を比較することを目的としている。私は行動的自己呈示の問題を衣服の自己呈示、とりわけ誠実さと努力の役割に読みかえた。具体的には、私は次のような仮説を検討した。

(一) 親しいオーディエンスの前での呈示の努力は、不誠実を示唆する。

(二) それほど親しくないオーディエンスに向けてよりよいイメージを提示しようとする努力は、二重性を示唆する。

（三）外見に意識的に注意を払うことは、偽りのイメージを提示する意図あるいは隠す意図を示唆する。

第一の仮説が示したのは、概して女性は一人でいるときや家族といるときに比べて、親しくない他人といるときにもっとも外見を気にするということである。しかし、より詳細に調べてみると、媒介変数は露出対心地よさ——心理的および物理的な——であることがわかる[表9.1参照]。外見への気づかいは、私たちのことをよく知らない人にかぎられているわけではない。外見に対してなされる努力は、親密な相互作用の適用と見られる。実際、回答者は、自分がよく知っている人の近くにいるときにより努力をするのであろうし、その状況に安心感を抱いていると自信を持って努力するのである。

第二の仮説が示したのは、「自分とは違う何かであるようなふりをしたくない」[31]という考えに典型的なように、女性が「[実際に]そうである」ものと著しく異なるような服装をしたくないと思っていることである。彼女たちは、親しくない人に偽りのイメージではなく要約的なイメージを与えたいと考えている。

第三の仮説は、外見に対する意識的な気づかいが不安の関数であ

次のようなとき自分の外見がどれくらい重要か？	A）自分一人でいるとき	B）よく知らない人たちと一緒にいるとき	C）近親者と一緒にいるとき
ツェーロンの調査（N=160）*1	3.5	7.7	4.5
フィリップスの調査（N=74）*2	3.7	7.7	4.7

※結果は1～10点で示されている
*1『Communicating via Clothing』(1989)、「Self-presentation through Appearance」(1992)より
*2『Do People Dress for Themselves?』(2014)より

表9.1

ることを示した。適切な服装をするときであれ高価な服を着るときであれ、女性は人目につく状況において、信頼度を高めるために衣服を使う。

ゴフマンは非道徳的（amoral）な観点から自己呈示のレトリックをもたらすが、印象操作は自己呈示を不道徳的（immoral）な観点から自己呈示を解釈すると私は主張したい。ゴフマンにとって、「公」という用語は、可視性の条件を指す。印象操作にとって、それは二枚舌の可能性を示唆する。実際、ドラマツルギー的枠組みは、誠実な行動が「自発的」である必要があることを含意するものではない。ゴフマンにとってそれは、演出され、企画されうるものである。ゴフマン自身が述べるように、「人びとは通常見せかけのものになりおおせながら同時に［そのつもりさえあれば］そういう見せかけを操ることができる」［32］。ゴフマンは外見と現実の関係性よりも外見を創りだす仕組みに関心を持つため、すべての不正直な行為は「演出されたもの」であるものの「演出された」行為のすべてが不正直であるわけではないと強調する。言い換えるならば、ゴフマンの説明は、欺瞞の心理学についてのものではなく、むしろ演劇の記号論である。

ゴフマンのモデルを使った最近の自己呈示の研究によると、フェイスブックのユーザーでさえ、たんに「よりよい自己」を呈示しているのではないことが分かった。デジタルセルフポートレート（「セルフィー」〔自撮り〕）の文化においてでさえ、人々はオンラインでスナップされ表示されうるイメージを完全に制御できない（たとえば、フェイスブック上で誰か他の人の写真にタグづけされる）。さらに、マチュー・ガードナー・バーンバウム［33］とウィンター・カ＝ワイ・ウォン［34］は、社会的支持を求めることがフェイスブックのユーザーのおもな動機であることを報告している。事実、過度な公開は、あまりに個人的で、繊細で潜在的にスティグマ化する情報を暴露してしまう可能性がある［35］。

ゴフマンは、社会的相互作用を支える力学を明らかにするとともに、いまだ吟味されていないその前提と期待を明らかにするために、民族学的研究と観察の非伝統的な混合物のみならず、メタファー、極端な例、ユーモアとアイロニーの使用のような文学的技法をも借りている。ゴフマンはそれらを、常識のカテゴリー、あるいは強固な信仰を脱構築するための批判的観点として用いた。そのことによって、彼は基礎となる秩序を再構築することができたのである

不気味なものという方法

私はゴフマンの方法を、制度の働きを脱構築する「不気味なものという方法」と呼ぶ。私はフロイトの論文の名前からこの用語を借用しているのだが、それはなじみのあるものが奇妙に感じられる現象を表している[36]。私はこれを戦略的に採用しているのだが、そのような方法は、風変わりで劇的なものという珍しいものに向けられた好奇心をもって毎日の平凡さにアプローチするために使われる。このような考え方によって、研究者は先入観にとらわれずに新鮮な目で物事を見ることが可能となる。健全な精神がどのように作用するのか理解するためにフロイトが精神の病理学との邂逅を用いたのと同様にして（第二章のフロイトも参照）、ゴフマンは身体表現や意図しないコミュニケーションだけでなく（情報を「発した」とは対照的に「情報が与えられた」）、人間の相互作用の力学を断片的に描写した再構成する考古学者のように、規範的な期待からの逸脱を考察した。

クリフォード・ギアツは、ゴフマンの研究が社会科学における「ゲームのアナロジー」の重要性を代表するものであることを強調している[37]。社会的相互作用のゲームモデルに対するゴフマンの執着は、彼が意

味の強調から距離を取ることにつながっている。「なぜ」と問うのではなく、（観察され、話され、書かれ、または撮影された）行動の詳細な説明に着目することによって、行動を特徴づける前提があらわになる。ゴフマンの調査方法は、当然だとみなされている規則に挑戦するものであった。ギアツは、常識と考えられているものは文化的に構築されており、それゆえにある文化と別の文化では異なりうることを強調している。ゴフマンは、当然だとみなされている前提と、それとつじつまの合わないメタファーや意見との間に衝突を作りだす。彼はその過程で、日々の現実を作りあげている制度のシステムに挑戦する、反射的な社会科学のための青写真を示した。初期の声明においてゴフマンは次のようなことを明らかにしている。

> アングロ＝アメリカ社会においては、少なくとも、参加者のうちの一人ないし何人かの者を当惑させて、事件とかおかしな調子とか呼ばれるような事態を生み出すことのありえないような社会的出会いはないようにみえる。この不協和音を聴くことによって、社会学者は、相互作用がねじれていく過程と、それからの推測により、相互作用が正しく行われるのに必要な条件を一般化することができる。[38]

またこうも述べている。「当惑を惹き起こす出来事と、当惑を避けたり、消散させたりする方法とは、社会学的分析の異文化的枠組みを提供することになる」[39]と。

彼の革新的な方法論的アプローチの好例は、「烙印を押されたアイデンティティ」（たとえば目に見える障害）、あるいは潜在的に烙印を押されたものとしてのスティグマという動的な概念だ。ゴフマンは『スティグマの社会学』で、私たちはみな――少なくとも潜在的には――スティグマ化されているという見解を詳細に述べている［40］。それゆえ「私たちは皆、自分自身についての誤った情報を管理することを学」［41］んできたのだ。なかには、（たとえば、逸脱の社会学や医療社会学の文脈において）実質的な領域としてのスティグマを調査した研究者もいる。サマンサ・ホランド［42］とインシ・オズム・ウコック［43］は、烙印を押されたアイデンティティというゴフマンの概念を健康上の理由で髪の毛を失った女性の経験に適用した。他にも、不名誉な側面に着目した研究者がいる。クリスティー・デイヴィスは、ゴフマンによるスティグマの操作を使って紛争が生活様式となっている人々のグループを分析した［44］。彼は、不名誉なスティグマを持つ人々が当惑することのない存在になることを回避するためにとった扮装の技能と計略は転移可能であると指摘した。このことが、非嫡出子やホモセクシュアルの男性が劇場、娯楽産業、スパイ活動に集中していることを説明できると彼は主張した。同様に、ハラ・ベロフはレズビアンのアイデンティティの位置づけについての歴史的分析において、彼女たちをストレートのジェンダー的ステレオタイプの内外で交渉される「烙印を押された不名誉なアイデンティティ」になぞらえた［45］。これは、男性的な見た目を転倒させてオルタナティヴな美的感覚を作りだすような、控えめでエレガントな厳格さからカモフラージュまでの一連の微細なコードを通して操作されている。ミラー＆ウッドワードのジーンズに関する著作――ロンドン北部でのブルージーンズを着用することについての民族誌学――は、スティグマについてのゴフマンの研究を用いて、ジーンズは「変わっている」と見られたくない人々が「普通」として通用するための手段であるとしている［46］。シンプルなブルージーンズを着用することは、移民がどうにかしてスティグマ化されたアイデンティティを避けるための手段なのである。

これらの事例はすべて、潜在的な否定的性質としての不名誉なアイデンティティに言及している。私自身の研究では、この不名誉なスティグマを肯定的な特徴にまで拡張している。私は次のように主張している。すなわち、女性の魅力は（どんな基準によるものであっても）女性の容赦ない文化的可視性、そして「社会的価値と自尊心を定義するものとしての美の構築、それに続いて厳格な自制心が行使されなければ醜くなってしまうという恒久的な不安へと不確実性が組み込まれるという事実」[47]によってスティグマとして見られうる、と。こうして「女性は美しくあることへの期待そのものによってスティグマ化されている」[48]。魅力は公に演じられなければならないが、それが束の間の状態――不安と結びついてはかない瞬間――でしかありえないと知ることは、美が女性にとって「名声の象徴」というよりも「スティグマの象徴」とみなす方がより適切であることを示唆している。

おわりに

行動や文化製品の詳細な観察、そして日常の秩序に挑戦する逸脱的で極端な行動に関心を向けるゴフマンの方法は、彼をイデオロギー批評の先駆者として確立した。それは、日常的な行動のありふれたレベルでの社会的相互作用を可能にする明示的な技術と暗黙の前提とを明るみに出すことを目指す知的伝統だ。彼は対面的相互作用を研究の土俵として確立したが、それは平凡ではあるけれども、些細なことではなく重要なものだ。

ゴフマンのアプローチは、ミクロ（ワードローブ・アプローチ）とマクロ（ステレオタイプ・アプローチ）の分析を結びつけるための方法論的な、そして概念的な手段を提供する。行動（観察、インタビューまたはアンケート）、文化的慣行（明文化された規則や礼儀作法の研究、規則への挑戦、儀式化された行動の分析）、文化的商品（メディア、フィクション、ポピュラーカルチャー）といったさまざまな源泉からの洞察を融合させるゴフマン的アプローチは、個人的かつ集団的なプロセスとしてのファッションの社会的意味の研究に役立つものとなる。

原註

［1］Gary Alan Fine and Philip Manning, 'Erving Goffman' in *The Blackwell Companion to Major Social Theorists*, Oxford, Blackwell, 2003, p. 481.

［2］Erving Goffman, *Asylums: Essays on the Social Situation of Mental Patients and Other Inmates*, Toronto, Anchor Books, 1961.（『アサイラム——施設被収容者の日常世界』石黒毅訳、誠信書房、一九八四年。）

［3］Erving Goffman, *Stigma: Notes on the Management of Spoiled Identity*, New York, Touchstone, 1963.（『スティグマの社会学——烙印を押されたアイデンティティ』石黒毅訳、せりか書房、一九七〇年。）

[4] Efrat Tseëlon, *Communicating via Clothing* [PhD thesis], Oxford, University of Oxford, 1989. Efrat Tseëlon, 'Ontological, Epistemological and Methodological Clarifications in Fashion Research: From Critique to Empirical Suggestions' in A. Guy, E. Green and M. Banim (eds.), *Through the Wardrobe: Women's Relationships with their Clothes*, Oxford, Berg, 2001.

[5] Gary Alan Fine and Philip Manning, 'Erving Goffman', 2003.

[6] Peter K. Manning, 'Goffman on Organizations' in *Organization Studies*, 29 (5), 2008, pp. 677–78.

[7] Erving Goffman, *Relations in Public: Microstudies of the Public Order*, New York, Doubleday, 1971, p. 126.

[8] Erving Goffman, 'The Interaction Order' in *American Sociological Review*, 48, 1983, p. 2.

[9] Gary Watt, *Dress, Law and Naked Truth: A Cultural History of Fashion and Form*, London, Bloomsbury, 2013.

[10] Erving Goffman, *The Presentation of Self in Everyday Life*, London, Penguin, 1959.（『行為と演技――日常生活における自己呈示』石黒毅訳、誠信書房、一九七四年。）

[11] Erving Goffman, *The Presentation of Self in Everyday Life*, 1959, p. 268.（『行為と演技』、一九七四年、一〇三頁。）

[12] Thomas Scheff, 'The Ubiquity of Hidden Shame in Modernity' in *Cultural Sociology*, 2014, pp. 1–13.

[13] Erving Goffman, *Behavior in Public Places: Notes on the Social Organization of Gatherings*, New York, Free Press, 1963.（『集まりの構造――新しい日常行動論を求めて』丸木恵祐・本名信行訳、誠信書房、一九八〇年。）

[14] Erving Goffman, *The Presentation of Self in Everyday Life*, 1959, pp. 23–24.（『行為と演技』、一九七四年、二六－二七頁。）

[15] Liz Frost, 'Theorising the Young Woman in the Body' in *Body & Society*, 11 (1), 2005, pp. 63–85.

[16] Erving Goffman, *The Presentation of Self in Everyday Life*, 1959, pp. 252–253.（『行為と演技』誠信書房、一九七四年、二九八頁。）

[17] Erving Goffman, *Asylums* 1961, p. 168.（『アサイラム』、一九八四年、一七七頁。）

[18] Efrat Tseëlon, *The Masque of Femininity: The Presentation of Woman in Everyday Life*, London, Sage, 1995.

[19] アルマ・エルリッヒのパーソナルケア製品の民族誌を参照のこと。Alma Erlich, 'Time Allocation: Focus Personal Care'. Household Research Project, TIS No G87002, London, Unilever Research, 1987.

[20] Sophie Woodward, *Why Women Wear What They Wear*, Oxford, Berg, 2007.

[21] Daniel Miller and Sophie Woodward, *Blue Jeans: The Art of the Ordinary*, Oakland, University of California Press, 2012.

[22] Efrat Tseëlon, *Communicating via Clothing*, 1989. Efrat Tseëlon, 'How Successful is Communication via Clothing? Thoughts and Evidence for an Unexamined Paradigm', 2012.

[23] Erving Goffman, *The Presentation of Self in Everyday Life*, 1959, p. 81.（『行為と演技』、一九七四年、八七頁。）

[24] Mark C. Bolino, K. Michele Kacmar, William H. Turnley and J. Bruce Gilstrap, 'A Multi-level Review of Impression Management Motives and Behaviors' in *Journal of Management*, 34 (6), 2008, pp. 1080–1109. Marlese Durr and Adia M. Harvey Wingfield, 'Keep Your "n" in Check: African American Women and the Interactive Effects of Etiquette and Emotional Labor' in *Critical Sociology*, 37 (5), 2011, pp. 557–571. Savita Kumra and Susan Vinnicombe, 'Impressing for Success: A Gendered Analysis of a Key Social Capital Accumulation Strategy' in *Gender, Work and Organization*, 17 (5), 2010, pp. 521–546.

[25] Barry R. Schlenker, 'Self-presentation' in M.R. Leary and J.P. Tangney (eds.), *Handbook of Self and Identity*, New York, Guilford Press, 2003, p. 499.

[26] Efrat Tseëlon, 'Self-presentation through Appearance: A Manipulative vs. a Dramaturgical Approach' in *Symbolic Interaction*, 15 (4), 1992, pp.

501–514. Efrat Tseëlon, 'Is the Presented Self Sincere? Goffman, Impression-management and the Postmodern Self' in *Theory, Culture & Society*, 9, 1992, pp. 115–128.

［27］ Erving Goffman, 'On Cooling the Mark Out: Some Aspects of Adaptation to Failure' in *Psychiatry*, 15, 1952, pp. 451–63.

［28］ Cindy L. Cain,'Integrating Dark Humor and Compassion: Identities and Presentations of Self in the Front and Back Regions of Hospice' in *Journal of Contemporary Ethnography*, 41 (6), 2012, pp. 668–69.

［29］ Erving Goffman, 'Role Distance' in *Encounters: Two Studies in the Sociology of Interaction*, Indiana-polis, Bobbs-Merrill, 1961, p. 152.（『出会い——相互行為の社会学』佐藤毅・折橋徹彦訳、誠信書房、一九八五年、一七一－一七二頁。）

［30］ Erving Goffman, *The Presentation of Self in Everyday Life*, 1959, p. 25.（『行為と演技』、一九七四年、二六－二七頁。）

［31］ Efrat Tseëlon, 'Self-presentation through Appearance', 1992, p. 510.

［32］ Erving Goffman, *The Presentation of Self in Everyday Life*, 1959, p. 77.（『行為と演技』、一九七四年、八二頁。）

［33］ Matthew Gardner Birnbaum, *Taking Goffman on a Tour of Facebook: College Students and the Presentation of Self in a Mediated Digital Environment* [PhD thesis], Tucson, University of Arizona, 2008.

［34］ Winter Ka-wai Wong, 'Faces on Facebook: A Study of Self-presentation and Social Support on Facebook' in *Discovery–SS Student E-Journal*, 1, 2012, pp. 184–214.

［35］ Amanda Nosko, Eileen Wood and Seija Molema, 'All About Me: Disclosure in Online Social Networking Profiles: The Case of FACEBOOK' in *Computers in Human Behavior*, 26, 2010, pp. 406–418.

［36］ Sigmund Freud, 'The "Uncanny"' in J. Strachey (ed.), *The Standard Edition of the Complete Works of Sigmund Freud,Vol. 17 (1917–1919): The Infantile Neurosis and Other Works*, J. Strachey (trans.), London, The Hogarth Press and the Institute of Psychoanalysis, 1955 [1919].（「不気味なもの」『フロイト全集17』須藤訓任・藤野寛訳、岩波書店、二〇〇六年。）

［37］ Clifford Geertz,'Blurred Genres: The Refiguration of Social Thought' in *American Scholar*, 49 (2), 1980, pp. 165–179.

［38］ Erving Goffman, 'Embarrassment and Social Organization' in *Interaction Ritual: Essays in Face to Face Behavior*, Chicago, Aldine, 1967, p. 99.（『儀礼としての相互行為——対面行動の社会学』広瀬英彦・安江孝司訳、法政大学出版局、一九八六年、九六頁。）

［39］ Erving Goffman, *The Presentation of Self in Everyday Life*, London, Penguin, 1959, p. 266.〔実際には、Erving Goffman, *Interaction Ritual*, 1967, p. 101（『儀礼としての相互行為』、一九八六年、九八頁）に記述がある。〕

［40］ Erving Goffman, *Stigma*, 1963.（『スティグマの社会学』、一九七〇年。）

［41］ Erving Goffman, *Stigma*, 1963, p.9.〔実際には、Philip Manning, *Erving Goffman and Modern Sociology*, Cambridge, Polity, 1992, p. 9に記述がある。〕

［42］ Samantha Holland, *Alternative Femininities: Body, Age and Identity*, Oxford, Berg, 2004.

［43］ Inci Ozum Ucok, *Transformations of Self in Surviving Cancer: An Ethnographic Account of Bodily Appearance and Selfhood* [PhD thesis], Austin, The University of Texas at Austin, 2002.

［44］ Christie Davies, 'Stigma, Uncertain Identity and Skill in Disguise' in E. Tseëlon (ed.), *Masquerade and Identities*, London, Routledge, 2001.

［45］ Halla Beloff, 'Re-telling Lesbian Identities: Beauty and Other Negotiations' in E. Tseëlon (ed.), *Masquerade and Identities*, 2001.

［46］ Daniel Miller and Sophie Woodward, *Blue Jeans*, 2012.

［47］ Efrat Tseëlon, 'What is Beautiful is Bad: Physical Attractiveness as Stigma' in *Journal for the Theory of Social Behaviour*, 22, 1992, p. 301.

［48］ Efrat Tseëlon, *The Masque of Femininity: The Presentation of Woman in Everyday Life*, London, Sage, 1995, p. 88.

09

ジル・ドゥルーズ

Gilles Deleuze

ファッションの襞に包まれた器官なき身体

アネケ・スメリク
西條玲奈｜訳

自我とは、二つの多様体のあいだにある閾か戸口か生成変化にすぎない。――ドゥルーズ&ガタリ［1］

はじめに

このような議論をする哲学者を想像してほしい。織物の縦糸と横糸、フェルトの繊維のもつれ、刺繍の変数と定数、あるいはパッチワークの織物がもつ無限の継起的加算。ジル・ドゥルーズ（一九二五－一九九五）とはそうした哲学者だった。このドゥルーズの布地に関する思索は、フェリックス・ガタリとの有名な共著『千のプラトー』の第一四章「一四四〇年──平滑と条里」のなかにある。

織物の横糸と縦糸という具体例はドゥルーズの思想がもつ豊かさと奇抜さを同時に表している。『千のプラトー』において織物は、音楽や数学と同じように、一見無関係に見える主題を考える手法として機能するのだ。この場合の主題は空間の組織化である。ドゥルーズ&ガタリは織物の縦糸と横糸を条里（輪郭を描かれた）空間のモデルとし、フェルトの繊維の転がりや縮絨を平滑（情動的）空間のモデルとしている[2]。編み物、かぎ編み、刺繍そしてパッチワークはすべて平滑と条里のあいだを結び合わせたものだ。織物と布地を起点とし、ドゥルーズ&ガタリは資本主義と芸術を経由して変化を求める革命的な要請へと移動する。あれこれの考えを連想で結びつけては湯水のように使う。章にははっきりとした始まりはなく、中間点も終わりもない。本全体も一直線に進む構造ではなく、いくつもの「高地《プラトー》」をもつ。本の構造のみならずその言葉遣いも熱気がある。彼の言葉は「リボン状、螺旋状、ジグザグ、S字形」[3]、あるいはドゥルーズ&ガタリが好む言葉を使うなら「リゾーム的」である。ドゥルーズの言葉が機能するのは、明快な階層構造を通してではなく、さまざまな主題の結合やネットワークのなかにあるときなのである。そうだとすれば、彼らの著作が学生とって難解であることが多いとしてもまったく不思議ではない。

ジル・ドゥルーズの仕事は刺激的である。それは彼の哲学の主たる目標が新たな概念を作り出すことで生をとらえ直し、あらためて息を吹き込むことにあるからだ[4]。その意味で、彼はまさに急進的なポスト構造主義の思想家であり、型にはまった思考法に挑戦する。しかしドゥルーズが導入する独自の概念は、その多くが一見して難解、それどころか奇妙にさえ映る。その革新性と創造性のゆえに、ドゥルーズの思想に足を踏み入れることは刺激的に違いないが、多大な忍耐を必要とする。さまざまな概念がより合わさるその方法も容易ではなく、彼の概念のリゾーム的ネットワークの結び目をやすやすと解くことはできないのが常である。いくつかすぐれた入門書や辞書をあげておこう［5］。ドゥルーズの概念はまだほとんどファッションに応用されたことがないものの、私見では、ファッション研究にとって非常に啓発的となりうるだろう。本章では、生成変化、器官なき身体、襞といった概念が現代のファッションにどのように新たな洞察を与えるかを示したい。

本書で論じられる他の哲学者同様、ジル・ドゥルーズの仕事は豊かで実り多いが、晦渋で平易とは言い難い。彼の思想はポスト構造主義に位置づけられよう。ポスト構造主義はその大半がフランスの哲学者による試みである。ポスト構造主義者は西洋の形而上学を作り直し、一元的な同一性や真理への超越論的主張を除去しようとする。デリダのような思想家とは反対に（第一四章参照）、ドゥルーズは指示の言語的枠組みを放棄し、表象概念を批判する。ドゥルーズの多くの著作を主題で区分するなら、異なりつつもより合わさった三つの糸に分けることができる［6］。（一）哲学史。ドゥルーズは古典哲学についての反系譜学を与える。その手法として、スピノザ、ヒューム、ニーチェ、ベルクソンといった哲学者をその周縁で再解釈する。（二）精神分析の影響が色濃い仕事。ただし精神分析と記号論に対して批判な態度は維持する。この主題がもっとも目立つのは精神分析家のフェリックス・ガタリとの共著、特に（副題にある通り）「資本主義と分裂症」についての二巻本、『アンチ・オイディプス』［7］と『千のプラトー』である。（三）文学論（プルーストとカフカ）、芸術論（フランシス・ベーコン）、映画論。

ドゥルーズにとって、理論は「有用でなければならない」。理論には機能がなければならず、もしその役目を果たさないなら「その理論には価値がないか、あるいは時宜をえていない」と歴史家ミシェル・フーコーとの対談で述べている[8]。私が採用するのはプラグマティックなアプローチだ。私の第一の関心はファッションを理解することであって、哲学でも理論のための理論でもないからである。もちろんファッションを学ぶ学生は哲学の概念を完璧に習得しようとする必要はない。だが、少なくともまずは、「道具箱のように」[9]理論を使おうというドゥルーズの呼びかけに応じることはできる。第一段階はドゥルーズの思想がもつ創造性に刺激を受けることだ。ドゥルーズの理論を道具箱として使うにあたり、本章では、彼のもっとも重要な概念（ガタリとの共著を含む）のうちファッションとのつながりで生産的なもの、すなわち生成変化、器官なき身体、襞を論じる。もちろん、他にも同じくらいファッションに関連し、しかも実り豊かな概念は少なくない。しかし一章分の入門的内容という限られた紙幅の中で、私がこれらの概念を選んだのは、ドゥルーズの概念が現代のファッションをとらえるのに役だつことを示す格好の例だからである。

生成変化

ドゥルーズの思想は肯定的である。彼は基本的に創造的で明るい思想家であり、その関心は変形や変態にある[10]。世界の中の間違いをただ否定的に批判するだけではなく、むしろその間違いを変えるために世界と共に思考する。ドゥルーズの哲学全体を通じて中心となる概念は「生成変化」である[11]。西洋に広く浸透する「ある（being）」という静的な概念（ハムレットの有名な台詞「あるべきか、あらざるべきか（to be or not to be）」が思い出される）に反旗を翻し、「生成変化」は変化の、そして「差異と反復」の実践である。『差異と反復』はドゥルーズの最重要著作のタイトルのひとつでもある[12]。身振り、思考、欲求、着こなしを反復するたび、わずかながら変化が生じうる。そしてその変化ゆえに以前とは異なる存在になっているかもしれない。創造的変形が連続していくプロセスは、ドゥルーズ&ガタリでは「他者への生成変化」として理解される[13]。生成変化には、人間のアイデンティティを新しくとらえ直す、という含意がある。アイデンティティはゆりかごから墓場まで固定的かつ不変なのではなく、その生を通じて流動的で柔軟なものなのだ。人間のアイデンティティには、新たな方向に変容し、運動に加わり、閾を超え、逃走線を見出し、次の高地《プラトー》に向かって跳躍する力がある。

生成変化とは同盟や出会いを生みだすときの特徴である。その相手には他の生物のみならず、芸術やファッション、ポピュラーカルチャーも含まれる[14]。生成変化のプロセスに注目することで、ドゥルーズは意味や意義よりも、生の中の情動、力、強度に関心を寄せる。ドゥルーズにとって、たとえば芸術の中心問題は「作品が何を意味するか」ではなく「何をなしているか」なのである[15]。作品は人にどのように作用するのか。芸術作品と人のあいだにどんな出会いが生じているのか。どんな可能性を作品が切り開いているのか。ここで芸術作品をファッションに置き換えてみよう。問題は「ファッションが何を意味するのか」ではなく、「ファッションは何をなしているのか」である。ある着こなしによって、人は新たなアイデンティティを身につけられるだろうか。それともその着こなしは人を役割に固定するのだろうか。また違う方向性で問いを立てるならば、ファッションは消費社会に、環境に、あるいは工場労働者に何をなしているのか。

今日のファッション、特にファッションショーやファッション写真のような比較的芸術的な表象では、しばしばその特徴として、創造的パフォーマンス、触発的な経験、柔軟な関係、固定化した意味や不変のアイデンティティに対する反抗などを備えている。同時に、ファッションシステムにはアイデンティティ、たとえば階級や性別役割を固定化する可能性もある。ここにあるパラドックスが生じる。一方で、ファッションは永久に変化し続け、革新的であり続ける、というより、そうふるまっている。現にファッションは社会にショックを与えることがある。たとえば、下着をオートクチュールの素材（シャネルのジャージー素材、ウエストウッドのコルセット）にすることもあれば、女性向けスラックス（イヴ・サンローランのタキシード）や男性向けスカート（ゴルティエ）もデザインする。服の裏表をひっくりかえし、穴だらけにし、セーターをズタズタに切り裂いてパッチワークにする（コム・デ・ギャルソン）かと思うと、上下さかさまのドレスを作り出す（ヴィクター&ロルフ）。要するに、ごく少数のセレブリティを除き、普通の暮らしでは一度たりとも身につける機会を想像できない奇抜な衣服を作り出すのである。他方で、ファッションが変化に従うのは、それがあくまで周縁的な差異をもたらす場合[16]や今シーズンに着る（着ない）もののルールを固める場合のみである。すでにしてゲオルク・ジンメルが前世紀初頭に気づいていたように、ファッションとは社会的かつ文化的なシステムで、個人や集団にふさわしい身なりやふるまいを指示するものである[17]。身なりやふるまいはその人のならではの個性を表現するとおおむね信じられている。その一方、高い売上をとり、真正性の焼き印《ブランド》を押しさえするファッションシステムの資本主義的要求に人はきわめて従順なのである[18]。

生成変化、すなわち変形や変態のプロセスには、ドゥルーズ&ガタリ[19]が領土化、脱領土化、再領土化と呼ぶプロセスが含意されている。ある領土、たとえばファッションという平地は、必ずしも静的な概念ではなく、「可動的かつ移行する中心」[20]をもつアレンジメントである。このような領土は「逃走線」によって脱領土化されうる。逃走線とはドゥルーズ&ガタリの用語で「外への逃げ道」を表し、生成変化のプロセスに刺激を与えるものだ[21]。どんな領土にも変化が内在しているなら、その変化はまた安定性と構造の刷新を求めて再領土化されるだろう。かくしてファッションデザイン、ファッションショー、ファッション写真といったものは時に着こなしを脱領土化する。衣服が表象する意味、なじみのある人体の輪郭、すなわちアイデンティティの固定化した形態を超えていくのである。しかし、既製服とファッションシステムは、全体としては領土化の道具になることが少なくない。生産から消費に至るファッションシステムの目指す先は、服の着こなし方を指南し、アイデンティティを鋳型で形成するガイドラインなのである[22]。このプロセスではメディアが重要な役割を担う。イメージチェンジ、メイクアンダー〔化粧などにおいて手入れのしすぎを避け、より「自然な」外観にダウングレードさせること〕、成功する着こなしといった特集を考えれば理解できるだろう。

一方でファッション分析は領土化のプロセスの後を追う。どのようにファッションデザイン、ショー、写真が意味をコード化し、身体を組織化し、集団を区分し、生産と消費を地層化し、そして空間を条里化するのだろうか。他方、ファッション分析は脱領土化の契機を求めることもある。たとえばファッションデザイン、ショー、写真は意味を切り開き、身体を解放し、分割から逃れる。また逃走線を作りだし、リゾーム、アレンジメント、平滑空間を生みだす。本章の方針はおおむね後者の問いかけをすることだ。ドゥルーズにとってこのような批判的探求は決して「あれかこれか」のゲームではない。というのも、情動の流れ、力や強度はリゾームのように多様なネットワークの結節点とさまざまに接続するからだ。どの高地《プラトー》、領土にあっても、時間上の瞬間、空間上の点が存在する。そこは領土化や脱領土化、再領土化が起こる場である。このように生成変化のプロセスには連続的移行、変形や変態が含意されているのだ。

多様な生成変化

ドゥルーズ&ガタリによれば「〈なる〉というのは［…］動詞である」[23]。だが何にあるいは誰への生成変化なのだろうか。ニーチェ流に言うなら、人は自分であるものに生成変化する[24]。しかし、ドゥルーズ&ガタリの見解では、「人」は自己を中心に据え、自我を拡張し、ナルシスティックに「組織され、意味され、屈服した」[25]存在者である。これは自我を固定化し閉じ込めることだ。しかし、人はこうした自我を排して進むべきであり、そのためにはたとえ一時的にでも新たな生成変化を経験し、探し求めるのが望ましい。本章のエピグラムにも使用した、二人のもっとも美しい文のひとつを引用しよう。「したがって自我とは、二つの多様体のあいだにある閾か戸口か生成変化にすぎない」[26]。自我とは多様な関係のネットワークの中の結節点であり、欲求を自由に動き回らせようとすれば、人は動物、植物、機械、分子といった他者と接続しなければならない。二人が「人」に求めるのは、自身の境界を広げることだ。たとえば「女性への生成変化」、「動物への生成変化」、「機械への生成変化」、「分子への生成変化」そして「知覚しえぬものへの生成変化」さえも要求するのである[27]。

以上のことは抽象的に聞こえるかもしれないが、神話や芸術に目を向けてみると具体例は簡単に見つけることができる。オウィディウス『変身物語』からカフカ『変身』に至るまで、昔も今も、人間が動物、樹木、昆虫などに姿を変える作品は作られてきた。ホラー映画やファンタジー映画なら、ハエやネズミから吸血鬼やオオカミ人間まで同じような変身の題材が好まれるだろう。サイエンス・フィクションでは、人間がエイリアン、機械やサイボーグに変わることも珍しくない。ファッションが特に興味深い領域だといえるのは、想像の世界と物理的なもののあいだを行き来する点にある。芸術やポピュラーカルチャーはただの幻想として退けられるかもしれないが、ファッションは現実に物理的なものを生み出し、身体を装うものだからである。具体例はいくらでもある。動物への生成変化の事例として、ランバンの二〇一三年のコレクションではうごめく昆虫のモティーフが使われている。あるいは幻想的な色彩をおびた羽や羽飾りがファッションに用いられることもある。たとえばアレキサンダー・マックイーンの壮大な「鳥」コレクション《ボス（Voss）》（二〇〇一年）。ジャン＝ポール・ゴルティエの二〇一一年のコレクションもきらびやかさではひけをとらない。他のコレクションでも、マックイーンやゴルティエの仕事は同じような事例が多数ある[28]。アレキサンダー・マックイーンの《プラトンのアトランティス（Plato's Atlantis）》（二〇一〇年）も同じく注目に値する。このコレクションでモデルが身に着けるドレスには、爬虫類の皮膚の模様がデジタルプリントで印刷されていた。そのうえエイリアンのような外観を強化するグロテスクな靴やヘアメイク、アクセサリー。その外観は幻想的なモンスターのようである。もちろん、生成変化のプロセスの文字通りの意味は、人間が「動物的」ドレスを着用して昆虫や鳥やロボットに変装することではない。そうではなく、人が生のさまざまな情動、力、強度との同盟を形づくることである。モデルは毛皮や羽毛、骨や身体のアレンジメントによって他者に生成変化するのである。

機械への生成変化が顕著にみられるのは、私が「サイバークチュール」と名づける前衛的なファッションデザインである[29]。テクノロジーは私たちのアイデンティティを大きく変容させ、身体との関係を変える要因になる。「サイボーグ」という言葉を一九六〇年に使い始めた科学者マンフレッド・クレインによれば「ホモ・サピエンスが眼鏡をかけた時点で、すでに変化は起きていたのである」[30] この考察が一般的な眼鏡にあてはまるとすれば、グーグルグラスをつけたときどのように人間の身体やアイデンティティが変化するか想像してほしい。なおこの新しい「ギーク・シック」[31]なデバイスはダイアン・フォン・ファステンバーグによって二〇一二年にファッションへと取り入れられた。

フセイン・チャラヤンはファッション、芸術、テクノロジーを行き来するデザイナーの一人である。チャラヤンは有名なコレクション「エコフォーム（Echoform）」（一九九九年）で発表した《飛行機ドレス（Aeroplane Dress）》や《ビフォア・マイナス・ナウ（Before Minus Now）》（二〇〇〇年）の《リモコンドレス（Remote Control Dress）》を作るために、実際に飛行機の設計で用いられるハイテク素材を使って仕事に取り組んだ。このドレスの形状は空気力学に基づき、コンピュータ・システムを備えている。このシステムによってガラス繊維製のパネルをそれぞれ動かすことができ、パネルが動くとモデルの肌がのぞく仕掛けになっている。チャラヤンがマーカス・トムリンソンと作った一九九九年のショートフィルムでは、「飛行機ドレス」を着ている女性モデルが台座の上で回転している。ドレスの構成部品であるパネルが開き、回転速度は増していく。その後、完全に静止するとパネルが閉じる[32]。プロペラ音の効果で、モデルはちょうど離陸、着陸する飛行機のように思える。ドレスのパネルが移動すると、その下にある脆弱な身体が露出する。このドレスは着心地のよい服ではない。硬いパネルではドレスの素材として機能しないだろう。むしろ、このドレスはソフトな身体とハードなテクノロジーのあいだにある密接な関係性を反映しているのである[33]。チャラヤンのデザインは、新たな身体化と身体経験を探し求めながら身体とテクノロジーのあいだの境界を探求し、押し広げる。機械への生成変化が私たちにもちかけているのは、私たちを取り囲むテクノロジーとの情緒的な関与であり、そのテクノロジーもまた私たちと触れ合っているのである。

「機械への生成変化」という概念と特に関わりが深いのは「ウェアラブル・テクノロジー」[34]や「ファッショナブル・テクノロジー」[35]といった分野である。マイクロプロセッサー、モーター、センサー、ソーラーパネル、LED、インタラクティヴなインターフェースからなる複雑なシステムが織物、布地、衣服にとりつけられることで、それ自体が一定の行為者性をもつスマートウェアに変わるのである。ウェアラブル端末をつかったコミュニケーションの具体例をいくつかあげよう。歌手のイモージェン・ヒープが二〇一〇年のグラミー賞で着用した《ツイッタードレス（Twitdress）》。アヌーク・ウィプレヒト《クモ型ロボットドレス（Robotic Spider Dress）》（二〇一二年）のウェアラブルロボット工学。ポーリーヌ・ファン・ドンゲン《ソーラードレス（Solar Dress）》（二〇一三年）のウェアラブル・ソーラーパネルなどがそうである。たとえばすでにスポーツウェアで実現している通り、衣服とテクノロジーの統合は、私たちの身体や自我の経験にも影響を与えるだろう。このような衣服を身にまとうことで、われわれはテクノロジーが生み出す事物や素材と密接に関係しているのだ。着用者の身体的、感覚的境界を探求するがゆえに、ファッショナブル・テクノロジーによって身体は衣服のなかで、あるいは衣服を通じてアイデンティティを遂行することが可能となる。とすれば、ファッションがもつ可能性や機能はさらに広がり、ファッションは身体化されたアイデンティティの遂行そのものだといえよう。アイデンティティを繰り返し遂行する身体的実践、すなわち差異と反復として理解するなら、ファッショナブル・テクノロジーはアイデンティティを変容させる新たな手法になるのである。

動物への生成変化や機械への生成変化は、ファッションデザインを通じた生成変化のプロセスの具体例である。人間の身体の脱領土化をハイファッションやウェアラブル・テクノロジーを用いる極端なデザインを通じて行うこと。ここから、身体化はもちろんのこと、アイデンティティの新たなあり方について反省を導くのだ。人間の身体をその有限な輪郭を超えて作り直すことで、こうしたデザインは他者性との出会いをもたらし、昆虫、鳥、サイボーグやポストヒューマンといった異質な世界への扉を開いてくれる。こうした出会いは、スティーブン・シーリー〔36〕が言うように、「どんな身体にも変形の能力が内在する」ことを教えているのではないだろうか。このようにファッションデザインは、多様な生成変化がもつ動的プロセスを喚起するのである。

いかにして器官なき身体は衣服をまとうか

ドゥルーズ&ガタリにとって、生成変化とは「組織化され、意味づけされ、従属的な」身体を解体するプロセスである。生成変化は、二人の革新的な概念群の中でも、「器官なき身体」——しばしば省略してBwO〔フランス語ではCsO〕と記される——という概念と重要なつながりをもつ〔37〕。「器官なき身体」とは、固定化したアイデンティティとして身体化した「自我」の構成を解体することを意味する。なにも身体から器官を除去すべきだという意味ではなく——それでは自殺になってしまう——、ひとは、身体に与えられた意味を組織化しなおすべきという意味である。ドゥルーズ&ガタリは「有機体こそがその敵」だと主張する。すなわち抗すべきなのは、器官が組織化される方法ということである〔38〕。シーリーが論じる通り、「あらゆる芸術の中でも、ファッションは人間の身体の規範的なイメージにもっとも縛られている」〔39〕。言うまでもなく、非の打ち所のない女らしさや完璧な女性的身体の理想化されたイメージがその典型だ。それゆえ器官なき身体という概念は、あるべき身体という規範的イメージへのカウンターとなりうる。一時的にでも身体の中心的な組織化を解体してみると、アイデンティティはより流動的で柔軟なものに変わることができる。ファッションは身体にできることや身体の変化の限界を精緻に探るが、器官なき身体という概念はこうしたデザインが身体をどう動かすのか理解する助けとなり、その問題の領土化された理解から身体を解放してくれる可能性を秘めているのである。

オランダのファッションデザイナー、イリス・ファン・ヘルペンの脱領土化的デザインを器官なき身体の具体例に拡張しよう。《バイオパイラシー（Biopiracy）》（二〇一四年）では、モデルがクモの巣状のものにからめとられている。ファン・ヘルペンにはおなじみの3Dプリンタが用いられたそのデザインは、たなびく煙、水滴、つむじ風で回転する木の葉、骨のリゾーム的うねりから作られているかのように見える。終わりのないループ、襞、波、屈曲、カール、ちぢれ、円形、バロック的形状が開いては閉じて戯れる、その比類なき様子。形はさまざまに揺れ動く。素材がさざめき、ちらつき、ひるがえる。ファン・ヘルペンの繊細な視覚的言語をとらえるのは、シルク、サテン、チュール、オーガンジーといった伝統的な柔らかい生地ではなく、皮革、金属、プラスチック、合成ポリエステルやハイテク生地といったハードな素材なのである。彼女は実体のない形のなかに水の波をとらえることができる。たとえば、《結晶作用（Crystallization）》（二〇一一年）では水への生成変化、《精製煙（Refinery Smoke）》（二〇〇八年）では煙に生成変化するデザインがある。ファン・ヘルペンのデザインにかかると、モデルは身体の外観を分類するカテゴリーの境界を飛び越え、中間的な存在へと生成変化するのだ。《壊れやすい未来（Fragile Futurity）》（二〇〇八年）では人間と動物、《ミイラ化（Mummification）》（二〇〇九年）ではミイラと人形の中間の姿。《跳躍（Capriole）》（二〇一一年）では骨格と身体のあわい、《化学的カラス（Chemical Crow）》（二〇〇八年）では人間とサイボーグ、《現実逃避（Escapism）》（二〇一一年）ではヴァーチャルと物質の狭間、《ハイブリッド全体論（Hybrid Holism）》（二〇一二年）や《原野の具現化（Wilderness Embodied）》（二〇一三年）では有機体とも人工物ともいえない形。これらの多様な生成変化を生じさせるのは、自我とアイデンティティの地層化に抵抗する器官なき身体なのである。

　ドゥルーズ&ガタリが述べる通り、「われわれはたえまなく地層化される」[40]。この主張が当てはまるのはおおむね既製服の領域であろう。だが、ファン・ヘルペンの未来的デザインが目指すのは人体の脱組織化、脱地層化、脱領土化である。彼女が形と素材の実験を行う時、追求されているのは身体、とりわけ女性的身体との関係を新たにすることだ。そのデザインが未来的な印象を与えるのは、新しいシルエットに変形し、着用者と共に自らの身体を新しい形に作りあげる自由をもたらしてくれるからだろう。ファン・ヘルペンの生み出すデザインが器官なき身体であるとは、まさにこのような意味である。彼女の革新的なデザインを目にすれば、器官なき身体がなぜ動的で、多様な線、切り込み、ずれ、穴、裂け目を切り開くのかを察することができる。たいていのファッションシステムが領土化として機能することを考慮すれば、ファン・

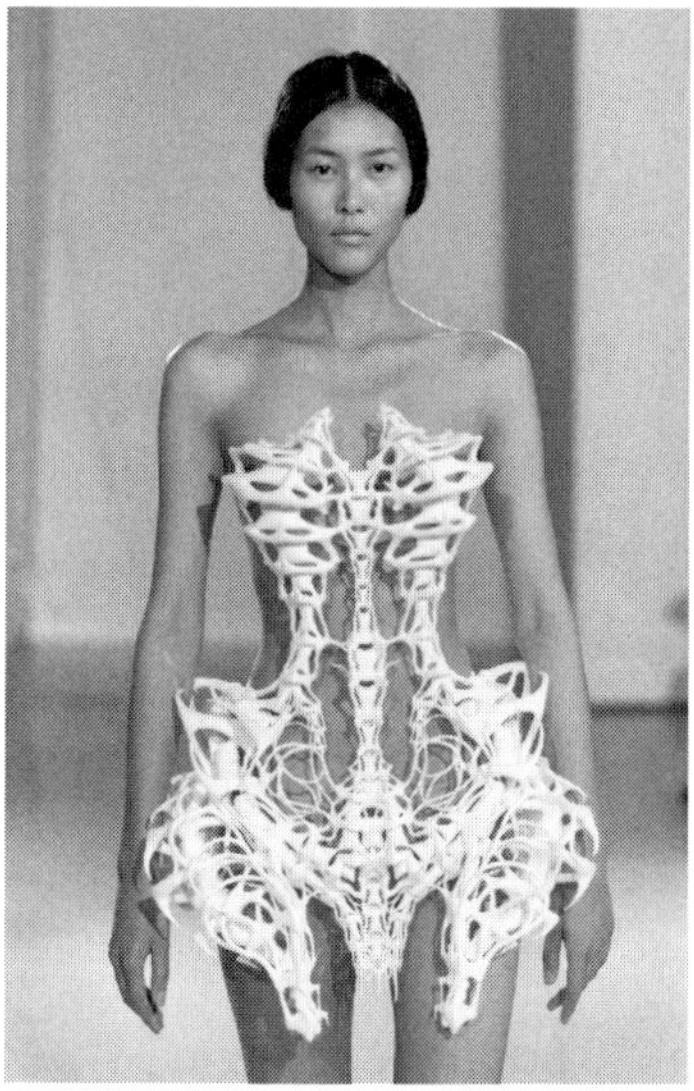

図9.1　イリス・ファン・ヘルペン、2011年秋冬コレクション「Capriole」。Photograph by Peter Stigter. Courtesy of Peter Stigter.

ヘルペンの器官なき身体は極めて革命的で政治的である。もちろん、ファッションの世界には器官なき身体の負の事例もある。たとえば一九九〇年代のファッション写真に見られる拒食症のモデルの身体やヘロイン・シックの美学である。そこに映し出された身体が「疾走し越えようとした限界点は、分裂症、オーバードーズ、無意識、そして死」［41］だったのである。

ファッションメディアのイメージのみならずハイファッションの少なからぬデザインに、人はいくばくかの恐れを抱くのではないだろうか。こうしたデザインは身体がなしうることの境界を広げ、身体のあるべき姿という規範を吹き飛ばしてしまう。まさにそのために恐れを引き起こすのだろう。そのすぐれて魅惑的な事例となるのがオランダのアーティスト、バルト・ヘスの作品である。彼の生み出した多くの器官なき身体は、裸体、とりわけ男性の裸体にさまざまな物体を身につける。つまようじ、シェービングフォーム、芝生、ピン、針、土、プラスチックの破片、はては滴るスライムさえも。バルト・ヘスは人の身体や顔の外観を、もはや認識できない魅惑的なものに変化させるのだ。［図9.2］は《発芽（Germination）》というプロジェクトで、ヘスがアーティストのルーシー・マクレーとともにルーシーアンドバルト（LucyandBart）というコンビを組んで作りあげた作品である。ここで男性的身体が身にまとっているのは、おがくずを詰め物にしたタイツで作ったふくらみのあるスーツだ。このイメージは川久保玲の一九九七年のコレクション「こぶとしこり（Lunmps and Bumps）」やミシュランのロゴの小柄なタイヤ人間を連想させる。しかし、このイメージは変化する。というのは、スーツの素材が芝生の種子で覆われおり、一週間ほどプールで歩きまわったあと、種子が育ち本物の芝生になるのである。文字通りとはまでは言えないものの、これこそドゥルーズ的な器官なき身体の生成変化を完璧に表現するイメージではないだろうか。

　これは極度に先鋭化した器官なき身体である。身体の組織化は解体され、脱領土化されており、しかるべく付与された意味や機能など存在しない。ルーシーアンドバルトは、ゆるやかに生えていく芝生によって、生成変化の時間的プロセスをほぼ文字通り表現している。他者への生成変化には時間がかかるのだ。彼らが制作する「発芽」は「芝生への生成変化」のプロセスを通じた器官なき身体なのである。かくもハイファッションには芸術同様、物質である身体を「強度の流れ、その流体、その繊維、その情動の連続と結合」[42]へと解放する力があるのだ。その身体は奇妙かもしれないが、芝生で覆われこぶだらけにすることで、ルーシーアンドバルトは理想化され地層化した身体という概念を根本的に無効化する。人体に芝生が生えていくにつれ、生成変化の絶え間ない流れが可視化されるのである。

ファッションの襞

　生成変化の変形プロセスに接近する方法がもうひとつある。ドゥルーズの「襞」という概念を経由することだ。襞は、ドゥルーズが哲学者ライプニッツとバロックについて論じた著作[43]で展開した概念である[44]。ドゥルーズにとって、バロックとはひとつの世界であり、そこでは「全てが折りたたまれ、開き、また折りたたまれる」[45]。ドゥルー

図9.2　ルーシーアンドバルト《Germination Day One》2008年。Courtesy of Bart Hess.

ズの議論では、襞は動的で創造的な力であり、無限の生成変化のプロセスと等しいものとしてどちらかといえば抽象的に語られるが、他方で、紋切り型のバロック様式を論じる文脈でも取りあげられる。バロック時代のマニエリスムは、絵画や彫刻のみならず、服装にも現れているのだ。

着衣の物質が暗示しているように、何よりもまずそれは繊維のモデルによって識別されるのである。すでに布や衣服は、有限の身体に従属している習慣的な状態から、それらに固有の襞を解き放たなければならない。バロックに固有の衣服というものがあるとすれば、それはゆったりとして、たっぷり膨らみ、襞を寄せ、裾を膨らませ、身体をそれ独自の襞で囲むのである。この襞はいつも身体の襞を示す以上に増殖することができる。ラングラーヴ〔裾にリボン飾りのある男子用半ズボン〕と膝下の飾り、きつく締めつける胴衣、ゆったりしたマント、胸飾り、はみ出んばかりのシャツは、バロックが一七世紀に何をもたらしたかよく示している。[46]

図9.3　ルーシーアンドバルト《Germination Day Eight》2008年。Courtesy of Bart Hess.

バロック期まで遡らなくとも、現代のファッションにはプリーツ、折り目、ドレープ、しわ、蝶ネクタイやリボンがあふれている。襞は文字通りの意味で衣服に取り入れられるだけでなく、比喩的な意味でも生成変化のプロセスを理解する概念として利用できる。いずれの場合も、襞の機能とは、内側と外側、深奥と表面、あり方と見え方などのインターフェースであり、最終的にこれらの二項対立を解体することなのである。

ドゥルーズが示唆しているのは、衣服が身体をつつみ、その結果として襞が自立し、もはや自らが覆う人体に服従しないということだった[47]。バロック的衣服の贅沢さにあって（もっともジョン・ガリアーノやアレキサンダー・マックイーンのデザイン、日本人デザイナーの脱構築主義ファッション[48]、あるいは既製服のプリーツやリボンでも大して変わらないと思う向きもあろうが）、襞はもはや身体と結びつかず自らの生命を持つようになる。襞と身体のこのずれがあるからこそ、人は服を着ることで生成変化のプロセスを開始できるのだ。

肝要なのは、ドゥルーズの襞概念が内側と外側、外見と本質という二項対立を解体する点だ。「なぜなら、襞によって、内側とは外側の襞にすぎないことが明らかになるからである」[49]。アイデンティティは、物質である身体とその装いから、記憶や欲求という非物質的な時間までさまざまなものが折り重なって出来上がるのだ。この洞察には根本的な批判的態度が結びついている。つまり、ファッションは外面の表層的なゲームであり、魂の内奥の襞に隠れた「深い」自我を覆い隠してしまう、という考えに対する批判である。このような単純な反論は通用しない。むしろ自我は一連の襞――折りたたまれてはまた開くもの――であり、日常生活で私たちが身につける衣服の襞とそう変わらない。ファッションが意味作用の限界や身体がなしうる限界を探るものであるように、デザインが身体をどう動かすのか、ファストファッションの大量消費の世界における支配的な様態のアイデンティティから身体をどのように解放するかを理解するのに襞の概念は役立つ。次節では、生成変化の実践としての襞、すなわち折りたたみのプロセスをさらに探求しよう[50]。その具体例として、またもやオランダのヴィクター&ロルフによるファッションデザインを取りあげたい。

ヴィクター&ロルフ——うずまくリボンと蝶ネクタイ

「誇張されたシルエットと目をみはるキャットウォークの演出」[51]で知られるヴィクター&ロルフのオートクチュールデザインは、挑発的であること、そしてバロック的な装飾の過剰さがその中心にある。たとえば、一九八八年秋冬コレクション「原子爆弾（Atomic Bomb）」には潜在的に脱領土化的な機能が備わっている。核爆弾のキノコ雲の形を模すために、ヴィクター&ロルフは衣服に大きな風船やパッドを詰め込む。カラフルな服は二度登場する。一度目は風船とパッドを詰めて、二度目はそれを外してだ。詰め物のないデザインは「反クライマックス」というニックネーム通り、ゆったりした大きな襞が身体を包み、祝祭ムードを演出する花冠がほどこされている。このデザインは祝祭と戦争双方の要素を統合することで、千年祭が近づくなかで人々が「どんちゃん騒ぎに興じるか、それとも大量破壊兵器の被害者になるか」[52]という混乱を示唆するのである。

このコレクションが追求する衣服の潜在的な機能とは、見慣れた身体のフォルム、特に現在の消費文化に広まる理想的身体の形の脱領土化である。パッドを使った身体のデフォルメはヴィクター&ロルフのデザインに繰り返し登場するモティーフだ。これはどのようにして「[生成変化の]プロセスが身体を地層化の支配的な様態から脱領土化する力をもつ」[53]かを理解するのに重要である。この種のファッションは身体が生成変化する可能性を広げるものだ。脱領土化は生成変化が進行するために必要な戦略上の条件であり、ファッションの条理化された世界の見慣れた領域を不安定にする。襞はこのような脱領土化の運動として理解できる。その運動のおかげで、ひとは理想化された身体という統一的な全体、あるいは条理的構造というなじみのある領土から離脱できるのである。

ヴィクター&ロルフのコレクション「フラワーボム（Flowerbomb）」（二〇〇五年）［図9.4］は、［「原子爆弾」と］同じ主張を逆の順序で提示した。このコレクションの豪華絢爛なショーでは、まず黒いバイク用ヘルメットと黒い衣服を着用したモデルたちが登場する。ヴィクター&ロルフ初の香水《フラワーボム》が華々しく発表された後に、今度はピンクのメーキャップをほどこしたモデルが、先に登場したものと同じデザインの、しかし今度は華やかな色彩のドレスに身を包んで登場する。いくつもの巨大な蝶ネクタイとリボンからなるこのドレスは、以後、ヴィクター&ロルフのトレードマークとなっている。二〇一四年に発売された最新作の香水《ボンボン》でも蝶ネクタイがメインのモティーフとして採用された。蝶ネクタイ、結び目（ノット）、リボン、フリル、ラッフルなどの縁飾りはすべて襞のバリエーションとみなしてよいだろう。モデルがキャットウォークを歩く様子を眺めると、蝶ネクタイやリボンが浮き沈みつし、身体にたなびき流れていく。

図9.4　ヴィクター&ロルフ、2005年春夏コレクション「Flowerbomb」。Photograph by Peter Stigter. Courtesy of Peter Stigter.

衣服の動きを見ていると、身体は非肉体的で、熱情、情動、強度の集まりのように思えてくる。ジュリアーナ・ブルーノは、衣服における情動としての運動の質に注意を向ける。「襞の家、そこに住まうファッションは、世界から分離するのではなく、絶え間なく世界と行き来し、呼吸する皮膜、すなわち皮膚を備えている。感覚的に語るなら、衣服は（情）動の中にあってこそ生命が宿るのである」[54]。たとえば、ヴィクター&ロルフの二〇〇六年秋冬コレクション「ベッドタイム・ストーリー（Bedtime Story）」では、衣服が羽毛布団やクッションの中に包まれる。あるいは布団やクッションのような衣服といってもよいかもしれない。イギリス刺繍のほどこされたサテンの枕が巨大な襟になったかと思うと、ベッドシーツは壮麗なガウンに、布団はキルティングのコートに、襞襟のついたシーツは滝のように落ちるガウンの襞になる[55]。寝室というテーマは暖かさと親密さを生み出す。その空間で、この彫刻的な衣服の数多の襞が、周囲の世界との関係を新たにするチャンスを与えてくれるのだ。シーリーが「情動的ファッション」[56]と呼ぶところのこの種のファッションは、前衛的ファッションのもつ変容の力を明らかにしてくれる。誇張と過剰を武器とするヴィクター&ロルフのデザインは女性の身体の商品化に反逆するのである。

襞という概念は、アイデンティティを生成変化のプロセスとして考えるのに有効であり、内側と外側、深奥と表面、あり方と見え方のインターフェースとして機能する。この文脈で言えば、ヴィクター&ロルフの実験的デザインは、着る者を生成変化の創造的プロセスに身を置かせる。ひょっとすると、身体を変形することで自我も変革するかもしれない。襞に襞を重ね、しわに折り目を作り、リボンに蝶ネクタイを重ねることで、ヴィクター&ロルフは生成変化の終わりなき遊戯を生み出すのである。

本章で論じた事例として私がおもに目を向けたのは、キャットウォークを歩くモデルが身につける、あるいは芸術的なファッション写真がとらえる前衛的なファッションデザインだった。問題は、生成変化の創造的プロセスが、あくまで商品というよりは芸術に近い種類のファッションに起因するかどうかである。私としては、生成変化のプロセスがキャットウォークや写真のモデルを超え、その服を着たいと欲し、身にまとう自分を想像する鑑賞者や消費者にまで広がる可能性を提示したいと考える。事実、欲求や同一化という契機を通じて、鑑賞者は前衛的なデザインの衣服を着用するモデルに生成変化するのである。背中にこぶのついた服や頭に枕をのせる服、空中に蝶ネクタイがひらめく服といったデザインを消費者が実際に着ることはまずないだろう。だが、身体を包む襞、ラッフル、プリーツの感触はよく知っているはずだ。消費者もまた、襞、そして襞が生み出す器官なき身体に潜む無限の可能性を想像することができる。そしてこうしたドレスのデザインが、身体の問題の領土化された理解を離れ、身体を自由にすることに気がつくかもしれない。物質的な身体を解放し、絶え間なく変化し、動き、流れゆくものに変化するのである。あるいは、別の言い方をすれば、ファッションデザイナーは多様な生成変化を実現する条件を作り出す存在なのだ。

おわりに

本章ではドゥルーズの思想と現代ファッションという異なる領域の出会いを企てた。ここで示したのは、生成変化、器官なき身体、襞といった概念によってファッションの特徴を解明できること、また逆にファッションもまたこれらの概念に改めて生命を吹き込むことである。とはいえ、本章の提案は、ドゥルーズの仕事をファッションに応用する方法のうち、ごくわずかなものに過ぎない。この道具箱を開き、衣服や装飾品に潜む創造的で、強度を持ち、触発を引き起こす側面に目を向けるかどうかを決めるのはファッションを専門とする学生や研究者である。「リゾーム」「顔貌性」「アレンジメント」「差異」といったドゥルーズの概念は、間違いなく、現代ファッションを理解するツールとして豊かな可能性を秘めている。たとえば、ファッション界の流行をリゾームとして考えたり、トップモデルの顔を完璧さの規範となる空っぽの容器として分析したりすることも可能だ。その他、われわれは規律社会から管理社会に移行したというドゥルーズの主張をたどるのも有力な候補になるだろう[57]。この見解がファッションに与える影響はどのようなものだろうか。ファッションの政治的批評もその可能性のひとつである。たとえば、資本主義の分裂病的側面を主題とすることで、人や資源が粗雑に搾取されるファッション産業を消費者が拒絶することを実証してもよいだろう。だが今日の資本主義は同時に、知らぬ間に感情を商品化したり、情け容赦なく自我を資本化したりする特徴をも備えている。これは新しい変様態（affect）のシステムであり、そこではファッションが資本主義の有望な役者であり共犯者なのだ。しかし、ファッションは違う道をとることもできる。たとえば「世界への-生成変化」[58]のアイディアを使い、持続可能性に関するエコロジーの観点を展開することもできよう。

ドゥルーズの思想の要点は、今日浸透している変様態のシステムを理解することにある。そうだとすれば、ファッションは現在のあり方を測るのに最適な項目のひとつかもしれない。次のステップは抵抗の領域となりうる場を探すことだ。ファッションはどこで、そしてどのように現在に抵抗するのだろうか。ドゥルーズにとって、抵抗は創造性によってなし遂げられる。とすれば問題となるのはこうだ。どこでどのようにファッションデザイナーやファッションシステムが人を巻き込み、凝固し、領土化するのか。そして、どこでどのように今の時代に届く批判や未来に向けた新たな方向性を彼らが作り出せるのか。考えるという行為は、ジル・ドゥルーズにとって（まだ）知らないこととの出会いである。それゆえ考えることはつねに創造的行為なのだ。「逆に［…］ダイレクトに精神を突き動かすいくつものバイブレーション、回転、旋回、牽引、舞踏あるいは跳躍を作り出すこと、これが必要なのだ」[59]。このように、ドゥルーズの仕事は、別の仕方で「ファッションを通じて考える」呼びかけだと言える。すなわち、ファッションの領域を通じて発明し、回転し、旋回し、力に引き寄せられ、ダンスし、跳躍せよ、という呼びかけである。

謝辞
本章のドラフトに建設的なフィードバックをくれたダニエレ・ブルッヘマン、ロース・レーフラング、リアンヌ・トゥサン、共同編集者のアニェス・ロカモラに感謝する。

原註

[1] Gilles Deleuze and Félix Guattari, *A Thousand Plateaus: Capitalism and Schizophrenia*, B. Massumi (trans.), Minneapolis, University of Minnesota Press, 1987 [1980], p. 249.（『千のプラトー――資本主義と分裂症（中）』宇野邦一・小沢秋広・田中敏彦・豊崎光一・宮林寛・森中高明訳、河出書房新社、二〇一〇年、一八三頁。）

[2] *Ibid.*, pp. 475–77.（『千のプラトー（下）』、二〇一〇年、二五〇－二五四頁。）

[3] *Ibid.*, p. 499.（同書、二九五頁。）

[4] Clair Colebrook, *Understanding Deleuze*, Crows Nest, Allen & Unwin, 2002, p. xiii.

[5] Clair Colebrook, *Gilles Deleuze*, London, Routledge, 2002.（『ジル・ドゥルーズ』國分功一郎訳、青土社、二〇〇六年。）Clair Colebrook, *Understanding Deleuze*, 2002. Adiran Parr (ed.), *The Deleuze Dictionary,* Edinburgh, Edinburgh University Press, 2005. Charles J. Stivale, (ed.), *Gilles Deleuze: Key Concepts*, London, Acumen, 2005. Damian Sutton and David Martin-Jones, *Deleuze Reframed: Interpreting Key Thinkers for the Arts*, London, I.B. Tauris, 2008.

[6] ドゥルーズの仕事をこのように特徴づけられるようになったのは、ロージ・ブライドッティと筆者が二〇〇六年から二〇一二年までオランダ文学研究大学で教鞭を取った研究セミナーに負う。

[7] Gilles Deleuze and Félix Guattari, *Anti-Oedipus: Capitalism and Schizophrenia*, R. Hurley, M. Seem and H.R. Lane (trans.), Minneapolis, University of Minnesota Press, 1983 [1972].（『アンチ・オイディプス（上・下）――資本主義と分裂症』宇野邦一訳、河出書房新社、二〇〇六年。）

[8] Gilles Deleuze, 'Intellectuals and Power: A Conversation between Michel Foucault and Gilles Deleuze' , D.F. Bouchard (ed), *Language, Counter-Memory, Practice*: *Selected Essays and Interviews by Michel Foucault*, Ithaca, Cornell University Press, 1980 [1972].（「知識人と権力」『ドゥルーズ・コレクション 2 権力／芸術』宇野邦一監訳、河出書房新社、二〇一五年。）

[9] *Ibid.*, p. 208.（同書、一一二頁。）

[10] Rosi Braidotti, *Metamorphoses: Towards a Materialist Theory of Becoming*, Cambridge, Polity, 2002.,

[11] Clair Colebrook, *Gilles Deleuze*, 2002.（『ジル・ドゥルーズ』、二〇〇六年。）Rosi Braidotti, *Transpositions: On Nomadic Ethics*, Cambridge, Polity, 2006.

[12] Gilles Deleuze, *Difference and Repetition*, P. Patton (trans.), New York, Columbia University Press. 1994 [1968].（『差異と反復（上・下）』財津理訳、河出書房新社、二〇〇七年。）

[13] Gilles Deleuze and Félix Guattari, *A Thousand Plateaus*, 1987 [1980].

[14] Simon O'Sullivan, entry on 'Fold' in Adiran Parr (ed), *The Deleuze Dictionary*, 2005.

[15] Clair Colebrook, *Understanding Deleuze*, 2002, p. xiv. Simon O'Sullivan, *Art Encounters Deleuze and Guattari: Thought beyond Representation*, Basingstoke, Palgrave/Macmillan, 2006, p. 43.

[16] Gilles Lipovetsky, *The Empire of Fashion: Dressing Modern Democracy*, C. Porter (trans.), Princeton, Princeton University Press, 2002 [1987].

[17] Georg Simmel, 'The Philosophy of Fashion and Adornment', K. H. Wolff (trans.) in *The Sociology of Georg Simmel*, New York, The Free Press, 1950 [1905]. 本書第三章を参照。

[18] Anneke Smelik, 'The Performance of Authenticity' in *Address: Journal for Fashion Writing and Criticism*, 1(1), 2011, pp. 76–82.

[19] Gilles Deleuze and Félix Guattari, *A Thousand Plateaus*, 1987 [1980].

[20] Adiran Parr (ed.), *The Deleuze Dictionary,* 2005, p. 275.

[21] Gilles Deleuze and Félix Guattari, *A Thousand Plateaus*, 1987 [1980], p. 88.（『千のプラトー（上）』、二〇一〇年、一八八頁。）

[22] Jamie Brassett, 'Entropy (Fashion) and Emergence (Fashioning)' in C.

Breward and C. Evans (eds.), *Fashion and Modernity*, Oxford, Berg, 2005.

［23］Gilles Deleuze and Félix Guattari, *A Thousand Plateaus*, 1987 [1980], p. 239.（『千のプラトー（中）』、二〇一〇年、一六一頁。）

［24］「汝たるところになれ」という着想はフリードリッヒ・ニーチェの哲学的小説『ツァラツストラはかく語りき』に由来する。

［25］Gilles Deleuze and Félix Guattari, *A Thousand Plateaus,* 1987 [1980], p. 161.（『千のプラトー（上）』、二〇一〇年、三三〇頁。）

［26］*Ibid.*, p. 249.（『千のプラトー（中）』、二〇一〇年、一八三頁。）

［27］ドゥルーズ&ガタリは『千のプラトー』で次のように述べている。生成変化の系列はどれも「女性への生成変化」から始まる。というのも、シモーヌ・ド・ボーヴォワールの古典的フェミニズムが分析するとおり、家父長制において女性はつねに男性にとって「他者」だからである。この「女性への生成変化」という概念はドゥルーズ主義フェミニストにとって批判の対象となっている。たとえば以下の文献を参照のこと。Rosi Braidotti, *Metamorphoses*, 2002. Rosi Braidotti, *Transpositions*, 2006. Ian Buchanan and Clair Colebrook (eds.), *Deleuze and Feminist Theory*, Edinburgh, Edinburgh University Press, 2000. 特にファッションについては次の文献がある。Torkild Thanem and Louise Wallenberg, 'Buggering Freud and Deleuze: Toward a Queer Theory of Masochism' in *Journal of Aesthetics & Culture*, 2010, 2, p. 7.「女性への生成変化」という考えは、どちらのジェンダーにも「身体の美」が要請されることを考慮し、ジェンダーを慎重に扱って分析するならば、ファッション分野において非常に歓迎されるものになれるだろう。

［28］アントワープ州立モード美術館は、「極楽鳥」と題された、ファッションの羽飾りや羽毛を取りあげた展覧会とシンポジウムを二〇一四年に開催した。

［29］Anneke Smelik, 'Cybercouture: The Fashionable Technology of Pauline Van Dongen, Iris Van Herpen and Bart Hess', in *From Delft Blue to Denim Blue: Contemporary Dutch Fashion*, London, I.B. Tauris, 2016.

［30］次の文献からの引用。強調は原文ママ。Chris Hables-Gray (ed.), *The Cyborg Handbook*, London, Routledge, 1995, p.49.

［31］Bradley Quinn, *Techno Fashion,* Oxford, Berg, 2002.

［32］Caroline Evans, *Fashion at the Edge: Spectacle, Modernity and Deathliness*, New Haven, Yale University Press, 2003, p. 271.

［33］*Ibid.*, p. 274.

［34］Bradley Quinn, *Techno Fashion,* 2002.

［35］Sabine Seymour, *Fashionable Technology: The Intersection of Design, Fashion, Science and Technology*, Vienna, Springer, 2009.

［36］Stephen D. Seely, 'How Do You Dress a Body without Organs? Affective Fashion and Nonhuman Becoming' in *Women's Studies Quarterly*, 41, 2013, p. 251.

［37］Gilles Deleuze and Félix Guattari, *A Thousand Plateaus*, 1987 [1980], p. 161.（『千のプラトー（上）』、二〇一〇年、三〇七頁。）

［38］*Ibid.*, p. 158（同書、三二五頁。）

［39］Stephen D. Seely, op. cit., p. 258.

［40］Gilles Deleuze and Félix Guattari, *A Thousand Plateaus*, 1987 [1980], p. 161.（『千のプラトー（上）』、二〇一〇年、三三六頁。）

［41］Peta Husper Malins, 'An Ethico-Aesthetics of Heroin Chic' in I. Buchanan and J. Hughes (eds.), *Deleuze and the Body*, Edinburgh, Edinburgh University Press, 2010, p. 175.

［42］Gilles Deleuze and Félix Guattari, *A Thousand Plateaus*, 1987 [1980], p. 162.（『千のプラトー（上）』、二〇一〇年、三三二頁。）

［43］Gilles Deleuze, *The Fold: Leibniz and the Baroque,* T. Conley (trans.), Minneapolis, University of Minnesota Press, 1993 [1988].（『襞——ライプニッツとバロック』宇野邦一訳、河出書房新社、一九九八年。）

［44］本章のこの箇所は、ファッションにとってドゥルーズの「襞」概念がど

のような含意をもつかをより広く考察した次の論考に基づいている。Anneke Smelik, 'Fashioning the Fold: Multiple Becomings' in R. Braidotti and R. Dolphijn (eds.), *The Deleuzian Century: Art, Activism, Society*, Amsterdam, Rodopi, 2014.

[45] Tom Conley, 'Folds and Folding' in C. Stivale (ed.), *Gilles Deleuze: Key Concepts*, London, Acumen, 2005, p. 170.

[46] Gilles Deleuze, *The Fold,* 1993 [1988], p. 121.（『襞』、一九九八年、二〇九頁。）

[47] *Ibid.*, p. 122（同書、二一〇頁。）

[48] 布を重ね、包み、結んで身につける非西洋の衣服やファッションは、生成変化とよく似たあり方を示す。次の文献ではこの論点について日本のデザイナーを最初に考察している。Anneke Smelik, op. cit., 2014.

[49] Simon O'Sullivan, entry on 'Fold' in A. Parr (ed.), *The Deleuze Dictionary*, 2005, p. 103.

[50] 以下の文献を参照のこと。*Ibid.*, pp. 102–4. Gilles Deleuze, *The Fold,* 1993 [1988], p. 37.

[51] Angel Chang, entry on 'Viktor & Rolf' in V. Steele (ed.), *The Berg Companion to Fashion*, Oxford, Berg, 2010, p. 710.

[52] Amy Spindler and Dick J. Siersema, *Viktor & Rolf Haute Couture Book*, Groningen, Groninger Museum, 2000, p. 26.

[53] Stephen D. Seely, op. cit., p. 263.

[54] Giuliana Bruno, 'Pleats of Matter, Folds of the Soul' in D. Rodowick (ed.), *Afterimages of Gilles Deleuze's Film Philosophy*, Minneapolis, University of Minnesota Press, 2010, 255.

[55] Caroline Evans and Susannah Frankel, *The House of Viktor & Rolf,* London, New York, Merrell, 2008, p. 164.

[56] Stephen D. Seely, op. cit.

[57] Gilles Deleuze, 'Postscripts on the Societies of Control' in *October*, 59, 1992, pp. 3–7.（「追伸――管理社会について」『記号と事件――一九七二-一九九〇年の対話』宮林寛訳、河出書房新社、二〇〇七年。）

[58] Gilles Deleuze and Félix Guattari, *What Is Philosophy?*, H. Tomlinson and G. Burchell (trans.), New York, Columbia University Press, 1994 [1991].（『哲学とは何か』財津理訳、河出書房新社、二〇一二年。）

[59] Gilles Deleuze, *Difference and Repetition*, 1994[1968], p. 8.（『差異と反復（上）』、二〇〇七年、三九頁。）

10

ミシェル・フーコー

Michel Foucault

身体政治の形成

ジェイン・ティナン
安齋詩歩子—訳

はじめに

フランスの歴史家、哲学者であるミシェル・フーコー（一九二六－一九八四）は、社会科学と人文学の領域に大きな影響を与えた。フーコーにとって権力とは、政治的統率力のうちにではなく日常生活の生産力のうちにあるものであり、この考えこそが言ってみればフーコーが再び流行《ファッショナブル》になった理由である。フーコーの思想は、私たちを覆っている近代的管理制度を描写するのに用いられてきたが、世界金融危機の直後から私たちはまた注目すべき下からの権力の現れを目の当たりにしている。

本章では、文化システム、言説、実践、そして産業としてのファッションから発生した社会的、政治的、経済的価値を、フーコーの著作がいかに構築してきたのかを検討する。誰が政治を担っているかよりも、物質的現実の政治的意義に関心を持つことで、フーコーは近代生活を特徴づける社会管理の多様な技術から出発する。フーコーにとって、そこにおける規律と実践は、私たちが自分自身あるいは互いに下す判断に不可欠なものである。利用可能な医療、学びと正義のシステム、私たちがどのように住まうか、囚人の扱い、それらすべては、何が間違っているのか、誰が正当な責任を負うのか、どのような種類の会話が許されるかを判断する私たちの感覚の一因となる。監視を促進するこれらの近代的なシステムとテクノロジーは、ファッションの魅力からかけ離れたものなのだろうか？　その可能性もあるが、しかしまたこれらのシステムとテクノロジーは大衆的なファッションに明らかに結びついている。社会構造についてのフーコーの視点は、ファッションというスペクタクルから私たちの注意を逸らしている。それは、ひょっとしたらスペクタクルがどのように構築されているかを考え、誰がこの社会構造に巻き込まれているかを発見し、ファッションがどのように繋がっているか、誰が利益を享受しているか、誰の関心事が考えられるべきなのかを検討するためである。言い換えるならば、社会的、文化的、経済的実践としてのファッションを構成するのはどのようなものなのかとフーコーは問いかけているのかもしれない。ひとつはっきりしているのは、ファッションに関するほとんどの研究がフーコーの方向性に同意しており、ファッション、アイデンティティ、身体を扱う研究者はフーコーの影響を認め、付随的であったとしてもフーコーに言及せざるをえないと感じていることである［1］。

もしフーコーがいなかったら、ファッション・スタディーズという分野が豊かで多彩になりえたのかは疑わしい。ひょっとしたら意図せざる結果なのかもしれないが、彼はさまざまな制度と実践によって、身体が知らないうちに「形づくられて（fashioned）」いることを証明したのである。フーコーは、後続の理論家がファッション、美、スタイル、服装規定に結びつけられるさまざまな実践のなかに発見した身体の変形を政治化したのである。衣服が身体の身振りと行為を形づくるとすれば、それはまた人間の経験を限定することもできる。後述するように、さまざまな分野の著者がフーコーの著作のなかに衣服とファッションシステムを分析するための決定的な枠組みを見いだしているのである。しかしながら、ファッション・スタディーズにおいてはフーコーが引用されがちであるにもかかわらず、彼の理論を援用して一貫した分析を行うことには抵抗が見られる。ただし、ジョアン・エントウィスルのような特筆すべき例外もある。彼女の著作は幅広い社会的・制度的文脈のなかで、とりとめのない服装の実践がいかに身体を有意味なものにするかを示してきた［2］。ファッションは明らかにフーコー的な分析に適している。私たちが着用する衣服は、私たちが世界を経験する仕方にとって重要であるが、フーコーのファッション・スタディーズに対するもっとも重要な貢献は、社会的に意味のある、身体化された（embodied）衣服についての視点を導入したことである。とりわけ、衣服を鑑賞されるイメージとしてではなく、むしろ着られる対象として扱うべきであることをフーコーの著作は示唆しているのである。

フーコーの概念的枠組み

ファッションについてのもっとも基本的な事実として、その遍在性がある。スペクタクル的なファッションは裕福な人たちのためのものだが、ありふれた日々の服装もそのほとんどがファッションの形式に組み込まれる。ジョアン・フィンケルシュタインの見立てによると、ファッションは規律的権力で私たちの身体を形づくり、変形することを強いる。「ファッションは、集団的で、体系的で、規範的である」[3]。このような視点はフーコー的であり、ファッションが私たちの身体にもたらす要求を考察するよう促しているのだ。前衛的なファッションショーから日常的な服装選択まで、流行の服装にはさまざまな側面がある。しかしながら、フーコーの哲学的な思考において鍵となる重要な身体の概念は、ファッション・スタディーズが見落としてきた領域、つまり日常生活における衣服の領域を発展させる可能性を秘めている。フーコーの関心は、身体を通していかに権力が作り上げられるかにあった。このように、フーコーの理論はとりわけ衣服と日々の服装の規制に関する実践と慣例を分析するのに有効である。衣服がいかなる個人的な意味を持っていようとも、それは重要な社会的役割をも担っているのである。フーコーはファッションや服装に言及してはいないが、権力構造のうちに衣服がいかに関係しているかを考えるための概念的な道具を私たちに提供してきたのである。

　本章は、フーコーの概念をいかにファッションの研究に適用できるかを示すために、フーコーの著作と、彼の思想を援用している研究を概観する。フーコーにとって、身体は権力の働きに不可欠で、それを目に見える形で構築することで、社会的・政治的言説が形づくられる。フーコーが展開した説得力のある概念のひとつに言説《ディスクール》があるが、これは知がいかに作られ組織化されているかを説明するものである。アニエス・ロカモラはブルデュー（第一三章を参照）とフーコーの両者を引き合いに出しながら、「ファッションの言説」という概念を展開した。ロカモラは、ファッションの言説がどこで、どのように増加しているか、そしてその言説に生命と意味を与える社会的・物質的実践を明らかにするために、フランスのファッションメディアにおいてさまざまな形で使われる、パリについてのテクスト、発言、意見を調査した[4]。ファッションの言説がファッションシステムを維持するのに不可欠であることは明らかだが、ファッションはまた、健康、ジェンダー、セクシュアリティ、階級、人種についての支配的な物語をも構築する。もしくは少なくとも、任意の社会的枠組みにおいて、ファッションは支配的な物語と結託しているのである。

言説は、歴史の実証主義的解釈に異論を唱えようとしたポスト構造主義者にとって、特に影響力のある概念となった。フーコーの『知の考古学』と『性の歴史』第一巻で展開された言説の概念は、個人として、社会として、私たちが何をどのように知るのかを決定する知の生成と組織化に注意を向けている[5]。フーコーにとって、知を分類する近代のシステムは古典的な思考のシステムからの断絶を表わすものである。歴史の役割は、フーコーが「現在の歴史（history of the present）」と呼んだ言説編成体（discoursive formation）に不可欠であり、それによってジェンダー研究、クィア理論、教育理論、カルチュラル・スタディーズ、スポーツ学、犯罪学に対してフーコーの著作がとりわけ影響力のあるものになった。フーコーは、特定の権力の利益に仕える知のシステムによって、すべてが歴史的に構築されていると考える反本質主義者である。歴史的に位置づけられた知の領域は、発言行為（speech）を可能にする言説編成体を通してのみ、主体と客体を存在させるという権力を持っている[6]。もし知の領域内でのみ物質的なモノが明瞭になるのだとしたら、言説がいかにしてこれらの客体が社会的・文化的意味を伝達するものになるのかを説明することできる。フーコーはさまざまなやり方で社会理論を具現化し、デザイン史や物質文化の研究に有効な視座をもたらすのだ。

フーコーが「言説領域（discursive field）」を横断するいくつかの類似点を見いだしたことは、彼が制度的構造の働きのなかに偏在する表象とその再生産のシステムという観点から社会生活を考察することにつながった〔7〕。そのため、フーコーは性的アイデンティティを危険なものとみなし、アイデンティティ・ポリティクスによって権限を与えられている概念を覆した。人間のふるまいを分類したいという衝動は、人間の生活の分類が社会管理の新しい形態を反映する近代の悪しき特徴であるとフーコーは論じている。また、フーコーは社会的なカテゴリーがいかにして身体を政治的・経済的に役立つものにしているのかを暴こうとした。たとえば、性の問題を口にすることは、一九世紀における性の取り締まりを分散させる手段となった。これらの言説は否定的で抑圧的であったかもしれないが、フーコーは性の問題についての「真実を要求する」傾向に注目した。性的欲望を分類するという欲望は、その言説を安定化させ、ステレオタイプを形成する。私たちはみなそのステレオタイプに縛りつけられ、それによって裁かれることとなる。フーコーは人々を分類し客体化する欲動を反動的なものとして、つまり身体を知の対象と権力の矛先として再創造することにおもにかかわるシステムとして見ていたのである。

フーコーは権力が人間よりも制度に起因するとしたが、それに対しての批判がしばしば見られる。ユルゲン・ハーバーマスはフーコーの総合的な権力の概念の限界を批判し〔8〕、一方、ピエール・ブルデューはフーコーの方法論的アプローチに何度も異論を唱えている〔9〕。チャールズ・テイラーはフーコーの支配と服従のモデルに欠陥があると捉え〔10〕、ナンシー・フレイザーはフーコーの反人間主義が彼自身を哲学的な拒否派かニヒリストにしているのではないかと疑っている〔11〕。しかし疑う余地もなく、フーコーは近代制度の権力と、その制度が人間を支配するために使用する戦略の存在を確信していた。彼が論じることには、ケアと更生のイメージが育まれているのにもかかわらず、監獄、病院、学校は人間を改良するためにデザインされている。それはつまり、フーコーが「生政治」と呼ぶ一連の権力関係である。文化における身体を考える

ために フーコーが多大な貢献をしたことははっきりしているが、個別の身体実践がいかに権力の仕組みを反映しているかについての厳密な探求は後続の思想家の肩にかかっている。言説と生政治は、フーコーによって一九七〇年代に練り上げられる統治性（governmentality）概念として知られるようになるものの一部となった。

統治性によって、日常生活のとるに足らない細かな形と質感を探るための概念的な枠組みが提供される。その結果、いかにこのような細部の形や質感が社会統制によって抑制されるかが明らかになるのだ。そしてこれは明らかに、流行の消費についての政治学に問いを投げかける視座を持っている。ジョン・ライクマンが論じるには、フーコーはモノの歴史ではなく「用語、カテゴリー、そして技術の歴史」を示してくれる。それらを通して「ある特定のモノがある特定の時に、議論と手続きの全体的な構成となるのである」[12]。またフーコーの著作は、特に「発展」と「連続性」という従来の歴史が幻想であることを暴くものである[13]。フーコーは、モノがいかに「構成」されるかに関心を持ち、言説はある主題——狂気、健康、性、階級、人種だけでなく信念、神話、イデオロギーなどの無意識的な下部構造までも含まれる——についての意識的な知を示すための主要な概念となった。

「生政治」の概念によって、個別の身体的実践が促進する社会的ふるまいを検討するための、説得力のある概念的な枠組みが構築される。身体についてのフーコーの著作は、フーコー的なファッション分析に不可欠であり、その中でも特に重要なのが監獄について論じたものである。フーコーの著作は、近代的制度の中で身体が占める重要な役割を幅広く検討している[14]。フーコーは、制度的な構造の内部で身体がいかに再整備され、改善され、変容させられるかを注意深く整理している。『監獄の誕生』でフーコーは、身体に直接作用することによっていかに制度が知を生み出したかを論じている[15]。その影響は社会的・空間的形成についてのあらゆる研究に見られるが、その真の新規性は両者をつなげたことにある。フーコーはジェレミー・ベンサム[16]のパノプティコン（一望監視施設）を規律社会の機能のメタファーとして用いながら、規律がある種の個人を作り出していると論じた[17]。犯罪性についての新しい言説は、一八世紀末からは囚人を「改良する」試みを含むことになる、新たな形態の監獄の刑罰をもたらした。身体への刑罰は囚人を観察するために設置された監視へと切り替わり、それは囚人たちが自身の身体を鋭く認識し身の処し方を改めるべく意図された、支配の新しい戦略であった。

　パノプティコンは、収容者が絶えず完全に可視化された状態にある「完璧な」監獄である。建築それ自体が監視のテクノロジーなのだ。監視の脅威によって自己規律（self-discipline）が引き起こされる装置であるパノプティコンは、隅々まで行き届く正常化のまなざしを強いる。それは物理的な力に取って代わるものであり、命令は可視性という「罠」を通して達成される[18]。これは日常的に使われるCCTVカメラのような現代の監視形態と共鳴している。もちろん、フーコーはベンサムのパノプティコンを、監視の上に作られた社会のメタファーとして用いただけである。フーコーにとって主観性（subjectivity）は、観念的に構築されるだけではなく、言説的なレヴェルで身体に刻み込まれるのである。『監獄の誕生』の中でフーコーは、規律権力の近代特有の形態、すなわち管理と規制の技術を内包する一連の関係の出現について論じている。彼はヒエラルキー的な監視や試験、すなわち正常化の判断をするよう企図された手続きと規律社会の技術とを同一視している。ヒエラルキー的な監視の原理と、異常から正常を分離する目的はファッションシステムにも共鳴するのだろうか。フーコー的な分析は、ファッションにおける管理と規制の技術に検討の余地を与えるものである。実際、管理と支配はアレクサンドラ・ウォーウィックとダニ・カヴァッラーロによる研究の中心であり、彼らは着衣の身体との関係において規律と侵犯の議論を構築するためにフーコーの著作を利用している〔19〕。

フーコーの方法をファッション研究に応用する

フーコーの規律権力は主観性を構成するが、フーコーの著作が示唆するのは、正常化の判断はしばしば視覚的方法を通して行われるということである。フーコーは権力の流れを説明するために、まなざしの建築的メタファーであるパノプティコンのイメージを活用している。これについてのフーコーの重要な洞察は、規律権力が身体をとらえ、その動きを管理し、そのふるまいを形づくること、すなわちそれは物理的な強制よりもよほど効果的な社会統制の手段であるということである。刑罰は報い（penalty）ではなく矯正であり、身体が一定のふるまいをするよう訓練するのだ。ひとたび、監獄が近代社会のいたるところで人々がいかに組織されているかを示すメタファーになると、身体化された（embodied）主観性としての社会生活をフーコーがいかに理解していたか知ることができる。私たちが持つ身体への不安――特に容姿に対する心配――は、このような近代の視覚の体制がもたらす結果として生じている。

しかしながら、フーコーの監視の概念を視覚の領域に限定することは間違っているかもしれない。クレシダ・ヘイズが論じるように、食餌制限と美容整形手術のような「解決策」として助け船のように提示される、身体のミクロな領域を侵害する正常化のテクノロジーに、フーコーは私たちの注意を向けさせている〔20〕。ここでは、普及している美の規範を思い起こさせるものとして作用する、完璧な身体のイメージがたんに理想化されているのではない。正常化のまなざしははるかに徹底的で押しつけがましいもので、身体のあらゆる表面に注がれるまなざしはわたしたちの身体が社会的に構築された理想に応えることにどれほどまずく「失敗」しているかを痛烈に思い起こさせるものとして働くのである。重要なのは、私たちが権威による判断を求めているわけではないということだ。私たちは自分自身のなかにある、逸脱、過剰、欠陥をつねに探し続けている。一望監視方式は、近代的生活に付随して生じる不安、とりわけ身体に対して批評的な視線を持ち続ける衝動のメタファーである。そしてファッションは、日常生活の統治に存する権力へのフーコーの関心と一致する自己提示の実践である。フーコーのアプローチはまさしく政治を越えているからこそ価値があり、権力を日常的で、社会化され、そして身体化された（embodied）ものとみなしていたのである。

フーコーはファッションについて何も語っていないかもしれないが、『監獄の誕生』で制服の色や形といった点から近代の兵士の外見を規律体制の出現の証拠として引用しながら論じている[21]。フーコーは世界（の言説）を知るさまざまな方法を通して、人類がいかにして社会的になり、いかにして特定の種類の主体へと変容させられたのかを繰り返し説明している。アイデンティティがいかに形成され構築されるかは、社会的現実を構成する外見の制度に関心を持つ者なら誰しも――とりわけフェミニストはその多くがフーコーの著作を熱狂的に取りあげてきた――が関心を寄せるところである[22]が、そこにはまたいくつかの論争がある。たしかに、権力についてのフーコーの分析はジェンダーに言及しているわけではない。しかしながら、フーコーが論じる規律の方法は、女性性が文化的に構築されることや女性に要求される自己規律（self-discipline）を暴露するフェミニズム研究と共鳴する。フェミニストにとって、フーコーの著作は家父長制的権力を形成する言説を明るみに出すものなのだ。

「従順な身体（docile bodies）」というフーコーの概念が女性的なるものの具現化、すなわち家父長制への従属を完全に描き出しており、そのことが近代社会において家父長制がとった狡猾な形態の説明となっているとサンドラ・リー・バートキーは論じている[23]。エフラト・ツェーロンが述べるように、女性の可視性（visibility）は、女性が男性にとっての客体となろうとする要求を通して、彼女たちを規律的なまなざしのなかに閉じ込め続ける[24]。社会化され、身体化されたものとしての権力というフーコーの概念は、観客性（spectatorship）についての議論を拡張し、問題化する余地をフェミニズム研究にもたらした。しかし、社会的監視の支配下にある身体はなにも女性に限った話ではない。男性の身体もまた、さまざまな正常化の判断の支配下にある。さらに言えば、身体をまなざしの下にさらす実践は、ファッションを越えて、美容やダイエット、フィットネス、美容整形手術といった範囲にまで及ぶのだ。

フーコーの統治性概念によって、ミクロ・マクロ両方のレヴェルでファッションを考える方法が可能になる。打算的なテクノロジーは、ファッションアイテムの生産における管理を強化するため、流行のものとそうでないものを区別し、正常化の手順に従っていると、イングリッド・ジークルは論じている[25]。そして彼女はファストファッションの手法についての分析で、フーコーの主要テーマのひとつである説明責任（accountability）との関係を指摘する。彼女が言うには、ファストファッションの場合、厳密な記録管理方法が「ファッションを形づくる監視システムであり、究極的には大衆が身に纏う衣服」なのだ[26]。しかし、この製造に対するしなやかな取り組みはまた、衣料生産者の身体を圧迫し、グローバル化したファッション産業によって彼らの雇用条件を危険で不安定なものにしている。ジークルは、ファッション産業の中心からかけ離れたところでの身体と空間に対する打算的な知の構築によって、これらの新しいテクノロジーが権力

／知の構造をいかに強化したかということに注目している。小売業従事者、買い物客、衣料生産者の経験を調査するまでもなく、産業のミクロな実践は、新しくかつ有害な権力／知の形成を生じさせることは明らかである。このような研究は、ファッションの誘惑的な側面――かりそめの新しさの提示――から、フーコーであればそうしたように、いかにして権力が複雑なシステムのなかに分散するか、そして膨大な数の人々の生の現実に与える影響を考察することへと研究者たちを方向転換させるのだ。

またファッションモデルの経験は、フーコーの「従順な身体」の視座からも検討されてきた。アシュレイ・ミアーズは自身の民族誌的研究で、ファッションモデルの仕事は規律のプロセスであると論じている。このプロセスは、ファッションモデルを生みだすために絡み合ったジェンダーとマーケットの両方の不確実性を特徴づける厳しい「流動的な規範」のために、女性の身体を商品に変換する[27]。ファッションモデルはジェンダーパフォーマンスを職業にし、不確かなビジネスのなかで高い水準に達するために規律と監視が求められる。ミアーズは、過酷な監視の制度による苦痛な肉体労働のプロセスとしてのファッションモデルの仕事に注目する。フーコーの方法は、ファッションシステムの構造を支えるプロセスを強調している。フーコーは視覚性を強調するが、美学にはあまり関心がなく、イメージが何をなすかに関心を持っているのだ。このように一望監視方式は、雑誌やランウェイに登場する理想化された女性のイメージが消費者による不健全なほどの自己監視（self-monitoring）を生みだすことになるメカニズムを理解するのに効果的なフォーマットを提供するのである。

もし、一望監視装置のまなざしが、健康、ダイエット、フィットネス、エクササイズ、美容といった大衆的な言説を通して働くなら、そのまなざしは羞恥心とそれらの言説に続く新しい制度の採用を誘発するために機能するのだろうか？　ある論文では、パノプティコンのメタファーが自己監視の実際のステップを解明するために用いられているが、この事例では、フィットネス雑誌が女性読者に自己監視を引き起こす可能性があるとされている[28]。一九七〇年代に「男性のまなざし（male gaze）」という重要な理論を生んだ観客性（spectatorship）についての議論[29]は、精神分析を用いていたにもかかわらず、フーコーの思想にいくつかの点で先んじていた。フーコーが提示したのは、支配的な家父長制的言説の影響――たんなるイデオロギー的影響だけでなく、現実に女性の身体を形づくる仕方――に対する鋭い認識力であった。言説、あるいは知の制度は身体のミクロなレヴェルにおいて実践されるが、ジョアン・エントウィスルが論じるように、これらは今日でも一九世紀に女性がコルセットを装着していたときと同様抑圧的である[30]。ファッション・スタディーズにおけるフーコーの影響は、ヴァレリー・スティールが身体を規律する目論みとみなしたコルセットのような極端な例を思い起こさせるかもしれない[31]。しかし、エントウィスルの指摘の重要な点は、身体の規律はさまざまな〔身体〕形成の実践において作動しているということである。それはつまり、男性が男らしさを目指すとき、女性が痩せるために食餌制限をするとき、そして容姿を改善するために美容整形手術を選択するときなどである。昔は女性の身体への要求はさほど大きくなかったが、エントウィスルとスティールの両者が言及するように、たとえば衣服の種類は〔時代によって〕変わるかもしれないが、身体の規律の重視はずっと変わらないのである。

言説と身体についてのフーコーの思想はまた、民間団体や軍事組織からサブカルチャーの文脈まで、さまざまに着用される「制服」についての研究を促進した。社会的な外見に関心のあるさまざまな思想家がフーコーの権力／知のモデルを援用したが、なかにはいかにして身体文化が市民としての意識を高め、集団的規律を身体化する（embody）ために使用されてきたかを説明するべく制服を論じたものもある。人類学者のブライアン・マクヴェイは、フーコーの統治性概念を引き合いに出し、戦略的学校教育の一部として「正常化のまなざし」の内面化を生徒にもたらす日本の高校の制服が、国家権力をいかに反映しているかを論じている〔32〕。このように、制服の集団的規律──特に制服を着る日々の習慣──は、衣服が政治的企図に不可欠であることを理解する新しい方法を示している。フーコーの概念によって、ある特定の市民性の形態を構築するために、身体に刻印を行う制服の役割が明らかになるのである。

教育の文化政治に関心を持つ研究者もまた、生徒の身体におよぶ権力の形態として制服がどのように機能するかを検討するためにフーコーの著作を活用している。ダフネ・ミード

図10.2　モントリオール（カナダ）の体育協会の男性ボディビルダーとレスラーがトレーナーとともに撮影スタジオでポーズをとっている。Photograph by Gordon 1905. Courtesy of Wellcome Library, London.

モアとコリン・サイメスは制服の外見を、学校規律の強力なシンボルとみなしているが、それはまたオーストラリアの学校においても統治性の重要な技術であるとみなされている[33]。制服は主観性を認め他者を排除する「分割の方法（dividing practice）」であり、規律を強制するために個人の身体を細分化するのである[34]。制服の目的は、逸脱と欠陥が見つかりそうになったときに正しい外見を促進することである。制服がどのように見えるか、どのように着られるか、そしてそれが引き起こす抵抗の行為は、フーコーの概念を通して有効に分析される。制服のしきたりや実践についての研究は、身体のテクノロジーが社会的・政治的な目標をどのように達成しているかを理解するために重要である。イネス・デュッセルは、制服が「美学的、科学的、政治的、倫理的な言説」と結びつく身体の長期的なテクノロジーの一部であると論じている[35]。デュッセルは身体と権力についてのフーコーの著作を用いて、衣服が強力な社会的規制の道具であることを明らかにしながら、主体化は第一に身体を通して生じると論じている。

制服は権力と同じく抵抗を身体化する（embody）ものであるとデュッセルは結論づけている。制服の着用は融通がきかないような印象を与えるが、彼女の分析は逆に衣服の規制が複数的で矛盾したものであるという特徴を示している。システムが身体を統治するために作られているからといって、それがいつもうまくいくわけではない。シャウナ・ポメランツは、北アメリカの女子生徒の服装規則についての研究で、身体を覆う正常化の権力と規制によって女子生徒たちを無責任で逸脱した存在だと位置づける言説を見いだしている[36]。服装規則は生徒たちの身体への意識を高めて、学校や社会にあわせて自己調節できるよう教育するのだが、これらの研究が論証するように、創造的な抵抗を探求する可能性もまだ残されているのだ。これらの研究者たちは、学校制服を強固なシステムと特徴づけることを避け、フーコー的な分析によってこれらの規律的な企図の汎用性と変化可能性を暴き出している。

軍服の社会的な役割をうまく理解するためにも、フーコーが用いられている。ダニエル・パーディは、一八世紀のプロシア軍の軍服についての論文のなかで、戦術的な視覚性と流行の視覚性という二つの視覚性の様態を対比させ、兵士の服装がいかに権力の利益に役立つかを論じている[37]。パーディは、プロシア軍兵士の衣服のシンプルさが、視覚の規律的領域を映し出していることを示唆する。「衣服が強度をもって身体を覆っているため、それはほとんど第二の皮膚、すなわち身体の自然な一部であり、覆いがほとんどないといってもいいほどである[…]。制服は可視的でもあり、不可視でもあるのだ」[38]。フーコーにとって規律は、人々を訓練された集団に仕分けるための持続可能な戦略を形づくる多様な技術であるが、近代の制服のデザインに利用される美学は、フーコーの「分割する実践」、すなわち集団内の人々を個別化する原動力を反映しているのだ。この意味では、近代的制服デザインの実用性の美学は、組織的な管理の戦略的企図に関連づけられている。

それにもかかわらず、制服を着用する行為の反復がいかに強力であろうとも、規範はしばしば「不完全に再生産される」と、マクヴェイは主張している[39]。どこで規制が課されようとも、そこにもまた過剰と抵抗がある。私は軍服についての研究で、第一次世界大戦中のイギリスにおいて男性的な外見を取り締まる公的なキャンペーンを暴露する思い切った活動としてカーキ色を着用することを拒み、残酷な扱いを受けた良心的な反対者たちの体験談を調査した[40]。軍当局は彼らの抗議に過剰な力、すなわちこの軍事プロジェクトにおける衣服の戦略的な役割という手段で応えた。また、私はフーコー的な批判的枠組みを用いて第一次世界大戦イギリス軍部隊によって着用された軍服についての研究も行った。そこで論じたのは、さまざまな兵士のイメージと軍務についてのテクストによって、戦時中の軍隊的な男らしさを構築するものについての強力な言説が形成されたことである［41］。言説編成体の力にもかかわらず、そこに生じた制裁とそれに対する異議の帰結は、交渉、抵抗、即興の物語として読むことができる。それによって、集団的な規律と創造的活動であるサブカルチャーは、等しく戦争運動にとって重要なものになった。このように、フーコーの規律社会に対する見通しの素晴らしさは、それが抵抗と交渉の可能性を内包していることにある。

近代的な制服が示すのは、分類と規律のために身体を特徴づける――可視化させる――ための制度であり、それによってフーコーが近代社会をスペクタクルから監視への移行として論じた理由が説明される［42］。フーコーにとって知と権力は不可分であり、モノがいかに構成されているかに私たちの注意を向けさせる。ク・ホク・バンは「分割と科学的分類は拒絶を目的としている」と主張する［43］。香港のパキスタン人女性に対する人種差別と排除の技法を論じることによって、ホク・バンは身体的外見と社会的相互作用の点から、規範性を構成するために服装が重要な対象となることを検討した。パキスタン人女性の身体は、厳格なイスラム教のシステムと香港のローカルなシステムという二つの知のシステムのあいだで論争の的となる。フーコーの著作によって、社会的排除と人種差別を成立させるために使われる技法と対象を暴きだす機会が与えられるのだ。「衣服と身体、ひいては（仕事や教育などの）生活に課される厳格な制約は、私たちの文化の規範を超える度合いに正比例している」［44］。パキスタン人女性の服装に課された制約は、彼女たちの身体に染みついたスティグマ――彼女たちがいかに文明化されていない存在と考えられているか――を映し出している。

ヴェールについての研究もまたフーコーに注目し、衣服が集団的アイデンティティを保持するだけではなく、アイデンティティの葛藤のダイナミクスを可視化させもするような言説的制度のなかで、アイデンティティがどのように構築されるのかを検討している[45]。アンナ・シーカーはイスタンブールの都市空間におけるヴェールの研究のなかで、知と権力が身体にいかに刻みつけられるかを証明するためにフーコーを援用している[46]。ヴェールは象徴以上のものであることが明らかにされ、そしてフーコーの概念を通して考えると、ヴェールは都市空間のなかで移動を制限もすれば可能にもする空間的実践になる。このような研究すべての成果が複雑に絡み合いながらも示してくれるのは、多くの人が言うほどフーコーの概念が凝り固まり過ぎているわけではないということである。フーコーは「人種」や「ジェンダー」といったものを自身のテーマにしたがらなかったが、人文学や社会科学に価値ある洞察力をもたらす概念的な道具を提供したのである。芸術にとっても、フーコーは特別な響きを持っている。彼は視覚性の様態に関心を示したが、その道具的な使用には疑問を投げかけている。イメージがより広い政治的な領域でどのように機能させられているかを問うべきであることを、フーコーは私たちに気づかせてくれる。これは、一九八〇年代以降の美術史やデザイン史におけるカルチュラル・スタディーズ的方法の受容や美学――イメージや外見が権力の構造をどのように維持しているかを照らしだしてきた変遷――に対する一般的な懐疑と一致する。権力の対象としての身体に向けられたフーコーの関心のおかげで、ファッション・スタディーズに携わる研究者や学生は、衣服がいかに共同体をまとめあげるかだけでなく、いかにそれを潜在的に分割しうるかをも考察するための思考力を手に入れたのである。

おわりに

フーコーは言説を権力の場だと捉えていたが、それはまた抵抗の場でもある。彼は人間社会のモデルを拡張し、人々が支配的な秩序にいかに挑み、覆すかを考えていた。これこそが、近年の世界的な市民運動の高まりにおいてフーコーがいっそう妥当性を増している理由である。ブラック・ブロック（black bloc）のような新たなアナーキストによる市民的な制服の使用や、街頭抗議において警察のカメラを逃れるための「フード」の着用といった日常的な衣服の政治学はおそらく、衣服が人々を従順な身体として特徴づけ、また作り変える潜在能力を持つことに彼らが意識的であることを示唆している。日常的な外見に求められた規範へ抵抗するためのこうした型はプロパガンダにおけるフィードバックであり、とりわけ若者に用いられる技法である。監視の制度の下で生活してきた彼らは、その判断の結果にこの上なく敏感なのである。

この分野には多くの潜在的なプロジェクトがある。たとえば、反体制的な活動者が制服を即興で作りだすといったものが挙げられる。このような試みによって、更新されていく近代社会の枠組みをテストし、中立化するのに一望監視装置のまなざしがいつも機能しているかどうかがわかるのだ。衣服が人々を目立たせている事例を調査すれば、「文化の規範を超えた」身体を持つ人たちの社会における許容度を調べることができる。また、流行の服装が生産・マーケティングの手順や実際の規律をどのように反映しているかについての研究への計り知れない可能性も秘められている。フーコー的な視座からの、反体制的なファッションについての研究も可能であろう。一九七〇年代のフェミニスト運動に影響を受け、公共的な抗議活動というスタイルを採るフェメン（FEMEN）やスラットウォーク（Slutwalk）などの新しいグループは、近代社会で論争の的となる女性の身体を、さまざまな方法で注目させようと試みている。なかでもここ数年のあいだにダブリンとリヴァプールで行われた、都市の労働者階級の若い女性による公共の場での「パジャマ着用」は、女性の礼節という支配的なコードに抵抗する興味深い実践である。これらの若い女性の出入りを禁止する店側の反応は、このファッション実践が逸脱とみなされていることを示す裏付けとなった。とりわけこの実践は、未完成で無秩序だとされる女性性を隠蔽するよう要請する社会に対して、恐れをなさず大胆に非難を表明し、女性らしさの生産方法を暴き出しているのである。反体制的なファッションの実践は、身体を権力で正常化しようとする力への挑戦なのだ。どの程度まで過剰な身体的実践が許容されるのか？　そして、その境界線を引くのは誰なのか？　フーコーは判断のまなざしが広く浸透していることを示したが、同時に、身体が日々権力と闘う最後にして唯一の抵抗の場であることをも私たちに気づかせるのだ。

原註

［1］Jennifer Craik, *The Face of Fashion: Critical Studies in Fashion*, London, Routledge, 1993, p. 125. Shari Benstock and Suzanne Ferriss (eds.), *On Fashion*, New Brunswick, Rutgers University Press, 1994, p. 8. Lars Svendsen, *Fashion: A Philosophy*, London, Reaktion Books, 2006, p. 143. Joanne Finkelstein, *The Art of Self-Invention: Image and Identity in Popular Visual Culture*, London, I.B. Tauris, 2007, p. 211. Susan B. Kaiser, *Fashion and Cultural Studies*, London, Berg, 2012, p. 20.

［2］Joanne Entwistle, '"Power Dressing" and the Construction of the Career Woman' in M. Nava et al. (eds.), *Buy This Book: Studies in Advertising and Consumption*, London, Routledge, 1997. Joanne Entwistle, *The Fashioned Body: Fashion, Dress and Modern Social Theory*, Cambridge, Polity, 2000.（『ファッションと身体』鈴木信雄監訳、日本経済評論社、二〇〇五年。）Joanne Entwistle, 'The Dressed Body' in J. Entwistle and E. Wilson (eds.), *Body Dressing*, Oxford, Berg, 2001. Joanne Entwistle, *The Aesthetic Economy of Fashion: Markets and Values in Clothing and Modelling*, Oxford, Berg, 2009.

［3］Joanne Finkelstein, *The Art of Self-Invention*, 2007, p. 211.

［4］Agnès Rocamora, *Fashioning the City: Paris, Fashion and the Media*, London, I.B. Tauris, 2009.

［5］Michel Foucault, *The Archaeology of Knowledge*, London, Routledge, 2004 [1969].（『知の考古学』中村雄二郎訳、河出書房新社、二〇〇六年。）*The History of Sexuality, Vol. 1*, R. Hurley (trans.), London, Penguin, 1990 [1976].（『知への意志（性の歴史Ⅰ）』渡辺守章訳、新潮社、一九八六年。）

［6］Joseph Rouse, 'Power/Knowledge' in G. Cutting (ed.), *Cambridge Companion to Foucault*, Cambridge, Cambridge University Press, 1994, p. 93.

［7］Ibid., p. 94.

［8］Jürgen Habermas, *The Philosophical Discourse of Modernity*, Lawrence, The MIT Press 1990.（『近代の哲学的ディスクルス（Ⅰ・Ⅱ）』三島憲一・轡田収・木前利秋・大貫敦子訳、岩波書店、一九九九年。）

［9］Staf Callewaert, 'Bourdieu, Critic of Foucault: The Case of Empirical Social Science against Double-Game-Philosophy' in *Theory, Culture & Society*, 23 (6), 2006, pp. 73–98.

［10］Charles Taylor, 'Foucault on Freedom and Truth' in *Political Theory*, 12 (2), 1984, pp. 164–65.

［11］Nancy Fraser, 'Michel Foucault: A "Young Conservative"?' in *Ethics*, 96 (1), 1985, pp. 165–84.

［12］John Rajchman, 'The Story of Foucault's History' in *Social Text*, 8, 1983–84, p. 8.

［13］Michel Foucault, 'Return to History' in J. D. Faubion (ed.), *Aesthetics, Method and Epistemology*, London, Allen Lane, 1994, p. 419.（「歴史への回帰」『フーコー・コレクション4 権力・監禁』小林康夫・石田英敬・松浦寿輝編、筑摩書房、二〇〇六年。）

［14］Michel Foucault, *Madness and Civilization: A History of Insanity in the Age of Reason*, R. Howard (trans.), London, Routlege, 2001 [1967].（『狂気の歴史——古典主義時代における』田村俶訳、新潮社、一九七五年。）Michel Foucault, *Discipline and Punish: The Birth of the Prison,* A. Sheridan (trans.), London, Penguin, 1991 [1977].（『監獄の誕生——監視と処罰』田村俶訳、新潮社、一九七七年。）

［15］Michel Foucault, *Discipline and Punish*, 1991 [1977].（『監獄の誕生』、一九七七年。）

［16］ジェレミー・ベンサム（一七四八－一八三二）。英国の哲学者、法学者、社会改革者。学校と監獄の新しい計画を提案したほか、ユニヴァーシティ・カレッジ・ロンドンの創始者として知られる。

［17］*Ibid.*

［18］Michel Foucault, 'Panopticism' in N. Leach (ed.), *Rethinking Architecture*, London, Routledge, 1997, p. 361.

［19］Alexandra Warwick and Dani Cavallaro, *Fashioning the Frame: Boundaries, Dress and the Body*, Oxford and New York, Berg, 1998.

［20］Cressida Heyes, *Self-Transformations: Foucault, Ethics, and Normalized Bodies*, Oxford, Oxford University Press, 2007.

［21］Michel Foucault, *Discipline and Punish*, 1991 [1977], pp. 135–136.（『監獄の誕生』、一九七七年、一八五頁。）

［22］Jana Sawicki, *Disciplining Foucault: Feminism, Power, and the Body*, Hove, Psychology Press, 1991. Sandra Lee Bartky, 'Foucault, Femininity and the Modernization of Patriarchal Power' in L. Diamond and L. Quinby (eds.), *Feminism and Foucault: Reflections on Resistance*, Boston, Northeastern University Press, 1998. Susan Bordo, 'Anorexia Nervosa: Psychopathology as the Crystallization of Culture' in L. Diamond and L. Quinby (eds.), *Feminism and Foucault: Reflections on Resistance*, Boston, Northeastern University Press, 1998. Margaret A. McLaren, *Feminism, Foucault and Embodied Subjectivity*, New York, SUNY Press, 2002.

［23］Sandra Lee Bartky, op. cit., pp. 93–111.

［24］Efrat Tseëlon, *The Masque of Femininity: The Presentation of Woman in Everyday Life*, London, Sage, 1995, p. 69.

［25］Ingrid Jeacle, 'Governing and Calculating Everyday Dress' in *Foucault Studies*, (13), 2012, pp. 82–98.

［26］Ibid., p. 95.
［27］Ashley Mears, 'Discipline of the Catwalk: Gender, Power and Uncertainty in Fashion Modeling' in *Ethnography*, 9 (4), 2008, pp. 429–56.
［28］Margaret Carlisle Duncan, 'The Politics of Women's Body Images and Practices: Foucault, the Panopticon and Shape Magazine' in *Journal of Sport and Social Issues*, 18 (1), 1994, pp. 48–65.
［29］John Berger, *Ways of Seeing*, London, Penguin, 1972.（『イメージ――視覚とメディア』伊藤俊治訳、筑摩書房、二〇一三年。）Laura Mulvey, 'Visual Pleasure and Narrative Cinema' in *Screen*, 16 (3), 1975, pp. 6–18.（「視覚的快楽と物語映画」斉藤綾子訳『「新」映画理論集成1――歴史／人種／ジェンダー』岩本憲児・武田潔・斉藤綾子編、フィルムアート社、一九九八年、一二六－一四一頁。）E. Ann Kaplan, *Women and Film: Both Sides of the Camera*, London, Methuen, 1983.（『フェミニスト映画――性幻想と映像表現』水田宗子訳、田畑書店、一九八五年。）Linda Nochlin, *Women, Art and Power and Other Essays*, London, Thames and Hudson, 1994.
［30］Joanne Entwistle, *The Fashioned Body*, 2000, pp. 20–21.（『ファッションと身体』、二〇〇五年、二九－三〇頁。）
［31］Valerie Steele, *The Corset: A Cultural History*, New Haven, Yale University Press, 2001, pp. 155–65.
［32］Brian McVeigh, 'Wearing Ideology: How Uniforms Discipline Minds and Bodies in Japan' in *Fashion Theory*, 1 (2), 1997, p. 195.
［33］Daphne Meadmore and Colin Symes, 'Of Uniform Appearance: A Symbol of School Discipline and Governmentality' in *Discourse: Studies in the Cultural Politics of Education*, 17 (2), 1996, pp. 209–25.
［34］Michel Foucault, 'The Subject and Power' in H. L. Dreyfus and P. Rabinow (eds.), *Michel Foucault: Beyond Structuralism and Hermeneutics*, New York, Harvester-Whatsheaf, 1982.（「主体と権力」ヒューバート・L・ドレイファス、ポール・ラビノウ『ミシェル・フーコー――構造主義と解釈学を超えて』山形頼洋他訳、筑摩書房、一九九六年。）
［35］Inés Dussell, 'Fashioning the Schooled Self' in B.M. Baker and K.E. Heyning (eds.), *Dangerous Coagulations: The Uses of Foucault in the Study of Education*, New York, Peter Lang, 2004, p. 86.
［36］Shauna Pomerantz, 'Cleavage in a Tank Top: Bodily Prohibition and the Discourses of School Dress Codes' in *The Alberta Journal of Educational Research*, 53 (4), 2007, pp. 373–86.
［37］Daniel Purdy, 'Sculptured Soldiers and the Beauty of Discipline: Herder, Foucault and Masculinity' in M. Henn and H. A. Pausch (eds.), *Body Dialectics in the Age of Goethe*, Amsterdamer Beiträge zur neuren Germanistik, Vol. 55, Leiden, Rodopi, 2003, pp. 23–45.
［38］Ibid., p. 45.
［39］Brian McVeigh, op. cit., p. 208.
［40］Jane Tynan, '"Quakers in Khaki": Conscientious Objectors' Resistance to Uniform Clothing in World War I' in S. Gibson and S. Mollan (eds.), *Representations of Peace and Conflict*, Basingstoke, Palgrave Macmillan, 2012, pp. 86–102.
［41］Jane Tynan, *British Army Uniform and the First World War: Men in Khaki*, Basingstoke, Palgrave MacMillan, 2013.
［42］Gary Shapiro, *Archaeologies of Vision: Foucault and Nietzsche on Seeing and Saying*, Chicago, University of Chicago Press, 2003, p. 302.
［43］Ku Hok Bun, 'Body, Dress and Cultural Exclusion: Experiences of Pakistani Women in "Global" Hong Kong' in *Asian Ethnicity*, 7 (3), 2006, p. 290.
［44］Ibid., p. 300.
［45］Michael Humphreys and Andrew D. Brown, 'Dress and Identity: A Turkish Case Study' in *Journal of Management Studies*, 39 (7), 2002, pp. 927–52.
［46］Anna Secor, 'The Veil and Urban Space in Istanbul: Women's Dress, Mobility and Islamic Knowledge' in *Gender, Place and Culture*, 9 (1), 2002, pp. 5–22.

11

ニクラス・ルーマン
Niklas Luhmann

流行と時代遅れのあいだのファッション

オレリー・ファン・ドゥ・ペール
大久保美紀｜訳

はじめに

ライフスタイル雑誌『モノクル(*Monocle*)』の編集者であるアンドリュー・タックは、二〇一三年のコレクションの少し前に、雑誌の公式ブログで次のように危惧を露わにした。今日のファッションマニアとって「ファッションはもはやファッショナブルではない」。だから、「ファッションが好き」だなんて言わない方がよい。「さもないと、ひどい批判を受けることになるだろう」[1]。今日のファッションの世界でファッションの渦中にとどまろうとすることは、時代遅れとみなされるようだ。この認識は、ファッションの内部にいる者たちによる差異化（distinction）の方法であるが、それは同時にファッションに対する敵意をも暗示する。ファッションは、その軽薄で利那的な性質によって絶えず批判されてきた。その批判者が誤っていることを現代のファッション理論家が証明しようと努力を続けているにもかかわらず。たとえば批評家たちは、美術のような、隠された深い意味を表しているとされる——その真偽はともかくとして——より普遍的な文化的形成とファッションを比較して、深淵さと合理性が欠けているとされるファッションを文化的価値が低いところに位置づけてきた。この章ではドイツの社会学者ニクラス・ルーマン（一九二七‐一九九八）の偉大な理論的枠組みを例にとり、ファッションの作用には論理があるのか、それとも、ルーマンの理論によってファッション研究者が彼らの研究対象を否定されることになるのかを考察していく。

すべては社会的なもの

ドイツの社会学者ニクラス・ルーマンは三〇年に及ぶキャリアを通じて、マスメディアから時間、教育からアートまで幅広い分野に言及してきた。五〇冊の著作と四〇〇本の論文を執筆し——これまで英語に翻訳されたものはごく一部しかなかったが——、彼の研究はいくつかの学問領域において重要な影響力を持ってきた。本稿は、ルーマン理論の包括的枠組みに対しての導入を行うものである。

先にルーマンの理論的枠組みを「偉大な」と述べた。それはまさしく彼の意図した通りである。ルーマンは高度に抽象的な方法で論じているために、しばしばその不可解な散文のせいで批判されてもきた。この章ではルーマン理論の重要概念を紹介したのち、ルーマン理論は難解で威嚇するようなものではなく、あらゆる社会的対象の「スーパー理論」[2]がファッション研究者にとって重要な理論的ツールであると理解してもらえることを目指す。ニクラス・ルーマンの研究を通じてファッションを思考することは、あらゆる批評が取り組んできたにもかかわらず、乗り越えるのが難しかった壁、つまりどのようにファッションは依然として強い影響力を持っているかについて、さらなる理論化に取り組む人々の立場を補強するのに役立つだろう。

次の節では、社会学者のクリスティアン・ボルフの著作[3]に見られる三つの段階に基づいて、ルーマンの主要概念を紹介する。三つの段階とはすなわち、一九七〇年代のシステムと環境の関係性、一九八〇年代のオートポイエーシス的転回、そして一九九〇年代のパラドックス的転回である。そこでは、ルーマンの近代社会観についても概説する。章の後半では、彼の数少ないファッションについてのテクストを論じ、ルーマン理論による既存のファッションの分析について調査する[4]。そしてファッション研究においてルーマン的な観点が引き起こす洞察を指摘することによって論を締めたい。

ルーマン理論のコンテクスト

ニクラス・ルーマンの社会学への関心は、ハーヴァード大学在学時の一九六〇〜六一年に、機能的システム論の提案者として知られるアメリカ人研究者タルコット・パーソンズ[5]の指導下で磨かれた。ルーマンは、非常に早い段階でパーソンズ的システム論がいかにして自身のシステム観と相入れないかを認識した。一般的な理解におけるシステムとは、環境から自分自身を切り離したうえで作用することのできる統合された全体を指す［6］。パーソンズとルーマンのシステム解釈には次のような相違点がある。パーソンズは、人々が役割期待によって構築される重要な立場を請け負う行為がシステムの構成単位であるとみなしたが、ルーマンはコミュケーション（インフラ）をシステムの構成物であると考えた。

ルーマンはまず、社会システムに関心を持ち、どのように社会システムがその環境を「理解する」かという疑問に注目した。システム分析において、ルーマンはシステムと環境の境界を強調する。異なるシステムが現れるのは、ただそれらがシステムの境界の外部にあるものを意味することによって、他と差異化するためである。

社会システムに関心を持つルーマンの社会領域の分析は、差異化が社会的範囲を規定するという大まかな主張から始まる。ルーマンは差異化の概念の理解を展開するにあたり、ジャック・デリダに代表される差異についてのフランスのポストモダン思想や彼の脱構築理論［7］と自身のシステム論とを並置している［8］。これらの理論家は二人とも自己反省の思想を共有しているが、ルーマンはそれを二次観察と呼ぶ。これは他者や「他者」としてのあなたがどのように観察しているかを観察するもので、「差異」の上に成り立っており、それは「より高い（あるいは新しい）レヴェルで全体性を回復するという希望もなしに差異化に注意を向けるためである」［9］。結果として、システムは統一体としては理解されず、むしろ差異こそがシステムを特徴づける。またルーマンは、差異化についての解釈を利用して、ピエール・ブルデュー（一三章参照）のような同時代の社会学者から距離をとっている。彼らは差異化に関して共通の見解を持っていた。それは個人や集団が、特定の社会集団――ブルデューの場合で言えば階級がそうである――と関連づけられた、美学的あるいは社会的な価値や実践と同一化することを通じて、自身を他者から差異化しようとすることだと考えられていた。

三つの段階

差異化を描く

差異化というルーマンの概念は、彼の著作における第一の段階を印づけている。彼が主張しているように、差異化は自身を際立たせることと属することのあいだのダイナミクスを伴うというわけではない。むしろ彼は、差異化を理解するために、ジョージ・スペンサー＝ブラウンの「形式の法則」[10]の哲学的論理学における観察という概念を引き合いに出す。端的に言えば、ルーマンはそれを境界策定の概念としてみなす[11]。システムが観察するとき、システムは二つの要素のあいだで区別されるが、そのとき差異化の一方の側面だけに依拠している。観察の全体像はそれゆえ見えていない。システムはそれ自身の死角、つまり差異化の二つの極を生み出す一次観察において現実を解釈する。スペンサー＝ブラウンにしたがって、ルーマンは観察をひとつの形式――あるいはドイツ語でいえばLeitdifferenz――に分類する。システムは、その主要目的である複雑さの縮減を成し遂げるため差異化の操作を取りいれる。ファッションに関する事例でこのことを見ていこう。

ある朝、仕事に何を着て行くか決める場面を想像してほしい。パートナーと共有している衣装ダンスを開けると、あなたはとっちらかったワードローブを前にして途方にくれるだろう。あなたはまず、観察に基づいて「自分の服とパートナーの服」を区別する。次に膨大な衣服のカテゴリーから、スカートやズボン（下半身に穿くもの）とトップスやブラウス（上半身に着るもの）を区別する。現実的に考えて一度に二本のズボンを穿くことはできないため、このカテゴリー分けを行った時、あなたは一つのオプションを選び取ることになる。最終的に、赤いジーンズを選択したとする。ここに、ルーマンの差異化概念を理解するために重要な二つの要素がある。一つ目は、あなたが行った一通りの観察は必ずしも意識的でも熟考されたものでもないことであり、二つ目は、あなたが自分の衣服だけに注目している時、観察の二つの極に基づいて何を着るか選択する、複雑な決定を単純化するためにとった最初のステップをすっかり忘れていることである。この場合、「私の服とパートナーの服」の差異化が最初の観察の死角となるのである。

このように差異化は、それを通じて何か意味のあるものが構築されるようなもっとも基本的な作業である。しかし、ルーマンにおいては、意味（meaning）はフッサールが言うところのSinn——英語ではsenseという語に訳される——の意味で理解されている[12]。つまり、起こりうるあらゆる地平における選択を通じて「意味をなす（making-sense）」という意味で使われている。あなたが身につけた赤いジーンズには意味がある。それは、ズボンが「表象」の意味において何かを「意味」しているからではなく、あなたが所有する膨大なワードローブからそれを選び取ったからである。さらに言えば、あなたのとった選択は、他のすべてのズボンとスカートを排除したのである。しかし、これらの選択はいまだ開かれたままである。なぜなら、ワードローブにある他の可能性はただ一時的に閉じられただけであるからだ。また別のときに他の選択をするかもしれない。それゆえ、選択は偶発的なものである。あるいは、ルーマンが好んで言ったように、「必然的でも不可能でもない」[13]のである。

ひょっとすると、仕事に何を着て行くかの話を通じて、ルーマンの研究における主題の中心は意味をなすこと（sense-making）だという印象を持たれたかもしれない。もちろん、人々——ルーマンは心的システム

(phychic system）と名づけた——は利用可能なさまざまな選択肢のあいだで区別するという精神的行為を通じて世界を理解している。だが、意味を個人の「経験」に起因するものとみなす現象学とは反対に、ルーマンは観察者としての主体を特権化することをしない[14]。あらゆるタイプのシステム——これらは社会的システムでもある——が、観察を通じてシステムそれ自体とその環境を理解する。ルーマンは、その概念的枠組みの脱主体的な性質を保つことで、二種類の観察者が存在することに気づく。それはつまり、意識を通じて観察する心的システム（人）と、コミュニケーションを通じて観察する社会システム（social systems）の二つである。システムがどのように境界を作り、維持するかという問いに移るために、オートポイエーシスに関するルーマンの思想における新たな段階へと進もう。

機能的差別化とオートポイエーシス

一九八〇年代を通じて、オートポイエーシス（ギリシャ語のauto＝自身とpoiesis＝生成）の概念はルーマンの関心をもっとも強くつかんだ[15]。この概念の中核をなすのは、あらゆるシステムはそれ自体の意味構造を自己生成することによって境界を維持するという考え方だ。人々は認識を自己生成し、別の社会システムはコミュニケーションを自己生成する。これらのシステムはこうして作動的閉鎖（operative closure）に従うが、それらを取り巻く環境から剥奪されているわけではない。システムが環境との差異を解釈することによって生じることを思い出そう。だが、この差異のために、システムと環境は共依存の関係にある。ルーマンはこの相互依存を構造的カップリング（structural coupling）と呼んだ。結果としてシステムは、あるシステムにおける変化が他のシステムの環境を構築しつつ別のシステムの変化を促進するという意味で、ともに進化する。

たとえば、ファッションの作動論理は科学に影響を与える。最近の人文科学と社会科学における言語学的転回、パフォーマンス的転回、物質論的転回について考えてみよう。これらは流行の、あるいは「最新の」理論的視点を採りいれることで、ファッションという束の間の論理と関与しようとする学者の欲望を表現しているように見える。だが、この科学システムのなかでのファッションの干渉は、原因と結果の単純なパターンで起こっているのではない。システムは他のシステムの作用に直接影響を及ぼすことはできない。新しい学術書が大衆的な概念化のなかで物語を組み立てるとき、学問に通じた大衆は、ある面では流行的な要素こそがこの本の魅力であると認識するかもしれない。一方、学者がそのような研究を決して認めないのは、たんにそれが最新の学術的流行を踏襲しているからである。その代わりに彼らは、きわめて説得力のある仕方で論点を明確に表現できる研究を特権化する。言ってみれば、ファッションが科学を「苛立たせる」のである。科学がコミュニケーションにおいて取り組む科学システムのなかにファッションは混乱を生み出すのである。

ルーマンは、近代社会が機能的に差別化された社会的サブシステムから構成されているとみなす。だが、この考え方で近代社会を理論化するのは新しいことではない。社会学の伝統においてはカール・マルクスからゲオルク・ジンメルまで、さまざまな理論家が差別化された社会という概念を受け入れている。ニクラス・ルーマンは、差別化のテーマにオートポイエーシスの思想を付け加えた。近代社会において、私たちはさまざまな自己生産的サブシステムを見つけることができる。このさまざまなサブシステムは、それらが供給することのできる何かだけを社会に提供する。ルーマンは、科学〔16〕、経済〔17〕、教育〔18〕、政治〔19〕、そして芸術[20]といった分野を、完全に自己生産的あるいはオートポイエーシス的な機能的サブシステムとみなし、研究を行った。なるほど、ルーマンの厳格な視点によると、もしシステムがそのシステム固有のコミュニケーションを通じて自身の作用を生み出さないのなら、それらはシステムではない[21]。

近代社会は一六世紀から一八世紀のあいだに基盤が作られた機能的差別化を伴い、初期の社会的形成とは根本的に異なる形で成長を遂げた[22]。古代の社会は、分節的差別化（segmentary differentiation）——たとえば親族を基本的組織形態とするような——によって定義される。階層的差別化（stratification differentiation）は社会的な階層、階級、カーストというヒエラルキーによって分断される高級文化《ハイカルチャー》社会を特徴づける。近代社会はもっとも複雑な社会的形成であるとルーマンは述べるが、それはこの社会が二つの異なる形態の社会的組織を巻き込んできたからである。二〇世紀初頭のファッションの世界において、ランバンやワースのようなパリのメゾンがどうやってビジネスを家族内で継承し続けてきたのか（分節の問題）、あるいは今日のほとんどのファッション企業が、一体どのようにしてもっとも低い層に位置づけられるインターンという無償労働者に頼り続けているのか（階層の問題）、考えてみよう。さらに言えば、近代的差別化においては、いまだ機能的差別化に到達していない社会形態が生じている。たとえば、インドにおいてカースト制は今も有効である。

機能的サブシステムはどのように生まれ、どのように作動しているのか。「成功したメディア」は、サブシステムにおけるコミュニケーションがその周囲を回るようなバイナリコード構造を提供することにより機能システムの差別化を引き起こす[23]。しかしながら、このメディアはマスメディアではなく、貨幣のようにコミュニケーション成功の確率を増幅させるインスタンスである[24]。経済システムにおいて、貨幣は赤いジーンズを買うことを可能にする。しかし経済システムの外側では、あらゆる作用に対して望ましい結果を得るためにそれに頼ることはできない。もし科学者が出版社を説得して自分の著書を出版させるために金銭をばらまいたとしたら、それは賄賂とみなされる。これらの成功メディアが刺激を与える「バイナリコード」は同様に、ただ一つの機能的サブシステムに関係する。さらに、そのコードは厳密に二元的である。たとえば、経済は支払いと不払いのあいだで揺れ動き、科学は真実と虚偽のあいだで揺れ動く。言い換えれば、ある科学的主張が「少しだけ」真実であることが不可能なのと同様、誰かに「ある程度」支払うことはできない。このことが示唆するのは、あらゆる他の社会システムと同じように、機能的サブシステムは運用上閉じていることであり、これは他のシステムの労働、コミュニケーション、パースペクティヴに全く無関心であることを意味している。それゆえあらゆるサブシステムは固有の現実を作り出し、自己生産的な作動論理に従って作動する[25]。作動論理はたとえば法律に関するパースペクティヴと芸術に関するパースペクティヴで異なるだろう。ルーマンの理論では、バイナリコードは変化に対して閉じられたままである。それにもかかわらず、サブシステムそれ自体はかなり柔軟に開かれている。サブシステムのバイナリコードは、いつどのようにそれが適用されるかをそれ自体で決めることはない。そうではなく、「プログラム」がコード適用の基準となる。プログラムはコードが正しくあてがわれるように制御する。プログラムは相当な変化を経て、新しいプログラムに置き換わることすらある[26]。新しい理論や方法論の必要を駆り立てる科学のパラダイムシフトについて、基本的な作動コードには触れずに考えてみよう。近代社会の機能的差別化についてのルーマンの理解には、いくつかの重要な帰結が含まれる。第一に、あらゆるサブシステムは独自の作動論理を作り出すので、社会問題はそれぞれのサブシステムによって異なった仕方でとらえられ、また影響を受ける［27］。これは言説的でもあり、かつ時間的でもあるような含意をもつ。あらゆるサブシステムは固有の言語を話す。たとえば、ファッションマニアは特殊なファッションの言説――ルーマンの用語では意味論と呼ばれる――を使うが、これは関心のない人にはしばしば無関係である。また、システムは異なる時間的地平において作動する。司法権の時間枠は、よく知られているように短命な時間性をもつファッションの時間枠とは異なる。第二に、ルーマンは社会を平面的だと考える。他のサブシステムに干渉できるサブシステムは存在しない。経済システムの重要さを過大評価しているとルーマンが考えた伝統的マルクス主義研究者とは異なり、彼はいかなるサブシステムも特権化しない。我々が社会のすべてを観察できるような見晴らしのよい地点などというものは存在しない。このことは、私たちがよって立つパースペクティヴにはどんなものであれ必ず死角があることを示唆する。さらに、ひとつの支配的なパースペクティヴというものが存在しないために、あらゆる社会システムがたえず固有の「見ない方法（ways of not seeing）」を生み出す。それは私たちに「パラドックス」――ニクラス・ルーマンが一九九〇年代に綿密に練り上げた概念――をもたらす。

パラドックス

あらゆるシステムは死角を作りだし、それが最終的にパラドックスとなる。意味生成の主要な要素、つまり観察と差異化に立ち戻るとき、私たちはパラドックスをよりよく理解することができるだろう。あなたが赤いジーンズを穿くと決めたことを思い出そう。あなたの友人が、なぜその服を選んだのか尋ねるとする。するとあなたはそのズボンの選択についてこう主張するだろう。「これが今流行《はや》っている」からだと。ルーマンはこの類の発言を一次観察——それを根拠に何かが事実であると主張する——と呼ぶ。あなたの友人は続く二次観察で次のように答えるとしよう。「あなたの言っていることは面白いね。流行に乗りたいと思うことは本当にファッショナブルであるのかどうかについて問いかける記事をちょうど読んだところだよ」。あなたの友人はここで、『モノクル』のジャーナリストを引用し、まさしく同じ差異化を応用しながら、ジーンズがファッショナブルであるとするあなたの最初の正当化を観察している。ここでパラドックスがさらなる観察を阻害する形で現れる。なぜなら、流行に乗ることがファッショナブルであるかどうかという問いに対して答える術などないからだ。パラドックスを概念的欠陥の指標であるとみなす伝統的認識論とは異なり、パラドックスがニクラス・ルーマンを困らせることはまったくない。後の著作で彼は、パラドックスの認識は、パラドックスにかかわらず機能する戦術システムこそが実は触れ得ないものであることを明らかにすると述べる[28]。これこそが、ルーマンの後の計画が二次観察に大きく注意を払う理由である。なぜならこのタイプの観察によって、あなた自身の観察と他のシステムの観察の死角を観察することが可能になるからだ。彼は近代社会がパラドックスの過剰から成ることを見出す[29]。これから説明するように、ファッションもまた無数のパラドックスに基づいたものである[30]。ファッション研究者がファッションの力のさらなる概念化に取り組むためにとりうる道筋のひとつは、その本質にあるパラドックスを徹底的に調べることである。

ファッションのパラドックス

ルーマンがファッションついて書いたことはほとんどなかった。彼が直接的にファッションについて問題提起したのはウド・シュヴァルツの著書『ファッショナブルなもの（*Das Modische*）』[31]の書評くらいである[32]。ルーマンはそこで、ファッションの合理性や作動論理は変化可能性への信頼のなかにあるので、ファッションによってシステムが膨大な量の偶発性あるいは不確実性を扱うことができるようになると論じている。近年では、エレナ・エスポジトが、ファッションの本質は本質的にパラドックス的であることを論じながら、この考えをさらに発展させた[33]。このようなパラドックスはファッションの時間的次元と社会的次元の両方において明確に論じられる。

まず、ファッションは、絶え間ない変化可能性に基づく固有の作動理論を発展させた。言い換えるならば、ファッションが差し出すのは「移ろいやすいことは変わらないという性質」[34]である。近代初期にはこの考え方はまだ受け入れられていなかったが、すぐに現実味と——さらに私が付け加えて言うならば——規範性を帯びた。それは、近代的な個人が以下のことについに気づいたからである。すなわち、変化可能性は好ましく、是認できるものであると、そして「良い」と判断されるすべてのファッションアイテムにとって参照すべき目的であるということに。流行の衣服における「計画的に組み込まれた移ろいやすさ」[35]は、それ以前に流行した衣服のスタイルがどんなものであっても次はそれとは異なるものが来ると期待し続けられる限り、私たちに揺るぎない根拠を保証する。第二に、主体のパラダイムは結局、近代を行為主体性《エージェンシー》と変化の担い手にしたために、近代は個性と独自性に取り憑かれるようになった。トリクルダウンにせよバブルアップにせよ、特定のファッション好きの個人やグループ（流行を早く取り入れる人々《アーリーアダプター》のコミュニティ）は、他の人が後に続く先例を作る。しかし、ある個人が、個性的であるために他の人の真似をするというのはパラドックス的である[36]。

さらに、このファッションの模倣的側面は、ファッションがまったく無害であるように見えるがために、流行の衣服と他の文化的形成の両方へと入り込む力を持つのである［37］。ファッションの力は、まさしく軽薄で刹那的な性質のうちにある。ファッションはパラドックスを無効化できる方法を知っているので、無害なはかなさの仮面を身につけることができる。たとえば、私たちは最新のファッションの新しさや差異に驚かされることをつねに期待している。とはいえ、この時間的な期待は、それが獲得する規範性においてはパラドックス的である。しかし、驚きへの期待を個人の独創性に帰すことで、社会的パラドックスは時間的パラドックスを相殺する。たとえば私たちは、ファッションデザイナーを創造的で自立したアーティストあるいはセレブリティ的なファッションアイコンとして描くことを通じて、変化可能性のなかにあるファッションが持続的なものと対比してどのようなものであるのかを暴き出す時間的パラドックスを無効化する。

ファッションが近代社会の機能的サブシステムであるかどうかという問いに向き合うことは、ファッションの文化的地位が低いという問題に取り組むためのルーマン的な方法を与えてくれる。ルーマンがどんな社会的サブシステムも特権化しなかったことを思い出そう。次節では、ファッションが機能的サブシステムであるならば、ファッションを低い位置に置きがちな文化的価値づけの手段をはねつける理論が構築可能であることを論じていこう。

ファッションは近代社会の機能的サブシステムであるか？

小見出しに掲げた問いに対する答えは、直接的で断定的なものに見えるかもしれない。ラグジュアリーなファッションとマス向けのファッションの生産と消費という現代的な問題に少し目をやって見ると、他の社会的サブシステムは、次に来るファッションの決定に何ひとつかかわらないということに気がつくだろう。だが、依拠する理論を求めてニクラス・ルーマンに目を向けたファッションの研究者のほとんどはこの議論に決着をつけられていない。ドリス・シュミット[38]やイングリート・ロシェック[39]が流行の衣服を機能的サブシステムとみなす一方で、エレナ・エスポジト[40]、ビョルン・シールメル[41]、ウド・シュヴァルツ[42]はそれに疑問を呈している。まずは前者の研究者の著作に目を向けてみよう。彼らは、流行の衣服が自己生産的なコミュニケーションによって作動するサブシステムであると論じている。

シュミット[43]とロシェック[44]の二人は、流行の衣服をサブシステムだと考えており、そこではあらゆるコミュニケーションが究極的には「イン」と「アウト」のバイナリコードに基づいて展開すると述べる。たとえば、ファッションアイテムについての記事を「イン&アウト」の柱で組み立てるファッション・メディアは、明らかにこのバイナリコードを証拠立てているだろう。しかしながら、ロシェックとシュミットはファッションの物質的なモノという主題に関しては考え方が異なる。シュミットにとって、裁断・生地・パターン・質感はファッションのコミュニケーションそのものである[45]。ロシェックはシュミットと異なり、こうした特徴をシステムのプログラムの一部とみなし、そこではファッションの移ろいやすい性質がもっとも明確に現れていると言う[46]。イン&アウトというバイナリコードは「流行り」と「流行遅れ」という追加コードを示唆しているので、ロシェックは、ファッションのシステム特有のコミュニケーションが社会的有効性を軸として展開すると主張する。彼女は次のように書いている。「どの服が流行っているのかという問いは完全に社会的なもの、すなわちコミュニケーションでの交渉によって定義されるものである」[47]と。

だが、この考え方は、伝統的なルーマン的観点とはなじまないように思われる。たとえばルーマンは、芸術システムについての著作で、芸術作品は「芸術を通じたコミュニケーション」[48]によって自らを芸術たらしめていると述べる[49]。私が主張したいのは、ルーマンのこの仮説を他の文化的生産物についても当てはめられること、また彼が物質としてのファッションアイテムは「私がファッションだ」というメッセージを発しているとみなしていることである。ちょうどドリス・シュミットが論じた、ファッションアイテムを通じて生じるファッションシステムのコミュニケーションと同じように。つまりルーマンは、何が芸術だと、あるいは何がファッションだとみなされるのかを決めることで、芸術やファッションについてのコミュニケーション（美術館、バイヤー、ジャーナリズム）を芸術とファッションのシステムの環境へと差し向ける。それにもかかわらず、ロシェックは、「ファッションだと認められたもの以外の衣服はすべて、ただの服である」[50]と述べる。ここでは、誰が衣服についてのファッション的ステータスを伝達するのか、どのようにして彼らがそれを正当化するのかという問題がはぐらかされている。ルーマンは、あるモノや実践が先験的に芸術であると決めてかかる傾向にあるが[51]、上述の問いは私たちをジャーナリスト、バイヤー、写真家、スタイリストといった文化的仲介者の働きに着目させる[52]。彼らは最新のトレンドを普及させるだけでなく、ファッション的ステータスの決定にかかわる。その結果、私は次のように主張することになる。ファッションを自己生産的システムであると理論づけようとする研究者は、ファッションについてのコミュニケーションを盛り込まねばならない、と。なぜなら、実際にはこれらの領域はファッションを通してコミュニケーションを裁き、安定させるからである。

たとえば、一九八二年にコム・デ・ギャルソンの川久保玲はパリ・コレクションでいまやアイコン的作品となったニットウェア――わざとボロボロにした、穴のあいた黒のセーター――を発表した。この作品や以降のコレクションで、川久保はファッショナブルなデザインを通して「これはファッションでありうるか」という超内省的疑問を投げかけた。だが、このような方法でファッションの限界を探ることが可能となるのは、ひとえにファッションについて語ったり書いたりする人々（伝統的にはジャーナリスト、バイヤー、編集者）が、川久保の実験的デザインはファッションシステムのコミュニケーションの一部であるという前提としての認識を持ち続けるからである。ファッションについてのコミュニケーションは、ボロボロのセーターを通じた彼女のコミュニケーションをシステムの内にあるものと認める。したがって、ファッションを通じたコミュニケーション――そこではコミュニケーションがどれほど別の仕方で読まれ、解釈されうるかによってその解釈が決まる――は、ファッションについてのコミュニケーションから独立して意味を持つことはない。このように、ファッションについてのコミュニケーションは、サブシステムの一部として概念化される必要があるのである。

実際、流行の衣服が近代社会のオートポイエーシス的サブシステムであると気づくことは、ファッションが他の文化的形成とのヒエラルキー的関係にどっぷりつかっていると考える批評家に異を唱えるための強力な論点を示唆している。ルーマン的枠組みにおいては、システム全体を俯瞰する視点はないことを思い出そう。言い換えれば、ファッションの生産に関する他の社会学的視点において現れているように、ファッションシステムはヒエラルキー的に作用することはない。たとえば、経済的システムを優先するマルクス主義の伝統的枠組みのなかで研究を行ったブルデューは、ファッションを芸術領域と経済領域のあいだで捉えられるものと見る［53］。財政的な考察（とりわけプライスポイント［ブランドのなかの売れ筋の価格］が高価なファッションの場合）は、文化的実践や芸術的実践として価値づけられたものとしてのファッションのステータスを引き下げるように思われる。ファッションが文化的価値の梯子を上へと登ろうとするとき、それは逆転経済（reversed economy）における市場との結びつきを誤認する。美術の側に立つならば、私たちは芸術化[54]について語ることになる。このことは、ファッションが「大いに芸術的」になるか、あるいは「多かれ少なかれ」芸術になるかを意味する。この考えはたとえば、ファッションは「純粋芸術」ではないが「応用芸術」あるいは「装飾芸術」の一部である、という広く普及した思い込みに組み込まれている。だが、ファッションを機能的サブシステムだと考えるならば、研究者も政治家も芸術家も、次にやって来るファッションがどんなものかを決定することができない。そのことが示しているのは、ファッションシステムを構成するコミュニケーションは美術や文学のような他の文化的形成と比較して位置づけられるのではなく、ファッションのなかで、そしてファッションのために考察されなければならないということだ。ルーマン的枠組みを通じてファッションを考えることとは、ファッションと芸術のあいだの文化的ヒエラルキーという概念を乗り越えることになる。ファッションのコミュニケーションは単純にファッションシステムに関するのであり、芸術のコミュニケーションは芸術に関係するのである。

それにもかかわらず、ファッション研究者のなかには、流行の衣服が経済、政治、芸術における変化と発展を反映していると指摘する者もいる[55]。彼らは、シュミットやロシェックが主張したように、流行の衣服は完全には自己生産的でなく、それゆえ、近代の機能的サブシステムではないと述べる。エレナ・エスポジト[56]とビョルン・シールメル[57]は、鍵となる二つの要素からこの考え方を展開している。まず、研究者たちは今日まで、流行の衣服が近代社会において実現したただひとつの成果を十分に理論化できていない。ルーマン的枠組みにおいては、あらゆるサブシステムが社会にもたらすのは、サブシステムが生み出すことのできる何かでしかないことを思い出そう。この問いに対して社会的両義性に関する理論〔58〕からなされた洞察にもかかわらず、この学術的な議論は流行の衣服が近代社会にもたらす何か独特なものを持っているのかどうかについて十分考察してきたとは言えない。第二に、サブシステムのバイナリコードとしての「流行り」と「流行遅れ」という考えに対し、私たちは本気で異議を唱えるだろう。川久保がこの差異化を利用したとき、このようなデザインの物質性を通じたコミュニケーションが可能となったのは、まちがいなく流行の衣服とその環境のあいだの差異を観察するために川久保が戯れたものとは異なる自律的なコードによってであろう。したがって究極的には、ファッションがバイナリコードを持っているのかどうか、結局のところ近代社会の機能的サブシステムであるかどうかを私たちは問うことになろう。今後の研究によっては、流行の衣服を（ファッションの文化的価値を非ヒエラルキー的に解釈する道を閉ざす）ルーマン的システムで理論化することはできないと結論づけられるかもしれないが、ファッションの力はその議論を超えたところにある。その力は、ファッションが社会の機能的サブシステムであるにもかかわらずパラドックスに陥ってしまうような、ファッションの軽薄で移ろいやすい性質のなかに姿を現すのである。

おわりに――ファッション・スタディーズにおけるニクラス・ルーマン

本稿は、ファッション・スタディーズへの幅広い適用可能性という観点から、社会システム理論においてニクラス・ルーマンが展開した包括的な枠組みを紹介しようとする初の試みである。現在まで、ルーマン的な観点を取り入れたファッション研究者はほとんどいなかった。本稿では、流行の衣服を近代社会の機能的サブシステムとみなせるかどうかという、いまだ研究者たちが結論を出していない問いを取りあげた。今後の研究ではさらに、このような主張をするために必要な条件が流行の衣服に適用されるかどうか、されるとすればどの程度されるのか検討すべきである。この点に関して、考察を進めるために鍵となる要素を提案したい。ファッションについてのコミュニケーションは、ファッションのシステムの部分あるいは一区画として考えねばならない。この論点は――適当な位置に見出すことができたならば――、ブルデューの場の理論からの見識と織り交ぜることで、「ファッションシステム」を理解する足がかりとなるだろう。

ファッションに関する学術的議論においてルーマンの枠組みが期待できる道筋を指摘する前に、彼の著作の重要な欠点を指摘したい。研究者はファッションの物質性に関心を持っているが、ルーマンの枠組みにおいて衣服はほとんど価値を持たない。芸術について彼は、芸術の物質面はシステムの一部ではないとはっきりと記している[59]。ルーマンはファッションの物質的根拠、すなわち生地、裁断、シルエット、そして生身の身体との結びつきに関心を持たないだろう。たしかにこういった観察が、物質的ルーツも具現化された性質も捨てることのできないファッションに応用されると疑わしいものになる。現代の多くのデザイナーは、ファッションの素材を通じて彼らの思想を伝達する。彼らにとって衣服という物質は有意である。この欠点にもかかわらず、ルーマンの包括的枠組みはファッション・スタディーズがさらなる探求をするための重要な道筋を示す。

ファッションが本質的にパラドックス的であることをより深く理解すれば、学術的議論を理論的に前進させるのに役立つだろう。なぜならば、二次観察の分析によって、私たちはこれまで見えないままであったもの、つまりパラドックスを解体するためのさまざまな戦略を解明できるからだ。私自身の研究では、流行の衣服における変化と持続性との歴史的関係性に見られるパラドックスの概念を調べている。あらゆるパラドックス、あるいはルーマン的観察において、一方の極はもう一方の極なしでやっていくことはできない。だが、現在の学術的議論では、ほとんどのファッションの定義が原則的に変化を前提としているために、この相互依存は否定されがちである[60]。さらにこの概念には、しばしば超歴史的な構成要素が与えられる。ファッションは時代を問わずつねに変化に関係してきた[61]。だが、ルーマン的なパラドックスの議論を心に留め置くならば、このような本質主義への傾向は明らかにつじつまが合わないことがわかる。ちょうどファッションのすべてが模倣(mimesis)や個性に関与するわけではないのと同様に、すべてが変化と関与するわけでもない。しかし、現代のハイファッション産業の行為者（actor）とファッションの研究者の両者ともがこのような一面的な視点で働いているという事実に私たちは注目すべきだろう。ファッションはもっぱら恒常的に変化するものだという考えを、いかにして私たちや彼らが当然だとみなすようになったのかという問いは避けられてきた。こうして私は、ファッションのパラドックスについてのこれからの研究に対し、ファッションの生産に関与する多くの人々と、その研究が彼らを差異化の片側だけに位置づけてきた行為遂行的《パフォーマティヴ》な局面の徹底的な歴史化を提案したい。さらに言えば、ファッションのさまざまなパラドックスの徹底的な分析はファッションの力をよりよく理解することに寄与するだろう。本章の冒頭の引用を参照しながら私はこう異義を唱えておきたい。批評家たちは好き放題にファッションを批判するのだが、「人々がドレスコードの気まぐれ——またの名をファッション——から逃れてきたことをちっとも考えていない」[62]と。

原註

［1］Andrew Tuck, 'When Fashion is no Longer Fashionable' in *Monocolumn*, retrieved from http://monocle.com/monocolumn/design/when-fashion-is-no-longer-fashionable on 2 March 2013, 2013.

［2］Niklas Luhmann, *Social Systems*, John Dednarz Jr and Dirk Beacker (trans.), Stanford, Stanford University Press, English translation: *Social Systems*, Stanford, Stanford University Press, 1995 [1984], p. 4.（『社会システム理論（上）』佐藤勉監訳、恒星社厚生閣、一九九三年、五頁。）

［3］Christian Borch, *Niklas Luhmann*, London, Routledge, 2011.（『ニクラス・ルーマン入門――社会システム理論とは何か』庄司信訳、新泉社、二〇一四年。）

［4］以下の文献を参照のこと。Elena Esposito, *Die Verbindlichkeit des Vorübergehenden: Paradoxien der Mode*, Frankfurt am Main, Suhrkamp, 2004. Elena Esposito, 'Originality through Imitation: The Rationality of Fashion' in *Organization Studies*, 32 (5), 2011, pp. 603–13. Ingrid Loschek, *When clothes become fashion: Design and innovation systems*, Oxford, Berg Publishers, 2009. Bjorn Schiermer, 'Mode, Bewusstsein und Kommunikation' in *Soziale Systeme*, Zeitschrift für Soziologische Theorie, 16 (1), 2010, pp. 121–149.

［5］Talcott Parsons, *The Social System*, London, The Free Press of Glencoe, 1951.（『社会体系論』佐藤勉訳、青木書店、一九七四年。）

［6］Niklas Luhmann, *Social Systems*, 1995 [1984].（『社会システム理論（上・下）』、一九九三－九五年。）

［7］ジャック・デリダに関する一四章および以下の文献を参照のこと。Jacques Derrida, *Of Grammatology*, G.C. Spivak (trans.), Baltimore, Johns Hopkins University Press, 1974 [1967].（『根源の彼方に――グラマトロジーについて（上・下）』足立和浩訳、現代思潮社、一九七二年。）Jacques Derrida, *Writing and Difference*, A. Bass (trans.), Chicago, University of Chicago Press,1978 [1967].（『エクリチュールと差異（上・下）』若桑毅訳、法政大学出版局、一九七七－八三年。）

［8］Niklas Luhmann, 'Deconstruction as Second-Order Observing' in *New Literary History*, 24: 763–82, 1993.

［9］*Ibid.*, p. 766.

［10］George Wilson, *Laws of Form*, London, Allen & Unwin, 1969.（『形式の法則』大澤真幸・宮台真司訳、朝日出版社、一九八七年。）

［11］Niklas Luhmann, *Observations on Modernity*, W. Whobrey (trans.), Stanford, Stanford University Press, 1998.（『近代の観察』馬場靖雄訳、法政大学出版局、二〇〇三年。）

［12］Niklas Luhmann, *Social Systems*, 1995 [1984], p. 60.（『社会システム理論（上）』、一九九三年、九三－九四頁。）

［13］Niklas Luhmann, *Observations on Modernity*, 1998, p. 45.（『近代の観察』、二〇〇三年、六五頁。）

［14］Niklas Luhmann, 'Meaning as Sociology's Basic Concept' in *Essays on Self-Reference*, New York, Columbia University Press, 1990, p. 23.（『批判理論と社会システム理論――ハーバーマス＝ルーマン論争』佐藤嘉一・山口節郎・藤澤賢一郎訳、木鐸社、一九八七年、三三一－三三三頁。）

［15］Niklas Luhmann, Social Systems, 1995 [1984].（『社会システム理論（上・下）』、一九九三年。）

［16］Niklas Luhmann, 'Meaning as Sociology's Basic Concept', 1990.（『批判理論と社会システム理論』、一九八七年。）

［17］Niklas Luhmann, 'The Concept of Society' in A. Elliott (ed.), *Contemporary Social Theory*, Oxford:, Blackwell, 1999.

［18］Niklas Luhmann, 'What is Communication?' in W. Rasch (ed.), *Theories of Distinction: Re-describing the Descriptions of Modernity*, Stanford, Stanford University Press, 2002.

［19］Niklas Luhmann, *Art as a Social System*, E. Knodt (trans.), Stanford, Stanford

University Press, 2000 [1995].（『社会の芸術』馬場靖雄訳、法政大学出版局、二〇〇四年。）

[20] *Ibid*.

[21] Niklas Luhmann, *Einführung in die Systemtheorie*, D. Baecker (ed.), Heidelberg, Carl-Auer-Systeme Verlag, 2002, pp.116–17.（『システム理論入門――ニクラス・ルーマン講義録（1）』ディルク・ベッカー編、土方透監訳、新泉社、二〇〇七年、一二七－一二九頁。）

[22] Niklas Luhmann, *The Theory of Society*, R. Barrett (trans.), Stanford, Stanford University Press, 2012 [1997].（『社会理論入門――ニクラス・ルーマン講義録（2）』土方透監訳、新泉社、二〇〇九年。）

[23] *Ibid*., p. 358–359.〔ただし、原書（英語版）に該当箇所は存在しない。〕

[24] Niklas Luhmann, 'The Improbability of Communication' in *Essays on Self-Reference*, New York, Columbia University Press, 1990.（『自己言及性について』土方透・大澤善信訳、国文社、一九九六年。）

[25] Niklas Luhmann, *Die Wissenschaft der Gesellschaft*, Frankfurt am Main, Suhrkamp, p. 693.（『社会の科学（1）』徳安彰訳、法政大学出版局、二〇〇九年、七二六－七二七頁。）

[26] Niklas Luhmann, *Social Systems*, 1995 [1984], p. 317.（『社会システム理論（下）』、一九九五年、五八九－五九〇頁。）

[27] Niklas Luhmann, 'The Paradoxy of Observing Systems' in *Cultural Critique,* 31, 1995, pp. 37–55.

[28] Ibid., p. 52.

[29] Ibid.

[30] 以下の文献を参照のこと。Elena Esposito, *Die Verbindlichkeit des Vorübergehenden: Paradoxien der Mode*, Frankfurt am Main, Suhrkamp, 2004. Elena Esposito, 'Originality through Imitation: The Rationality of Fashion' in *Organization Studies*, 32 (5): 603–13, 2011.

[31] Udo H.A. Schwarz, *Das Modische: Zur Struktur sozialen Wandels der Moderne*, Berlin, Duncker & Humblot, 1982.

[32] Niklas Luhmann, 'Udo H.A. Schwarz, Das Modische' in *Soziologische Revue*, 7, 1984, pp. 73–74.

[33] Elena Esposito, *Die Verbindlichkeit des Vorübergehenden*, 2004. Elena Esposito, 'Originality through Imitation', 2011.

[34] Elena Esposito, 'Originality through Imitation', 2011, p. 607.

[35] Niklas Luhmann, 'Individuum, Individualität, Individualismus' in *Gesellschaftsstruktur und Semantik: Studien zur Wissenssoziologie der modernen Gesellschaft*, Band 3, Frankfurt am Main, Suhrkamp, 1989, p. 256.（『社会構造とゼマンティク（3）』徳安彰訳、法政大学出版局、二〇一三年、二二六頁。）ただし、次の文献からの孫引き。Elena Esposito , 'Originality through Imitation: The Rationality of Fashion' 2011, p. 608.

[36] Elena Esposito, *Die Verbindlichkeit des Vorübergehenden*, 2004.

[37] Elena Esposito , 'Originality through Imitation', 2011.

[38] Doris Schmidt, *Die Mode der Gesellschaft: Eine systemtheoretische Analyse*, Baltmannsweiler, Schneider Verlag, 2007.

[39] Ingrid Loschek, op.cit.

[40] Elena Esposito, *Die Verbindlichkeit des Vorübergehenden*, 2004. Elena Esposito, 'Originality through Imitation', 2011.

[41] Bjorn Schiermer, op. cit.

[42] Udo H.A.Schwarz, *op. cit.*

[43] Doris Schmidt, *op. cit*.

[44] Ingrid Loschek, *op. cit*., pp. 21–28.

[45] Doris Schmidt, *op. cit*., p. 46.

[46] Ingrid Loschek, *op. cit*., pp. 133–36.

[47] Ingrid Loschek, *op. cit*., p. 25.

[48] Willem Schinkel, 'The Autopoiesis of the Artworld after the End of Art' in *Cultural Sociology*, 4 (2), 2010, pp. 267–90.

[49] Niklas Luhmann, *Art as a Social System*, 2000 [1995].（『社会の芸術』、二〇〇四年。）

[50] Ingrid Loschek, *op. cit*., p. 136.

[51] Niklas Luhmann, *Art as a Social System*, 2000 [1995].（『社会の芸術』、二〇〇四年。）

[52] Pierre Bourdieu, *Distinction: A Social Critique of the Judgement of Taste*, London, Routledge, 1996.（『ディスタンクシオン（Ⅰ・Ⅱ）——社会的判断力批判』石井洋二郎訳、藤原書店、一九九〇年。）

[53] Pierre Bourdieu and Yvette Delsaut, 'Le Couturier et sa Griffe: Contribution à une Théorie de la Magie' in *Actes de la Recherche en Sciences Sociales*, 1 (1): 7–36, 1975, p. 22.

[54] Roberta Shapiro, 'Art et Changement Social: l'Artification' in P. Le Quéau (ed.), *Vingt Ans de Sociologie de l'art: Bilan et Perspectives*, Paris, L'Harmattan, 2007.

[55] Herbert Blumer, 'Fashion: From Class Differentiation to Collective Selection' in *Sociological Quaterly*, 10 (3) 275–291, 1969, p. 283. Bjorn Schiermer, op. cit., p. 30.

[56] Elena Esposito, *Die Verbindlichkeit des Vorübergehenden*, 2004.

[57] Bjorn Schiermer, *op. cit*.

[58] Susan Kaiser, Richard Nagasawa, and Sandra Hutton, 'Constructior of an SI Theory of Fashion: Part I: Ambivalence and Change' in *Clothing and Textiles Research Journal*, 13 (3): 172–83, 1995.

[59] Niklas Luhmann, *Art as a Social System*, 2000 [1995].（『社会の芸術』、二〇〇四年。）

[60] たとえば以下の文献を参照。Yuniya Kawamura, *The Japanese Revolution in Paris Fashion*, Oxford, Berg, 2004. Gilles Lipovetsky, *The Empire of Fashion: Dressing Modern Democracy*, Princeton, Princeton University Press, 2002. Elizabeth Wilson, *Adorned in Dreams: Fashion and Modernity*, London, I.B. Tauris, 2003.

[61] Yuniya Kawamura, op. cit. p. 5.

[62] Andrew Tuck, 'When Fashion is no Longer Fashionable' in Monocolumn, retrieved from http://monocle.com/monocolumn/design/when-fashion-is-no-longer-fashionable on 2 March 2013, 2013.

12

ジャン・ボードリヤール Jean Baudrillard

意味の終焉としてのポストモダンファッション

エフラト・ツェーロン
大久保美紀｜訳

はじめに

ジャン・ボードリヤール（一九二九－二〇〇七）は、ポストモダンの時代における偉大な思想家のひとりとみなされている。パリ＝ナンテール大学で社会学者として研鑽し、五月革命以降のフランス知識人の舞台に登場し、確立された学術領域、方法、理論、様式と言説に基づく正統派的で慣習的な知に異を唱えた。彼の著作は哲学、社会理論、さらには批判的文化分析と外観の形而上学を独自にかけあわせた理論にまで及ぶ。彼はメディアで飽和した時代の消費を文化的・意味的プロセスとして捉えている。

一章をファッションにあてた『象徴交換と死』〔1〕を除けば、彼は著書のなかでファッションを理論化しているというわけではないのだが、ファッションは消費の対象の好例であるがゆえに、彼の書物において取りあげられなかったことはない。事実、ボードリヤールは消費文化についての初期の著作において「ファッションと消費は不可分である」〔2〕と述べ、それらは相互に交換可能であるとしている。この章では、消費文化におけるファッションの意味を理解するため、ボードリヤールの消費論をより広い意味で応用する。そうすることで、消費に関する彼の理論がファッションを通じて考えるために非常に重要であることを示したい。

意味作用からシミュレーションへ

消費文化の到来、商品化と消費のさまざまな形式、そしてマスメディアと広告におけるイメージの際立ちとともに、ボードリヤールはネオ・マルクス主義社会理論を主要な批判言説としてとるようになる。消費が必要を満たすために行われるとか、個人の楽しみの経験であるといった考えを否定し、その代わり、モノと私たちの関係を分析する消費理論を推論的システムとして発展させた。衣服のようなモノは、あるコードの簡潔さと有効性を有する意味作用のシステムの中にある要素となる。それらは物質的な商品というよりむしろ「記号」である。消費は、欲望の論理によって動かされる記号操作のシステマティックな行為である。このアプローチを発展させるため、ボードリヤールは二〇世紀に発達した精神分析（フロイトについての二章を参照）を補強するいくつかの考えを導入した。彼は心理学的動機については深入りしていないが、精神分析学的な

「対象（object）」と「目的（aim）」の区別は維持している。ここでいう「目的」とは、さまざまな不特定の対象によって満たされる特定の動機を指す。余暇としてのファッション、あるいは、楽しい時間つぶしとしてのショッピングという思想を予兆するように、彼は「楽しみ」とは「義務」と同義であることを示す。このように、ボードリヤールは消費が欲望としての性質をもつと論じたが、その欲望は「欠如の上に成り立っているために決して充足しえない。そして、決して満たされない欲望は、一連の対象と必要のなかに自らを意味付ける」[3]。この欲望は、その目的が達成されうるどんな必要によっても動機づけられていない。むしろそれは、それ自身のイメージへの欲望である[4]。この見解は、たとえばなぜファッションの消費者がショッピングを続けても決して満足しないのか、そして服でいっぱいのクローゼットを前にして「着るものがない」と思ってしまうのかに対して説明を与えてくれる。

ボードリヤールの研究は、フェルディナン・ド・ソシュールの構造言語学や記号の科学――記号論や記号学――に影響を受けており、その枠組みで展開される（これはバルトの著作へも影響を与えている。第七章を参照）。構造言語学において、意味作用のプロセスは記号システムを通じて遂行される。ソシュールによると、記号はシニフィアンとシニフィエから成る。シニフィアン（音‐イメージ）はシニフィエ（概念）を指し示す。シニフィアンはシニフィエの容れ物であり、その二つが記号とその意味を作る際に結びつく。記号と結びつけられ、言及される実体は、指示対象と呼ばれる。向きを逆にして組み合わされた二つの三角形は女性を表しており、よく公衆トイレなどで見かける［図12.1］。ここでは三角のシルエットがシニフィアン、（スカートを履いた人物像によって象徴される）女性を頭に浮かべたイメージがシニフィエ、そして、現実の女性が指示対象である。さらに、記号には内在する意味はなく、他の記号との関係によって意味を獲得する。たとえば、トイレの記号について続けると、底辺の狭い三角形（頂点でバランスをとっている）の上に黒塗りの三角形を組み合わせると女性を表すが、安定感のある基礎に乗った白抜きの三角形は、スカートの代わりにズボンをはいた男性を表す。

ボードリヤールはソシュールとバルトの構造主義言語学の方法論をポストモダンの枠組みにおける記号論的システムに応用した。ポストモダニズムにおいては、記号はもはや意味しないと主張している点で彼の分析はポスト記号論的である。彼によれば、私たちは、何も意味することのないポストモダンの時代に突入しているのであり、そこでは、記号は他の記号を参照するだけであり、システムはもはやシニフィエを持たないことによってショートしているという。前近代と近代においてシニフィアンはまだ指示対象や内在する意味を持っていたが、ポストモダニズムのシミュレーションの段階ではそこに深さはなく、あらゆるものが自己言及的になる。ファッショ

図12.1　標準的な公衆トイレの看板。女性を表す形は底辺の狭いベースの上に配置するようしばしば表現されている。筆者による写真提供。

ンはそれゆえ、形やスタイルよりもカーニヴァル的で技巧的なものとなる。

ボードリヤールのアプローチを利用した衣服の意味作用の歴史についての私の分析は、まず、（一）意味が自然の記号に存在するところの記号学から、（二）意味が任意の記号に存在する構造主義的記号学を経て、（三）記号が意味を超越する新しいポスト構造主義的記号学へ移り変わる過程として衣服の意味を見ていく。それは、他者の身体との儀礼的距離を制御する、つまり自然と区別する機能を持っていた衣服から、社会的な差異化（distinction）を生み出すファッションへ、そして「モードの記号形態と意味作用の原則そのものを破壊する行為」[5]ポストファッションへの変化である。ボードリヤールの記号構造の系譜は次の三つの段階から成る。一つ目の段階は、前近代を特徴づける模倣に基づき、外見が現実を反映するような二元論を前提としている。二つめの段階は、生産に基づき、外見が現実を覆い隠す。三つ目の段階はシミュレーションに基づき、外見が現実を創り出す。イメージはもはや現実と関係なく、デザインモデルから複製される。参照点を持たないことによって、真実と虚構の区別が曖昧になる。

私が別の論文で論じたように[6]、ボードリヤールの記号構造の歴史的理論をよく調べると、それがヨーロッパにおける衣服の表象がどのように理論化されてきたかの歴史と一致する。このことを以下で論じていく。模倣の段階は衣服という前近代のステージに、生産の段階はファッションという近代のステージに、そしてシミュレーションの段階はポストファッションというポストモダンのステージにそれぞれ一致する。

衣服表象の三段階

前近代の段階

ヨーロッパの歴史を通じて、衣服は人々を階級に区別してきた。ギリシャ・ローマ時代から、ビザンティン（東ローマ帝国）期と中世を通じて、そして、とりわけヨーロッパのファッションの始まりとされている一四世紀以降［7］、一般人向けであるか高貴な階級向けであるかは、衣服の生産に必要な素材のコストや技量によって区別されるようになった。衣服の歴史は、着ているもののランクを象徴する素材の希少性の原則によって特徴づけられる。素材の希少性は「独占権の保証（guarantee of exclusivity）」［8］を伴う。この希少性は自然界における珍しさ（特定の動物の毛皮や金、宝石などの場合）と、人工的に生産される素材の少なさ（一五世紀まで東洋からの輸入に頼っていた絹などの場合）という二つの形態をとる。これらのことは、高価な素材は貴族階級だけが入手可能であったという点で、経済的制約が効果的に社会秩序を維持してきたことを意味する。召使いや労働者は絹や染め物ではなく毛織物をまとい、彼らの主人たちよりも装飾の少ないものを身につけた。粗悪なありふれた毛皮は下層階級の人々のものであり、より希少価値の高い毛皮は裕福な人だけが身につけることができた［9］。このような差別化の現代的な例としては、「限定版」アイテムの販売、過剰な消費、「招待客のみ」を対象とした普通は入ることのできない場所への入場資格などである。

一四世紀を通じて盛んになった羊毛と織物産業の貿易拡大と繁盛のおかげで、かつては高価であった素材を都市の中流階級たちが手に入れることができるようになった。この変化は、あたかも階級が神によって定められているかのように不動であると信じられていた封建社会のヒエラルキーを脅かした。階級制度が安定して揺るぎなかったあいだ、下層階級のファッションに大きな変化はなかった。この制度は、「都市の新興貴族たちが古い封建的貴族と同等になるための作戦を展開し始めた」[10]ことによって異議申し立てを受けることとなった。この異議申し立ては一三世紀に始まり、ルネサンス時代のヨーロッパでずっと続いた奢侈禁止令の制定の引き金となった。この法令は身分にしたがって服装を規制する試みで、異なる階級に対して、着ることのできる布地の種類や質を事細かに規定した。

一四世紀までは衣服の形態にほとんど変化がなかった。スタイルは法によって認められておらず、一四世紀末に向かって、衣服は新しい形態を取るようになっていった。この傾向によって、上流階級が新しいスタイルに適応するスピードによって自分自身を差別化するというプロセスがうまれた。下層階級は後に、あまり贅沢でない素材や、彼らの主人が使い捨てた衣服の再利用を通じて、かつては手の届かなかった新しいスタイルを取り入れている。このダイナミクスは、ジンメルの「トリクルダウン理論」[11]において、新しいスタイルが下層階級に真似されるやいなや上流階級は新しいスタイルに移行する、といった言い方で説明されている（ジンメルについての第三章を参照）。

近代の段階

ミシンや洗濯可能な染色の発明などに見られる、一八世紀半ばのイギリスで始まる産業資本主義を特徴づける技術発展は、ファッションの民主化を促進した。それによって布の価格が低下し、かつて貴族階級が独占していた色物の布を大衆も手に入れられるようになった。産業革命は、中世には存在しなかった公的領域と私的領域の区別を生み出した。テクノロジーの進歩は、流動性を高め、生活のペースを加速させ、社会的役割の多様化を推し進めた。新たな段階においては、血統（生得的地位）ではなく職業（獲得的地位）が社会的地位を定義する。職における等級を表すため仕事の場には制服が導入され、衣服はもはや階級を表さなくなる。その代わり、いつ着るか（普段着と夜会服）、活動の種類（仕事、レジャー）、行事の種類（フォーマル、インフォーマル）、ジェンダーやさらには個人的嗜好を明示するようになった。

一九世紀のファッションは、ますます細かく区別される、ブルジョワジーの多様な生活に足並みをあわせた。こうして伝統的な社会秩序が脅かされることで、それに変わる線引きのシステムが発達した。このように、スタイルが画一的なものとなることによって衣服が階級を示すのをやめたとき、貴族階級とにわか成金を差別化する、一見わかりにくい専門家システムが考案された[12]。このシステムは外見のささいな部分をコード化し、手ほどきを受けた者だけがそこにアクセスすることができた。そのシステムは、個人の性格や社会的地位を反映する象徴的意味を帯びるようになり、服装を道徳的価値に結びつけもした。たとえば、上流階級という概念は、成り上がりの偽物と生来の本物を区別するため、一九世紀に土地持ちの上流階級によって発展させられたものであり、「高貴な身分に伴う徳義上の義務《ノブレス・オブリージュ》」という倫理コードを内包している。このコードは、エチケットや装い、デリカシーや礼儀作法などのルールを含む、婦人や紳士にとっての行動基準を規定している。

ポストモダンの段階

一九六〇年代、ポストモダニズムは支配的文化と美学を徹底的に崩壊させた。建築においてそれは、ロマン主義的主観性、形態の多様性、スタイルの分裂と散漫な境界として現れた。このように、モダニズム的統一、絶対性、確実性は、分離、主観性、曖昧さによって取って代わられた。科学においてこの状況は、西洋の「表象の危機」、その権威と普遍的要求において明白なものとなった。この認識論的挑戦によって、人間の本質に関する普遍主義的解釈は特定の時間と場所によって規定されるとする解釈にとってかわられることになった。こうして「大きな物語」は、慣習的言説に代わる多数の「物語の真実」に道を譲った[13]。ポストモダンの文化的変化は、伝統の拒絶、規範の暖和、個人の多様性の強調とスタイルの多様性を通じて、ファッションの世界にその痕跡を残してきた。その結果、スタイルを共有することの意味は無に帰された。

私はこれまでの著作で、意味作用の性質に関するボードリヤールの分析を、以下の表に示した衣服的表象の三つの段階に置き換えてきた[14]。

意味作用に関して、三つの段階は次のように理解できる。はじめに、模倣の段階ではシニフィアン＝シニフィエが直接結びついている。前近代を特徴づける模倣の段階では、衣服は明確に社会的地位を表す。それらは曖昧さを伴わず「モノの秩序」を意味した。たとえば、中世における衣服は、より精巧で高価な衣服をエリートだけが身に付けられるようにすることで社会的秩序を再創造した。二つ目の生産の段階では、シニフィアン＝シニフィエは間接的に結びつく。機械化や都市化に見られる技術的・社会的発展は、生地の大量生産を可能にし、それらはあらゆる階級にとって同時に手に入るものとなった。この発展は、衣服の意味を特定のシニフィエへの必然的な結びつきから切り離し、意味に対する闘争への道を開いた。たとえば、高級な素材や染め布は、かつて選ばれた者だけが手に入るものだったが、それが大衆の手に入るようになり、安価な中古生地屋は高級なヴィンテージ・ショップの代わりの役割を担った。都市の発展は、コスモポリタン的な生活における匿名化の嗜好を後押しした。コスモポリタン的都市というのは、身体的外見の意味が不確かな世界である。したがって、人々が自称している通りであるかどうかを証明させることが重要となった。身分の差別化の新システムは新たな展開と足取りを揃えて発展した。ボードリヤールの用語で言うならば、「製品（product）」から「モノ（object）」への移行は、「差異の任意のコードに従って[…]使用価値が交換価値へと変換されるプロセス」[15]である。ボードリヤールはここで消費される商品が有用性から象徴的意味へ移行したと述べる。元来、実用的価値（使用価値）の機能として評価され享受されていた商品は、交換価値（象徴的あるいは感情的意味）[16]を通じて評価されることになった（マルクスについての第一章を参照）。

三つ目はシミュレーションの段階で、そこではシニフィアン＝

シミュラークルの段階	メタファー	ヨーロッパファッションの対応する段階	形而上学的類似	意味的段階
模倣	偽物	前近代	深さの形而上学	シニフィアン＝シニフィエの直接的結びつき
生産	錯覚	近代	深さの形而上学	シニフィアン＝シニフィエの間接的結びつき
シミュレーション	フェイク	ポストモダン	表面の形而上学	シニフィアン＝シニフィアンの結びつき

ボードリヤールのシミュラークルの段階をファッションの意味作用に応用すると以上のようになる

シニフィアンが結びつく、つまり、記号が表すモノ（シニフィエ）から切り離された記号（シニフィアン）同士が結びつくこととなる。これらの結びつきは、記号ゲームに有利になるように意味作用を作り変えてしまう。模倣と生産の両段階において、シニフィアンはそこに横たわる意味を示しており、その意味は、あらかじめそこにあるか構築されたものであった。一方、シミュレーションの段階では、衣服はどんな伝統的社会階級にも無関係で、完全に自己言及的なものとなる。それは今日の私たちが、「ファッションの目的はファッションそのものだ」というポストモダンの原則に繋がっている。ボードリヤールのシミュレーションあるいはポストモダニズムの分析は、コード化された類似と差異に基づき、表象に関する対応理論の概念を問題にする。ファッションは、現実の外に言及先を持たないので、異なる秩序を読み取ることとなる。それはすなわち、コードを永久的に再解釈し直し続けることを意味する。

ボードリヤールはファッションを、象徴的意味を記号化する純粋に言及的な機能から、意味の終焉を表す純粋に自己言及的な機能への移行

図12.2　ニューヨークを基礎にしたファッションとアートの団体threeASFOURによるInsalaam, Inshalom。Beit Hair Center for Urban Culture（テルアビブ、2011–2012）での展覧会より。筆者による写真提供。

だとみなしている。彼の分析では、シミュレーションは意味にとってかわる。つまり、ファッションは遊戯的なスペクタクルであり、外見のカーニヴァルである。それらの伝統的意味の記号をファッションは空にする。たとえば、ファッションデザインに、宗教的象徴（たとえば十字架）や、民族的象徴（たとえばクーフィーヤ）（［図12.2］参照）、あるいは国家的象徴（たとえば国旗、［図12.3］参照）が使われたとき、それらが本来持っている意味は無に帰される。その代わり、それらの美的性質に対するフェティシズムが生まれる。ボードリヤールにとって、参照先である現実の歴史が消滅することは、意味作用の終焉を意味する空虚な記号だけが残るということを意味した。

コミュニケーションから誘惑へ

最近の著書においてボードリヤールは、近代の生産の段階からポストモダンの誘惑の段階への移行によってポストモダンのファッションを特徴づけている。「記号と儀式の秩序」［17］としての誘惑の原則は、生産の段階へのアンチテーゼであり、それは道具としての合理性、実用性、機能性という価値に取って代わる。それは遊びや技巧の魅力を

図12.3　イギリス国旗は枕ケースやタオルといった機能的な家庭用品を飾るための単なる装飾的特徴と成り下がっている。筆者による写真提供。

含んだ薄っぺらな外見についての戦略であり、現実の重要性、意味、倫理や真実を否定する。こうして、誘惑の楽しみは過剰により生まれる。たとえば、セレブリティたちが見せびらかすような贅沢禁止の倫理に触れる不必要な過剰消費がそれである。工場労働者やたたき上げの人、起業家、開拓者や探検者のような生産におけるヒーローたちは、映画スターや有名スポーツ選手、王族やセレブリティにといった消費のアイドルによって取って代わられた。

スタイル、色彩、アイテムの組み合わせ方でその良し悪しが決まる近代的なファッションに対し、ポストモダンのファッションは、技巧目的のための技巧によって支配されるといえよう。それは、布地、スタイル、ルックをさまざまな時代、サブカルチャー、階級などの要素と混ぜてある種の折衷主義的なファッションのパスティーシュにしてしまうような、より無秩序で一貫性のないものを認めるのである。ポストモダンのファッションは意味のベースとなる記号間の対立という構造主義的原則に終止符を打ち、動機と欲望を基礎とする精神分析的経済を、戯れのスペクタクルと外見のカーニヴァルにとってかえる。

誘惑は、ボードリヤールにとって形而上学として機能する。それは、支配的論理と現実原則を覆しうるような、生産の様式に取って代わりうるものを仮定し、その実践範囲を叙述する試みである。彼は次のように述べている。「経済的なものがそれほどまでに自己の有用性の原則と機能性の強制をおしつけたので、この原則を越えるものはすべて、いともたやすく遊びと無用性の香りを漂わせることができる」[18]と。言い換えると、彼の理論は、プロテスタントの倫理の特徴である合理性と欲望充足の先送りを、欲望の即時的充足に基づく瞬時の満足に置き換えた。彼の議論の本質は、コミュニケーションとしてのファッションが、楽しみとしてのファッションに取って代わられるということだ。シミュレーションが生産に置き換わったように、それは単線的秩序を循環的秩序に置き換え、シニフィエへの結びつきからシニフィアンを解放する。このことによって今度は、視覚的なコードが言語からスペクタクルへと転覆させられる[19]。ボードリヤールは言語とファッションを社会的言説としてみなしてこうも主張している。言語が意味をめざすのに対して、ファッションは「美的快楽」において「みずからのうちに楽しみを見いだす」「演劇的な社会性」を目的としており、ゲームを「メッセージをもたない意味作用」へと転換させている[20]。

ボードリヤールとファッション理論

ここまで私たちは、「意味の終焉」となる「意味作用の終焉」について、ボードリヤールがどのように急進的立場を展開してきたのかを見てきた。ファッションの意味作用に対する彼の概観は、前近代からポストモダンの社会までの道筋を図示している。前近代の社会においては、記号のあり方は社会秩序を反映していた。近代においては、装飾性と表象性という二つの役割を担う記号が過剰となることによって、社会秩序の虚偽性が助長された。ポストモダンにおいては、記号の逸脱が社会秩序を無意味なものにした。つまり、「無用なものや人工的なものへの情熱は〔…〕違反と暴力として作用しており、ファッションは、そのなかに何も意味しない純粋な記号の要素を含むという能力をもつために、非難される」[21]のである。

このように、ポストモダンの世界はボードリヤールによれば、歴史のなかでかつて存在したが消滅してしまった意味作用、つまり今や不在である意味のコラージュと言えよう。それは、イメージがまずモノに結びつけられ、次にそれに置き換わり、ついにはイメージが現実世界にいかなる参照項も持たない意味の世界のなかで錨を外すこととなった消費文化への批判を意味する。ジグムント・バウマンによれば、ボードリヤールが言うところのポストモダニティとは、単なる変化以上のものであり、意味作用に関する古い秩序の喪失である。それは「あらゆる変化を一掃するための変化」[22]である。それはハイパーリアリティの世界だ。「リアリティとは「現実よりもより現実的な」ことであり、そこでは、リアリティはもはやそれ自体を何か別のもの――偽物、幻想、あるいは想像――と対立させるのではない［…］。ハイパーリアリティにおいては、あらゆるものがそれ自身の過剰のうちにある」[23]。ボードリヤール的な意味でのポストモダンの世界では、絶対的基準や理想といった判断基準が、どの説明が他よりも正しいかを証明しようとすることはない。私たちは現実と幻想あるいは想像を区別することのできないハイパーリアリティの世界に生きているのであり、リアリティTVとフィクションを見分けることも、イタリアの歴史的な都市ヴェネツィアとラスベガスというまがい物のヴェネツィアを見分けることもできない。そして、（ボードリヤールが『アメリカ』[24]において示唆しているように）、私たちがロサンジェルスの現実とディズニーランドを見分けることができないとき、「真実は破壊されたわけではなく、無意味なものにされてしまったのだ」[25]。これは、私たちが常識だと思っているあらゆるものの確実性と信頼性を否認してしまう過激な見解である。これもまた、ゴフマンの舞台裏と表舞台（ゴフマンについての第八章を参照）の理論とそれほど違わない。ゴフマンの理論では、真実と演技ではなく、二つの異なる観衆に向けての異なる種類の演技をそれぞれの演出的要求に従って分類する。

同様に、ボードリヤールの観点は、モノを通じた「コミュニケーション」や「アイデンティティ」のような明確に定義された本質という概念に終止符を打つ。私が別の論文で論じたように、アイデンティティは批評の概念としてもはや有効でない[26]。ファッション・コミュニケーションのあまりにも単純なモデルにおいてしばしば主張されているような[27]、ファッションと容姿についての言説はあまりに的外れであることを私は実証的に論じた[28]。さらに、ファッションの意味を同定しようとする意志、とりわけファッションに対する「紋切り型のアプローチ」のそれは、大衆文化や学術的な理論によって突き動かされており、それらは着用者自身の視点によって正当であると証明されているわけではない、ということに「記号論的疲弊」の証拠が見られる。

私たちは、ファッションの意味作用は現実というよりむしろ神話であると主張できるだろうか。この問いに答えるために、かつては上流階級だけが手に入れられたスタイルが、その後トリクルダウンを起こし、いまやあらゆる社会階級が同時に手に入れられるものになったという民主化のプロセスにポスト産業的生産が貢献したと主張するファッション理論を見ていこう。このことは、ファッションの象徴主義が衰退する引き金となったのだろうか。ボードリヤールの立場は、このようなファッション論[29]と対立するものである。彼は上述のような民主化の主張をひとつのイデオロギーとみなしており、それは消費のイデオロギーと消費それ自体を混同させることで民主化の幻想を作り出すと述べる。このようなイデオロギーは、ファッションの共通の意味はあらゆる階級のものだという神話を推し進め、本当は特権階級だけに許されていて皆がそうなわけではないという、レジャーの民主主義の背後にある社会的不平等を覆い隠す。たとえばギデンズはポストモダンのアイデンティティの議論において、ライフスタイルの選択という概念は、経済的困窮やその他の外的な制約によって選択が限定されてしまう人には当てはまらないことを強調している。

彼は、「選択の複数性を論じるということは、すべての選択がすべての人に開かれている、あるいは、人々は多数の実行可能な選択肢を完全に認知した上ですべてを決断している、と想定することではない」[30]と述べている。ダイアナ・クレーン［31］も、二〇世紀のファッションに関する議論において、アイデンティティに対するポストモダン的態度は一部の人々に限定的なものだと論じている。

ファッション論の視点からすると、冗談半分のニヒリズムとスタイルのカニバリゼーションを伴ったポストモダンのファッションは、いまなお意味作用のリアリティをそれとなく示している。このことはポストモダンのファッションの二つの典型的な特徴、つまりイミテーションの宝石とヴィンテージの服によって説明される。ジュエリーの世界では意図的にあえて高価でない素材が使われることがあるが、そのことは安価な素材に結びつけられがちな地位の低さを含意しない。むしろその逆である。最新のラグジュアリーファッションの特徴のひとつは、不敬にも高価な素材と質素な素材をミックスすることである。デザイナーものジュエリーは、リサイクルされた素材やありふれた素材を使用していても、それでもなお高価で名声を得るのである。

ポストモダンのファッションのもうひとつの特徴は、スタイルと時代を折衷主義的にミックスして作り出すヴィンテージファッションの新たな言説の模倣と統合である。これはメジャーなトレンドとなったが、それは、ひとつにはサステナブルであることへの信用のためであり、またひとつには職人技や信頼性、簡明さを重視する時代への憧れがあてがわれているからである。このようなノスタルジックなファッションは根絶やしにされたかのように見えるが、それを額面どおりに捉える必要はない。そうではなく、ファッションは市場原理から姿を消したあとですら何かを意味し続けるということを示しているのである。ジェイムソンにとって、過去のスタイルの模倣は表層的なシニフィアンの世界に歴史的深みを与えるのであり、「失われた過去を私物化しようとする必死の試み」［32］を表している。一方、ボードリヤールにとっては、過去のモノの価値は職人的価値の肯定および工業的生産に付随するスティグマの拒否から生まれる［33］。アンジェラ・マクロビーによれば、古着はあえて貧乏そうに見せる人たちが着るのだが、その着こなしは古くさい服にも見えなければ本当に貧乏だと見えることもないよう様式化されている［34］。現在のヴィンテージファッションのトレンドは、サステナビリティの旗印のもとにあるのにもかかわらず、表象の様式的価値の否定がどのようにしてその価値への憧れを表すかを示している。

ファッションと意味作用の終焉

ファッションが意味作用の終焉であるとするボードリヤールの見解は、際限がないわけではない。本章の最終部分ではこのことに反論したい。これに関する議論のほとんどは、『象徴交換と死』の「モード、またはコードの夢幻劇」［35］に基づいている。ボードリヤールは、ファッションについての矛盾する二つの説明を一気に論じている。それはすなわち、近代のファッションが産業資本主義の力関係を再現する変化の神話を覆い隠すこと、そしてポストモダンのファッションは記号と意味の関係性において終焉を告げることである。すでに見たように、ポストモダンのファッションは「意味を超えた」段階であり、そこでは「ファッションは記号の段階における純粋に投機的な段階のことである。一貫性や対象指向性から生じるどんな制約も、そこには存在しない」［36］。

これら二つの説明は、二つの発展の段階を表すだけでなく、構造的に異なる。ボードリヤールによる近代のファッションの説明は、ファッションを産業資本主義におけるより広範な社会的プロセスのシニフィアンであるとみなしている。「近代性とはひとつのコードであり、ファッションはこのコードを飾る紋章なのである」[37]。しかしながら、ボードリヤールのポストモダンのファッションの説明は、彼がポストモダンのファッションに起因すると考えた自己言及性という同じ罠にかかってしまっている。この説明は、ファッションの内部で何が起ころうとも、社会的プロセスの象徴としての意味作用の機能に必ずしも影響を及ぼさないと認めるには不十分である。この説明は、コードの分裂と消失を混同してもいる。生産指向の階級社会から消費指向のライフスタイル社会への変化は、言語というよりもむしろ方言と呼ばれうる多様なコードをつくりだすとダイアナ・クレーン[38]は述べる。重要なのは、現代社会を特徴づける分裂が混沌としているわけではないと彼女が指摘してもいることである。「スタイルとコードがあまりに多様で調和しないのは、本質的には無意味でも曖昧でもない。そのことはまずアイデンティティを共有する人々に理解され、部外者にとっては不可解なものである」[39]。

ポストモダンのファッションを論じるにあたり、ボードリヤールは数多くの推論を立てているが、それらはつねに根拠を示されているわけではないし、彼自身の他の議論とつじつまが合っていないこともある。第一に、コードの不確定性とシニフィアン＝シニフィエの関係の不安定性という前提のために、ボードリヤールは指示機能の可能性に疑問を抱く。この状況は、論理的に必要だったわけでもなければ、実際の振舞いに基づいているわけでもない。理論的観点から見れば、シニフィアン＝シニフィエの関係性が曖昧になることは、社会が適切な基準系の単位に分裂し、そこでは境界・規則・メンバーシップの要求がより穏やかになることを意味する。そのことはまた、関連する準拠集団が適切なコードだとみなすものの変化のサイクルがより短く速くなることを示唆するが、必ずしもコードの撤廃を意味するわけではない。経験論的な観点からすれば、ファッションにおける意味作用は、一部のポストモダンの思想家たちが私たちにそう信じさせてきたよりもはるかに強靭であることを示す十分な証拠――実験的なものも逸話的なものも――がある〔40〕。

第二に、自己言及性という前提、すなわちファッションが指示対象を持たず、何も表していないという事実は、それ自体で意味の終焉を告げることはまったくない。ある意味でキャットウォークはファッションの世界の典型的な自己言及的儀式であり、そこではトップデザイナーたちが、編集者やバイヤー、上顧客といった注意深く選ばれたり強力なコネを持っていたりする、特権的で限られた観衆に向けて新しいコレクションを発表する。このようなイベントによってはじまる競争、名声、迎合と魅力のサイクルはファッションの儀式的性質と意味作用の機能を明らかにするが、これはなにもファッションの世界に限った話ではない。ファッションショーの参加者は、本物のあるいは捏造された伝統を創造し、編集することを通じてファッションショーを作りかえ続ける。ブランディングの論理が明らかにしているように、リサイクルされる伝統のストーリー、あるいは再発明された起源の神話は、会社のエートスに付け足され、組み込まれる。最近の例では、旅行鞄の製造会社としての起源に立ち戻り、旅行者のブランドとして再構築されたルイ・ヴィトンが挙げられる。また、自身の移動感覚を利用して新世界のための落ち着いた貴族的スタイルを発明したユダヤ人移民の子孫であるラルフ・ローレンは、現在はクラシカルな伝統のブランドとしての信用を完全なものにしている。M&Sのようなハイストリートのショップですら、ウールとチェックを特徴とする「ベスト・オブ・ブリティッシュ」というラインを発表している。これは、自身のアーカイブに立ち戻り、成功したスタイルを復活させることでバーバリーがうまくやって見せたような伝統を利用している。

三つ目は、ボードリヤール自身が、ファッションに抵抗することすらファッションの秩序のなかで定義されることを指摘しているにもかかわらず、ファッションは総じてより広い意味作用のシステムの中に閉じ込められていると認識していないことである。言い換えるならば、揺れ動く記号と戯れるファッションのカーニヴァルに参加すること自体が、すでに意味作用の中に刻みこまれているのである。逆説的に、意味作用そのものを転覆させる行為はシニフィアンになる。それは、金持ちの有名人、慣習を誇示するほど力があるか著名である人々、慣習を捏造してしまうほど創造的な人々や自信にあふれる人々、あるいは慣習を気にせずにすむほど周縁的な人々といった地位を判断する指標となる。グローバル化したポストモダンのファッションでさえ、意味のメタ物語の影響下にあるという感覚がある。ジグムント・バウマンは、著書『グローバリゼーション——人間への影響』において、市場と情報のグローバリゼーションは、特権と貧困を区分し直し、世界規模で人々を再階層化すると論じている[41]。新しいエリートが持つ特徴は「脱領域性（exterritoriality）」であり、それは時間と空間の圧縮によって特徴づけられる。このような新しいランドスケープにおいて、移動性は誰もがほしがる階層化の要素となる。移動の自由はいつも不十分で、それは不平等に流通する商品なのである。バウマン曰く、新たなヒエラルキーの頂点にいる人と底辺にいる人にとって、「あちこち移動していること」は、根本的に異なる意味を持つ。頂点にいる人にとって、それは空間の制約からの解放を意味する。底辺にいるものにとってのそれは、実存の不確実性や不安、恐れを表す。この移動性という尺度は、ボードリヤールが初期の著作で述べたファッション観と基本的な考えを共有する。ボードリヤールは『記号の経済学批判』において、ファッションなどの消費はモノそれ自体の必要として機能するのではなく、それが意味する価値に対する必要として機能するとはっきり述べる[42]。彼は次のように書いている。「物は社会的地位の指標の役割を果たし、この地位が潜在的に移動可能となったのであるから、物は常に既得の状態（惰性的）を証言すると同時に、移動可能性の潜在力（モノの早い循環）をも証言している」[43]と。

最後に、別のレベルでは、ボードリヤールの誘惑のパラダイムは「意味の喪失」と通常考えられてきたものさえも依然として意味の範囲内にあると示唆している。ここで、ボードリヤールは衣服の記憶機能と保護的性質を統合している。フロイト的フェティシズムとほぼ同じ仕組みで、人工物の現前による意味の不在の誘惑は「ただひとつの不死」であり、死さえも「輝いていて表面的な仮象」に変換するのだ[44]。ボードリヤールは次のように述べる。「それはまた、なにものも永続することはできないという絶望であり、この死の後に、あらゆるフォルムはつねに第二の生へのチャンスをもつことを知るという、裏返しのよろこびでもある」[45]。このように、一般に想像されるのとは逆に、死は意味の終焉として解釈されるのではない。むしろ、ポストモダンのファッションは、少なくともある意味のレベル――死に対抗する意味レベル――を反映する。ボードリヤールはのちに『透き通った悪』において、意味によって媒介されることなく爆発的に増加し急速に消えていく伝染病のアナロジーでファッションを語る[46]。ミクロなレベルでは、ファッションは議論の余地のない意味から議論の余地のある意味（あるいは無意味）へと変化したといえるだろう。だが、マクロなレベルでは、バウマンや初期のボードリヤール自身が説明したように、ファッション特有の移動にかかわる能力はいまなお意味をもつ。モノがそれ自体において意味することはないかもしれないし、ファストファッションの変化のスピードは、それ自体において意味作用の行為となることはないかもしれない。しかしながら、急速に変化する世界に向き合う能力は、駆け足の人生を送る人々の立場を判断する指標となってきたのである。

ボードリヤールが仮定したように、スタイルの多様性は、ファッションにおける変化、すなわち表象的な記号から、他には実在のないことを示す自己言及的な記号へ変化の証拠となる。つまりは単なるコードの問題となるということである。ボードリヤールは意味作用を、完全に無効にされ、意味を持たずに空っぽになった歴史的参照項とシミュレーションによって置き換えられるものとみなしている。あらゆる意味作用の否認というボードリヤールのラディカルなアプローチとは異なり、記号や歴史的なスタイルの戯れの使用を認めて意味を否定するように見えるシステムにおいてさえ、意味を保ち続けるステータスの指標となるやり方──ミクロなものもマクロなものも──があると私は主張する。ファッションは表現の一形態としての役割を担い続けるが、大衆に広く共有され、理解されるコミュニケーションの一形態としてはもはや機能しづらくなっている。

おわりに

ウィリアム・ゴールディングはかつて、神話は物語においてのみ語られることのできる真実であると述べた（BBC TVのドキュメンタリー「アリーナ（Arena）」シリーズ、「ウィリアム・ゴールディングの夢（The Dreams of William Golding）」、二〇一二年三月一七日放送）。私にとっては、これこそがボードリヤールの洞察の価値である。記号価値が正確に描写されているわけではないが、詩的な構成に包まれた神話的視点に表れている。そして、あらゆる複雑な思想家がそうであるように、ボードリヤールの理論はただ一本の糸で織られているのではなく、ときに不協和音を鳴らすさまざまな糸で織られている。

あらゆる意味作用が完全に消失するというボードリヤールの分析は、私たちが当たり前だと思っているものすべての確実性や信頼性を否認する過激な構想である。それは、プロセスのリテラルな描写というよりむしろ、ヒューリスティックな理解であるような極端な視点である。衣服は、たとえ同定しづらかったとしても、何らかの形式で意味を伝えている。何かを意味する因習的なステレオタイプは、真剣にあるいはアイロニカルに、意味を増強したり転覆したりする。衣服は意味を投げかけ続けるが、それは辞書的な方法ではない。その意味は文脈的《コンテクスチュアル》にして刹那的《エフェメラル》で、あるスタイルをもつトライブと別のトライブでは異なっている。私たちが研究者として挑戦すべきは、ステレオタイプ的アプローチとワードローブ的アプローチと私が呼ぶもののあいだ、つまり、衣服が本当に意味するものと私たちが想像する意味のあいだの線をたどることである。

原註

［1］Jean Baudrillard, *Symbolic Exchange and Death*, I. Grant (trans.), London, Sage, 1993 [1976].（『象徴交換と死』今村仁司・塚原史訳、筑摩書房、一九九二年。）

［2］Jean Baudrillard, *For a Critique of the Political Economy of the Sign*, C. Levin (trans.), St. Louis, Telos, 1981 [1972], p. 50.（『記号の経済学批判』今村仁司・宇波彰・桜井哲夫訳、法政大学出版局、一九八二年、三二頁。）

［3］Laurence B. Glickman (ed.), *Consumer Society in American History: A Reader*, Ithaca, Cornell University Press 1999 [1970] (reprinted from M. Poster (ed.), *Jean Baudrillard: Selected Writings,* Palo Alto, Stanford University Press, 1988).

［4］Jean Baudrillard, *Symbolic Exchange and Death*, 1993 [1976].（『象徴交換と死』、一九九二年。）

［5］*Ibid*., p. 99.（『象徴交換と死』、一九九二年、二四〇頁。）

［6］以下の文献を参照のこと。Efrat Tseëlon, ‘Fashion and Signification in Baudrillard’ in D. Kellner (ed.), *Baudrillard: A Critical Reader*, Oxford, Blackwell, 1994. Efrat Tseëlon, *The Masque of Femininity: The Presentation of Woman in Everyday Life*, London, Sage, 1995. Efrat Tseëlon, ‘How Successful is Communication via Clothing? Thoughts and Evidence for an Unexamined Paradigm’, A.M. Gonzalez and L. Bovone (eds.), *Identities through Fashion: A Multidisciplinary Approach*, Oxford, Berg, 2012. Efrat Tseëlon, ‘Fashion and the Orders of Masking’ in *Critical Studies in Fashion & Beauty* 3: 3–9, 2012.

［7］たとえば以下の文献を参照。James Laver, *Costume and Fashion:A Concise History*, Oxford, Oxford University Press, 1985 [1969]. Elizabeth Wilson, *Adorned in Dreams: Fashion and Modernity*, London, I.B. Tauris, 2013 [1985].

［8］Erving Goffman, ‘Symbols of Class Status’ in *British Journal of Sociology*, 2: 294–304, 1951.

［9］Elizabeth Ewing, *Fur in Dress*, London, Batsford, 1981.

［10］René König, *The Restless Image: A Sociology of Fashion*, F. Bradley (trans.), introduced by T. Wolfe, London, George Allen & Unwin, 1973, p. 111.

［11］Georg Simmel, ‘Fashion’ in *American Journal of Sociology*, 62, 1957 [1904], pp. 541–58.

［12］Richard Sennett, *The Fall of Public Man*, London, Faber and Faber, 1976.（『公共性の喪失』北山克彦・高階悟訳、晶文社、一九九一年。）

［13］ポストモダン思想のより詳しい言説については以下を参照。Zygmunt Bauman, *Liquid Modernity*, Cambridge, Polity, 1999.（『リキッド・モダニティ——液状化する社会』森田典正訳、大月書店、二〇〇一年。）Michael Drolet (ed.), *The Postmodernism Reader: Foundational Texts*, London, Routledge, 2004. Charles Jencks, *The Story of Post-modernism: Five Decades of the Ironic, Iconic and Critical in Architecture*, Hoboken, John Wiley, 2011.

［14］Efrat Tseëlon, ‘Fashion and Signification in Baudrillard’, 1994. Efrat Tseëlon, *The Masque of Femininity*, 1995. Efrat Tseëlon, ‘Fashion and the Orders of Masking’, 2012.

［15］Jean Baudrillard, *For a Critique of the Political Economy of the Sign*, 1981 [1972], p. 91.（『記号の経済学批判』、一九八二年、九八頁。ただし、原書（英語版）には本文通りの引用文は存在しない。）

［16］*Ibid*.

［17］以下の二点を参照。Jean Baudrillard, *Seduction*, B. Singer (trans.), New York, St. Martin’s Press, 1990 [1979].（『誘惑の戦略』宇波彰訳、法政大学出版局、一九八五年。）Jean Baudrillard, *Fatal Strategies*, P. Beitchman and W.G.J. Niesluchowski (trans.), New York, Semiotext(e), 1990 [1983].（『宿命の戦略』竹原あき子訳、法政大学出版局、一九九〇年。）

［18］Jean Baudrillard, *Symbolic Exchange and Death*, 1993 [1976].（『象徴交換と死』、一九九二年、二二九頁。）

［19］*Ibid*.（同書。）

[20] *Ibid*., p. 94.（同書、二二八頁。）
[21] *Ibid*., p. 95.（同書、二三二頁。）
[22] Zygmunt Bauman, *Intimations of Postmodernity*, London, Routledge, 1992, p. 149.
[23] *Ibid*., p. 151.
[24] Jean Baudrillard, *America*, C.Turner (trans.), London, Verso, 1989 [1986].（『アメリカ――砂漠よ永遠に』田中正人訳、法政大学出版局、一九八八年。）
[25] Zygmunt Bauman, *Intimations of Postmodernity*, 1992, pp. 149–151.
[26] Efrat Tseëlon, 'Is Identity a Useful Critical Tool?' *Critical Studies in Fashion & Beauty*, 1 (2): 151–59, 2010.
[27] たとえば次の文献を参照。 Malcolm Barnard, *Fashion as Communication*, Hove, Psychology Press, 2002.
[28] 以下の文献を参照のこと。 Efrat Tseëlon, *Communicating Via Clothes* [PhD Thesis], Oxford, University of Oxford, 1989. Efrat Tseëlon, 'Fashion and Signification in Baudrillard', 1994. Efrat Tseëlon, *The Masque of Femininity*, 1995. Efrat Tseëlon, 'How Successful is Communication via Clothing? Thoughts and Evidence for an Unexamined Paradigm', 2012.
[29] たとえば以下の文献を参照。Herbert Blumer, 'Fashion: From Class Differentiation to Collective Selection' in *Sociological Quarterly*, 10: 275–91, 1969. Diana Crane, *Fashion and its Social Agendas: Class, Gender, and Identity in Clothing*, Chicago University Press, 2000. Georg Simmel, 'Fashion', 1957 [1904].
[30] Anthony Giddens, *Modernity and Self Identity,* Cambridge, Polity, 1991, p. 82.（『モダニティと自己アイデンティティ――後期近代における自己と社会』秋吉美都・安藤太郎・筒井淳也訳、ハーベスト社、二〇〇五年、九一頁。）
[31] Diana Crane, *op. cit*.
[32] Fredric Jameson, 'Postmodernism or the Cultural Logic of Late Capitalism' in *New Left Review*, 146: 53–92, 1984, p. 19.
[33] Jean Baudrillard, *For a Critique of the Political Economy of the Sign*, 1981 [1972].（『記号の経済学批判』、一九八二年。）
[34] Angela McRobbie, 'Second-Hand Dresses and the Role of the Ragmarket' in A. McRobbie (ed.), *Zoot Suits and Second Hand Dresses: An Anthology of Fashion and Music*, London, MacMillan, 1989.
[35] Jean Baudrillard, *Symbolic Exchange and Death*, 1993 [1976].（『象徴交換と死』、一九八二年。）
[36] *Ibid*., p. 125.（同書、二三三－二三四頁。）
[37] *Ibid*., p. 122.（同書、二二七頁。）
[38] Diana Crane, op. cit.
[39] *Ibid*., p. 244.
[40] 以下の文献を参照のこと。 Efrat Tseëlon, *Communicating Via Clothes* [PhD Thesis], 1989. Efrat Tseëlon, 'How Successful is Communication via Clothing? Thoughts and Evidence for an Unexamined Paradigm', 2012.
[41] Zygmunt Bauman, *Globalization: The Human Consequences*, Cambridge, Polity, 1998.（『グローバリゼーション――人間への影響』澤田眞治・中井愛子訳、法政大学出版局、二〇一〇年。）
[42] Jean Baudrillard, *For a Critique of the Political Economy of the Sign*, 1981 [1972].（『記号の経済学批判』、一九八二年。）
[43] *Ibid*., p. 49.（同書、三一頁。）
[44] Jean Baudrillard, *Seduction*, B. Singer (trans.), New York, St. Martin's Press, 1990 [1979], p. 97.（『誘惑の戦略』、一九八五年、一三〇頁。）
[45] Jean Baudrillard, *Symbolic Exchange and Death*, p.119.（『象徴交換と死』、一九九二年、二一三頁。）
[46] Jean Baudrillard, 'Prophylaxis and Virulence' in *The Transparency of Evil: Essays on Extreme Phenomena*, J. Benedict (trans.), London, Verso, 1993 [1990], p.70.（『透きとおった悪』塚原史訳、紀伊國屋書店、一九九一年、九七頁。）

13

ピエール・ブルデュー

Pierre Bourdieu

ファッションの場

アニエス・ロカモラ
藤嶋陽子—訳

はじめに

一九七五年、ピエール・ブルデューとイヴェット・デルソーは「クチュリエとブランド（Le Couturier et sa Griffe）」という戦後フランスのクチュールに関する論考を出版したが、この著作はブルデューの文化の消費と生産についての分析に対する関心の先にあるものであった。このフランスの社会学者は、彼のカビリでのエスノグラフィ〔1〕のみならず、アマチュア写真〔2〕や美術館訪問〔3〕といった日常の文化実践をも追求し始めていた。このアプローチは、食べ物、ファッション、音楽そして芸術といったものに対するフランス人の趣味を調査した彼のもっとも著名な一九七九年の著作、『ディスタンクシオン』で最高潮に達する。学術的探求によって性格づけられた「研究の正当な対象をめぐる階層構造」[4]と彼が論じるものを糾弾し、「料理法から十二音音楽や西部劇映画まであらゆる文化的財は、単純で現実的な感覚から学問的な評価まで、多様な理解の対象となりうる」[5]と彼は主張した。それゆえブルデューは、ファッションや写真といった、より「高尚」でない、もしくは彼の表現でいうところの「価値がない」[6]とみなされるものに着目する。そうすることでブルデューは、国家や仕事といった「研究する価値がある、もしくは価値がないとみなされる対象の階層構造」[7]において高位にある、より「正統な」社会学的研究の主題に焦点をあわせる学術的な領域との差別化をはかったのである。ブルデューはファッションに関する二つの論考[8]を発表し、『ディスタンクシオン』のなかでもファッションについて触れていたが、彼が取り組んだ多くのテクストのなかでも、この分野に対する関心にあまり多くの紙幅が割かれているわけではない[9]。そのことは、彼の著作のほとんどを英語で読むことができるにも関わらず、「クチュリエとブランド」には翻訳がないことが証明している。これはまた、文化生産の場の論理をより広く理解し理論化するうえでオート・クチュールの場が鍵になるとブルデューが認めてきたことと食い違う。彼は以下のように述べている。「オート・クチュールの〈場〉は、他のいかなる圏域よりも直接的に、あらゆる文化生産の場の最も基本的な諸特性のひとつ、すなわちフェティッシュとしての生産者と生産物の生産にまつわる文字通りに魔術的な論理へと、私を導いていったのである」[10]。

以降の節では、ブルデューのファッションに関するテクストに焦点をしぼる。まず初めにブルデューの重要な概念である「場」の概要を示した後に、彼のファッションに対する論考をふまえつつ、彼の理論的枠組みをさらに掘り下げながらこの概念を議論する。ブルデューの著作のなかでも限られたものしか取りあげることはできないが、最後の節ではファッションメディアの場における現在のファッションブロガーの台頭を問うこととの関連性も指摘する。

場の理論

ピエール・ブルデュー（一九三〇－二〇〇二）は、早くも一九六六年には場の概念を使っていたが、十分に定義されて場の理論として知られるようになったのは実際にはもっと後のことで、たとえば『文化生産における場』[11]、『社会学の社会学』[12]、そして特に『芸術の規則』[13]などにおいてであった[14]。

場とは、「位置（あるいは地位）の構造化された空間」と支配力である[15]。それは、帰属する行為者の軌跡や実践を形づくる作用についての特定の規則によって特徴づけられた「社会的ミクロコスモス」[16]である。そこでは、行為者や組織の地位は「場を構成する他の地位」[17]に依拠し、それによって決定される。したがって、場において意味と価値は内在するのではなく相関的である。ブルデューが場の概念を発展させたのは、社会的な場の形成において関係性の役割として与えられる優位性を捉えるためであった[18]。

支配的な価値を決める闘争のなかに、「場の一般的な特性」[19]がある。たしかに場はつねに著名なプレイヤーと新参者によって作られており、彼らは正統な実践、美、趣味や規範と承認されるものを決定する権力をめぐって争う。それゆえ場は、保存の力と変容の力とのあいだの力関係によって構造化されるミクロコスモスであり、特定の時代におけるこれらの力関係の状況がそのときの場の構造を決定する[20]。

ブルデューはまた場の概念を、実証的研究を行うための方法論的な道具と考えていた。

場の理論は、それぞれの場においてどんなゲームが演じられているのか〔…〕、争点、追求されている、また配分ないし再配分される財あるいは資産はなにか、それら財ないし資産はいかにして配分されるのか、勝つチャンスをもってゲームするためにもっていなければならない手段あるいは武器はどのようなものか、ゲームのそれぞれの瞬間において財、賭けと切り札はどうなっているかといった問題を問うよう仕向けるわけです。[21]

したがって、場の概念は諸実践の集合的な側面と、それらの相互関係的な構造を理解する助けとなる。そして芸術作品を作り出す単一の組織や単一の批評ではなく、生産をめぐる場そのもの、つまりは「神聖化する権力の独占」[22]をめぐって争う、あらゆる神聖化の行為者と組織の間に存在する関係性の体系に着目することを強いる。ブルデューの指摘では、こうして芸術作品は「それを読解し、分類し、解釈し、論評し、戦い、知り、所持することに物質的あるいは象徴的な利益を見出し、それに関心を持つ人々によって何度も」[23]作り出される。そこには、語ることによって対象の価値を作り出し、現実性を帯びる役割をもつ多様な組織がある。

それゆえにブルデューは、文化は物質的であると同時に象徴的であることを私たちに気づかせる。そのため、彼は以下のように記述する。

芸術や文学の社会学は物質的な生産だけではなく、たとえば作品の価値の生産や、要するに同じことだが作品の価値への信頼の生産のように、作品の象徴的な生産の対象として捉えなくてはならない。それゆえ、物質性における作品の直接的な生産者（芸術家、作家など）だけではなく、作品の意味や価値の生産者——批評家、出版社、ギャラリーのディレクターなど、芸術作品というもの自体を知り、理解することができる消費者を生み出すことに協力するすべての行為者も、生産に寄与する存在として考慮しなくてはならない。[24]

「象徴の神聖化」を通じて、このような生産者はおしなべて「ある種の作品や、ある種の品性を養った人を神聖化する」[25]。

同様に、文化的なものの価値は場の構造自体のなかに求められ、言葉の価値もそれに付随する。ブルデュー&デルソーは以下のように述べる。

言葉の力は言葉のなかにあるのではなく、集合的信念を作り出すことで言葉に力を与える条件のなかにある。集合的信念とはすなわち、価値の創出の恣意性に対する集合的誤認であり、それは言葉の規定された使用を通じて成し遂げられる。[26]

ものの価値は、それが芸術作品であれ言葉や文であれ、そのもの自体やその作家に見出されるのではなく、それが帰属する場、すなわち場を構築し、行為者に力を与えるような抵抗と保守の勢力間での相互作用のなかに見出される。その力とは、語る力であり、その語りに耳を傾けてもらう力であり、つまるところ神聖化の力である。

ブルデューが議論するところでは、ファッションの場はもっとも明確にこの神聖化の力が働いている。ブルデュー&デルソーは以下のように記述する。「もし魔術のように、もしくは魔術以上に言葉によってなすことがあるならば、それはファッションの世界においてである」[27]。続く節ではブルデューの理論的枠組みをさらに掘り下げるため、彼のファッションに関する論考に移ろう。

ファッションの場

ブルデューのファッションの場に対する最も広範な議論は、イヴェット・デルソーと共著で、自ら作った学術雑誌である『アクト（社会科学研究紀要）』で発表された一九七五年の論文「クチュリエとブランド」のなかにみられる。『社会学の社会学』で発表された一九七四年のテクスト、「オート・クチュールとオート・キュルチュール」ではその論点を先取りしている。「クチュリエとブランド」では、ブルデュー&デルソーは一九七〇年代のフランスにおけるハイファッションの場の構造に着目し、神聖化の実例、すなわち新参者と著名なプレイヤー、彼らの地位、戦略、価値、その構造を支える規則と争いについて議論した[28]。彼らはファッションの場を、「特定の正統性を独占するための競争、すなわち衣服に関する卓越化の正当な象徴を制定して課す、占有的な権力によって規則づけられた場」[29]と論じる。

オート・クチュールに着目することで、ブルデュー&デルソーは実質的にブルデューが下位の場と呼ぶ、ファッションの場のひとつの下位空間にだけ焦点をあわせている。実際、彼の著作では、彼は二つの下位の場を区別している。ひとつは――「限定的生産の場」――生産者の場で、生産者にとって、芸術至上主義的な価値が実践や美的な判断を支配するところである。もうひとつ――「大量生産の場」――は、商業と利益の原理に支配された場である[30]。

商業やメディアといった外的な勢力に抵抗する場の力は、その独立性や自らの作動の基準を制定する能力の尺度となる。場が自律的であればあるほど独自の規則を制定することがより可能となるが、それはブルデューによると、たとえば限定生産の場である。対照的に、大量生産の場は他律的な場であり、商業やメディアの圧力に左右される。ファッションの場のヒエラルキーにおいてマス向けのファッションが大規模な生産の場に属するのに対し、オート・クチュールの場は限定生産の場に等しい。「オート・クチュールとオート・キュルチュール」のなかで、ブルデューはまさに高級文化とオート・クチュールの相同性を描き、「オート・クチュールについて語っていても、高級文化《オート・キュルチュール》について話すのをやめたわけではありません」[31]と主張する。

下位の場の間での卓越化は、大量生産の場よりも限定生産の場が多くの場合、正統でより高い地位にあるとされるような文化の場の間に存在するヒエラルキーに注目を集める。それゆえブルデューは、オート・クチュールの場と高級文化の場は相同的な規則によって性格づけられて作動する相同的な場であると論じているが、これらの場は文化のヒエラルキーにおいて異なる地位を占める。ブルデュー&デルソーは実際に、ファッションが中間の地位に位置することを示すために「中庸の芸術」や「小芸術」と呼ぶ[32]。

こうして彼らは、ファッションの場の構成員はファッションの地位を向上させてファッションを神聖化しようと、作品について議論する際に高級文化を参照すると主張する。彼らは以下のように述べている。

絵画、彫刻、文学といった正統にして高尚な芸術によって、衣服についての描写は高尚なメタファーとなり、そうした芸術の主題の多くは、それらが象徴するべき貴族的生活を喚起させる。それらの芸術を参照することは、「小芸術（art mineur）」の高級芸術（art majeurs）へのオマージュである。クチュリエが芸術への、あるいは——デフォルトでは——芸術の世界への参与という主題に関して見せたがる熱意についても同じである。[33]

実際にアンジェラ・マクロビーは、イギリスのファッションデザイナーに関する研究でブルデューの理論的枠組みを用いながら、彼女がインタビューした見習いデザイナーたちが彼らの創作物を正統化し、高尚なものへと発展させる戦略について議論している[34]。彼女はファッションデザインを学ぶ学生の言葉を引用している。「《ジャズ》というタイトルのマティスの展覧会から着想を得て、彼のコラージュの技法をビーチウェアの細部のアップリケにまで展開させることを目指している」[35]。この学生が行ったファッションの神聖化の戦略は、商業的な考えを拒否することで明確化されていると彼女は論じる[36]。ブルデューはこのように述べる。

芸術と金銭（「商業的なもの」）の対立は、演劇や映画、絵画、文学などに関して、芸術であるものとそうでないもの、「ブルジョワ」芸術と「知的」芸術とのあいだ、「伝統的」芸術と「前衛的」芸術などのあいだに境界線をうちたてようとする大半の判断を生み出す原理となっている。[37]

　同様に、『ル・モンド』〔38〕と『ヴォーグ』〔39〕におけるファッションについての私の研究では、両雑誌でのファッションの記事のなかに見られる高級文化への参照が、ファッションとそして雑誌自体を高級文化の場として構築するにあたって、どのように利益にかなっているかを議論している。

「クチュリエとブランド」において、ブルデュー&デルソーは「ファッションの言説（le discours de mode）」〔40〕という概念、つまりデザイナーやジャーナリストといったファッションの場の構成員、ファッションの内部の人間の言説、そして「ファッションメディアの言説」〔41〕の詳細な分析に役立つ概念を参照している。そうすることで、デザイナーが自らの制作物を説明する際に用いる形容詞が、彼らの美的な立場とファッションの場における立場との間で相似形を描くと議論している。支配的なデザイナーの「排他的で、真正で、優雅な」言葉は、前衛的なデザイナーの厳密で大胆な言葉と対照的である〔42〕。前者は「真面目で、優美で、均衡と調和」の言葉である一方、後者は「自由で、若々しく、空想的な」言葉である〔43〕。ブルデュー&デルソーはファッションの言説の役割に焦点をあてることで、私が『ガーディアン』における大衆文化としてのファッションと『ル・モンド』における高級文化としてのファッションの論証的な生産の分析を通して紐解いた〔44〕のと同様の種類の生産、つまり文化の象徴生産の重要性を繰り返し喚起させる。

　ファッションのテクストに用いられる言葉は、関連する対象の価値を単純に記述するのではなく、それを作り出す〔45〕。その点において、ブルデュー&デルソーのファッションの言説に対するアプローチはバルト〔46〕と異なる。バルトの記号論的な分析は、ファッションの言説の内的な読解だけに集中していたために（第七章を参照）、「ファッションの商品の生産過程におけるファッションの言説の機能に関する問い」〔47〕を考慮していないと彼らは論じる。バルトもブルデューも共に、モノとその使用者《ユーザー》の間に挿入された言葉のシステムに関心を持ち、それをバルトは「ヴェール」［48］と、ブルデューは「スクリーン」［49］と呼んだ。バルトにとっては、ブルデューにとってと同様に、ファッションは衣服を通してのみならず衣服についての言説を通しても存在するものである。しかし、ブルデュー＆デルソーが言葉のシステムをより広範な生産のシステム、すなわち場の一部分にすぎないとみなし、それゆえ言説そのものの外部に着目していた一方で、バルトは内的なシステム、すなわち言語の構造に焦点を当てた。それゆえ、バルトはファッションの言説の機能とそれが置かれた場の構造の具体例との関連を理解することに失敗したとブルデュー＆デルソーは論じている［50］。

ブルデュー＆デルソーの指摘では、デザイナー同士の対立、彼らの言説において具体化されるスタイルやライフスタイルもまた、異なるファッション誌の言説の異なる様式、すなわちブルデューが言うところの「差異を確認する特権的な場」［51］であるような言説を伝えるものである。これらの差異はまた、ファッション誌の読者も対立させる。雑誌がヒエラルキーの上位にあればあるほど、雑誌は社会的地位の高い読者に合わせてより真面目な記述スタイルになる。

ブルデューの理論的枠組み、とりわけ彼の場の概念は、ファッションメディアの場におけるファッション誌の言説を理解する助けとなるが、ファッションが演じられる場と空間を問うためにも役に立つ。これは、ロンドンのキングスロードで二〇〇二年と二〇〇三年に開催されたロンドンファッションウィークの事例にブルデューの理論的枠組みを適用することで、ジョアン・エントウィスルと私が論証しようとしたものである［52］。私たちは概念枠組みと生きた現実の両方として、場という考えの重要性に注意を向けた。私たちの見解ではロンドンファッションウィークのレイアウトに加え、キャットウォークショーのレイアウトと座席のヒエラルキーにおいてファッションの場は捉えられ、再生産――具体化――される。

その論考では、私たちは資本というブルデューの重要な概念も援用した[53]。ブルデューの議論では、ある人の場における地位はその人物の資本によって決められ、場の争いは資本の正統な形態とその配置を決めるための争いでもある。したがって、彼は資本の形態のなかに区別を設けた。すなわち、経済資本、社会関係資本、象徴資本、文化資本という四つの区別である。経済資本は組織や行為者の金融資産を、社会関係資本は彼らの協定やネットワークの強みを、象徴資本は彼らが持つ社会的地位の度合いを示す。そして文化資本——『リフレクシヴ・ソシオロジーへの招待』で「情報資本」と改名された[54]——はたとえば、身体技法のような身体化されたもの、本や芸術作品といった客体化されたもの、学歴など制度化されたものがあり、それによって人が社会的な力や卓越性を得ることが可能となる[55]。

「経済資本はその他の形態の資本の根源にある」[56]。一方で、経済、象徴、文化の三つの形態はすべて、他のひとつ、もしくは複数の形態に転換することができる。資本は場のなかで不平等に配分され、この不平等な配分が場の構造化に関与する。そして今度は逆に特定の場がそこで循環し、利用され、人の地位を確立するために蓄積されるような資本の威力や価値を決める[57]。それゆえ「クチュリエとブランド」でブルデュー＆デルソーは、ディオールら著名なプレイヤーが多くの象徴資本、経済資本を有している一方で、パコ・ラバンヌといった新参者は資本を拡大して象徴的にも経済的にも神聖化されるために、転覆の戦略を活用しなくてはならないと論じる[58]。同時に、新参者は著名なクチュールハウスでの経験に頼り「最初の権威の資本」[59]を生み出す。エントウィスルと私は同様に、ロンドンファッションウィークで具体化したファッションのプレイヤーがファッションの場に属するために活用しなくてはならない象徴、社会、文化の資本について論じた。適切で事情に通じた服装によって示される文化資本は、それ自体が経済資本と社会資本に依拠するものの、ファッションの場の構成員には重要なものである。

資本は具現化しうるというブルデューの主張は、統合された実践の論理への彼の関心を反映しており、それはハビトゥスという彼の重要な概念で捉えられる。実際に、具現化した資本は「その人の不可欠な要素、すなわちハビトゥス」に転換される外的な資産」[60]であると彼は述べる。「ハビトゥス」は『実践感覚』においてもっとも体系的に議論されたが、彼の著作に繰り返し登場する概念である。それは「限界づけられ条件づけられた自発性」[61]、「実践感覚」[62]、または「個人の身体のなかに、認知、評価、行為の精神的図式と身体的図式をとる形で「蓄えられた」歴史的諸関係の集合」[63]と定義されている。

場の概念と同様、ハビトゥスの概念は構造と行為主体性の対立を回避することを目的としている。「主体と客体、能動性と受動性、手段と目的、決定論と自由という二元論にまで至っていないところに位置し、ハビトゥスは場のなかで、自らを規定するものを規定しつつ規定されているのだが、その場におけるハビトゥスの関係は、計算者なき計算、意図なき意図的行為」[64]となる。ハビトゥスによって構造化されることで、行為者はつねに利益を最大化しようとし、彼らの関心にもっとも適切な戦略に従う。しかしながら、それは意識的な戦略家なき戦略である。なぜなら、行為者の地位と位置取りを形成するのはハビトゥスそれ自体だからである。ゲームに対する彼らの感覚は、ハビトゥスに決定づけられた組み込まれた気質なのである。したがって「クチュリエとブランド」のなかでブルデュー&デルソーが主張することには、クレージュのハビトゥスはバルマンやジバンシィといった著名なプレイヤーのハビトゥスとは異なるが、当時のフランスの「近代的」で「大胆な」、新たなブルジョワジーのハビトゥスと一致したがゆえに、彼がこの社会集団のなかで成功することができたのである。

卓越性

ブルデューはファッションの場について二つの論考を書いている。彼のもっとも有名な著作だと思われる『ディスタンクシオン』[65]を除けば、この主題は他の論考にはほとんど見られない。ここで彼は——『写真論』[66]においても同様であるが——、カントの美学が文化的な対象と実践についての判断を組織化すると論じている。ブルデューによるとこれらの判断は、支配階層の純粋な美学と、彼が「カント的美学のまさに対局にある」[67]と述べる労働者階級の大衆的な美学のあいだの、カント的対立の根底にある一連の二分法に分断されている。支配的な美学は形式、精神、距離と無関心といった概念によって特徴づけられるが、労働者階級の文化的対象との関わりを特徴づけるのは、身体、即時性、関心といった概念である。

ブルデューは、美的判断が社会的、そして歴史的に位置づけられるはずであることを示そうとしている。カントと異なり、ブルデューにとって美的な経験は、独立した精神の表現や自律的で普遍的な精神的生活として説明することができないものであり、そうではなく社会的、そして歴史的に構成された性質である。それゆえブルデューは趣向を「「階級」を示す特権的指標」[68]と記述する。

審美家によって価値づけられた観想的な距離は、行為者の特権的な社会的地位によって可能となる金銭的必要性との距離にすぎない[69]。それは審美家を「必要性への距離」[70]に留める、経済資本の保有によってのみ可能となる。ブルデューの議論では、労働者階級の趣味がすべての文化的対象に「価格のわりに値打ちのある」[71]ことを求める「必要趣味」[72]であるのは、彼らが経済資本を欠いているからである。それは、彼らが好むことが「できる」もの「だけ」を好むよう強いる趣味である。対照的に、ブルジョワの趣味は経済資本だけでなく文化資本の保有によって可能となる「贅沢趣味（または自由趣味）」［73］である。階級の指標としての趣味というブルデューの理論は、「趣味は分類し、分類する者を分類する」［74］という彼のよく知られた記述から理解することができる。

また『ディスタンクシオン』ではブルデューは趣味という概念を脱本質化し、文化的実践を性格づける社会的な恣意性を明らかにしようとしている。そうすることで、彼は社会的な卓越化のベクトルとしての文化の重要性を示した。支配的な文化は支配的な階級の文化であり、その意図は彼らの価値を生産し、再生産し、彼らの趣味を良い趣味として馴化させることでこの支配を維持することにある。文化実践は階級の対立の産物であり、それを再生産する。文化は力関係と階級の卓越化の対象なのである［75］。したがって、たとえばマクロビー［76］はイギリスの人気テレビ番組「何を着るべきではないか」についての議論のなかでブルデューの議論を引き、中流階級の見かけ上の基準を売り込むことで、この手の番組が特に女性の間で階級の卓越化と争いを生み出し正当化すると論じている。

『ディスタンクシオン』において、ブルデューは趣味とそれに関連する卓越化の実践の階級的構造化という考えを理解するために、衣服を例に用いている。彼は以下のように述べる。「モードとは最新のモード〔様式〕であり、最終的な差異です。分類（クラスという語のすべての意味において）の印は、区別する力を失ったときに消滅してしまいます。つまり、分類の印であることが暴露されたときにです。ミニスカートは、ベチューヌ〔北仏の旧炭田地帯の都市〕の坑夫長屋にまで到達したときに無に帰したわけです」［77］。ここでのブルデューの見解は、流行は社会のヒエラルキーの最上位から生じ、そして下の階級に少しずつ伝わると考えたジンメル〔78〕を連想させる。トリクルダウン理論として知られるこのモデルでは、ファッションは階級の卓越化と階級闘争の観点から説明される。

トリクルダウン理論の限界は多くの理論家によってすでに議論されており〔79〕、それはブルデューの議論の欠点のひとつを示唆する。実際に、彼はしばしば二〇世紀でもっとも影響力のある思想家のひとりとされるが〔80〕、彼の理論的枠組みはまた多くの批判を受けている。しかしこの事実は彼の理論の高い評判の証であり、それが精読の対象となってきたことの論理的な帰結である。この章では、すべての議論やその論点を網羅する紙幅はないが〔81〕よく見られる批判は以下の通りである。

彼は社会科学の大部分を性格づける構造対行為主体性という二分法を避けるため、ハビトゥスの概念をある程度まで展開した。しかし彼の分析はハビトゥスを行為者の変革力というよりも再生産の道筋として捉えることで、反対の構造主義的かつ決定論的立場にいくぶん方向転換することになってしまう〔82〕。ブルデュー自身が述べるように、「ハビトゥスが生み出す実践は（略）常に、最終的な分析で生産物として現れる客観的な構造を再生産する方向へと向かう」〔83〕。それゆえデイヴィッド・スワーツが語るように、「ブルデューの議論はこの対立を実際に乗り越えるというよりもむしろ、逆説的にそれに悩まされているように見える」〔84〕。ブルデューのハビトゥス概念はまた、利益の追求を動機とする行為者や、（前述したように、無意識だけれども）彼らのゲームを最大化することにしか関心のない戦略的なプレイヤーを暴露するものである。そこには感情や苦悩といった情動や私欲のない実践のための余地はほとんどなく、このアプローチは行為者を打算的な戦略家に落としめるものだと批判されてきた〔85〕。

ブルデューの著作はさらに、クラブに通う客のサブカルチャー資本といった多様な形態の文化資本を探求するために用いられてきたが[86]、彼の議論では文化は高級文化を、文化資本は高級文化の資本を意味しているため、ブルデュー自身はこういったアプローチを採用してはいない[87]。このように、多様な研究者がブルデューの文化の解釈から離れて文化資本のとりうるさまざまな形態を主張したが[88]、彼の理論的枠組みの排他主義に注目することもあった。たとえばミシェル・ラモン[89]は、アメリカの文化実践の説明には適用できないと指摘している。彼女はまた、『ディスタンクシオン』において、ブルデューは「彼が生きる知的環境のなかで主流となっている文化を一般化する傾向があり、それをフランスの人口の大部分に浸透したものとして論じている」[90]と述べている。それゆえ、労働者階級は「文化をもたない」[91]といったような記述が悲観主義だという批判にさらされている[92]。同様にジョン・フロウは、『剥奪』という概念は高級文化の規範を前提とみなしてしまっているため、それ自体が不十分である。実際のところ、文化的な不利益とは〈高級文化を根拠として〉のみ効果を持つ」[93]と述べる。

結局のところ、ブルデューは階級という考えをもっとも重視し、趣味やハビトゥス、そして場を形成する役割をもつ、ジェンダー[94]やエスニシティといった他の社会的なカテゴリーにはあまり関心を払っていなかったのである。

このような限界があるにもかかわらず、ブルデューの理論的枠組みは依然として大きな影響力をもち、広範な問題を探求するために流用あるいは修正されている[95]。残りの節では、ファッションメディアの場へのファッションブロガーの参入という現代的な事象を取りあげることで場の理論の価値を概観し、研究のさらなる道筋を示していく。

ブロガーとファッションメディアの場

ファッションメディアの場は、多様な組織や行為者——雑誌、新聞、ジャーナリスト、写真家、スタイリスト、メイクアップアーティストなど——によって作られた社会空間であり、そのすべてが規範や価値の定義に関与している。これには良いもの、洗練されたもの、価値があるもの、もしくは革新的なファッションがいったいどのようなものなのかという定義も含んでいる[96]。『ヴォーグ』や『マリ・クレール』といった雑誌がすでに著名なプレイヤーである一方、『ジェントルウーマン』のように最近作られたものは新参者である。後者のカテゴリーにはファッションブロガーも含まれるが、「サルトリアリスト（The Sartorialist）」や「ギャランス・ドレ（Garance Doré）」といったブログの人気は、その創設者を早くもファッションの場における著名なプレイヤーとしている。

ファッションブログは二一世紀初頭に登場した[97]。インディペンデントのブロガーは当初、伝統的な紙の雑誌や新聞といった正統的なプレイヤーによって守られている道を開くための二つの鍵——ファッションショーへの入場と広報担当者へのアクセス——から排除されていた。実際にブログでよく目にする不満は、ブランドがファッションブロガーとかかわるのを嫌がることであった。ブルデューは以下のように述べる。

ジャーナリズムの場においては、読者の獲得をめぐる恒久的な争いがあることはもちろんだが、それだけでなく、ニュースや「スクープ」、独占情報、極めて希少価値のある人物やビッグネームといったものにいち早くアクセスできる権利をめぐっても絶えず争いが起こっている。[98]

ファッションの場において、このようなニュースやビッグネームにアクセスするためには結果的に、ファッションショーといった重要なイベントに確実にアクセスすることができる[99]ファッションの資本を所有していることが前提となる[100]。こうした重要なイベントへのアクセスによって今度はその資本が強固になり、場での地位がさらに安定したものになる。

ファッションブロガーは、当初はブランドから無視されていたが、彼らは次第に神聖化された。スージー・ロウ（「スタイル・バブル（Style Bubble）」）といったような存在の象徴資本は、まず間違いなくキャシー・ホリンのような著名なファッションジャーナリストと同程度の価値をもっている。たとえば二〇一三年には、『オブザーバー』での「ファッションの学生に影響力を持つ人物リスト」で、ロウはアナ・ウィンター（アメリカ版『ヴォーグ』の編集長）と並んで取りあげられた[101]。それゆえ、ファッションブロガーは現在では頻繁にショーで目撃され、多くのファッションブランドがファッションブログ圏を口説き落とすため、ソーシャルメディアでのキャンペーンを展開している。たとえば二〇一二年には、H&Mがエリン・クリング（「スタイル・バイ・クリング（Style by Kling）」）にスウェーデン市場向けのコレクションのデザインとモデルを依頼し、二〇一三年にはスージー・ロウがロンドンのオックスフォードサーカス店のショーウィンドウをデザインした。この神聖化は間違いなくブロガーの幅広い読者層へのアピールが成功した結果であると同時に、著名なファッションメディアのプレイヤーが正統性を与える役割の結果でもある。実際、ファッションブロガーは伝統的な印刷メディアのなかで定期的に注目され賞賛される対象となった。たとえば、雑誌がブロガーのファッショナブルなスタイルを掲載し、そうすることで彼ら彼女らを新たなトレンドセッターに、そして影響力のある「文化の仲介者」[102]に仕立て上げることは珍しいことではない。たとえばタヴィ・ジェヴィンソンの場合の『ポップ』(二〇〇九年秋冬号)や『ロフィシエル』(二〇一一年一〇月号)、スージー・ロウの『カンパニー』(二〇一三年一月号)などブロガーが著名な雑誌の表紙を飾るようなこともあり、ギャランス・ドレの『ヴォーグ・パリ』のコラムやトミー・トンの『スタイルドットコム』での写真の仕事のように、さまざまなブロガーが印刷メディアに貢献している。

しかしながら、この神聖化は全面的に受け入れられているわけではない。たとえば二〇一三年二月、著名なファッションジャーナリストであるスージー・メンケスによって書かれた記事は、ファッションブログ圏において議論の的となった。メンケスは、「視覚的、そして文化的な審判者という本来の意味で、批評家といえるブロガーはほとんどいない」[103]と述べた。彼女だけがこのような意見をもっているわけではない。たとえば、男性誌『GQ』の副編集長であるロバート・ジョンソンは、ブロガーは「何が良いもので何がそうではないかを知るための批評的能力を持っていない」[104]と評する。印刷メディアでのジャーナリズムとブロガー双方の言説や、ファッションメディアの場でのそれぞれの立ち位置に対するより体系的で詳細な分析は、ファッションジャーナリズムに帰する多様な価値や意味を十分に検証して行われなければならないが、上記の引用はそのための重要な切り口に注目を集めた。それはすなわち、(良い、価値のある)ファッションジャーナリズムの構成要素に対する定義である。実際に、以下の二つのヴィジョンは相反するように思える。一方ではメンケスやジョンソンといった著名なプレイヤーは、「真の」ファッションジャーナリストとは、良いもしくは悪いファッションを明らかかする、すなわちファッションに対する客観的な判断を伝える、批評的な能力を与えられた文化的な審判者と考えている。他方で、多くのブロガーやブログの読者たちにとってファッションブログの価値は、しばしばファッションブログ圏において賞賛される信憑性や正直さ、独立性の尊重とともに、ブロガーの個人的で主観的であることを隠そうとしないファッションの見方にある。ユーリ・ジヴは、ファッションブログを書くためのガイドのなかで以下のように述べる。「あなたのブログは信憑性が高く、誠実なようにみえますか？　それは絶対に必要です」[105]と。

信憑性と独立性という理想は、ジャーナリストの自律性の欠如と、その書く内容を宣伝することを強いられた役割という問題に対立する。信憑性と独立性を推し進めることで、ブロガーは自らをブルデューの定義でいう新参者と位置づけ、彼ら彼女らは著名なプレイヤーの価値や実践に挑む戦略をとる。いくつかの例を挙げると、この挑戦は高級雑誌における細く、長身で、若い白人の身体と著しく対照的な身体の理想像――「ビッグ・ガール・ブログ（The Big Girl Blog）」や「ル・ブログ・ド・ビッグ・ビューティー（Le Blog de Big Beauty）」に見られる豊満な身体、「アドバンスド・スタイル（Advanced Style）」、「ザッツ・ノット・マイ・エイジ（That's Not My Age）」における年齢を重ねた身体、もしくは「ストリート・エチケット（Street Etiquette）」のなかでの黒人の身体――の奨励を通じて明快に提示されてきた。

しかしながら大多数のブログは、著名なファッションメディアの規範に順応し、そのやり方に従う。実際、最も有名なファッションブロガーは若く、従来の意味で見た目のよい女性で、彼女らの投稿は著名なブランドに大きなスペースを割き、そこに掲載される服はしばしばモデルのような身体に着せられている。たとえば、ネクストというモデル事務所と契約したルミ・ニーリー（「ファッション・トースト（Fashion Toast）」）や、二〇一三年のロエベの広告キャンペーンでモデルとなったガラ・ゴンザレスのようにモデル業に着手する者もいる。ファッションの場では、身体――とりわけ細く、若い白人の身体――は、自らの地位を確立し、場の構成員であることを示すために育てられる資本であり[106]、一部のブロガーはこれを利用して知名度と人気を高め、象徴資本と経済資本をさらに強固にすることができた。

このように、インターネット上の神話的な祝祭の言説がその多くの限界を隠してしまうような、モスコが呼ぶところの「デジタル的崇高」[107]の罠に陥ってはならない。コンピューターを持つ者なら誰にでも門戸の開かれた活動であるブログは、一見したところ民主主義的な長所があるように思われる。このことが、モデルのような身体などの特権的な資本がファッションの場にうまく参入するにあたって果たす重要な役割を覆い隠してしまうかもしれない。タラ・チッテンデン[108]やエドワード・F・マッカリーら[109]は、ファッションブログの議論にブルデューの資本の概念を援用している。チッテンデンは十代のファッションブロガーに、マッカリーらは文化資本の概念に着目したが、社会的＝経済的背景や成功するために必要な価値のある資本の種類を把握するためには、より幅広い多様なジャンルのブロガー像に踏み込んだ研究を行うことが必要であろう。

同様に、階層的空間を否定するワールドワイドウェブのヴィジョンとは反対に[110]、ヒエラルキーはいまだファッションブログ圏から消し去られてはいない。一握りのブロガーだけがファッションショーの最前列《フロントロー》に座ったり、ファッションブロガー・ベストテンのリストがオンラインでもオフラインでも繰り返し登場したりすることが証明するように。閲覧数《ページビュー》もまた資本の指標であり、ブロガーが自らのブログの人気と知名度、ファッションブログ圏の「ロングテール〔インターネット販売において、ニッチで販売機会の少ない商品を大量に取り揃えることで全体としての売り上げを増加させること〕」[111]において際だった存在であることを証明するために援用される。したがって、ファッションブログはファッションメディアの下位の場、すなわちそれ自体が、閲覧数や知名度の少ないブロガーを含む新参者と、今やベテランとなったスージー・ロウ、ギャランス・ドレ、タヴィ、スコット・シューマンといった人気のある著名なプレイヤーで作り上げられた空間としてみなされるのである。

おわりに

この章では、ファッション、特にファッションブログの場について考えることを通じて、ブルデューの理論的枠組みの価値を示そうとしてきた。彼の展開した概念によって、行為者の活動や実践を支える力を捉え、急速に変化するファッションメディアの場を理解することが可能となった。場、地位、資本、ハビトゥスといった彼の議論の核であるすべての概念は、絶えず変化するこの場の状況を解明する助けとなる。「はじめに」でも述べたように、ブルデューはファッションの場の価値を、あらゆる場に見られるプロセスの典型だと考えていた。この章ではこのような観点から、他の研究者にファッションの場を詳細に分析するためにブルデューの議論を取りあげることを促すだけではなく、彼の思想をより批判的に援用するためにファッション――学術研究においてはいまだに「価値がない」対象とされがちなトピックである――を利用してもらうことを願っている。

原註

[1] Pierre Bourdieu, *Esquisse d'une Théorie de la Pratique*, Paris, Seuil, 2000 [1972].

[2] Pierre Bourdieu (dir.), *Un Art Moyen: Essai sur les Usages Sociaux de la Photographie*, Paris, Minuit, 1965, p. 17.（『写真論――その社会的効用』山縣熙・山縣直子訳、法政大学出版局、一九九〇年、一七頁。）

[3] Pierre Bourdieu, 'Champ Intellectuel et Projet Créateur' in *Les Temps Modernes*, 246, 1966, pp. 865–906.（「知の場と創造投企」ジャン・プイヨン編『構造主義とは何か』伊東俊太郎・田島節夫・花崎皐平・荒川幾男・松崎芳隆・井村順一訳、みすず書房、一九八一年、一〇五－一四四頁。）

[4] Pierre Bourdieu (dir.), *Un Art Moyen*, 1965, p. 17.（『写真論』一九九〇年、一七頁。）

[5] Pierre Bourdieu, *The Field of Cultural Production*, Cambridge, Polity Press, 1993, p. 220.

[6] Pierre Bourdieu, 'Haute Couture and Haute Culture' in P. Bourdieu, *Sociology in Question*, London, Sage, 1993, p. 132.（「オートクチュールとオート・キュルチュール」『社会学の社会学』田原音和監訳、藤原書店、一九九一年、二五一頁。）

[7] Ibid., p. 132.（同書、二五一頁。）

[8] Pierre Bourdieu and Yvette Delsaut, 'Le Couturier et sa Griffe: Contribution à une Théorie de la Magie' in *Actes de la Recherche en Sciences Sociales*, 1, 1975. Pierre Bourdieu, 'Haute Couture and Haute Culture', 1993.

[9] たとえば、以下を参照のこと。Nicholas Brown and Imre Szeman, *Pierre Bourdieu: Fieldwork in Culture*, Oxford, Rowman and Littlefield, 2000. Craig Calhoun, Edward Lipuma and Moishe Postone (eds.), *Bourdieu: Critical Perspectives*, Cambridge, Polity Press, 1995. Louis Pinto, *Pierre Bourdieu et la Théorie du Monde Social*, Paris, Albin Michel, 1998. David Swartz, *Culture and Power: The Sociology of Pierre Bourdieu*, Chicago, University of Chicago Press, 1997.

[10] Pierre Bourdieu, *Les Règles de l'Art*, Paris, Seuil, 1992, p. 182.（『芸術の規則（II）』石井洋二郎訳、藤原書店、一九九五年、一八頁。）

[11] Pierre Bourdieu, *The Field of Cultural Production*, 1993. これは英語版で初めてひとつにまとめられた、一九六〇年代、一九七〇年代、一九八〇年代を通じて刊行されたものの論集である。

[12] Pierre Bourdieu, *Sociology in Question*, London, Sage, 1993 [1984].（『社会学の社会学』田原音和監訳、藤原書店、一九九一年。）

[13] Pierre Bourdieu, *Les Règles de l'Art*, 1992.

[14] 用語の「知的系譜」については以下を参照。Pierre Bourdieu, *Les Règles de l'Art*, 1992.（『芸術の規則（II）』、一九九五年。）Pierre Bourdieu, 'The Political Field, the Social Field, and the Journalistic Field' in Rodney Benson and Erik Neveu (eds.), *Bourdieu and the Journalistic Field*, Cambridge, Polity, 2005, p. 29.

[15] Pierre Bourdieu, *Sociology in Question*, 1993, p.72.（『社会学の社会学』、一九九一年、一四三頁。）Pierre Bourdieu, *Science of Science and Reflexivity*, Cambridge, Polity, 2004[2001], p.33.（『科学の科学』加藤晴久訳、二〇一〇年、八九頁。）

[16] Pierre Bourdieu and Loïc J. D. Wacquant, *An Invitation to Reflexive Sociology*, Cambridge: Polity Press, 1996, p. 97.（『リフレクシヴ・ソシオロジーへの招待――ブルデュー、社会学を語る』水島和則訳、藤原書店、二〇〇七年、一三二頁。）

[17] Pierre Bourdieu, *The Field of Cultural Production*, 1993, p. 30.

[18] Pierre Bourdieu, *Practical Reason*, Stanford, Stanford University Press, 1998 [1994], p. vii.（『実践理性――行動の理論について』加藤晴久・石井洋二郎・三浦信孝・安田尚訳、藤原書店、二〇〇七年、七頁。）

[19] Pierre Bourdieu, 'The Political Field, the Social Field, and the Journalistic

Field', 2005, p. 36.

[20] Pierre Bourdieu, *Sociology in Question*, 1993.（『社会学の社会学』一九九一年。）Pierre Bourdieu, *Science of Science and Reflexivity*, 2004.（『科学の科学』二〇一〇年。）

[21] Pierre Bourdieu, *Science of Science and Reflexivity*, 2004, p.34.（『科学の科学』二〇一〇年、九二一‐九三頁。）

[22] Pierre Bourdieu, *The Field of Cultural Production*, 1993, p. 78.

[23] *Ibid.*, p. 111.

[24] *Ibid.*, p. 37.

[25] *Ibid.*, p. 121.

[26] Pierre Bourdieu and Yvette Delsaut, op. cit., p. 23.

[27] Ibid., p. 23.

[28] この議論の詳細に関しては、次を参照。Agnès Rocamora, 'Fields of Fashion: Critical Insights into Bourdieu's Sociology of Culture' in *Journal of Consumer Culture*, 2 (3), 2002.

[29] Pierre Bourdieu and Yvette Delsaut, op. cit., p. 15.

[30] 次を参照。Pierre Bourdieu, *The Field of Cultural Production*, 1993.

[31] Pierre Bourdieu, 'Haute Couture and Haute Culture', 1993, p. 132.（「オート・クチュールとオート・キュルチュール」『社会学の社会学』一九九一年、二五二頁。）

[32] Pierre Bourdieu and Yvette Delsaut, op. cit., p. 16.

[33] Ibid., p. 16.

[34] Angela McRobbie, *British Fashion Design: Rag Trade or Image Industry?*, London, Routledge, 1998.

[35] 次の文献からの引用。*Ibid.*, p. 61.

[36] Ibid., p. 13.

[37] Pierre Bourdieu, *The Rules of Art*, Cambridge, Polity Press, 1996 [1992], p. 162.（『芸術の規則（一）』一九九五年、二五五頁。）

[38] Agnès Rocamora, ''*Le Monde*'s *Discours de Mode*: Creating the *Créateurs*' in *French Cultural Studies*, 13, 1 (37), 2002.

[39] Agnès Rocamora, '"Over to You": Writing Readers in the French Vogue' in *Fashion Theory: The Journal of Dress, Body, Culture*, 10 (1/2), 2006.

[40] Pierre Bourdieu and Yvette Delsaut, op. cit., p. 23.

[41] Agnès Rocamora, *Fashioning the City: Paris, Fashion and the Media*, London, I.B. Tauris, 2009, ch.3.

[42] Pierre Bourdieu and Yvette Delsaut, op. cit., p. 12.

[43] Ibid., p. 12.

[44] Agnès Rocamora, 'High Fashion and Pop Fashion: The Symbolic Production of Fashion in *Le Monde* and *The Guardian*' in *Fashion Theory: The Journal of Dress, Body, Culture*, 5 (2), 2001.

[45] Pierre Bourdieu and Yvette Delsaut, op. cit., p. 23.

[46] Roland Barthes, *The Fashion System*, Berkeley, University of California Press, 1990 [1967].（『モードの体系――その言語表現による記号学的分析』佐藤信夫訳、みすず書房、一九七二年。）

[47] Pierre Bourdieu and Yvette Delsaut, op. cit., p. 23.

[48] Roland Barthes, *op. cit.*, p. xi.（前掲書、八頁。）

[49] Pierre Bourdieu, 'Haute Couture and Haute Culture', 1993, p. 138.（「オート・クチュールとオート・キュルチュール」『社会学の社会学』一九九一年、二六四頁。）

[50] Pierre Bourdieu and YvetteDelsaut, op. cit., p. 23.

[51] Pierre Bourdieu, *Photography: A Middle-Brow Art*, Cambridge, Polity Press, 1996, p. 63.（『写真論』一九九〇年、七六頁。）

[52] Joanne Entwistle and Agnès Rocamora, 'The Field of Fashion Materialized: A Study of London Fashion Week' in *Sociology*, 40 (4), 2006.

[53] たとえば、次を参照。Pierre Bourdieu, *The Field of Cultural Production*, 1993.

[54] Pierre Bourdieu and Loïc J. D. Wacquant, *op. cit.*, 1996.（『リフレクシヴ・ソシオロジーへの招待』二〇〇七年。）

[55] たとえば、次を参照。Pierre Bourdieu and Loïc J. D. Wacquant, *op. cit.*, 1996, p. 119.（『リフレクシヴ・ソシオロジーへの招待』、二〇〇七年、一五八頁。）Pierre Bourdieu, *The Logic of Practice*, Cambridge, Polity Press, 1997, pp. 124–25.（『実践感覚（1）』今村仁司・福井憲彦・塚原史・港道隆訳、みすず書房、二〇〇一年、二〇六－二〇七頁）Pierre Bourdieu, 'The Forms of Capital' in J.E. Richardson (ed.), *Handbook of Theory of Research for the Sociology of Education*, Westport, Greenwood Press, 1986, p. 47.

[56] Pierre Bourdieu, 'The Forms of Capital', 1986, p. 54.

[57] Ibid., p. 49.

[58] Pierre Bourdieu and Yvette Delsaut, op. cit.

[59] Ibid., p. 15.

[60] Pierre Bourdieu, 'The Forms of Capital', 1986, p. 48.

[61] Pierre Bourdieu, *Les Structures Sociales de L'Economie*, Paris, Seuil, 2000, p. 260.（『住宅市場の社会経済学』山田鋭夫、渡辺純子訳、藤原書店、二〇〇七年、二九三頁。）

[62] *Ibid.*, p. 262.（同書、二九五頁。）

[63] Pierre Bourdieu and Loïc J. D. Wacquant, *op. cit.*, 1996, p. 16.（『リフレクシヴ・ソシオロジーへの招待』、二〇〇七年、三六頁。）

[64] Pierre Bourdieu, *Les Structures Sociales de L'Economie*, p.262.（『住宅市場の社会経済学』、二〇〇七年、、二九六頁。）

[65] Pierre Bourdieu, *Distinction: A Social Critique of the Judgement of Taste*, London, Routledge, 1996 [1979].（『ディスタンクシオン――社会的判断力（I・II）』石井洋二郎訳、藤原書店、一九九〇年。）

[66] Pierre Bourdieu, *Photography*, 1996.（『写真論』、一九九〇年。）

[67] Pierre Bourdieu, *Distinction*, 1996, p. 5.（『ディスタンクシオン（I）』、一九九〇年、九頁。）

[68] *Ibid.*, p. 2.（同書、四頁。）

[69] *Ibid.*, p. 56.（同書、八九頁。）

[70] *Ibid.*, p. 53.（同書、八三頁。）

[71] *Ibid.*, p. 374.（『ディスタンクシオン（II）』、一九九〇年、一九二頁。）

[72] *Ibid.*, p. 378.（同書、一九六頁。）

[73] *Ibid.*, p. 177.（『ディスタンクシオン（I）』、一九九〇年、二七二頁。）

[74] *Ibid.*, p. 6.（同書、一一頁。）

[75] この点で、階級の闘争という考えへの着目を通じ、ブルデューの理論的枠組みはマルクス（詳しくは第一章を参照）からの影響に注意を集める。しかし、彼がどのようにマルクス主義から離れたかに関しては、次を参照。Pierre Bourdieu, *The Field of Cultural Production,* 1993, pp. 180–82. また、ブルデューのマルクス主義理論との関係性に関する議論は、次を参照。David Swartz, *Culture and Power*, Chicago, University of Chicago Press, 1997, pp. 38–40.

[76] Angela McRobbie, *The Uses of Cultural Studies*, London, Sage, 2005.

[77] Pierre Bourdieu, 'Haute Couture and Haute Culture', 1993, p. 135.（「オートクチュールとオート・キュルチュール」『社会学の社会学』、一九九一年、二五八頁。）

[78] Georg Simmel, 'Fashion', in D.N. Levine, (ed.) *Georg Simmel*, Chicago, University of Chicago Press, 1971 [1904]. ジンメルの議論に関しては、第三章を参照。

[79] たとえば、次を参照。Diana Crane, *Fashion and Its Social Agenda*, Chicago, University of Chicago Press, 2000. Tim Edwards, *Fashion in Focus*, London, Routledge 2010. Agnès Rocamora, 'Fields of Fashion', 2002.

[80] たとえば、次を参照。Elizabeth Silva and Alan Warde (eds.), *Cultural Analysis and Bourdieu's Legacy*, London, Routledge, 2010, p. 157.

[81] しかしブルデューの理論的枠組みの長所と短所に関する印象的な議論として、次が挙げられる。David Swartz, *op. cit*.

[82] Fiona Devine, 'Habitus and Classficiations' in Elizabeth Silva and Alan Warde (eds.), *Cultural Analysis and Bourdieu's Legacy*, London, Routledge, 2010, p. 152. Michèle Lamont, *Money, Morals and Manners: The Culture*

of the French and the American Upper-Middle Class, Chicago, University of Chicago Press, 1992. Diana Reay, 'From the Theory of Practice to the Practice of Theory: Working with Bourdieu in Research in Higher Education Choice' in Elizabeth Silva and Alan Warde (eds.), *Cultural Analysis and Bourdieu's Legacy*, London, Routledge, 2010. Agnès Rocamora, 'High Fashion and Pop Fashion', 2001.

[83] Pierre Bourdieu, *Esquisse d'une Théorie de la Pratique*, 2000, p. 257.

[84] David Swartz, *op. cit.*, p. 54.

[85] たとえば、次を参照。Fiona Devine, op. cit., p. 153. Beverley Skeggs, 'Exchange, Value and Affect: Bourdieu and "the Self "' in L. Adkins and B. Skeggs (eds.), *Feminism after Bourdieu*, Oxford, Wiley-Blackwell, 2004.

[86] Sarah Thornton, *Club Cultures: Music, Media and Subcultural Capital*, London, Polity, 1997.

[87] Agnès Rocamora, 'High Fashion and Pop Fashion', 2001. Beverley Skeggs, 'Exchange, Value and Affect', 2004.

[88] たとえば、以下を参照。Michèle Lamont, *Money, Morals and Manners*, 1992. Michèle Lamont, 'Looking Back at Bourdieu' in E. Silva and A. Warde (eds.), *Cultural Analysis and Bourdieu's Legacy*, New York, Routledge, 2010. Beverley Skeggs, 'Exchange, Value and Affect', 2004.

[89] Michèle Lamont, *Money, Morals and Manners*, 1992.

[90] *Ibid.*, p. 186. 加えて、次を参照。Richard Jenkins, *Pierre Bourdieu*, London, Routledge, 1996, p. 148. Richard Shusterman, *Pragmatist Aesthetics: Living Beauty, Rethinking Art*, Lanham and Oxford, Rowman & Littlefield, 2000, p.197.（『ポピュラー芸術の美学――プラグマティズムの立場から』秋庭史典訳、勁草書房、一九九九年。）

[91] Pierre Bourdieu and Alain Darbel, The Love of Art, Cambridge, Polity, 1997, p. 88.（『美術愛好――ヨーロッパの美術館と観衆』山下雅之訳、木鐸社、一九九四年、一三五頁。）

[92] Claude Grignon and Jean-Claude Passeron, *Le Savant et le Populaire: Misérabilisme et Populisme en Sociologie et en Littérature*, Paris, Hautes Etudes / Gallimard Le Seuil, 1989.

[93] John Frow, 'Accounting for Tastes: Some Problems in Bourdieu's Sociology of Culture' in *Cultural Studies*, 1 (1), p. 65.

[94] 彼の著作『男性支配（*La Domination Masculine*）』をみても、しかしながら、関連するフェミニズム主義者の議論をほぼ参照していない。Pierre Bourdieu, *Masculine Domination*, Cambridge, Polity Press, 2001.（『男性支配』坂本さやか・坂本浩也訳、藤原書店、二〇一七年。）この軽視に対する批判は、次を参照。Anne Witz, 'Anamnesis and Amnesis in Bourdieu's Work: The Case for a Feminist Anamnesis' in *Feminism after Bourdieu*, Oxford, Wiley-Blackwell, 2004.

[95] たとえば、「ブルデュー以降のフェミニズム」の議論として、次を参照。Lisa Adkins and Beverley Skeggs (eds.), *Feminism after Bourdieu*, Oxford, Wiley-Blackwell, 2004.

[96] 次を参照。Agnès Rocamora, 'High Fashion and Pop Fashion', 2001. Ane Lynge-Jorlèn, 'Between Frivolity and Art: Contemporary Niche Fashion Magazines' in *Fashion Theory*, 16 (1), 2012.

[97] Agnès Rocamora, 'Personal Fashion Blogs: Screens and Mirrors in Digital Self-portraits' in Fashion Theory: The Journal of Dress, Body, Culture, 15 (4).

[98] Pierre Bourdieu, 'The Political Field, the Social Field, and the Journalistic Field', 2005, p. 44.

[99] Agnès Rocamora, 'High Fashion and Pop Fashion', 2001. Joanne Entwistle and Agnès Rocamora, 'The Field of Fashion Materialize', 2006.

[100] Joanne Entwistle and Agnès Rocamora, 'The Field of Fashion Materialize', 2006, p.740.

[101] Alice Fisher, 'The Fashion Students' Power List 2013' in the *Observer*, retrieved from http://www.theguardian.com/fashion/2013/mar/03/fashion-

students-power-list-2013 on 2 April 2013, 2013.

[102] Pierre Bourdieu, *Distinction*, 1996.（『ディスタンクシオン（一・二）』、一九九〇年。）

[103] Suzy Menkes, 'The Circus of Fashion', retrieved from http://tmagazine.blogs.nytimes.com/2013/02/10/the-circus-of-fashion/ on 22 February 2013, 2013.

[104] 次の記事から引用。Susie Mesure, 'Fluff Flies as Fashion Writers Pick a Cat Fight with Blogger', retrieved from http://www.independent.co.uk/life-style/fashion/news/fluff-flies-as-fashion-writers-pick-a-cat-fight-with-bloggers-1884539.html on 6 March 2011, 2010.

[105] Yuli Ziv, *Fashion 2.0: Blogging your Way to the Front Row*, CreateSpace Independent Publishing Platform, 2011, p.26.

[106] Joanne Entwistle and Agnès Rocamora, 'The Field of Fashion Materialize', 2006, p.746.

[107] Vincent Mosco, *The Digital Sublime: Myth, Power and Cyberspace*, Cambridge, MIT Press, 2005.

[108] Tara Chittenden, 'Digital Dressing Up: Modelling Female Teen Identity in the Discursive Spaces of the Fashion Blogosphere' in *Journal of Youth Studies*, 13 (4), 2010.

[109] Edward F. McQuarrie, Jessica Miller, J. and Barbara J. Phillips, 'The Megaphone Effect and Audience in Fashion Blogging' in *Journal of Consumer Research*, 40 (1), 2013.

[110] Jay David Bolter, *Writing Space*, New York, Routledge, 2001.（『ライティングスペース――電子テキスト時代のエクリチュール』黒崎政男・下野正俊・伊古田理訳、産業図書、一九九四年。）George P. Landow, *Hypertext 2.0*, Baltimore, Johns Hopkins University Press 1997.

[111] Chris Anderson, 'The Long Tail', retrieved from http://www.wired.com/wired/archive/12.10/tail.html on 2 August 2013, 2004.

14 ジャック・デリダ

Jacques Derrida

抹消記号下のファッション

アリソン・ジル
小林嶺＝訳

はじめに

ジャック・デリダ（一九三〇－二〇〇四）はおそらく、哲学や思想というものが捉えがたく理解困難なものであるという一般的なイメージを決定的にした人物としてよく知られているだろう。デリダはそのスタイルが晦渋であることで有名だが、それは言語や議論を揺るがし、解きほぐすことによって、文学的あるいは哲学的なテクストにおける語や声の持つ意味が決定不可能なものであることを示すというものである。ジョン・マッカンバーはデリダの世間一般での評判を「フランス語によるゲリラ的襲撃」を行う難解な哲学者だと説明した上で次のように述べている。「デリダを読む最良の方法は、高名で独創的な書き手についてはいつもそうであるように、何よりもまずリラックスして、流されるままにすることだ」[1]。これに付け加えておくなら、最初の印象はしばしば適切なものではないし、それを洗い直し、反復する必要があるということだ。つまり、デリダをもう一度読み、彼が仕掛けた問いについて意識を高めること、ファッションを専攻する学生にとって、それらの問いがどのように役立ちうるかを感知することである。多くの大陸系哲学者がそうであるように、彼の文章は複雑で、文体も独創的であり、英語圏の読者にとっては、ロマンス語〔ラテン語の口語から派生したヨーロッパ諸言語〕であるフランス語から翻訳されたものである。

デリダの哲学は、緻密な読解戦略としての脱構築によって思い起こされるだろう。脱構築は、一般的な用法では諸々の伝統や思考の様式の批判的解体を意味している。このような緻密な読解戦略とファッションとの関係は、この章では以下のように特徴づけられる。すなわち、脱構築はその可能性に富んだ多様なテクストと、それらのテクストが上演するものとを通して、ファッションの根底（foundations）を問うことができるのだ。この点を理解するために、我々が取るべきいくつかのステップがある。脱構築されたテクストは自らの根拠（ground）を問いただす。すなわち、作業の出発点を決めるというよりも、そのテクストの支配的な枠組み、前提、そしてテクストを拘束する論理が明らかにされるのである。もし本章が、西洋形而上学の歴史を注意深く再読しようとするデリダの意図と、デリダ哲学がその表現言語によってもたらす難問に対して忠実であることの両方に敬意を払うならば、「脱構築」をひとつの理論や方法、批判と呼ぶべきではないし、あるいはそれを「デリダの」思考と呼ぶべきでもない。この思考にとってもっとも重要なのは、権威、用語法、翻訳、起源、そして文体についての問いなのだ。

ファッションに関連する「脱構築的哲学」についてのいかなる記述も、それに固有の思考様式に対しては態度を保留しておかねばならず、また、私の章のタイトルが示唆しているように、「引用符」や斜字体、あるいは抹消線を用いて、それを「削除する」のでなければならない。そうしてようやく、哲学およびファッションの哲学の名にふさわしい可能性の条件が明瞭に描かれるのである[2][◆1]。ひとつの理論として名づけたり分析したりすることが難しく、言葉を濁すようなものになってしまうというデリダの思考の特徴は、デリダの批判者にとって耐え難いほどに回りくどいものであり、そうでない人々にとってもひどく混乱させるものである。それは、ファッションについて「デリダを通して思考する」という作業をきわめて複雑なものにする。だが、願わくはそれが好奇心をかきたてる難解なものであってほしい。

本章の目的はデリダの思考の停泊地を素描し、当面の問題にとって重要なほんの少しばかりのアイディアを膨大な記述群の中から選び出すことである。私はこれらのアイディアがファッションを理解するためにどのように役立ちうるかを示すにとどめることで、本章をあまり難解でないものにしたいと思っている。デリダと同世代のドゥルーズ（第九章も参照せよ）と同じく、六〇年以上に渡るその莫大なアウトプットは、意味深長さを巧みに操る大量の概念と複雑な用語の絡み合いを含むものであり、それを読み解くためには専門家による辞書的あるいは入門的な書物の助けが必要となる[3]。

本章は、ファッションデザイナーたちがファッションの実践を再考していると思われる事例を確認し、商業的なシステムに乗って絶えずコレクションを生産するファッションの執拗な欲動（insistent drive）を作動させる条件をいかにして「抹消記号下に」置くかを検討する。そのシステムは、目眩のするようなシーズンの速度や時間との予測可能な関係性において、イノベーション、スペクタクル、綻びがない《シームレスネス》ことという美学的観念論を称揚する。テクストを構築する上でのデリダの思想はしばしばテキスタイルの用語を想起させるが――「痕跡《トレース》」のような補助的な用語でさえそうである――、それは、ファッションデザインにおいて、衣服デザイン（garment design）の原則が批判的に解体されることを理解するための助けとなりうる。実際、「脱構築」という用語は一九九〇年代初頭にファッションと結びつけられており、構造が露わになっていたり、分解されていたり、未完成であったりする衣服の奇妙な外観における「衣服の創造についての分析」[4]を証言するものであった。〈モードの解体〉を伴う脱構築は、しばしばファッションの批評家や評論家によって難解で挑戦的な衣服に貼られるレッテルであったが、それはデザイナーたちによって採用あるいは応用された手法ではなかった[5]。

この章の第一節で私は、テクスト、痕跡、二重の思考といった概念の出現に焦点を当てることによって、哲学における脱構築の重要な特徴を概観する。これらの概念は、ファッションデザインについてのオルタナティヴな思考にとって価値あるものであることが示されるだろう。そのうちのひとつは、失敗したような表現を自ら招き入れ、不安定性を引き起こすものだ。私はまた、作者性やイノベーション、そしてファッション史などの因習にとらわれた産業的概念に異議を唱えるテクストのうちに不安定性を見出す。これは本章の第二節で行われる作業だが、そこで私はメゾン・マルタン・マルジェラのベルギー人デザイナー――彼のコレクションは、それ自体を無化するような批評的かつ実験的な衣服として注目を集めてきた――の事例を通して、衣服の脱構築的作品を探求する。

哲学における脱構築／破壊

哲学者としての多産なキャリアの中で、哲学、文学、芸術、映画、メディア、政治、歴史、そして自伝といった対象を取り扱ってきたデリダの数多くの著作は、それらがファッションに関するものではないにもかかわらず、ファッションのうちに現れるような、批評的な読解の流行《モード》＝様式を形成する。ジュディス・バトラーはデリダの追悼記事において、デリダの遺産は私たちに読むことを教えるだけではなく、読むという行為に対して新たな意味と新たな約束とを与えることに存すると主張している［6］。脱構築という用語が最初に用いられた著作『グラマトロジーについて』［7］は、哲学的な次元と文学的な次元の双方を脱構築の対象として有するような、デリダの数多くのテクストを代表するものである。

技術的な難解さの水準はその第一の主題〔＝テクスト〕に顕著である。というのも、彼の読解はあるテクストの作動中の論理を分解するという哲学的な任務を含むものである一方で、別の意味を指摘することによって、また新たな用語を発明することによって、言語それ自体を説明するために言語に異議を申し立てるものでもあるからだ。脱構築はたんに否定的なものではなく、西洋哲学全体に作用する固有の概念の区別や対立を問いただすために、哲学的・文学的テクストが持つ言語と論理とを、批判的、徹底的かつ変形的に読解するために鋳造されたものだ［8］。これらの対立項に対する脱構築の挑戦は、用語を転倒させることにあるのではなく、むしろそれらの位置をずらすためにある。その結果、いずれの用語も根源的なものではなくなる。デリダの緻密な読解の要点は、意味と活動の相互依存的な痕跡を明らかにし、あるテクストの論理が依拠する概念を別の概念によって言い表すことで、概念の論理と関係性とを変形することにある。デリダは自らの仕事を余白の哲学と呼び、それを哲学とその他の文学との間隙に位置づけた。このことが緻密な読解や記述の戦略としての、そしてポスト構造主義的な領域横断性の証としての、デリダの仕事の数多くの文学や創作への影響の原因となっている[9]。

デリダのテクスト分析は一九八〇年代から九〇年代にかけての哲学、文学理論、法学、精神分析、人類学、フェミニズム、ゲイ＝レズビアン研究、政治理論、歴史学、映画理論、そしてカルチュラル・スタディーズにおいて高い影響力を持っていた。その影響の範囲は、創造的なアート、デザイン、そして建築にも及ぶ[10]。グラフィックデザインなどその他のデザイン領域が映画製作者や映像メディア論者らと同様に、フランス哲学、つまりポスト構造主義、より正確にはデリダの哲学やテクスト分析によってかなり「浮き足立った」時代を過ごし、ラディカルで理論的な創作を自覚的に展開したのは一九八〇年代後半から九〇年代半ばにかけてであった[11]。

こうした展開はある部分では、ロゴス中心主義や「現前の形而上学」と呼ばれる支配的な思考の論理の暴露を可能にするような文学的・哲学的分析の領域横断的な影響力によって説明される。この概念を簡単に説明するなら次のようになる。すなわち、デリダにとって西洋の形而上学は、本質＝存在（essence）を捏造するロゴス中心主義的実践を反復しているのだ。そこでは、話された言葉（ロゴス）が事物の本質的な「存在」を名づけるのであり、結果として、ロゴスは意味の純粋な伝達経路としての、充実した現前と普遍的真理と同一視される[12]。デリダは、何らかの事物の充実した現前を掴み取るための、あるいは、思考を表象するための語の統一性を問いに付す。この統一性はデリダが言語のロゴス中心主義と呼ぶものなのだが、それが思考の伝統を維持するのだ。デリダの思考は不変の概念としての本質＝存在あるいは同一性という不動の観念《イデア》を撹乱しようと奮闘しているのである〔13〕。このことは、我々が次のような事柄を理解するための手助けとなる。すなわち、「脱構築はいわば、権威の拒絶、あるいはあらゆる〈〜である〉という決定の力の拒絶から始まる」のだが、それは、脱構築が抵抗や対立、あるいは単純な定義を拒絶するという姿勢を取ることに拠るのではなく、むしろ、「そのようなあらゆる〈〜である〉の不可能性に拠るのである」〔14〕。知への正しい道としての純粋な現前を掴み取ることを追求し、対置される用語を同時に思考することの不可能性を確証するロゴス中心主義への批判をデリダの脱構築は含意する。これが、差異について思考することと、「現前」を《現前－としての－差異》として別様に思考することを引き受ける、デリダの哲学的事業なのである。

この事業の一例は「二重の思考」と呼ばれる用語において説明され、また、テクストを脱構築する「二重の運動」において表されうる。ナイオール・ルーシーが説明して言うには、この概念が途方もなく難解に見えるのは、それが対立的な論理のアポリアあるいは袋小路を考察することを伴うからであり、このことは「「二段階計画」あるいは解釈の連続的な「諸段階」といったものには還元不可能な二重の運動」の必然性を伴っている〔15〕。テクストの脱構築はこれらの対立、つまり二つの項の差異、関係性、それらを別様に思考することを不可能にするものについて同時に思考するための表現を与えるのだ。ルーシーはしたがって、慣習的に一つの項が他の項よりも高く価値づけられてきたがゆえに、またこの関係が別様にあることへの抵抗が存在するがゆえに、脱構築は非常に困難なものであると論じる。

リチャード・マーティンとハロルド・コーダらによって、二重の思考との類似性がファッションにも確認されている。それはコム・デ・ギャルソンの川久保玲やクロエのカール・ラガーフェルドのデザインにおいてである。彼らのデザインでは、穴やあえて目立たせた縫い目を通じて構造が露出しており、そうすることで「破壊が分析的な創造の過程となり」、穴や縫い目は「いっそう分析的に衣服への関心を引き延ばしている」[16]。このことと関連して、テクストや衣服の不安定性を強調しうるデリダのエクリチュールのように、ファッションデザインは逆説なことに構築と破壊、製作(making)と非－製作(unmaking)の双方を表現する。マーティン＆コーダは、一九二〇年代のヴィオネのデザインにおける衣服の技法の露出と、ラガーフェルドや川久保の脱構築とのあいだに差異が存在するかどうかを問う[17]。そして彼らは次のように結論づける。二〇世紀終盤の事例は、「たんに制作過程を見せるのではなく、むしろ完全性を破壊することで、完成した衣服から逆方向へと作用するように見えるのである、と[18]。

この脱構築／破壊 [de(con)struction] という語が、二つの項を一つの項の内で強調する方法で書かれるとき、脱構築がテクストのうちで作動させる二重の運動が露わになる。それは、テクストを分解し、不安定化させ、対立項の位置をずらす破壊であるのと同時に、テクストの働き——テクストの作用と限界——についての新たな理解の構築でもありうる。エイミー・スピンドラーは『ニューヨーク・タイムズ』のなかで、ファッションにおける脱構築を「モノの構造を無効化する行為」と定義している。それゆえ脱構築は、たとえばたんにジャケットが裏表逆になっていたり、袖が取り外されていたりすることではなく、その部分の機能が再考されていることを意味するのである[19]。私は以下で、衣服製作を行う労働者（普通は完成された衣服のなかに隠れた存在である）を認めながら、そしてアイコニックな衣服の歴史を思い出しながら、メゾン・マルジェラのデザインが二重の運動、あるいは非－製作の双方向性を表現していることを示したい。「非－製作」(*un-making*)の欠性辞の「非－」(un)は、メゾン・マルジェラの作品がアパレル製作の組織(nexus)を決定不可能なものとしてパラドックスのなかに差し止めうるものであることを示すために斜字体で強調される。その結果、衣服のなかでの二重の運動、衣服についての二重の思考を認めることとなる。この二重の運動に含まれるのは、起こりうる失敗の表現、あるいは衣服がたんに破壊され、破壊されたままでいるリスク、あるいは意図的な破壊、ニヒリズム、未完のテクストだと誤解されるリスクである。

テクストを撹乱する——意味の織物とファッションの痕跡

デリダが緻密なテクスト読解のなかに位置づける能動的性質は、さまざまなファッションのモノ——日常着、デザイナーものの服、着飾った身体、ファッション誌、文章、写真、映画——のうちに見出されうる。そうすることで、これらのモノは、下支えする論理と記号の相互作用とともに構築されたテクストとして理解される。その記号や論理は、ときおり矛盾する意味作用を説明してくれるのだ。デリダは直接的にファッションについて書くことは無かったが、フランスの記号論者ロラン・バルトは、意味を伝達する言語としてファッションを解釈する発展的な方法によって影響力を持ってきた（バルトに関する第七章も参照せよ）。文学的テクストや非-文字的なテクスト、つまりポピュラーカルチャーやメディアカルチャーを解読するバルトの情熱に似て、デリダもまた、文化が何を意味するかに関心を寄せた大陸系哲学者によるフランスの哲学的探求の受胎期において緻密なテクスト読解を続けてきたのだと見ることができる（本書の導入部も参照せよ）。作者の意図を問いに付すバルトの『作者の死』[20] やフーコーの『作者とは何か』[21] のように、デリダは「話したり書いたりすることによって我々が意味することになる全てのものを完全に支配しようとする」作者の意図の限界を問いかけていた[22]。作者や制作者はテクストの意味の起源とみなされるという慣習的な観念から、テクストは間－テクスト的であるという認識への移行は、テクストが多様な場所から到来する意味作用の相互作用の産物であることを意味する。このように修正された作者性の概念において、読者は他のテクストの参照を通じてテクストの意味に到達するような、解釈者としての能動的な役割を演じる。キャロライン・エヴァンズは、もし衣服が言葉を話したりコミュニケーションを取ったりするとしたら、「自らの創造者とは無関係に話す」と私たちに語る［23］。ここで重要なのは、創造者、作者、あるいは制作者のあらゆる権威〔作者性〕を失墜させることのみならず、読者の役割を活性化させること、バルトの表現を使って言えば、テクストの解釈作用における「読者の誕生」である［24］。

　デリダの緻密な読解は、ファッションのモノのうちに確認されるかもしれないテクストとテクスト性についての私たちの理解に何を付け加えるだろうか。彼のテクスト性についての記述は、複雑に織り込まれた間－テクストとしてのファッションのモノやイメージについての思考法を示唆しており、解読されるべき意味の痕跡に富んでいる。テキスタイルの交差する織り目を想起させる言語を用いて、デリダはテクスト性の意味作用を、語と言説循環とのあいだの諸差異の潜在的に無限の相互作用と呼んでいる。

> 話された言説の範疇においてであれ書かれた言説の範疇においてであれ、他のある要素へ差し向けずには、いかなる要素も記号として機能しえないのであり、そしてその他の要素じたいも単純に現前するわけではない。こういう連鎖関係があるからこそ、各要素は［…］当該の連鎖あるいは体系のなかの他の諸要素の、当の要素における痕跡から出発して構成されるのである。そういった連鎖関係、そういった織物《テキスタイル》が、すなわちテクストなのであり、これはもう一つの別のテクストの変形においてしか生み出さ

れない。諸要素のなかでも、体系のなかでも、どこにおいても決して何ひとつ端的に現前したり不在であったりすることはない。そこにあるのは、終始一貫、ただ諸差異のみであり、諸痕跡の諸痕跡のみである。[25]

テクストに関して述べられた上記の引用に続いて、キム・ソーチャックは着飾った身体（fashioned body）の間テクスト性を織物というモノとして説明するために、テクストとテキスタイルのアナロジーによってデリダが示唆した潜在性を手短に展開している。「〈着飾った身体〉とは肉体の備わった主観性であり、それは社会的、歴史的、そして文化的な刻印の豊かな織り目のなかに構成されている。どんなときでも、あるいは歴史的な節目においても、着飾った身体は、いくつかの可能性を挙げるならば、健康、美、道徳、セクシュアリティ、国家、そして経済についての多様な言説のうちに潜在的に位置づけられている」[26]。言説の書き込みはソーチャックにとって必ずしも身体の上で作用するものではなく、間テクスト的な関係性の織物のうちに囲い込まれた身体という水準において作動するのである。

ヒュー・J・シルバーマンは、もし脱構築の任務が究極的にはテクスト読解という理論的実践であるならば、それは、記号論の分析対象との微小な差異において、解釈の対象を受け取り直す手助けになると主張する。デリダの読解とエクリチュールは、二つの項や厄介な対《つい》を結合する蝶番［◆2］あるいは敷居（threshold）としてのテクストの限界や境界線について別様に、二重に思考するための方法を模索する。脱構築は何か人が事物に対して行うものであるというよりはむしろ、テクストにすでに内在する出来事（happening）として事物に「生じる」（happens）何ものかである[27]。それは新たな用語の発生、つまり「新たな「概念」の闖入」

[28]であり、脱構築的エクリチュールのうちでヒエラルキー的に組織された諸項の置き換えを引き起こすことが求められている。デリダのエクリチュールのコレクションにはいたるところに多くの造語——あるものは新たに鋳造されたものであり、またあるものは古い用語を修正したものである——が存在する。たとえば、原《アルシ》-エクリチュール、代補、痕跡、差延、亡霊、グラム、パルマコン等々がそうである。これらの概念はその両義性ゆえに、決定不可能なものによって明白な対《つい》を掻き乱すことで、テクストに作動中の論理を不安定化する。

「痕跡」は、テクスト内の一つの要素がもう一つの別の要素を参照するような、テクストの「出来事」と意味における配分的な差異の生成とを告げ知らせる用語である[29]。ファッションにおいて痕跡（trace）は、意味の諸要素をたどる（tracing）解釈的な行為、たとえば伝統的な衣服のデザインや使用に関する概念の確立や解読にとって明白な価値を持つ。あるいはまた、伝統からの逸脱の印としての物理的な痕跡——脱構築された衣服の外側で「作業プロセス［…］や伝統的な衣服製作の技術を直接的に指し示す」、ドレスメーカーによる生地上の鉛筆跡のような——の解読にも適している。そうすることで「裏地、縫い目、ダーツ、肩パッド、白いしつけ糸、パターンを判読することができる」[30]。これらの作業の痕跡は通常、完成した製品においては消去されるか魔法のように隠されるかであるが、さまざまな要素のなかでもとりわけ剥き出しの縫い目が事態を変えたのだ。デリダにとって痕跡とは抹消された差異の起源であり、「〈生きているもの〉とその他者との、内部と外部との、謎的関係、つまり間《ま》＝化」[31]［◆3］である。それと関連する、衣服制作における「縫い目」という概念は、生産的な第三項、すなわち《決定不可能なもの》としてきわめて示唆的であり、さらに深い洞察を生み出す潜在力を持っている。簡単に言えば、縫い目は完全には覆い隠すことのできない衣服製作の痕跡である。さらに興味深いことに、縫い目は蝶番として、つまり二つのパーツの間の境界面や境界線として機能する。縫い目は構造にとっても衣服全体の形にとっても本質的なもので、衣服の表層と下層とに宿る。すなわち縫い目とは、内部と外部、深層と表層とを繋ぎ合わせる境界面《インターフェース》なのであり、「二重の思考」において、その両側面へと私たちを連れて行くことができるのである。こうした線に沿って考えるならば、たとえば日本人デザイナーの川久保玲と山本耀司における剥き出しの縫い目は意味と物質との並存について思考するための、脱構築的なファッションの表現形式の根本的な要素である〔32〕。

　痕跡はまた、ファッションと歴史との関係性を解明するための手助けとなる。ファッション史の総体から諸々の痕跡をたどり、あるいは模倣することによって、特定の要素の意味を判読する以上のことが可能になる。つまり、ファッションが変化と革新を主張するために自らの過去を消し去るという奇妙な論理を暴き出すことが可能になるのだ。アレキサンドラ・ウォーリック&ダニ・カヴァラーロはパリンプセスト〔重ね書きされた古代の羊皮紙〕という概念を用いて、新しさを求めるファッションジャーナリズムを描写している。ファッションの新しさは、しばしば「純粋なものでもなければ完全に消去されたわけでもない、前例となる物語」の上に重ねられている。ファッションの原本《テクスト》はそれゆえ、本質的な意味でパリンプセストである。それは「そこに束の間の場をあけるために消し去られてしまう、手書きの草稿、原初のエクリチュール」である〔33〕。デリダの概念を用いるならば、痕跡は原－エクリチュールの証言、ファッションジャーナリズムという織物《テキスタイル》のうちで戯れる不在かつ不可視のもの、諸要素の相互の織り混ざり（interweaving）を活性化させるのである。痕跡は現前と不在の間の相互作用を引き起こす。そこには、完全に不在であるわけでも現前しているわけでもない過去のデザイナーを象徴するモチーフやファッション史の要素も含まれている。これらの新たな諸テクストがパリンプセストとして作用するということは、ファッション史に「抹消線を引く（erasure）」というよりは、その痕跡を「消し去ること（effacement）」を含意する。これに対して、ファッションの実験は自らに先立つ痕跡を透かし見えるようにする方法を見出すだろう[34]。私たちは次節で以下のことを理解する。すなわち、マルタン・マルジェラはタブラ・ラサとしての、つまりオリジナリティやイノベーションの唯一可能な指標あるいは評価基準としての真っ白な石版という、革新的なファッションジャーナリズムの幻想を拒絶するのだ。

ファッションにおける脱構築――抹消記号下のファッション

多くのファッション研究者たちは、ドレスメーカーやクチュリエの仕事と技術とを白日の下に晒すことで、一九九〇年代の選り抜きのファッションデザインを思考方法としての脱構築と結びつけてきた[35]。そのようにして彼らは、テクストを不安定化させるために脱構築的エクリチュールとかかわる。そのテクストは、衣服の形態における別の「エクリチュール」としてファッションデザインに立ち入ってきたのだが、かかる製作プロセスと論理は、わかりやすく率直に批判的であるというわけではない。前述の脱構築的エクリチュールについての概説においては、次のことが強調されていた。すなわち、語、テクスト、論証形式についてのデリダの関心は、たんにそれらが意味することだけでなく、それらが為すこともまた包摂していたということ、そして、限界を試練にかけ、エクリチュールの新たな諸形式において約束を生み出すことによって、論理を結合すると同時に不安定化させるような、エクリチュールの能動的な能力をも包摂していたということである。

ファッションデザインの実験的な語彙《ボキャブラリー》のうちに、私たちは構造、形態・技術の限界を目に見えるような仕方で試練にかけようという同種の関心を見出すことができる。それは私たちの注意を衣服へと引き戻し、衣服が何を為すかを問う。ここで言われているのは次のようなことである。すなわち、この関心は、衣服におけるファッションの根拠と根底についての問いかけ、つまりはファッションの一貫した枠組み、ファッションを拘束する論理、ファッションの前提、あるいはより簡単に言えば、ファッションに働いている力とは何かという問いかけの例証なのである。しかしながら、この根本的な要素、あるいは基本単位について思考することは、それらがひとつの部分に過ぎないような、より大きな構造あるいはシステムに関するより深い思考を要請することになる。さまざまなファッション理論家たちが、いかにして衣服の形態の脱構築が衣服の再考から出発し、ファッションのシステム、やり口（*modus operandi*）、産業と商業の構造、ブランディングのシステム、そして消費者について問いかける方法へと拡張するかを概説してきた〔36〕。本章で議論されるに値するだろう脱構築的ファッションには他の多くの事例が存在するが、わけてもメゾン・マルジェラからの事例が、「構造〔構築〕分析」を明快に説明し、また、ここで作者性、イノベーション、そして時間という主題として体系づけられた、より深い洞察を与えてくれるだろう。これらの主題は衣服の形態とファッションのシステムとを問いに付すことによって、ファッションを抹消記号の下に置くのだ。

メゾン・マルジェラ――ある構造＝構築分析

衣服の概念的基礎への参与は、メゾン・マルジェラによる脱構築的なファッションの造形のうちに見出される、構造に関する洞察によって説明されうる。キャロライン・エヴァンズによるマルジェラの衣服の読解が注目するのは、一貫した枠組みとしての衣服の構造と、彼女が「衣服それ自体の形態の論理」［37］と呼ぶものとの間のアナロジーである。構造的問い——たとえば衣服の裏地の役割について——に関する指針を指摘しつつ、彼女は脱安定化的な衣服の事例を提示する。それは、衣服の内部と外部の間の形態の論理や、内側の裏地と布地が構築する外側の枠組みの位置をずらす［図14.1］。

マルジェラは「一九五〇年代のカクテルドレスの裏地を現代的なドレスに作り直し、そして裏返した元のドレスの裏地を写真に撮り、その画像を新しいドレスの表面にプリントした」［38］。このドレスは「裏地のドレス」となる裏地を複製し、内側の支持体が外側の枠組みとなり、衣服の裏表をひっくり返すことよりもさらに遠くへと進むような構造によって、二つ目の脱安定化の運動を明らかにするのである。

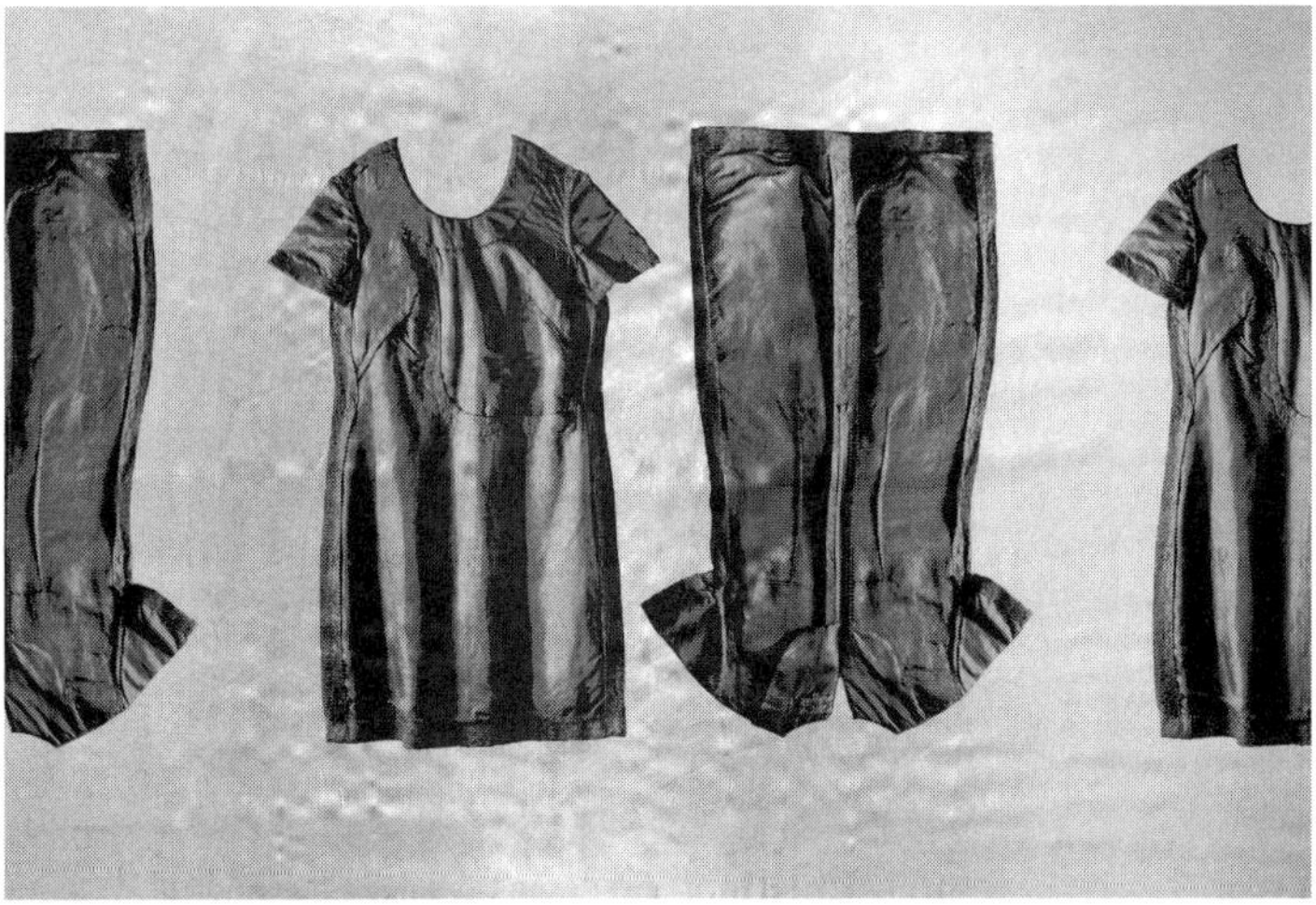

図14.1　メゾン・マルジェラ、1996年春夏コレクション、ライニング・ドレス。Photograph by Guy Voet. Courtesy of the Maison and ModeMuseum Antwerp.

例では、マルジェラは「身体」の付加的な層《レイヤー》——通常仕立屋が一時的に用いる人台〔衣服の製作や陳列などに用いる人体の模型〕の形をしたリネン素材のもの——を着用される完成品に付け加えることで、衣服の内部的な基体としての着用者の身体の構造的役割を問いに付す。エヴァンズは次のように述べる。「マルジェラは〔…〕仕立屋の人台をリネンのベストに再創造し、そうすることで、基体は下着になり、身体が衣服になったのだ」[39]。「人台」ベストには、シルクのシフォンのドレスの身ごろの半分と縫い合わせた別のバージョンもある。

これらの読解においてエヴァンズは、脱安定化的な戯れの例証を、マルジェラが衣服の構造を抹消記号下に置く構造のうちに位置づけている。一九九七年秋冬コレクションのトワル〔仕立の際にデザインやサイズを確認するために試験的に縫製された衣服〕のドレスは、ドレスメーカーがプロトタイプ作成時あるいは制作プロセスにおいて一時的に用いる素材を製品に用いているという点で、ファッションの構造的枠組みにおける戯れを明らかに示している〔図14.2〕。「ファッションの基体〔根底〕あるいは基盤〔根拠〕とは何か?」という問いへの答えとして、マルジェラは内部と外部の間の境界線および表面を輪郭づけることによって、構造が織りなす概念的および物質的枠組み、衣服を纏った身体の能動的な構-築（structur-ing）を可視化しようとする。基体は、たんに折りたためるだけでなく、再構成可能で可変的な動的構造を内包する。なぜなら境界線は皮膚とその外部の間の表面や襞の階層構造へと移行し、またその階層構造のうちで複数化することが可能であるからだ。「進行中の作品《ワーク・イン・プログレス》」、つまりウェアラブルではあるが未完成な衣服——切りっぱなしの裾、製品についたままのしつけ糸、ドレスと縫い合わされたベストのような——を提示することで、メゾン・マルジェラは、アンチ・ファッションという破壊行為を超えて、ファッションの批評的語彙を形態的、物質的なものでもあれば概念的でもある幅広い可能性を含むものへと拡張しようとするのである。二重の運動を示すために、非-形成（*un-making*）における欠性辞の「非－」（*un-*）を思い起こすならば、これらの「進行中の作品」はデザインの語彙に失敗の危険性を付け加える。この危険性とは、とりわけデザイナーズファッションに期待される完成度の伝統的基準に従うならば、これらの衣服はけっして完成することがないだろう、ということである。彼があまりに太い袖をそれよりもずっと細いアームホールに繋ぎ合わせ、縫い目を隠すことなく共存させようとするとき、マルジェラによる仕上げ損ねることの露骨な表現は、完成とは必要なものなのかと問うているように見える[40]。袖が取り外し可能なスーツのジャケットは、生きた「進行中の作品」の一部になることへと着用者を誘うさらに顕著な事例であり、それはおそらく衣服との相互作用を介したアイデンティティの再構成への馴染みの薄い誘いなどではない。これらの事例は、ファッションは魔法のように着用者にオシャレな感じ（fashionability）を与えるという考え方を拒否するように思われる。そのとき、マルジェラのデザインはランウェイを超えて、売り場でこそその生命が始まるような、多くのデザインの未完成な本質の明確化にまで自らを拡張することに関心を寄せているのだ。そのデザインは、未完成と完成のあいだに訪れる多様な可能性を、着用者が衣服と共に探求するためのフィー

図14.2　タグに「最初のフィッティング〔仮縫い〕が終わった状態のトワルであり、修正の跡やミスが一見してわかる」と記載されたコットンのドレス。メゾン・マルジェラ、1997–98年秋冬コレクション。Photograph by Guy Voet. Courtesy of the Maison and ModeMuseum Antwerp.

ルドとしての日常的使用という生へと参与する。マルジェラはファッションと衣服の生きた「進行中の作品」の一部になるよう使用者を誘い、使用することで実験するようにと、衣服が成す事柄、ファッションが可能にする事柄によって実験するようにと誘うのである。

オーサーシップ——作者が誰であるかということ

マルタン・マルジェラは「可能な限り自らの作品から消え去る」ことによって、ブランドの背後にその名を置かれることを拒否することによって「匿名のデザイナー」と呼ばれてきた[41]。デザイナーの名、セレブな生活、パーソナリティがブランドの指標として人々を魅了する産業において、マルジェラの匿名性に関しては多くのことが書かれてきた[42]。カート・デボは、衣服の内側に縫いつけられた白無地のコットンのタグ——そこにはいかなる署名もない——の使用は盲点のようなものであると書いている。それはマーケティングの観点からすれば完全に無益で、本物《オーセンティシティ》であることの証明としてのラベルに頑なに抵抗するものである[43]。オリヴィエ・ツァームは次のように述べる。この無地のラベルの使用は人々の注目を衣服に立ちかえらせる効果があるが、しかしこのラベルはまた、無署名であろうとも一つの署名、すなわちメゾンの非－誇張的な（non-superlative）製作に対するアプローチを象徴するものになるのだ[44]。マルジェラは宣伝広報やインタビューを避ける。彼の衣服が意味することや、彼が連帯する運動としての脱構築についての二重の沈黙が、この消失において重要な意味を持つ。デザイナーズファッションはあらゆる衣服と同じく、（作者のラベルを表示しているときでさえ）デザイナー不在のままにコミュニケーションを取っているのだが、主導的な作者、プロデューサー、あるいは先進的な人物（visionary）としてのいかなる役割も個人として担うことを拒絶するマルジェラは、テクストを作動させるべきデザイナーという観念《イデア》を失墜させる危険を冒している。マルジェラは作者の行為主体性《エージェンシー》をアトリエチームへと分散させること、チームの共同作業を尊重することを好み（必要とあらば、「メゾン・マルジェラ」というブランド名も判断基準となるだろう）［45］、また着用者に対しては挑戦的な衣服を解釈するよう促す。マルジェラはデリダと同じく主人としての地位やファッションシステムの批判の源泉であることを拒否するが、衣服の実験の行為主体性はそこから生じているように思われる。脱構築が衣服の間、すなわちその非‐製作と着用者への誘いとのあいだで「続いていく」のと同様に。

イノベーション

慣習的な作者性に対する脱構築主義者の拒否と関連するのは、正統性やオリジナリティと結託したファッションのイノベーションという観念に対するメゾン・マルジェラの抵抗である。署名を省略し、クリエイターの権威を強く主張しないことで、メゾン・マルジェラは絶対的な革新性を否定する［46］。慣習的なトレンド設定、繰り返される変動、ルールの刷新、そして、ファッションは毎シーズン自らを再発明しなければならないという見方からコレクションを離反させる奮闘の顕著な事例は、メゾン・マルジェラによるファッション史や異なる時代様式の原型、そして象徴的な古着からの再生産にある。「レプリカ」という名前［◆4］に触れておくならば、それは保存の身振りとみなすことができる。というのも、それは衣服のスタイル、由来、制作日に関する情報を伴ったラベルを含むと同時に、イノベーションが完全に新しいものとみなされねばならないという考えを拒否するからである[47]。

これらは可能な限り厳密に複製されたヴィンテージの衣服、つまり動き続けることに取り憑かれた産業のスポットライトのなかに束の間の姿を現した後に訪れるファッションの死を受け入れることのできる衣服への賛辞である。まったく新しいわけではないイノベーションの真の追求を評価しつつ、デボは次のように書く。「本当のイノベーションは技巧を意のままに操る能力と正確な歴史の知識に基づく場合にのみ可能であることを、ファッションの世界は自ら忘れようとする」[48]。「レプリカ」は私たちがメゾン・マルジェラのコレクションの他の側面に見出す古い布地の物質的修復と等しいものではないが、歴史的な様式と技術についての知識を修復し適用することを要求する。慣習的なイノベーションが前提されているような、ファッション史のタブラ・ラサを作り出す今－この時（now-time）という力をこのメゾンは拒否するのである[49]。

時間とファッション史

バルバラ・フィンケンはマルジェラによるファッションシステムの時間性に対する抵抗を、「シーズン毎のファッション」、つまり「目眩のするような狂乱的消費（consumption-frenzy）に囚われた経済形式、とりわけ、年二～三回のコレクションにおける無慈悲な形式のうちで自らを誇示すること」への対抗的リズム（counter rythme）を確立する意志として特徴づける[50]。デリダの時間についての概念は、経験を遅延させるパラドックスと二重運動とを強調するものであるが、それは、非－慣習的で非－直線的な時間性や、「未来に向けて逆向きに」運び去られる経験を、マルジェラの衣服やコレクションによって理解するための道具立てを与えてくれる[51]。フィンケンは「そうした〔非－直線的な〕時間がマルジェラの作品には染み付いている」と書くのだが、それは、マルジェラの作品が「変化というよりむしろ持続に立脚したファッションの口火をきる」という逆説的なプロジェクトを創り上げているがゆえである[52]。目眩がするほどペースの速いファッションにおける慣習的で時間的な変化のパターンは、「明日のファッションが今日のファッションを昨日のファッションに変える」ような直線的に展開する錬金術である[53]。それは今日や昨日の執拗な忘却を前提にしている。こうした直線的な時間性の代わりに、マルジェラは持続を表現する。彼らの「衣服は時間が布地に置き去りにする痕跡」や「製作過程の痕跡」を「含み持っている」[54]。その痕跡は、新たな外見《ルック》を生み出すように強制するファッションに突き動かされる衣服において、変化を印づけるのではなく、むしろ経年や使用を通じて布地や形の上に積み重なっていく。すれやほつれの印は伝統的には綻びがないこと《シームレスネス》とや清新なものへの更新《リフレッシュ》することといった美学的観念論によって消去される。こうした観念論がファッションデザインにおける「使用」に気づく機会を与えることはほとんどないのだ。

異なる時代と出自を持つ中古素材の特徴的な使用が、新品の生産を賞揚し続けるシステムとは相反するマルジェラの衣服の時間のリズムを位置づけるという点において、エヴァンズとデボは意見を共にしている[55]。それは、マルジェラの作品が、時間の前進運動を混乱させるために、文字通りに時間の間隔や経年素材を導入しており、このような衣服の歴史に対する参照が、歴史の引用にありがちな、再分脈化された諸々のモチーフの列挙を超えるものだからである。対抗的－リズムの表現として、あらゆる個々の衣服は複数のリズム、不確かな持続、生産と出自の残滓の集合——たとえば軍用のウールの靴下の端切れが小さなパフスリーブとしてリサイクルされたり、プルオーバーの胸の膨らみがパッチワークの靴下でできていたりする（一九九一年秋冬コレクション）——でもありえる。新たなプルオーバーの経験へと向かう未来の織布を介して、過去の生（おそらくそれはひとつではない）の痕跡が散乱させられている。

持続と恒久性の表現は、彼のコレクションに一貫して見られる象徴的で不変的なアイテムとしての衣服やアクセサリーを選び出すことによって、過去のコレクションからアイディアを再利用し再分脈化するデザインの傾向性のうちにも見出すことができる。要するに、メゾン・マルジェラによる裏地やしつけ糸、布地、パターン、トレンチコート、あらゆる象徴的な衣服の再利用は、素材や象徴の刷新というファッションの慣習的な前向きのサイクルを頓挫させるために回帰や先送りする休止を導入するような、時間的言語の物質的表現なのである。

おわりに

本章で私はメゾン・マルジェラの現代的なファッションデザインと、デリダの脱構築によるテクストの活性化とに共通する特徴を敷衍してきた。メゾン・マルジェラはグローバルなファッションではないにせよ、パリのファッションの間では——ファッションがその限界を再考するための自由を要請していたときでさえ——中心的な位置を保っていたのだが[56]、それにもかかわらず、そのデザインはファッションの生産と衣服の日常的な使用との間の相互関係をいっそう深く考えるよう促している。対抗的‐リズムについてのこのような対話やファッションの使用の身体化された実践に含まれうる他のデザイナーも存在する。たとえば、衣服が完成するには着用者が必要であると考えるイッセイ・ミヤケなどがそうだ（第六章も参照せよ）。しかし、本章の目的はメゾン・マルジェラのデザインによってもたらされた洞察を指摘することであった。それは、諸々のテクストを取りまとめる支配的な二値論理や諸前提についての脱構築主義的関心を用いて実験するためである。

ジャック・デリダにとって、考えるという行為、書くという行為は決定不可能な要素や論理的な袋小路との出逢いである。それらはたんに哲学のみを触発するものではなく、その他の文化や日々の実践を下支えし、また限界づけるにまで及ぶものである。脱構築的思考とマルジェラの概念的かつ物質的な実験とのあいだには興味深い一致がみられる。それは、ファッションにおける作者性やイノベーション、そして時間性をめぐる議論を介して本章で示されたように、メゾン・マルジェラのデザインやメゾン・マルジェラという組織のなかに明白に表れている。私は脱構築的かつ変形的な筋立てに沿って読み解かれるべき縫い目のような、ドレスメーキングの要素、痕跡、そして技術のラディカルな位置取りを解釈するための、ファッションを専攻する学生や研究者たちにとっての潜在的可能性を指摘してきた。デザイナーがランウェイを超えて、日々続いていく日常的なファッションにまで推し進める取り組みをより深く探求するような十分なポテンシャルが存在する。日常的なファッションが続く日々は独創的で刺激的な未来の約束であり、イノベーションとデザインとを別の仕方で探求するための実験場である。究極的には、マルジェラの観点からすれば、さらなるイノベーションの可能性はファッション史のなかに包含された経験を《消し去ること（effacement）》のうちに見出されるものではないのである。

原註

[1] John McCumber, *Time and Philosophy*, Durham, Acumen, 2011, p. 333.

[2] Simon M. Wortham, *Continuum Philosophy Dictionaries: Derrida Dictionary*, London, Continuum, 2010, p. 1.「抹消」の用例については、次の文献も参照せよ。Jacques Derrida, *Of Grammatology*, G.C. Spivak (trans), Baltimore, John Hopkins University Press, 1976, p. xiv.（ガヤトリ・C・スピヴァク『デリダ論──『グラマトロジーについて』英訳版序文』田尻芳樹訳、平凡社、二〇〇五年、二〇－二二頁。）

[3] John D. Caputo, *Deconstruction in a Nutshell*, New York, Fordham University Press, 1997. Niall Lucy, *A Derrida Dictionary*, Oxford, Blackwell, 2004. Simon M. Wortham, op. cit.

[4] Richard Martin and Harold Koda, *Infra-Apparel*, New York, Metropolitan Museum of Art/Harry Abrams 1993, p. 94.

[5] Alison Gill, 'Deconstruction Fashion: The Making of Unfinished, Decomposing and Re-assembled Clothes' in *Fashion Theory*, 2 (1), 1998, pp. 25–50; Richard Martin and Harold Koda, op. cit. Amy M.Spindler, 'Coming Apart' in *The New York Times*, 25 July, 1993, Styles Section: 1, p. 9. Olivier Zahm, Before and After Fashion' in *Artforum*, 33 (7), 1995, pp. 74–77, 119.

[6] Judith Butler 'Jacques Derrida' in *London Review of Books*, 26 (21), 2004, p. 32

[7] Jacques Derrida, *Of Grammatology*, 1976.（『根源の彼方に──グラマトロジーについて（上・下）』足立和浩訳、現代思潮新社、一九七二年。）

[8] Jonathan Culler, 'Why Deconstruction Still Matters: A Conversation with Jonathan Culler', interview with Paul Sawyer in Cornell Chronicle, retrieved through http://www.news.cornell.edu/stories/2008/01/why-deconstruction-still-matters-according-jonathan-culler on 11 June 2014. Jack Reynolds, 'Jacques Derrida 1930–2004' in *Internet Encyclopaedia of Philosophy*, retrieved through http://www.iep.utm.edu/derrida/#H3 on 8 May 2014.

[9] Jonathan Culler, 'Why Deconstruction Still Matters'.

[10] Andrew Benjamin, 'Deconstruction and Art/The Art of Deconstruction' in C. Norris and A. Benjamin (eds.), *What is Deconstruction?*, London and New York, Academy Editions/St Martins Press, 1988. Caputo, op. cit. Jack Reynolds, op. cit. 'Deconstruction' in *Encyclopedia Britannica*, retrieved through http://www/britannica.com/EBchecked/topic/155306/deconstruction on 11 June 2014.

[11] Peter Brunette and David Wills, *Screen/Play: Derrida and Film Theory*, Princeton, Princeton University Press, 1989. Chuck Byrne and Martha Witte, 'A Brave New World: Understanding Deconstruction', in Print 44 (6), 1990, pp. 80–87, 203. Philip Johnson and Mark Wigley, *Deconstructivist Architecture*, New York/Boston, Museum of Modern Art/Little Brown & Co., 1988. Mark Wigley, The Architecture of Deconstruction, Cambridge, MIT Press, 1993. Ellen Lupton and J. Abbott Miller, 'Deconstruction and Graphic Design' in *Design, Writing, Research:Writing on Graphic Design*, New York, Princeton Architectural Press, 1996. Katherine McCoy and David Frej, 'Typography as Discourse' in H. Armstrong (ed.) (2009) *Graphic Design Theory: Readings from the Field*, New York, Princeton Architectural Press, 1988.

[12] Jacques Derrida, *Of Grammatology*, 1976, p. 18.（『根源の彼方に』、一九七二年、四六頁。）

[13] Jacques Derrida, *Positions*, A. Bass (trans), Chicago, University of Chicago Press, 1982 p.4.（『ポジシオン』高橋允昭訳、青土社、二〇〇〇年、九－一〇頁。）Niall Lucy, *op. cit.*, p. 12.

[14] Niall Lucy, *op. cit.*, p. 11.

[15] *Ibid.*, p. 14.

[16] Richard Martin and Harold Koda, *op. cit.*, p. 94.

[17] *Ibid.*, p. 96.

[18] *Ibid.*, p. 94.

[19] Amy Spindler, op. cit., p. 1.
[20] Roland Barthes, 'Death of the Author', reprinted in *Image*, Music,Text, S. Heath (trans.), Glasgow, Fontana Collins, 1978.（「作者の死」『物語の構造分析』花輪光訳、みすず書房、一九七九年。）
[21] Michel Foucault, 'What is an Author?', reprinted in J. D. Faubion (ed.) *Aesthetics, Method and Epistemology*, London, Allen Lane, 1994.（『作者とは何か?』清水徹、豊崎光一訳、哲学書房、一九九〇年。）
[22] Bulter, op. cit., p. 32.
[23] Caroline Evans, *Fashion at the Edge*, New Haven and London, Yale University Press, 2003, p. 6.
[24] Roland Barthes, op. cit.（「作者の死」『物語の構造分析』、一九七九年。）Hugh J. Silverman, *Textualities: Between Hermeneutics and Deconstruction*, New York and London, Routledge, 1994, p. 28.
[25] Jacques Derrida, *Positions*, 1982, p. 26.（『ポジシオン』、二〇〇〇年、四〇－四一頁。）
[26] Kim Sawchuk, 'A Tale of Inscription: Fashion Statements', reprinted in M. Barnard (ed.), *Fashion Theory: A Reader*, Oxon, Routledge, 2007, p. 478.
[27] Niall Lucy, *op. cit.*, pp. 12–14.
[28] 次の文献から孫引きされたデリダの引用。Niall Lucy, *op. cit.*, p. 13.
[29] Jacques Derrida, *Positions*, 1982, p. 26.（『ポジシオン』、二〇〇〇年、四〇－四一頁。）
[30] Kaat Debo, 'Maison Martin Margiela "20", The Exhibition' in *Maison Martin Margiela* [exhibition catalogue], Antwerp, ModeMuseum, 2008, p.12.
[31] Jacques Derrida, *Of Grammatology*, 1976, p. 70.（『根源の彼方に』、一九七二年、一四三頁。）
[32] Bonnie English, *Japanese Fashion Designers: TheWork and Influence of Issey Miyake,Yohji Yamamoto and Rei Kawakubo*, London, Berg, 2010, p. 130.
[33] Alexandra Warwick and Dani Cavallaro, *Fashioning the Frame: Boundaries, Dress and the Body*, Oxford and New York, Berg, 1998, p. 153.
[34] *Ibid.*
[35] Kaat Debo, op. cit. Bonnie English, *op. cit.* Caroline Evans, 'The Golden Dustman: A Critical Evaluation of the Work of Martin Margiela' in *Fashion Theory*, 2 (1), 1998, pp. 73–94. Caroline Evans, *Fashion at the Edge*, 2003. Alison Gill, op. cit. Richard Martin and Harold Koda, *op. cit*. Ane Lynge-Jorlén, 'When Silence Speaks Volumes: On Martin Margiela's Cult of Invisibility and the Deconstruction of the Fashion System' in *Vestoj*, 2 (winter), 2010, pp. 134–55. Barbara Vinken, *Fashion Zeitgeist: Trends and Cycles in the Fashion System*, M. Hewson (trans.), Oxford and New York, Berg, 2005. Barbara Vinken, 'The New Nude' in *Maison Martin Margiela* [exhibition catalogue], Antwerp, ModeMuseum, 2008. Olivier Zahm, *op. cit.*
[36] Kaat Debo, op. cit. Alison Gill, op. cit. Ane Lynge-Jorlén, op. cit. Barbara Vinken, *Fashion Zeitgeist*, 2005. Barbara Vinken, 'The New Nude', 2008.
[37] Caroline Evans, Fashion at the Edge. 2003, p. 250.
[38] *Ibid.*
[39] *Ibid.*
[40] Bonnie English, *op. cit.*, p. 130.
[41] Kaat Debo, op. cit., p. 7.
[42] Kaat Debo, op. cit. Bonnie English, *op. cit.* Ane Lynge-Jorlén, op. cit. Barbara Vinken, *Fashion Zeitgeist,* 2005. Olivier Zahm, op. cit.
[43] Kaat Debo, op. cit., p. 7.
[44] Oliver Zahm, op. cit., p. 119.
[45] Bonnie English, *op. cit.*, pp. 131–32.
[46] Kaat Debo, op. cit., p. 7.
[47] *Ibid.*, p. 12.
[48] *Ibid.*
[49] *Ibid.*, p. 13.

[50] Barbara Vinken, 'The New Nude', 2008, p. 143.
[51] Caroline Evans, *Fashion at the Edge*, 2003, p.14.
[52] Barbara Vinken, *Fashion Zeitgeist*, 2005, pp. 142–143.
[53] *Ibid*., p. 143.
[54] *Ibid*., p. 142.
[55] Caroline Evans, 'The Golden Dustman', 1998, p. 75. Kaat Debo, op. cit., pp. 8–9.
[56] Kaat Debo, op. cit., p. 3.

訳註

[◆1]「私を困惑させるのは、デリダをして『抹消記号の下で』(sous rapture)と書かしめるところの、ある哲学的要求に類するものである。私はそれを『抹消の下で』(under erasure)と訳す。これは、文字を書き、それをバツ印で消すことであり、そのようにして、文字とその抹消とを同時に刻印することである―その語が不適切であるから消去するのだが、その語が必然的であるからこそ、それは判読可能なものに留められるのである。あとで再び引用するが、デリダの用例は以下のようなものである。『記号は誤って名付けられた事物であり［…］それは、哲学の最初の問いを逃れている』」(スピヴァク『デリダ論』二〇-二一頁。一部訳を変更した)。ここで指示されているのはスピヴァクによる英訳版序文。より直接的には、『グラマトロジーについて』第一部第一章第三節「書かれた存在」(『根源の彼方に――グラマトロジーについて(上)』足立和浩訳、現代思潮新社、一九七二年、四六-六一頁)を参照のこと。ハイデガーは『存在の問いへ』(Zur Seinsfrage)において、西欧の哲学的思考に規定されてきた「存在」概念を、その事物的な現前性以前の根源的な意味において記述するために、「存在」という語を「バツ印の抹消」(kreuzweise Durchstreichung)の下に置いた。ハイデガーにとって、この抹消記号は、現前性以前の「存在」の根源的な超越(論)性を啓示するものである(とデリダは考える)のだが、デリダにとってこうした事態は反対に次のようなことを意味する。すなわち、根源的で超越(論)的な「存在」は、つねにすでに、現前する語、記号、発話に依存しており、そのことによって存在の超越(論)性は抹消されざるを得ないのである。デリダはこの超越(論)性の無限の抹消運動を「存在」以前に置き、それを「差延」(différance)と呼んだ。転じて、これらの戦略素は、署名や約束(延いてはあらゆる発話行為一般)といった一回的な出来事から超越性や純粋性を剥奪し、その無根拠性を暴露するものとして、ポストモダニズムの批評理論の中で広く援用されてきた。本章におけるジルの議論の要諦は、こうしたデリダの脱構築理論を援用することで、ファッションにおける作家性や新規性といったこれまで自明視されてきた諸々の慣習的かつ権威的な価値基準や、身体と衣服、あるいは衣服の内部と外部といった二分法的な思考を問いただすようなデザイナーたちの実践を分析することにある。

[◆2]「蝶番」と訳したのはhinge。ジルが参照するスピヴァクによる『グラマトロジーについて』の英訳はデリダの brisure(裂け目)の訳語として hinge を用いている。『グラマトロジーについて』第一部第二章第三節「La brisure」の冒頭において、デリダはロジェ・ラポルトからの書簡を引用することで、この語の持つ両義性に注意を促している。それによれば、brisureは「引き裂かれた、壊された部分」を意味すると同時に「指物細工、金工細工の二つの部分の蝶番〔charnière〕による連結」をも意味する(『根源の彼方に』、一九七二年、一三五頁)。

スピヴァクはデリダの脱構築概念の、対象を分裂させると共に接続するような両義的な意味を反映させるためにこの訳語を選択している（本邦ではもっぱらこの両義性を反映するため、brisure には「裂接」という訳語が当てられる）。

［◆3］デリダは、現前の抹消（不）可能性を告げる「痕跡」概念が、伝統的な意味での超越を損なうものとして批判されてきたところの、ロゴスに内在的な書記法（グラフィ）一般の可能性の条件であると同時に、この抹消不可能性そのものによって、ロゴスの閉域に対して外部が間接的に示唆される限りにおいて、それが内部と外部との関係を可能ならしめるものであることを指摘する。この痕跡の運動が「本源的な外在性一般の端緒」であり、「内部と外部の間の謎的関係」であり、それをデリダは「間＝化」（espacement）と術語化する。すなわち、意味の純粋な経路としてのロゴスを空間化すると同時に内部と外部の間に間隙をもたらすもの、それが痕跡である。『グラマトロジー』および『声と現象』といった著作の中で、デリダはこの超越と内在の関係を、生ける現前の充実性に対する死の関係として記述する。本文で引用された「〈生きているもの〉とその他者との」という表現はこうした背景に基づいている。

［◆4］マルジェラのブランドライン⑭。マルジェラの製品のタグはカレンダーのように数字が列挙されており（本文で言及される通り、オリジナルラインである①はまったくの無地）、〇のついた数字がそれぞれのラインを指す。⑭は「レプリカ」と呼ばれるラインであり、メゾン・マルジェラのデザインではなく、既存の古着等の複製品である。「レプリカ」の製品にはカレンダー・タグの他に、そのデザインの様式と出所、年代が記されたタグが付される。たとえば「Style description; Pearl rib cardigan, Provenance; Paris, France, Period; 1978」など。

15

ブリュノ・ラトゥール
Bruno Latour

アクターネットワークセオリーとファッション

ジョアン・エントウィスル
山内朋樹―訳

はじめに

ここ三〇年ほどでのもっとも重要な社会学的発展のひとつは、科学技術論（ＳＴＳ）とその関連理論であるアクターネットワークセオリー（ＡＮＴ）の躍進だ。科学技術論の主要な提唱者の一人はフランスの知識人ブリュノ・ラトゥールであり、その初期の著作は科学と技術に関する主題をはるかに超えて甚大な影響を与えてきた。しかしながら一見したところ、これらの語彙は科学の実践と技術に焦点化しているために、理論的にはファッションから限りなく遠いように思われる。たしかにラトゥールと彼に近しい仲間たちはファッションにいかなる注意も払っていないのだが、この章では科学技術論やアクターネットワークセオリーをファッションの制度に適用できることを示し、ファッションを理解するためにこれらのアイディアを利用しているいくつかの著作を検討したい。そのためにはラトゥールのプロジェクトを理解する必要がある。それゆえ本章の第一節では科学に関するラトゥールの著書と、それがどのように社会学の因習的思考に異議を唱えているかを紹介する。残りの節では彼の著書がファッションについての考え方や研究方法にどのような影響を持ちうるかを明らかにしたい。

ラトゥール――科学技術論とその先

ラトゥールの初期の仕事は、科学者たちによってさまざまな実験室で実践されている科学を観察し、記録しようとするものだ。彼が論じるように「科学論における実在を理解するための唯一の方法は、科学論が行っている最良のこと、すなわち、科学的実践の細部に細心の注意を払うことだ」[1]。大きな影響を与えた一九七九年の著作『実験室生活――科学的事実の社会的構築』（スティーヴ・ウールガーとの共著）[2]は、科学的な仕事の編成や操作を理解しようとするもので、そのルーツはエスノメソドロジーにある。エスノメソドロジーは、熟練の専門家――私たちは彼らから学ぶことができる――とはアクターなのだと提起し、日常生活の些細で、ルーティン的な、ありふれた側面に注目する。アクターネットワークセオリーにおいて「アクター」に注目することの要点は、アクターが意識を持った人間的主体を指すだけでなく、行為する、あるいは行動を生み出す能力を持つあらゆるものをも記述できることだ。たとえば、顕微鏡やスプレッドシートのようなコンピュータプログラムもアクターになりうる。というのも、それらはことを為し、それなくしては私たちが為しえなかっただろうことを為せるようにするからだ。これらのオブジェクトはともに「見る」こと、計算することを可能にする。つまり顕微鏡は裸眼では見えない微視的な要素を見えるようにし、スプレッドシートはビジネスの場面で使われると一目で利益と損失を「見る」ことを可能にする。どちらも私たちに作用し、あらゆる種類の行動や介入を促進するので、私たちはこれらのモノを人間の身体や精神の補綴あるいは拡張と考えるだろう。誰もがこうしたいくつもの装置に「接続され」あるいは「ネットワーク化され」、したがってアクターネットワークに連結している。

この初期の著作は、行為主体性《エージェンシー》をともなうアクターとして人間を理解しがちな従来の科学の見方に異議を唱えた。このアクターとしての人間は、不活性な物質として理解されたオブジェクト（たとえばＨＩＶウィルスやバクテリアのようなシャーレのなかの細胞）を記録するために、観察装置や道具を用いる。この因習的な思考によれば、自然界――「文化」とはまったく異なり、そこから隔てられた世界――を知ると主張する客観的な科学的知識はこれらの観察に由来する。世界のこうした見方は、人間のアクターと非人間のアクターとのあいだに、そして社会と自然界とのあいだに明確な区別をつける、「啓蒙的」かつ「近代主義的」思考から引き出される。この見方においては、自然と文化は存在論的に異なるのであり、科学を装備した私たち人間は、自らの環境に対して比類なき管理と支配を行使できるのである。しかしながら、ラトゥールとウールガーが『実験室生活』においてワクチン開発で有名なカリフォルニアのソーク研究所の神経－内分泌学科学実験室の民族誌的研究を提示したのは、上位かつ中立的な知の形式としての文化あるいは科学という伝統的な見方に反論するためだ。彼らは手はじめに科学の実践について、見たところ基本的なことを問い尋ねる。すなわち、何がこの実践の目的なのか、どんなオブジェクトと道具が組みあわされるのか、これらのオブジェクトと道具は見えないはずだったある特定のオブジェクト／要素をどのようにして見えるようにするのか、と。二人が論じるには、科学者たちはその記述を、特殊な方法での作業や訓練の結果として、同様に、彼らが発見するものを能動的にかたちづくる特別な種類の道具や装置の配置を通して導いている。ここから私たちが見出すのは、科学は独立したオブジェクトの世界を中立的かつ客観的な距離から観察しているのではないということだ。それどころか、科学は特別な種類のオブジェクト、すなわちブンゼンバーナー、顕微鏡、分子などを組みあわせ、それらのアサンブラージュ（科学技術論のキーワードのひとつ）は、科学者たちがただ記述しているだけに見える世界を能動的に構築し、遂行している。このことは、私たちのオブジェクト観、行為主体性観からの根本的な逸脱のように思われるだろうし、実際そうだ。科学技術論やこの理論から現れたアクターネットワークセオリーにおいては、測定と調整のための科学的で技術的な道具はある種の行為主体性を働かせているように見える。それらは言い換えるなら、非人間のアクターなのである。というのも、道具はそれらによって可能になる観察の構築に「記載される（enrolled）」（科学技術論／アクターネットワークセオリーのキーワード）のだから。

ラトゥールの批判は科学と技術をはるかに超え、私たちの近代社会の理解の核心にも及んでいる。というのも「近代的」になるという私たちの主張の大部分は、全面的にではないにせよ、科学と技術の進歩に由来する客観的知識の進展というアイディアに依存し、「自然」から「文化」を解放し、再定義したのだから。後年の著作『私たちは近代的だったことなどない』[3]でラトゥールが論じるように、前近代人[4]においては存在しない「近代」という観念は人工的なものだ。それは私たちが自らに言い聞かせている虚構であり、この虚構が上位の知の形式としての科学の主張を、そして受動的な「自然」よりも上位のものとしての人間の「文化」を維持している。しかしながら、「自然」であるように見えるオブジェクトを調査しても、それらのオブジェクトは私たちのものの見方――先述の道具の数々――の結果だということがわかる。その理論的帰結を用いることが意味するのは、地球温暖化やＨＩＶのような、懸念を引き起こす近代的オブジェクトは、たんなる自然界の出来事として理解することはできず、むしろ同時に自然でも社会でもあるハイブリッドとして理解する必要があるということだ。つまりは「真の文化の観念とは「自然」を括弧に入れることでつくられた人工物である。多様であれ、普遍的であれ、「文化」は存在しないし、「自然」もまた存在しない。自然－文化だけがある」[5]。この観点からすると、「自然」は「文化」から分かたれた領域ではない。私たちは「外に」あって、私たちと異なるものとみなすことはできない。私たちはその一部が私たち自身であるような「自然」に巻き込まれており、見たところ「社会的」あるいは「文化的」であるような世界は、実際は自然－文化のハイブリッドなのだ。この考え方は、私たちの行動の環境コストや「自然」との共依存について考える必要性に気づきつつあるいま現在、とりわけ有益で、政治的にも深い妥当性があるだろう。このことについて、これからより詳細に議論していこう。

科学技術論／アクターネットワークセオリーの適用

私たちはファッションから遠く離れてしまったように思われる。しかしこの距離は、ファッションが文化－自然のハイブリッドそのものだということを思い起こすならそれほど大きくはない。ファッションはコットンやシルクといった、長く複雑なデザインや流通プロセスを通じて衣服を形づくる自然素材（もちろん、それだけでなく合成繊維もある）からなる。ファッションは店頭や各々のワードローブなどのなかでは完成された既製服として現れるが、それは自然界への複雑な干渉の結果としての生産物であり、地球をとりまく人間と非人間のアクターのネットワークに巻き込まれている（プロセスの一端となる、コットンを育てる水と化学薬品から、店舗のフロアに衣服を陳列するハンガーやその他の装置にいたるまで）。たしかにデザインの問題として、エネルギーの使用量や消費の実践が近年になって注目されていることは、科学者やデザイナーが私たちをとりまく物質界との結びつきを検討しようとしているとおりだ。こうした物質性と実践への注目は、そのいくつかの源泉を科学技術論／アクターネットワークセオリーに持ち、デザインと消費の実践に注目するエリザベス・ショーヴらの著作によって拡張されることになった[6]。彼女は、たとえば簡素な家電製品のようなオブジェクトが日々の実践において、多くは創造的に、オブジェクトのデザインにフィードバックできるような仕方で使われる仕方を強調した[7]。こうした「実践理論」研究[8]は、家庭のテクノロジーや「ノルディック・ウォーキング」のような発明に対するショーヴの注目によって、広くファッションへと拡張されることはなかったのだが[9]、たしかに実践の観点からファッションの消費について考える余地がある。ここでの実践とは、衣服のみならず、物質的オブジェクトとしての衣服と私たちとの関係の生活史全体をとりまく実践だ。これらの関係を追跡する学術的研究はなおなされるべきだが、大筋で科学技術論／アクターネットワークセオリーのアプローチを採用することは、文化‐自然のハイブリッドな実践の観点から、ファッションデザイン、生産、消費に細心の注意を払うことを意味する。ファッションデザイン、生産、消費はまた、科学技術論／アクターネットワークセオリーの中心概念である物質性と実践の重要性をも証明するだろう。

科学技術論はこうして実験室の外部へとその影響力を広げ、世界に対するこの分析手法は社会科学においていっそう広範な影響を及ぼすことになった。アクターの綿密な民族誌的観察を必要とする科学技術論／アクターネットワークセオリーの研究法法は、科学のみならず、社会生活のいくつもの側面を理解するために広く使われる方法論となった。方法論としてのアクターネットワークセオリーは、とりたてて空想的でも例外的でもない。それはただ「アクターにつき従うこと」を求めるだけだ。すなわちアクターが何を為し、どこに向かい、それらがどんなオブジェクトを特定の「アサンブラージュ」に「記載する」のかを観察すること。科学技術論と同様に、「アクター」はアサンブラージュに記載されたあらゆるオブジェクト、つまりは工具、道具、装置、調整技術でありうる。観察と測定もまた、世界をつくりあげることや世界の組み立てに能動的に巻き込まれる点においてすべてアクターだと言うことができ、これらは世界が一体となる方法を形づくるのである。

アクターネットワークセオリーにおけるとりわけ有力なひとつの潮流は、フランスの社会学者ミシェル・カロンが擁護した多種多様な市場に関心を向けている。カロンにとって、市場はたんに抽象的な支配者や「法」を備えた新自由主義経済学の抽象的な理論上の概念ではない[10]。この「市場」という観念はウォールストリートやスクエアマイルに存在する限りで「実在的」なものなのだが、新聞やテレビでたびたび描写されるために、信じられ、影響されてもいる。実際は、新自由主義経済学が愛用するこの「市場」という観念はパフォーマティヴなもの（科学技術論／アクターネットワークセオリーのキーワードのひとつ）だ。すなわち市場は、人々の振る舞い方を形づくる強力な構築物として、あるいは政府の政策、また世界銀行や国際通貨基金（ＩＭＦ）といった政府間レベルの行為体《エージェンシー》の政策を通じて実在性を帯びている。しかしながらカロンの主張の力点は、この評価の高い概念にだけあるのではなく、幅広く多様な生きた市場を私たちが持っているということにもある。この市場は、どのようにしてある特定のオブジェクトが製造され、小売りされ、私たちに販売されるのかを形づくっている。これこそが私たちが日々出会う市場であり――現実を見よう、私たちの多くは都市やウォールストリートで働いてはいないのだ――、いくつか例を挙げるなら、スーパーマーケットや露天市やトランクセールとして出会う市場である。言うまでもなく、これらの市場はそれぞれまったく違った場所にあり、売り物を見せるための各種「装置」、つまりはスーパーマーケットの棚、ニンジンでいっぱいのカゴ、誰かの車のトランクとともにある。こうしたさまざまな市場で小売りするための各種装置の背後には、商品リストから販促用スプレッドシートや封筒の裏のメモ書きまで（もしもあなたが車のトランクからとり出したいくつかの古いおもちゃを売っているなら、総額は把握しておきたい）、商品を市場に持ち込む仕組み――さまざまな機器と在庫と販売数を計算するあらゆる方法によって管理されるサプライチェーン――がある。

ここでカロンが参照しているのは、一九八六年のマリー＝フランス・ガルシアの研究であり、そこでなされるフランスのフォンテーヌ＝アン＝ソローニュの新しい種類のイチゴ市場施設についての分析である[11]。かつてイチゴ販売者がばらばらに分布していたところで、この新たな市場――新自由主義的起業家が思い描いていたもの――は数多くのイチゴ販売者を一カ所に寄せ集めた。イチゴを販売するために導入された区画はまた、イチゴを小売するための多数の戦略、たとえば顧客がイチゴを吟味し、比較できるようにした、陳列と価格のために規格化された配置に依存している。この市場はさらに、イチゴ販売者と供給者、販売者と顧客のあいだの新しい相互作用のかたちを可能にした。この事例が例証するように、またアクターネットワークセオリー影響下のさまざまな報告が証明するように[12]、市場とは社会的な配置であり、特殊な技術と装置によって形づくられている。特定の種類のアクターを寄せ集めることで、市場は特殊な形の「テスト」を促進し、さまざまなイチゴ露店は商品の見せ方——見て、感じて、味わうというテストを可能にするような——を考慮するようになるのだ。

カロンの主張の力点は、市場に搬入したすべての商品はさまざまな形のテストにかけられ、それは商品が消費者の手に渡るまで止むことがないということだ。カロンらはこのプロセスを「認定」と呼ぶ[13]。それは商品の品質がどのようにしてさまざまなテストや測定、比較を通じて見極められ、調整され、交換されるのかを描き出す。それゆえ、商品の品質は私たちが思っているほど安心できるものではないが、つねに議論と試験の対象になっており、サプライチェーンに沿って顧客に届くまで絶えずテストされるはずだ。二〇一三年の英国での食品不安の例を引こう。冷凍食品に対して行われた研究所の定期テストにおいて、牛肉製品が馬肉を含んでいることが発見された。この事例では、牛肉の品質は食肉処理業者からスーパーマーケットへとたんに譲渡されるのではない。テストすることが異なる——しかも望まれない——品質の証拠を与えたのだ。その結果生じたスキャンダルは、スーパーマーケットとサプライチェーンの相互作用の仕方を、食肉の出所についての新たな懸念とともに、完全に変えてしまった。結局のところいくつかの食肉処理場は閉鎖し、さらにはしばらくのあいだ、おそらくは限定的なものだが、英国の食習慣も変化し、それにともなってインスタント食品の売り上げは数ヶ月のあいだ著しく下落した。この例が示しているのは、取引された商品の品質はつねに認定プロセスを条件としているが、市場にもたらされる商品は私たちが当然とみなす安全かつ安定した存在ではなく、絶えず作られ、作り直される、不安定なアサンブラージュだということだ。このことは商品とその生産、流通と消費についての考え方に影響する。「ファッション性」という性質がどれほど安定しておらず、さまざまなアクターというマルチチュード全体、そして最終的には消費者——マーチャンダイザーにフィードバックされる衣服とその売り上げだけがファッションへの寄与だと言いうるのだから――による絶え間ない認定を条件とするかについて考察することもできる。つまり、セールのさなかにハンガーラックに残ったアイテムは、この重要なテストに明らかに「落ちた」ことになる。このようなファッションにおけるテストと認定について、詳しくは次節で論じよう。

ファッションを通して考える――ラトゥールを拡張する

前節で論じた科学技術論とアクターネットワークセオリーについての概要に立ち返るなら、このように問うことができるだろう。科学的知識、近代性、市場に関するこの主張は、実践的な観点からすると、ファッションとどのような関係があるのだろうか。私たちは二つの事柄に注意を払うことができるだろう。一つ目は存在論的なものであり、モノあるいはオブジェクトの本性や、ファッションにおけるオブジェクトについて私たちがどう考えるかにかかわる。二つ目は認識論的なものであり、ファッションについて私たちが生み出そうとするある種の知にかかわる。しかしながら実際には、これら二つはまったく異なるものではない。オブジェクトやアクターの本性についての議論は、ひとりでに認識論的考察へとつながり、ファッション研究の方法論にかかわるのだ。こうしたアイディアのいくつかは、すでに文献のなかで、市場についてのカロンの仕事と大きく関係しつつ展開されている。しかしながら文化的側面（科学や実験室とは対照的な）に対するラトゥールの仕事の豊かな可能性は、私とドン・スレイターが主張するように、いまだ十分に展開されていない[14]。そこで以下では、すでに科学技術論やアクターネットワークセオリーを利用しているわずかばかりの学術的なファッション研究を論評するとともに、今後の調査のためにいくつかの新領域を示唆しようと思う。

　第一に、オブジェクトの本性についての、そして行為体がいかにして人間のみならず非人間でもありうるかについてのラディカルな存在論的主張は、ファッションについての異なる考え方をもたらす。既存の文献[15]の観点からすると、ファッションをアサンブラージュの一種とみなす——人間と非人間のオブジェクトの結合から生じる市場のように——方法に関心が高まっている。この考え方においては、ファッションはひとつの「モノ」ではなく、むしろ異質な領域のアクターからなる複雑なアサンブラージュなのだ。たしかに、カロンに従うなら、ファッションを数々の市場が一組に重なりあったものと考えてもよいだろう。この市場は「流行」や「おしゃれな《ファッショナブル》」と呼ばれる特定の種類の商品を販売するために、いくつもの相異なるアクター——人間と非人間の——を活用する。このことを検討するために以下、いくつかの例を引こう。

　流行の衣服はきわめて多様で高度に差別化された製品であり、それは実際におしゃれな服を製造し、供給し、小売りするさまざまな市場——大衆向けの「ファストファッション」から、古着市場や「ハイ」ファッションあるいは「デザイナー」ファッションまで——からなっている。これらは相対的に無関係なサプライチェーンのなかで衣服を流通させるまったく別個の市場であると同時に、さまざまな仕方で相互につながりあってもいる。つまり、パリやロンドンでお披露目され、高級店において高額で販売されるハイエンドなデザイナーファッションは、しばしばファストファッションの小売店でもコピーされ、流通している。一方で、著名なデザイナーがより安価に、H&Mなどの巨大な大衆向けブランドのためのファストファッションのコレクションをプロデュースすることもある。古着市場もまた、デザイナーの「ヴィンテージ」アイテムを扱う高級古着店とともにファッションのトレンドを追っている。こうした市場のすべては、それらが支配的な

「トレンド」やシーズンの気分とみなすものを捉えようとしているのだ。ファッション雑誌やさまざまな種類のジャーナリズム――新聞の日曜版やブログ、ネッタポルテ（net-a-porte.com）のようなオンラインショップ――はトレンドについての重要な情報源であり、ファッションのネットワークのなかでは重要なアクターだ。これらの市場は「ファッション」を定義するために絶え間なく組みあわされ、組み直される、人間と非人間の諸要素からなる異種混淆のアクターネットワークなのだ。

アクターネットワークを存在論的実体としてとらえることは、私たちの認識論的戦略の観点からは何を意味するだろうか。第二の点はラトゥールとカロンの研究、つまりは経験的観察を通じて「アクターにつき従うこと」を重視するこの研究に直接由来するものだ。綿密な観察なくして、どうやって異種混淆の組みあわせを理解できるだろうか。そうでなければ、どうやってファッション市場に関するアクター間のつながりを追跡できるだろうか。必要なのは、製品がどのように旅をし、選ばれ、並べられ、売られるのか、またこのプロセスを通じて製品がどんな性質を帯びはじめるのかを観察することだ。私自身の研究では、ロンドンのオックスフォード通りにある高級デパート、セルフリッジズでのデザイナーファッションを調査するためにこの方法を参照している[16]。デザイナーのスタジオや倉庫への買いつけの旅において、バイヤーやマーチャンダイザーが店舗に到着した在庫をどのように管理し、シーズンを通して売上をどのように追跡するかを私は観察した。この特殊なファッション市場は、デザイナー主導のファッションにしかない特有の問題を含んでいる。というのもハイファッションの買いつけは、シーズン内のトレンドにあわせる大衆向けファッションやファストファッション市場での仕入れに比べ、リードタイム〔発注から納品までの期間〕が長いため危険なのだ。実際、国際的な「ファッションショー」でお披露目されるハイファッションは、店舗に到着する数ヶ月前に内見され、受注生産を行う。それゆえ、そこにはバイヤーによって見積もられる高い予測不可能性と危険性がある。彼らは未来のトレンドを予測しようとするのだが、一度シーズンが始まってしまうと注文を調整することができないのだ。こうした市場の条件が、バイヤーやマーチャンダイザーの側に市場を計算可能にするための特殊な実践を求める。

ラトゥールとカロンによるアクターネットワークとアサンブラージュの概念を心に留めておこう。私たちは人間のアクターと非人間のアクターのあいだの相互作用とインターフェイスを観察することができ、それらはこの市場がどのように一体となっているのかを理解するために重要なものだ。この論点は、ジュリー・ソマーランドがファッションの媒介について分析するなかで指摘したものだ[17]。彼女が述べるように、媒介は特殊な仕方で、特殊な空間と装置を通じて行われる。彼女が調査したのは、なかでもファッションの見本市、ショールーム、ルックブックの三つである。私の研究と同様、彼女の研究には特定のアクターが相互に出会う仕方を調査することへの関心と、製品の質を形づくる相互作用のなかで生じることへの関心がある。まさしくイチゴ市場についてのガルシアの論点と同様、衣服はどのように陳列されているのかと問わなければならない。これらの相互作用を通じて衣服はどのような意味や質を帯びるのか。流行の商品はどのように認定されるのか、つまり消費者に届くことによってテストされ、再テストされる質がどのように認定されるのか。こうした問いはややありふれたもののように映るかもしれない。とはいえファッションについての論文では、つい最近まではこうした単純な問いでさえほとんど問われることがなかった。新しい経済社会学——その大部分がカロンと彼に近しい仲間に影響を受けており、科学技術論に触発されている——は、今やこうした問いに開かれ、ファッション研究に新たな考え方をもたらしている。

私たちはアクターネットワークセオリーの発想を、バイヤーと他のアクターのあいだの無数のインターフェイスを考察するために応用することができる。それは第一に、ファッションを購入するさいのバイヤーと販売員のあいだにおいてである。科学技術論／アクターネットワークセオリーの用語を借りるなら、私たちの注意は、相互作用を形づくるさまざまな販売上の技術および装置に引き寄せられる。スタジオでバイヤーのために試着する「フィッティング」モデルから、衣服をかけるハンガーラックや販売員による商品説明まで、これらの異なる販売装置は購買戦略の観点からすると異なる結果をもたらすのだ。さらに言えば、現実空間としての市場の特性に対するカロンの関心は有益なものである。というのも、ハイファッションは重要なリアルタイムのビジネスイベントであるさまざまな国際的「ファッションウィーク」で販促されているからだ。ファッションウィークはファッションのサイクルを区別可能な「シーズン」へと一時的に組織し、特定のアクターを直接対面させる。ショーそれ自体は費用対効果が低いのだが、にもかかわらずショーは、ファッションシステムのなかで付与されたアイデンティティを販促する重要な装置なのだ。私とアニェス・ロカモラはファッションショーを分析するためにピエール・ブルデューの理論（一三章を参照）を援用しているが[18]、同様に、市場のこの空間的布置を理解するためにカロンの理論を適用することもできるだろう。

さらに私たちはいっそう多くのインターフェイスを追跡し、買いつけの相互作用に記載される他の種類のアクターを調べることで、ファッションの意味を理解することができる。ひとたび衣服が店舗に到着すると、それらの売上はバイヤーに、そしてより重要なことにはマーチャンダイザーに、つねに監視される。繰り返しになるが、この市場におけるさまざまな「アクター」の記載に対する科学技術論とアクターネットワークセオリーの関心は、市場が能動的に組み上げられる仕方を理解するヒントになる。たしかにさまざまな装置、ツール、機器は、売上を追跡し、商品がシーズンの終わりまで店舗に残らないようにするのに利用されている。それゆえ、店舗の財政「計画」は経営者によってシーズン前に立案され、バイヤーを特定の戦略へと駆り立てる。店舗が作り出すそのシーズンの「指示」であるトレンド予測のような他のツールは、買いつけにさいして何を探すかについてのバイヤーの判断を助けるだろうし、店舗の再開発やリブランディングの戦略も、同様に彼らの買いつけの判断を方向づける。数ある装置のなかで、週間販売計画のスプレッドシートはその市場を「見る」ために決定的な装置であり、これは何が売れて何が売れていないかの概略――バイヤーはそれに従って行動する必要がある――を提供する。そのことはジョン・ロウがかつて分析して示したとおりである[19]。スプレッドシートは、バイヤーとマーチャンダイザーに売れ残りの在庫品に関する戦略(販促かセールか、あるいは店舗の別の場所に移動するか)を考えるよう、そして可能なら売れ足の速い在庫をさらに買いつけるかどうかを考えるよう促す(市場ではこんなレベルではないが)。したがって、スプレッドシートとはアクターなのだ。ひとたびそれが機能すると、人間のアクターは、店舗や市場の「外で」起きていることのヴァーチャルな解読としてのスプレッドシートに応じる必要があるのだから。

私たちは、店舗から離れて消費者のところまで、オブジェクトの流れを正確に追跡することができる。「実践理論」[20]に向かう消費研究の近年の増加は、消費者と消費行動が、消費するオブジェクトの構成に能動的に巻き込まれる仕方を示した。それゆえ作り手も今は消費者の重要性を認めており、作り手が消費者の実践を知ることのできる「フィードバックループ」がいくつもあるほどだ。こうした着想は広告[21]、ブランディング[22]、デザイン[23]の分析のなかで支持されてきたのだが、ファッションにおける消費研究においてはいまだ十分に展開されていない。

ファッションモデルについて行われた他の研究でも、ファッションのオブジェクトの軌跡についての類似した関心が見られる[24]。ここではモデルの「見た目《ルック》」がそれだ。モデルがそのキャリアを通じてどのように選出され、認定され、再認定されるかは、ファッションのネットワークの各所を彼（女）らが移動する経路に、また彼（女）らがかけられるさまざまなテストにかかっている。この行程は、多くの場合「ポラロイドカメラ」という装置とともにはじまる。この装置は、ある人物がモデルとしての資質を持っているかどうかを「テストする」のに利用されるものだ。ポラロイド写真ではほとんど誰も見栄えがしないので、もし彼（女）がこれで素晴らしい写真を撮影できるとすれば、その人はほぼ間違いなく、きわめて「フォトジェニック」なのだ。この最初の「テスト」に続いて、モデルはカメラマンとの無報酬のテスト撮影に進み、もし事務所が見てとった特性がカメラマンによっても見てとられるなら、そのモデルは「資質」を持っているものとして再認定され、キャスティング事務所や雑誌との「面接」に派遣される可能性が出てくる。モデルの特性を管理、提示するための他の主要な装置、すなわちモデルのポートフォリオあるいは「ブック」は、そのモデルの最高の成果を集め、そのモデルの仕事全体のひとつの見方になるオブジェクトであり、モデルのキャリアを管理する特殊な仕方——たとえば、どのような顧客に彼（女）を派遣するのか——を方向づける。このように、「先鋭的な／雑誌の」モデルたち（高級ハイファッション誌を狙い撃ちするモデルたち）と、カタログや大衆向け製品のモデルをする「コマーシャル」モデルたちとの区別は、部分的にはモデルのブックにおける仕事のアサンブラージュを通じて形づくられ、さらなる再認定のための特性にひとつの見方を与える。

このように、私とスレイターが論じたとおり[25]、モデルたちについて考えることも同様に「ブランド」についての新たな思考だとみなしうる。いくつかの従来のブランド研究が論じてきたように、ブランドは安定した意味を持つ静的で記号論的な記号や象徴ではない。それどころかブランドはひとつの「出来事」、すなわち絶えず進化し、多様で変化する性質を持つ時間的なモノである。さらには、ブランドは出来事として広範囲に流通している。決してひとつの時間と場所に存在するのではなく、いくつもの空間と場所に分散しているのだ。ブランディングに対するこうした考え方は、とりわけブランドについてのセリア・リュリーの著作と結びついており、ブランドの変わりやすく流動的な性質——彼女は「ニューメディアオブジェクト」とも呼んでいる[26]——を、科学技術論／アクターネットワークセオリーを用いて示している。私とスレイターが示唆したように[27]、モデルはブランドと同様、移動する「出来事」なのだ。その特性は刺激的かつ流動的であり、そのキャリア、イメージ、地位、特性は絶えず変転する。それはケイト・モスが、運命の変転にもかかわらず、薬物スキャンダルのあとでどうやってトップモデルとしての地位を再認定できたのかを明らかにする。彼女はブランドとして、なんとかうまくスキャンダルに順応し、それを利用したのだ。

未来のファッション研究への影響

ここで、ファッションについての科学技術論／アクターネットワークセオリーの考え方が何を可能にするかを理解する上で思い当たるところを考察しておくことは重要だろう。ファッションの科学技術論／アクターネットワークセオリー研究はどこが違うのだろうか。すでに述べたことだが、ファッション分析の手法についての認識論的、存在論的要点をまとめておこう。

第一に、認識論的観点からすると、ファッション研究を行うことが現実的に方法論的影響を有することは明白だ。もしもあなたがファッション産業についてこの手の研究をするなら、ただ肘掛け椅子に深く座りながら、ファッションを、たとえば雑誌のなかで構築されているものとして分析することはできない[28]。もしもあなたがファッション雑誌に興味があり、アクターネットワークセオリーによる分析を行いたいなら、民族誌的で経験的な研究をして「足で稼ぐ」必要があるだろう。この研究は、ファッション誌を編集するいくつものプロセス、つまりは編集会議から撮影まで観察することを必要とするだろう。あるいは、モデルやその仕事を理解するには、ただ写真という表象を見るのではなく、むしろどのようにモデルが選ばれ、キャスティングされ、撮影されるかなどを見なければならないだろう。

もちろん、こうした経験的研究のいくつかは、科学技術論／アクターネットワークセオリーの枠組みにはないものの、すでに着手されている。たとえば、アン・リンゲ＝ヨルレンによるニッチなファッション誌『ダンスク』についての研究は、雑誌の特集がどのように組まれるかについてのインタビューやいくつかの民族誌的研究を含んでいた[29]。同じように、スウェーデンにおけるファッション写真についてのパトリック・アスペルスの研究は、二〇〇一年の段階ですでにこの研究のネットワーク的な性質を提示していた[30]。とはいえ、この手の民族誌的研究は、従来型の研究とどこが違うのだろうか。ひょっとするとそれほど大きくは変わらないのかもしれないが、あらゆる優れた民族誌的研究は当事者の世界の詳細にしっかりと耳を傾けることを求める。しかしながら、そこには注意すべき存在論的な相違点がある。ひとつには、人間と非人間のアクターからなるアクターネットワークについて考えることの必要性が、私たちの観察の一部を、もしかしたら普段は観察されることのない、あるいは当然とみなされているものへと移行させるかもしれない。先に論じた、モデルの仕事やファッションの買いつけについての私の研究が強調しているのは、行為を形づくる重要な方法のために、ネットワークにおける非人間のアクターを調査することの利点であり、おしゃれなオブジェクトのような商品の認定を形づくるさいに装置が果たす役割である。それゆえ、ファッションのアクターネットワークのなかで組みあわせられたすべてのオブジェクトを検討する方が、明確に「社会的」あるいは「文化的」な人間のアクターだけに焦点を絞った従来の研究よりも得るものがあると示唆しておきたい。私たちは、さまざまなオブジェクトと活動の観点から、ファッションについてもっと有益に考えることができるかもしれないし、人間に対する明らかにエージェント的な性質を超えて、アクターと行為体の観念を拡張することができるかもしれない。

科学技術論／アクターネットワークセオリーの方法でファッションにアプローチすることで他に何が得られるだろうか。カロンの研究を取り入れることで、パフォーマティヴなものとしての市場の固有性に耳を傾けることは有益である。こうして私たちは、市場がどれほど特殊な種類のアクターネットワーク——空間的に位置づけられ、販売される商品の性質を能動的に構成する——であるかを理解することができる。たしかに、ファッションについてアクターネットワークの点から考えることは、「生産連鎖」という概念を支持する傾向にある人文地理学のいくつかの重要な研究を拡張することでも可能だ。「鎖」「回路」「ネットワーク」といったメタファー[31]は、ファッションの供給に関する議論のなかでポピュラーになった。そこで彼らが焦点を絞るのは、空間的に分散しつつ相互に連結された結びつき——生産、流通、消費を横断するさまざまなアクターのあいだの——である。各々の語には、これらの結びつきの特殊な性質を強調する利点がある。言い換えるなら、各々のメタファーが呼び覚ます実際の空間的布置は異なるため、部分の内部相互の「垂直的」関係性を分析するさまざまな手法を与える。イマニュエル・ウォーラーステインが支持した「商品連鎖」という概念[32]——しばしば「グローバル商品連鎖」（あるいはGCC）と呼ばれる——は、普通は連鎖内部の、また、ファッション内の特定のアクターの権力を認める。これは特定の巨大権力——この連鎖に沿った条件を東側／南半球の生産者に押しつける西側／北半球のファッションビジネス——に注目した説明に翻訳しがちだろう。エレン・レオポルドの著作に散見される「供給システム」アプローチは、歴史的偶然性とシステムの特殊性に対してより敏感である[33]。しかしながらデボラ・レスリー&スザンヌ・レイマーによれば、このマルクス主義者は、システムの生産側の分析を好みがちなアプローチ——それも好ましくはあるのだが——に影響を受けており、生産の権力関係を「暴露」する意図があるために、システムを横断する他のアクターにあまり注意を向けなかったという[34]。

科学技術論／アクターネットワークセオリーの意味で用いられる「ネットワーク」のメタファーには、上記の二つのアプローチを超えるいくつかの利点がある。ひとつは、このメタファーはネットワークを「平らにする」傾向があることだ。その結果、生産の末端に位置するアクターだけでなく、ネットワーク全体を横断するアクターを調査できる。この分析によって私たちは、関連しあうさまざまな種類の非人間のアクターを調査でき、それゆえ、自然と文化を結びつけることが可能となる。このことは、サステナビリティについての意識——とりわけ近年「ファストファッション」の環境コストが増大していることによる——が高まった時代にある今日、きわめて適切である。この領域における今後のアクターネットワークセオリーの研究によって、ファッションの自然－文化のハイブリッドな性質を突き止めることができるだろう。たとえば、水のようなものを例にとろう。水は外的で不活性なオブジェクトとして考えるよりも、実際は、ファッション産業内部のアクターとして考えられる。近年では、水不足の国々で綿花を育てるために、持続不可能なレベルでファッション産業が水を使っていることへの環境批評がある。綿花をあまり栽培しないでおくか、あるいは、水の必要量が少ない遺伝子組み換え綿花を栽培するか。これらは一見すると何か「自然」についての、それゆえ「ファッション」の外部についての問いのようだが、実際は、未来のファッションシステムを形づくることになるだろう。この例が示すとおり、水は私たちのファッションシステムと絡みあっているのであり、「自然の」オブジェクトから独立したものではない。「素材」を結びつける毎日の消費と日々の生の実践を調査するショーヴらの著作の事例に従えば[35]、私たちは日常生活の豊かさすべてのなかに、ファッションの「素材」を調査しはじめることができる。

おわりに

ラトゥールの仕事は社会学の内部で過大評価されている概念からの根本的な逸脱を引き起こす。彼の仕事は、近代の知の形式のきわめて基礎的な原理および科学の語り——個人的価値観に影響されることのない客観的な、前近代社会のそれよりも優れた知の形式としての——への信頼に対する存在論的かつ認識論的な挑戦をともなう。ラトゥールの方法論的なルーツはエスノメソドロジーにあり、彼は社会的世界を理解するために不可欠なものとして民族誌的観察に取り組んだ。エスノメソドロジーは人がどのように社会的世界を「為す」のか——毎日の生の組織を作りあげるルーティン的な実践と活動において——に力点を置いてきた。人がどのように社会的世界——日常生活の規則、ルーティン、実践、習慣——を「為す」のかを研究するには、観察が必要になる。私たちはこれらの実践的なたしなみを本来の場で観察しなければならない。本来の場で観察することは、私たちがファッションについて行うであろうタイプの研究に方法論的影響をもたらす。それはすなわち、ファッションがどのように作りあげられ、組み上げられるかを調査する民族誌的な観察研究だ。

こうしたやり方でファッションにアプローチすることの実用性を調査することで、私たちはまったく違った風に——人間と非人間のアクターからなるネットワークとして——「ファッションを通して考える」ことができるようになり、アクターを空間的に横断するつながりを突き止められるようになる。カロンの研究はこの分析が参入するひとつの方向性を示している。それは、ファッション市場を特殊な種類のネットワークとして理解する方へと向けられており、その市場に提供されたある種の商品を認定し、再認定する働きをもつ特定のアクターを適切な時間と場所において組み立てることになる。

すでに論じたとおり、こうした研究のいくつかはすでに進行中だ。しかし、本章で提示できたことを願うが、科学技術論とアクターネットワークセオリーのあらゆる可能性は、ファッションに関してはいまなお十分に探求されていない。とりわけ、ファッションを自然－文化のハイブリッドとして考えることは、ファッションが引き起こす環境問題を考察するための真に生産的な方法を提供するだろう。

原註

[1] Bruno Latour, *Pandora's Hope: Essays on the Reality of Science Studies*, Cambridge, London, Harvard University Press, 1999, p. 24.（『科学論の実在——パンドラの希望』川崎勝・平川秀幸訳、産業図書、二〇〇七年、三三頁。）.

[2] Bruno Latour and Steve Woolgar, *Laboratory Life: The Social Construction of Scientific Facts*, Princeton, Princeton University Press, 1979. また、以下の文献も参照のこと。Bruno Latour, *Science in Action: How to Follow Scientists*

and Engineers Through Society, Milton Keynes, Open University Press, 1987.（『科学が作られているとき——人類学的考察』川崎勝、高田紀代志訳、産業図書、一九九九年。）Bruno Latour, *Pandora's Hope*, 1999.（『科学論の実在』、二〇〇七年。）

［3］Bruno Latour, *We Have Never Been Modern*, Hertfordshire: Harvester Wheatsheaf, 1991.（『虚構の「近代」——科学人類学は警告する』川村久美子訳、新評論、二〇〇八年。）

［4］ラトゥールは「前近代」と「近代」の双方を、モノを組織する思考の体系あるいは分類の体系と呼ぶ。この体系は多くの場合、「自然」に属するモノと「文化」に属するモノのあいだに線を引いて二分するものだ。これらの異なる考え方は、西洋の思考における時間の「分水嶺」によって隔てられており、それは見たところ世界についてのよりすぐれた知識をつくりだすことで「近代人」が「前近代人」にとって代わることをともなう。しかしながら「近代」が意味する世界は、この区別がそれ自体人工的なのだから厳密には存在したことがない。こうして、ラトゥールの著書のタイトルを引くならば「私たちは近代的だったことなどない」。ラトゥールはこの疑わしい区別を迂回する方法として、「非近代」を提案している。

［5］Bruno Latour, *We Have Never Been Modern*, 1991, p. 104.（『虚構の「近代」』、一九九九年、一八〇頁。）強調筆者。

［6］Elizabeth Shove, Matthew Watson et al., *The Design of Everyday Life*, Oxford, Berg, 2007.

［7］Elizabeth Shove, *Comfort, Cleanliness and Convenience: The Social Organization of Normality*, Oxford, Berg, 2003.

［8］次の文献を参照のこと。Elizabeth Shove, 'Consumers, Producers and Practices: Understanding the Invention and Reinvention of Nordic Walking' in *Journal of Consumer Culture*, 5 (1), 2005, pp. 43–64.

［9］Ibid. 以下も参照。Mika Pantzar and Shove, 'Understanding Innovation in Practice: A Discussion of the Production and Reproduction of Nordic Walking' in *Technology Analysis and Strategic Management*, 22 (4), 2005, pp. 447–62.

［10］Michel Callon, 'Introduction' in *The Laws of the Markets*, Oxford, Blackwell, 1998.

［11］現在の名はガルシア＝パルペであり、英語版の初版は二〇〇七年。Marie-France Garcia-Parpet, 'The Social Construction of a Perfect Market: The Strawberry Auction at Fontaines-en-Sologne' in D. MacKenzie, F. Muniesa and L. Sui (eds.), *Do Economists Make Markets?: On the Performativity of Economics*, Princeton, Princeton University Press, 2007.

［12］Donald MacKenzie, Fabian Muniesa and Lucia Sui (eds.), *Do Economists Make Markets?: On the Performativity of Economics*, Princeton, Princeton University Press, 2007. Karin Knorr Cetina and Urs Bruegger, 'Traders' Engagement with Markets: A Postsocial Relationship' in A. Amin and N. Thrift (eds.), *The Blackwell Cultural Economy Reader*, Oxford, Blackwell, 2004.

［13］Michel Callon, Cécile Méadel and Vololona Rabeharisoa, 'The Economy of Qualities' in Andrew Barry and Don Slater (eds.), *The Technological Economy*, London, Routledge, 2005.

［14］Joanne Entwistle and Don Slater, 'Reassembling the Cultural: Fashion Models, Brands and the Meaning of "Culture" after ANT' in *Journal of Cultural Economy*, 7 (2), 2014, pp. 161–177.

［15］Joanne Entwistle, *The Aesthetic Economy of Fashion: Markets and Value in Clothing and Modelling*, Oxford, Berg, 2009. Joanne Entwistle and Don Slater, 'Models as Brands: Critical Thinking about Bodies and Images' in Entwistle and Elizabeth Wissinger (eds.), *Fashioning Models: Image, Text and Industry*, Oxford, Berg, 2012. Joanne Entwistle and Don Slater, 'Reassembling the Cultural', 2014. Julie Sommerlund, 'Mediations in Fashion' in *Journal of Cultural Economy*, 1 (2), 2008, pp. 165–80.

［16］Joanne Entwistle, *The Aesthetic Economy of Fashion*, 2009.

［17］Julie Sommerlund, op. cit., 2008.

[18] Joanne Entwistle and Agnès Rocamora, 'The Field of Fashion Materialized: A Study of London Fashion Week' in *Sociology*, 40 (4), 2006, pp. 735–51.
[19] John Law, 'Economics as Interference' in Paul du Gay and Michael Pryke (eds.), *Cultural Economy*, London, Sage, 2002, pp. 21–38.
[20] Pierre Bourdieu, *Outline of a Theory of Practice*, Cambridge, Cambridge University Press, 1977. Pierre Bourdieu, *The Logic of Practice*, Cambridge, Polity Press, 1990.（『実践感覚（一）』今村仁司・港道隆訳、みすず書房、二〇〇一年。『実践感覚（二）』今村仁司・塚原史・福井憲彦・港道隆訳、みすず書房、二〇〇一年。）Elizabeth Shove, Matthew Watson et al., *op. cit.* Sherry Beth Ortner, *Anthropology and Social Theory: Culture, Power, and the Acting Subject*, Durham, Duke University Press, 2006.
[21] Liz Moor, *The Rise of Brands*, Oxford, Berg, 2007.
[22] Celia Lury, *Brands: The Logos of the Global Economy*, London, Routledge, 2004. Celia Lury, 'BRAND AS ASSEMBLAGE: Assembling Culture' in *Journal of Cultural Economy*, 2 (1), 2009, pp. 67–82.
[23] Elizabeth Shove, Matthew Watson et al., *op. cit.*
[24] Joanne Entwistle, 'The Aesthetic Economy: The Production of Value in the Field of Fashion Modelling' in *Journal of Consumer Culture*, 2 (3), 2002, pp. 317–40. Joanne Entwistle, *The Aesthetic Economy of Fashion*, 2009.
[25] Joanne Entwistle and Don Slater, 'Reassembling the Cultural', 2014.
[26] 次の文献を参照。Celia Lury, *Brands*, 2004.
[27] Joanne Entwistle and Don Slater, 'Models as Brands', 2012. Joanne Entwistle and Don Slater, 'Reassembling the Cultural', 2014.
[28] Rosetta Brooks, 'Fashion Photography, The Double-Page Spread: Helmut Newton, Guy Bourdin and Deborah Turberville' in J. Ash and E. Wilson (eds.), *Chic Thrills: A Fashion Reader*, London, Pandora Press, 1992. Paul Jobling, *Fashion Spreads: Word and Image in Fashion Photography since 1980*, Oxford, Berg, 1999.
[29] Ane Lynge-Jorlén, 'Between Frivolity and Art: Contemporary Niche Fashion Magazines' in *Fashion Theory:The Journal of Dress, Body and Culture*, 16 (1), 2012, pp. 7–28. Ane Lynge-Jorlén, 'Preaching to the Already Converted' in P. McNeill and L. Wallenberg (eds.), *Nordic Fashion Studies*, Stockholm, Axl Books, 2012.
[30] Patrik Aspers, *Markets in Fashion: A Phenomenological Approach*, Stockholm, City University Press, 2001.
[31] Louise Crewe, 'Unravelling Fashion's Commodity Chains' in Alex Hughes and Suzanne Reimer (eds.), *Geographies of Commodity Chains*, London, Routledge, 2004. Deborah Leslie and Suzanne Reimer, 'Spatializing Commodity Chains' in *Progress in Human Geography*, 23 (3), 1999, pp. 401–20.
[32] Immanuel Wallerstein, *The Capitalist World-Economy*, Cambridge, Cambridge University Press, 1979.（『資本主義世界経済（一）——中核と周辺の不平等』藤瀬浩司・麻沼賢彦・金井雄一訳、名古屋大学出版会、一九八七年。『資本主義世界経済（二）——階級・エスニシティの不平等、国際政治』日南田靜眞完訳、名古屋大学出版会、一九八七年。）
[33] Ellen Leopold, 'The Manufacture of the Fashion System' in J. Ash and E. Wilson (eds.), *Chic Thrills*, 1992. Ben Fine and Ellen Leopold, *The World of Consumption*, London. Routledge, 1993.
[34] Deborah Leslie and Suzanne Reimer, 'Spatializing Commodity Chains', 1999. Deborah Leslie and Suzanne Reimer, 'Fashioning Furniture: Restructuring the Furniture Commodity Chain' in *Area*, 35 (4), 2003, pp. 427–37.
[35] Elizabeth Shove, *Comfort, Cleanliness and Convenience*, 2003. Elizabeth Shove and Matthew Watson et al., *op. cit.*

16

ジュディス・バトラー
Judith Butler

ファッションとパフォーマティヴィティ

エリザベス・ウィッシンガー
関根麻里恵一訳

はじめに

一九九〇年代、ファッション・スタディーズに革命的な出来事が起こった。ポストモダンとポスト構造主義による混乱が多くの学問分野に波紋を起こしたとき、ファッション・スタディーズは新たなエネルギーを経験したのだ。かつて、男性支配の比喩としてのファッションを拒絶していたフェミニズムは、ライオット・ガール文化を生み出し、口紅やランジェリーの喜びを再び自らのものとした第三波フェミニストの思想に不満の声を上げつつも新鮮な目でそれを見始め、ファッションを着用者の意志で行使される女性の実践として捉えなおした。HIV／AIDSは、かつてクローゼット化された文化に生きのびるための闘いを強いたが、それによってゲイの文化に対する多数派の意識が高まり、同様にトランスジェンダーも目立つようになった。セレブリティを通して少しずつ広がったこの新しい意識は、デヴィッド・ボウイ、グレース・ジョーンズ、マイケル・ジャクソンといった遊び心のある両性具有的なかっこよさを喚起するものから、ボーイ・ジョージのアイラインやマドンナの曖昧な性差へと変わっていく。バイオテクノロジーの台頭によって生命を持つものと持たないもののあいだのかつては聖域とされていた境界が打ち破られ、サイボーグが新たな文化的理想として持ち上げられ、あらゆる種類の境界が崩壊する状況のなかで、ジュディス・バトラーの著作が姿を現した。

ファッションは新しさを求めて既存の境界を絶えず問うが、それが両性具有とジェンダー・プレイの歴史と結びつくことで、いずれバトラーの研究の中心になるクィア・スタディーズの初期の運動にとって有効となる。人間の経験を記述するための「男性」と「女性」というたんなるカテゴリー以上のものを主張することによって、クィア・スタディーズはセクシュアリティの新たな学術的分析に挑んだ。その分析は、異性愛的な営み以外のすべてを周縁化した権力の形態を批判することによって、異性愛規範の秩序に挑戦することを目的としていた。ジェンダーに関するジュディス・バトラーのフェミニズム的分析はこうした関心事にぴったりはまり、スタイルの研究に新たな地位を与えた。このことは、身体に関するきわめて哲学的な論点や、それが文化と権力の支配的構造のなかでどのように様式化されるかを問うものであり、ファッションだけにとどまる話ではない。

彼女の著作はアイデンティティの創造や監視における衣服の役割から身体それ自体を形づくるさいの衣服

の役割へと焦点を移すことによって、主体性の概念を根本的に問いただした。それはつまり、社会的実践によって、アイデンティティがどのように形成され、安定化され、順応されるかのあらゆる様相を問うものである。生まれながらに与えられた性別が男性／女性というたった二つであることに疑問を呈したバトラーは、物質的なものと精神的なものの分割への疑問に向かって分析を進める。そのさい、身体それ自体が自然に生じるものではなく、実際には既存の権力構造によって制約される相互作用を通じて作られることを理論的に論じた。つまり、着衣の身体が既存の権力関係を反映した発話であるような言説の一形態として、バトラーは身体に関する話にファッションを組み込んだのである。

この種の概念的な基盤を築くことで、バトラーはファッション・スタディーズの新しい可能性の領域を開拓した。ヴァレリー・スティールによるフェティッシュ、ハンドバッグ、コルセットについての重要な著作[1]や、六〇〇年にわたるファッションの文化的および社会的意味を調査したクリストファー・ブリュワードの『ファッションという文化（*The Culture of Fashion*）』のように、これまでの研究では衣服とその社会的含意に焦点があわせられていたが、バトラーはファッション・スタディーズに新しい方向性を提示し、ファッションが表象しているとされる心理学的意味やジェンダーのカテゴリーそれ自体に疑問を呈した。所与の型としての男性ファッションや女性ファッションに着目するのではなく、バトラーの著作はこれらの区別がどれほど根拠に乏しいのかを明らかにし、ジェンダー的、クィア的あるいはそれ以外の何かのような流動的な社会的勢力の駆け引きにおける配置として衣服を見ることを可能にした。

クィア文化の研究者は、この流動性をすぐに受け入れた。ファッション・スタディーズの書籍のタイトルでは、「クィア」という言葉を「ファッション」や「スタイル」と直接結びつけて用いることはそれほど多くなかったが、研究者たちは彼らの仕事をジェンダーやセックス、特定のゲイとレズビアンのサブカルチャーや歴史的な瞬間と関連づけることを好んだ（ショーン・コールの『晴れ着を着て（*Don We Now Our Gay Apparel*）』[2]、ジョニー・エリクソンとジーニー・コーガンの『レズビアン、リーバイス、口紅――私たちの生活における美の意味（*Lesbians, Levis, and Lipstick: The Meaning of Beauty in Our Lives*）』[3]など）。最近出版された二冊、アダム・ゲッツィ＆ヴィッキ・カラミナスの『クィア・スタイル（*Queer Style*）』[4]、ヴァレリー・スティール編集の『ファッションのクィアな歴史（*Queer History of Fashion*）』[5]は、ファッション・スタディーズの分野におけるバトラーの思想が新たに前景化されていることの証である。これらの新しい研究は、ファッションに対するカルチュラル・スタディーズ的アプローチがつねにその背景にあるが、間違いなくファッション・スタディーズの規範におけるバトラーの地位を確固たるものにするだろう。バトラーの謎めいた文体はときおり批判されるものの、彼女の主要な貢献は、実際のところ、彼女の理論のなかでも骨の折れる部分にある。彼女は難解な哲学的概念を徹底的に論じることによって、フロイト、アルチュセール、ラカン、ド・ボーヴォワール、フーコーの思想を斬新な方法で結びつけ、ジェンダー、身体、権力を理解するための分析の意味あいを明らかにした。

パフォーマティヴィティ――ジェンダー・パフォーマンスか規定か？

ジュディス・バトラーは、おそらくパフォーマティヴィティ〔日本語では「行為遂行性」と訳される〕の概念によってもっともよく知られているが、これはしばしば誤解される用語である。表面的な読者はパフォーマティヴィティをパフォーマンスと混同し、バトラーの「様式的な反復行為」[6]としてのジェンダー概念が、身振り、衣服、スタイルについての意識的な選択を参照するとみなしてしまう。ジェンダー化された身体を生み出し、様式化するさいのファッションの役割について考察するうえで重要な一連のアイディアを与えてくれる、バトラーの「ジェンダー・パフォーマティヴィティ」という概念は、たんに衣服を着用したり、ネクタイを締めたりする以上のことを記述するものである。

バトラーが「パフォーマティヴィティ」という概念を用いるのは、ジェンダーそれ自体の存在論的起源を分析するためである。つまり、ジェンダーが何を意味するのかではなく、ジェンダーとは何かを問うている[7]。バトラーにとって、「ジェンダーはつねに「おこなうこと」である」[8]。このことによって彼女が意味するのは、いかなる事実上のジェンダーやジェンダー化された身体も、存在へと至らせる実践の外側には存在しないということである。バトラーの有名なインスピレーション源のひとつであるシモーヌ・ド・ボーヴォワールを言い換えるならば、私たちは女や男に生まれるのではなく、女や男になる。たとえば、医者が「この子は男の子です」もしくは「この子は女の子です！」と性別を宣言することによって、私たちは性別化されるのだ。ある種の身体は男女のどちらかなのか明言することができないが、「男女どちらかわかりませんが、何とかしましょう！」と医者が言うのを聞くことは、皆無ではないにせよほとんどない。しかし、バトラーは性別化された属性の「自然さ」を問いに付し、身体それ自体の性別化においては言語と言説が作用していると主張する[9]。フーコーの言説――意味を与える規則によって支配される、文化的に構築された現実の表象――の概念（第一〇章参照）に依拠しつつ、バトラーは「ジェンダーは名詞ではない」[10]と論じている。ジェンダーはそれ自体が存在するのではなく、一貫性を与えることを目的としたジェンダーの表現においてのみ存在する。ジェンダーが何かになるのは、身体を反復し続け、そして身体を繰り返し作り、行い、発声して存在へと至らせるジェンダー化の実践においてのみである。

バトラーにとって、身体は私たちが思っているような所与の解剖学ではない。それはむしろ、精神と物質とのあいだの緊張関係の帰結である。そこでは、私たちを取り巻く世界からの情報を整理して解釈するのに役立つ枠組みである想像上の構造が物質に打ち克ち、私たちの精神にとって物質が利用可能なものとなる。言い換えれば、私たちが身体を利用可能なものとする想像上の構造なくして、身体を理解することはできない。この想像上の構造には文化的概念やイメージが込められているが、それらは相互作用を通じて学ばれるもので、罰と規律を通じて私たちのなかに社会化されている。

身体はこの構造を通してのみ利用可能であるため、言語、意味作用、文化の領域にどうしようもなく巻き込まれる。身体の科学的記述さえも、知識システムと容認可能な証拠の根底にある想像上の構造の循環と検証を通じて行われる。このような構造の下にジェンダーが導入する禁止があり、それによって言語が意味を持つことが可能となるとバトラーは主張する〔11〕。このような観点からすると、身体は一連の繰り返される反復における心的投影によって境界が付与される外観の様式である。しかし、身体はこの反復のなかにしか存在しないため、形や意味には固定されることがない。その間には時間的な間隙があり、そこにおいて身体に意味を与える構造の契機が具体化される。

身体の解剖学はつねに、それとともに与えられるところの条件を超えているため、これらの時間的な間隙によって身体が再度の意味作用、すなわち差異を伴う反復にさらされているとバトラーは主張している。身体はつねに、それが置かれるところの、あるいはそのなかで相互作用するところの言説や意味、生産の構造を乗り越えたり、そのなかを通ったり、その周囲を移動したりしている。身体を取り巻く潜在的な領域への到達は、過剰の観点から考えられる。この脱出の契機にこそ、可変性が見出されうる。彼女が説明するように、「これこれのジェンダーであれという命令は、かならずその失敗を生み出し、その多様性によってその命令を超え、またその命令に歯向かうさまざまな首尾一貫しない配置を生み出す」[12]。バトラーにとって、この過剰は身体の上および内での行為の強迫的な反復の源であり、私たちが身体として経験するものをできるだけ身体の理想化された投影に近づけることを強制する。こうして、身体はその境界が定められるたびに、規範の歴史(そのなかでも、性別形態学の規範がもっとも重要である)とともに堆積する。

これらの規範にはファッションの命令も含まれており、「ファッショナブル」な身体を――とりわけこの言葉のダイナミズムに関して――決定または維持することの難しさについていくつかの点で論じている。規範の歴史の堆積は確固たるものではないとバトラーが主張するように、彼女の思想はこのダイナミズムに言及している。そこでは世界と身体が瞬時に変化する可能性がつねにあるが、それは不可能な行動が構造の具体化のあいだの一時的なギャップに滑り込みうるときである。身体は動的な力に左右されるため、精神的なものでも物質的なものでもなく、両者の混合物であり、精神と物質のあいだの緊張関係として存在する。

こうした意味において、彼女の研究は、ジェンダーはパフォーマティヴ、すなわち反復あるいは具体化を繰り返すことを通じて確立されるものであるという見解を示している。そしてこの繰り返しは男と女という強制的なカテゴリーが変化する余地を残している。この開放性の一部は、本当はそこには「そこ」が存在しない(there isn't really a 'there' there)という事実から生じる。一方で、「ジェンダーは繰り返される身体の様式化」であるが、この様式化は、「きわめて厳密な規制的枠組みのなかでくりかえされる一連の行為であって、その行為は、長い年月のあいだに凝固して、実体とか自然な存在という見せかけを生み出していく」[13]なかで「一連の行為」として行われる。それは自然とはほど遠く、そうであるように見える反復のたんなる繰り返しである。バトラーにとって、パフォーマンスとパフォーマティヴィティの違いの要点は、「パフォーマンスは主体を想定するが、パフォーマティヴィティは主体という概念そのものに異議を唱える」ところにある[14]。したがって、起こりうるあらゆる再分節化は意識的な選択ではない。このようにして、私たちはファッションの反復を次のようなものとして理解するだろう。つまり、身体のわかりやすさを取り囲む価値体系のなかで身体を構築すること、さまざまな文化的コードを通じて身体が問題となること、その過程におけるジェンダーの境界を取り締まることとしてである。身体の具体化は、差異とともに、あらゆるファッションサイクルとともに繰り返され、容認された規範の外部へとずれる可能性をもたらす。それはすなわち、身体という概念がその実存のための社会的力に左右されると論じているのである。

パフォーマティヴィティとドラァグ

私たちは、新しい洋服を脱ぎ着したりスーツをあつらえたりするようには、自分が望むジェンダー・パフォーマンスを身に付けることができないというバトラーの主張を理解するためには、パフォーマティヴィティとパフォーマンスを区別しなければならない。彼女の著作におけるこの論点を見逃している者もいるが、バトラーはこのプロセスの強制的な性質に注意を払ってきた。彼女は次のように説明する。「意味領域の反復実践に参入することは、選択なのではな」[15]く、むしろ「規範の強制的な引用」[16]であると。たとえば、「少女（girl）」の「ガーリング（girling）」は、「身体として行為される女性性の形成（しかしけっして完全に規範どおりにはならない）」[17]を要求しているという事実に、そのバリエーションの可能性が存在する。少女がどれほど多くのフリルやラッフル〔洋服の縁に縫いつけた襞飾り〕を身につけても、少女はやはりひとつの反復であり、少女性の本質を規定し、縛りつけようとする社会的勢力のシャドーイングである。だが、少女を少女たらしめるものの一貫性は想像上のものであるため、その試みは決して成功することがない。

そのようなものとして、「個体の身体的な生活」において作用する存在論的前提の設定は「再編成に開放され」[18]うる。この開放性は、バトラーの思想についていくらか混乱をもたらしてきた。一九九〇年の著作『ジェンダー・トラブル』において提示されたドラァグ、または異性装（彼女はこの二つの用語を交換可能なものとして用いている）に関するジェンダーのパフォーマンスに対する誤解は、その後の一〇年間にわたってバトラーにそれらの用語に特別な意味を与えようと試みさせた。「ジェンダーを模倣することによって、ドラァグはジェンダーの偶発性だけでなく、ジェンダーそれ自体が模倣の構造をもつことを、明らかにするのである」[19]という一九九〇年の声明の後、バトラーを表面的にしか読まない読者は、既存のジェンダー化された秩序を転倒させることのできる行為にまで引き上げ、おそらく身体を政治的な仕方で様式化するドラァグのパフォーマティヴな性質を額面通りに受け取ろうとする誘惑にあらがうことは難しいと感じた。しかし一九九三年、バトラーは注意深く次のように指摘する。

『ジェンダー・トラブル』は支配的なジェンダー規範を転覆させる手段としてのドラァグ・パフォーマンスの普及を主張していると多くの読者が理解していたが、ドラァグと転覆のあいだには何ら必然的な関係がないこと、そしてドラァグは誇張された異性愛的ジェンダー規範の脱自然化と再概念化の双方のために役立つよう使われうることを強調したい。[20]

バトラーはそれ以来、「抵抗や政治介入のモデル」としてドラァグを構築するつもりはないと指摘している[21]。むしろ、「社会的カテゴリー」の「非選択」の性質のため、ドラァグは「どのような種類の身体と性別が現実とみなされるかを決定する概念体系の暗黙の記述」[22]を指し示しはするが、「ジェンダー規範の転覆」というわけではない。言い換えれば、ドラァグは、身振りや支配的な規範の記号や象徴をまねることによって、男性的または女性的であるための「正しく」「現実的な」方法が存在するという考えを――その様式化に応じて――強化するのだろう。重要なことはしかし、存在の秩序における暗黙の前提、すなわち一度明らかにされ、問いただされるかもしれない前提をどのように暴くかである。

ジェンダー・パフォーマティヴィティの概念を異性装に還元してしまうと、バトラー独自のファッション・スタディーズへの貢献の重要な側面を見逃すことになる。言説的行為とみなされる異性装は、その意図が明白に政治的であるかどうかにかかわらず、「男性」と「女性」の本質主義的カテゴリーの背後にあるパロディを明らかにすることによって、ジェンダーアイデンティティーの形成を強調する。ジェンダー学者のローズマリー・ヘネシーは次のように論じる。

> バトラーにとってのドラァグは、たんなる衣服や異性装の問題ではない。それは、異性愛的なジェンダー体系のパロディ的な反復を通じたアイデンティティのでっちあげを暴き出す言説的な実践である。パロディとして、ドラァグは文化的コードや意味作用の体系に**先んじて存在する**、安定した自己の神話が誤りであることを示すのだ[23]。

このように、異性愛のマトリクスから脱出する方法としてドラァグや異性装を賞賛することよりも、むしろパフォーマティヴィティのより深い理解を求めることこそが、セックス化された身体を生み出すさいにファッションが果たす役割を探求するのである。このことが着想されたのは、『問題＝物質となる身体（*Bodies That Matter*）』[24]を生むことになる否定のプロセスを通じてである。

ファッションは、身体に明瞭さを与える制度のなかにある。つまり、ファッションによって身体は知られるところとなる。こうして、身体はある部分ではファッションを通じて現実の一部となり、その途中でアイデンティティと主観性を形成する。何が人気《ホット》で何がそうでないのか、何が流行って（in）いて何が遅れている（out）のかというファッション的な二項対立は、ある特定のタイプの身体を容易にしたり拒否したりする軸に沿って、身体を組織する。そうすることで、（この二項対立が）現代文化において身体とは何であるのかを定義する。パフォーマティヴィティのもっとも単純な解釈は、たんに私たちが身に着けるものを選ぶときに身体がジェンダーを演じるという考え方を指しているが、バトラーの思想は実のところ、セックス化された身体が着衣の実践の外部に存在するという考え方を問いに付すものである。

ファッション・スタディーズにおけるバトラーの影響

心理学は身体の境界を定めるために用いられるもっとも一般的で明瞭な制度のひとつだが、バトラーにとっては、それはせいぜい限定されたパラダイムである。一九三〇年代、J・C・フリューゲルは、いまやファッション・スタディーズの規範的なテクストである『衣服の心理学（*The Psychology of Clothes*）』を発表した。この著作は、なぜ私たちは衣服を着ているのか、その衣服が何を意味するのかを精神分析的に分析したものである。ヘムライン〔裾線〕の社会的意味を脱構築することから、装飾あるいは禁欲主義と闘う欲求を分析することまで、衣服そのものの意味を解読することは、これまでずっとファッション・スタディーズの共通テーマだった。しかしながらバトラーにとって、衣服と精神分析とのつながりは厄介な問題で、とりわけフェティッシュのように性的倒錯が衣服の形に反映されるといった話がそうである。人類学者のゲイル・ルービンによるインタビューで、彼女はこう説明している。

精神分析的な説得力は、性的バリエーションに関しては限界があるものであるように私には思われました〔…〕。例えば、フェティシズムのようなものを見ると、それは去勢や欠如と関係があります。〔…〕私がフェティシズムについて考える場合には、他の多くのことについても知りたいと考えます。そして、ゴムの生産、馬を制御し乗るために使われる技術や道具、軍隊で使われる履物の丹念に磨かれたきらめき、絹のストッキングの歴史、医療器具の冷たく権威をまとった質感、あるいはバイクに対する魅力や都会を離れて何もない道路に出掛けるというとらえどころのない解放感などについて考察することなくしては、フェティシズムあるいはサドマゾヒズムについて説明できないと思います。この問題に関しては、都市、街路や公園、赤線地帯、「チープな遊技場」の影響、あるいは欲望をそそる魅惑的な商品がうずたかく積まれたデパートの陳列棚に対する魅力を見ることなくして、はたしてフェティシズムについて考えることができるのでしょうか。私にとってはフェティシズムというのは、フェティッシュの対象商品の製造、支配や皮膚や社会におけるエチケットの歴史的・社会的特殊性、両義的に経験される身体の侵入や微妙に格付けされているヒエラルキーなどの変遷に関するあらゆる問題を提起するものなのです。もし、このような複雑な社会的情報のすべてが去勢あるいはエディプス・コンプレックス、あるいは自分が知るべきものを知るか知らないかといったたぐいのところに還元されてしまうなら、何か重要なものが抜け落ちてしまうと私は思います[25]。

この「何か重要なもの」はバトラーの試みに行き渡り、特定の社会的および歴史的環境のなかに身体的実践を位置づける。この角度から見れば、「ゲイ・ドレス」、「レズビアン・シック」、衣服それ自体の意味といったカテゴリーは、それらが記述されるところの複雑な社会形成をより詳細に分析するために微妙な差異《ニュアンス》を必要とする。衣料品製造の歴史、素材の品質、それらの入手可能性を管理するネットワーク、すべてが分析の一部となる。バトラーはさらに、フロイトの理論（第二章を参照）によって強調された――衣服やその他の方法で表現されているかどうかにかかわらず――セクシュアリティの基本的な理解に一貫して疑問を投げかけている。しばしばファッションの分析を縫うように通り抜ける欲求と魅力は、ラディカルな尋問を必要とする。バトラーは特に、エディプス・コンプレックスというフロイトの比較的明快な概念や、たとえばフロイトのいわば「ベストヒット」となったフェティシズムに関する目的と対象を疑問視し[26]、その代わりにセクシュアリティの複雑さを理解するためのカテゴリーの拡散に賛同した。

同様にして、バトラーの研究はファッションの規範となったもうひとりの重要人物、ロラン・バルト（第七章を参照）に影響を及ぼしている。すべてのファッション・スタディーズの源である『モードの体系』で彼は、衣服を文法をもった言語だと仮定し、慎重に論証した。記号論的分析、意味がどのように生成され流通するかの研究を用いて、彼はファッションがひとつの言語学的構造であり、衣服はその表出であると主張した。この構造主義論理によれば、すべてがファッション的になる可能性がある。このファッション的な性質は、それが何であるかではなく、むしろファッションシステムにおける場所によって決定される。ひとたび一連の記号が確立されると、記号の乗り物として機能するものが変化したとしても、それらは一貫して意味を与え続ける。こうして、さまざまなものが「流行《イット》り」の地位（フェンディのバゲットバッグ、ジルサンダーのレザーのランチバッグ風財布、ネイルアート）に乗ったり外れたりするが、「流行《イット》り」という地位それ自体はシステムの論理内で一定のままである。

バトラーはおもだった著作でバルトを直接批判しているわけではないが、彼女にとって言語は諸刃の剣であり、バルトの初期の作品が示唆しているよりもはるかに流動的で、マッピングしにくいものである。バトラーは、「パフォーマティヴ」のための「可能性の条件」と彼女が呼ぶ「発話と意味の分離」を主張することを求めている[27]。彼女の視点からすると、言語の脆弱性には二つの意味がある。私たちは言語の構成的な力を通じて、私たちの生における能動的なエージェント（主体）になるが、同時に私たちがこの力に完全に封じ込められることはない。特に言語が侮蔑的である場合、意味作用が不完全であるため、そこにはつねに再び意味する機会がある。たとえば「ビッチ」、「ニガー」、「クィア」などの言葉を統制すると、軽蔑的な力が和らげられ、かつてこれらの用語によって冒涜されたグループに自己定義の感覚が返される。スタイルを決定づけるファッションの力は絶対的に見えるかもしれないが、実際に私たちがファッションのダイナミズムのための空間を見出すのは、まさしく高級なスタイルと低級なスタイル、つまりストリートとクチュールのあいだのズレの性質においてである。ジェンダーに関して、文化批評家アリソン・バンクロフトは次のように論じる。

ファッションははじめから男性と女性という考えを無視し、女性と男性を置き換え、男性と女性を置き換え、トランスは異常あるいは失墜ではなくデフォルト、すなわち規範となる。この、男性と女性という通常のカテゴリーの軽視は、まずもって性別二元論がファッションにおいては重要ではないことの証拠であり、より一般的には、性同一性が解剖学上の身体にどのようにしても位置づけられないことの証拠である。過去二〇年間のクィア理論の発展に精通している人にとって、この第二のポイントは何ら驚くことではない[28]。

私たちはファッションという言語に傷つきやすいかもしれないが、バトラーの観点からすると、それは私たちに力を与えてくれるものでもありうる。この視点についてはこの次の事例において詳しく説明しよう。

身体がすでに着衣の状態であることを暴く――ド・ボーヴォワール、バトラー、ビッグ・ボトムズ

『第二の性』で身体のジェンダー化について詳細に論じたシモーヌ・ド・ボーヴォワールの、おそらくは恋人が無断で撮影したヌード写真がある。そこに見られるいたずら半分に繰り返される彼女の裸の臀部は、哲学者のキョー・リーにド・ボーヴォワールの思想に対するバトラーの見解を分析するため

の道具を提供する［29］。リーは、バトラーが「魅力的な犠牲を込めた心理政治学的悲劇」において、この「抑圧が、必然性の出現と重さにもかかわらず、本質的に偶然である」証拠を発見したと示唆している［30］。ファッションのリズムのなかで、「儀式化された繁栄と結びついた必要な偶然性が、どのように重大な命令に組み込まれているか」を理解することができる［31］。言い換えるならば、ひとはつねに何か別のものに生成しているために、決してファッションのただなかにいることはできない。ちょうど、ひとはつねにジェンダーする過程においてひとに生成しているために、決して女性という存在に達することができないように。リーが鋭く論じたように、もし女性の生態が彼女の運命であると言われるならば、「彼女は女性であることを「選ぶ」前にも後にもすでにして女性であるが、彼女は女性になることを選ぶことによってのみ正しく女性となることができるのだ」［32］。バトラーはこう述べている。

この文脈でジェンダーを「選択する」ことは、身体を離れた場所からジェンダーに移り住むのではなく、身体がすでに身につけている文化的歴史を再解釈することだ。身体は選択肢になり、受け取ったジェンダーの規範を制定し、反応し、肉体の多くの様式を描くモードになる。［33］

身体はつねにすでに文化史を身につけている。なぜなら、文化的世界は「絶え間なく積極的に」連続的かつ容易なプロセスに組み込まれるからであり、「それが当然の事実であるように思われる」［34］。リーは、ド・ボーヴォワールの裸体にジェンダー化された社会性の複雑さ、すなわち性同一性の疑似衣服的な複雑さの強化を見ている。そこにおいて「裸の臀部が「明らかにするのは、自然の身体がすでに衣服を身に着けたもの」、すなわちほとんど瞬間的かつ不可逆的にコード化されたものであることだ」[35]。こうして、裸の状態でさえ、ファッションは「性別の社会的みせかけを監視する種々の力によって設定されている強制的な枠組み」[36]のひとつとしての役割を果たす。というのも、ファッションのコードは身体を様式化する役の一部になっているからである。

バトラー的なファッション論は、衣服と身体のあいだの境界線を曖昧にするのだが、これは今日のファッション・スタディーズのなかで決定的に重要となった思考である。ファッション研究に与えるこのインパクトにもかかわらず、衣服そのものという特定の側面は、バトラーの最重要著作ではあまり関心を持たれていないようだ。ドラァグ・ボールの文化を扱い、バトラーの著作『問題＝物質となる身体』の重要な部分を補完するドキュメンタリー映画『パリ、夜は眠らない。*(Paris Is Burning)*』に対する彼女の分析は、衣服の特定のスタイルそれ自体について議論することなく、いくぶん間接的にファッションに触れている。同様に、一組の「夫と妻」を公表するパフォーマティヴな問題を論じるものの、彼女はそこに関与する人の装いにほとんど注意を払わなかった[37]。同じような調子で、ド・ボーヴォワールのテクストではサテンの衣擦れや真珠のカチカチ鳴る音が聴こえてくるにもかかわらず、女性に「なる」というド・ボーヴォワールの見解についての『ジェンダー・トラブル』におけるバトラーの議論は、変容の詳細を読者の想像力にゆだねている[38]。衣服自体は背後におしやられているにもかかわらず、バトラーの研究はいかにして裸体がすでに着衣のものとなっているかを私たちに示すことで、衣服がアイデンティティの構築と具現化の研究の一部になるような道を切り開いた。しかし、それはアイデンティティ・ポリティクスのさらに先まで進んでいる。彼女の研究は人間の身体のジェンダー化を伝えるプロセスに着目するにとどまりがちだが、身体一般——人間であれ非人間であれ――への生成過程についての問題を生じさせる。

現在進行形のバトラー理論

身体のパフォーマティヴィティの研究は、身体／皮膚が身体的な経験となり、生きた身体が精神を包含するような襞のなかで内部と外部が出会う場を研究することを含むので、バトラーの著作は身体が何であり、何をするのかを問うにはきわめて有益である。象徴的なものと物質的なものはたんに絡み合っているというわけではなく、それはまったく同一のものであり、社会的、歴史的な力に応じてそのどちらか一方にしか現れない。たとえばバトラーは、あらゆる場所におけるすべてのファッションを説明するような、独立したファッションの象徴的構造が存在することを十中八九否定するだろう。むしろ、私たちがファッションと呼ぶものはすべて、物質的および社会的な偶発性によって形成される動的な力関係で定義されていると主張するだろう。

バトラーと物質的制約の思想を強く結びつけるのを奇妙に思う人もいるかもしれない。彼女の著作の一般的な読解に従えば、彼女は「言語論的転回」――フランスの哲学者ジャック・デリダの「テクストの外なるものは存在しない」[39]という有名な宣誓に同意しつつ、現実は言説のなかにしか存在しないと主張するポストモダニズムから生まれた概念――のおもな立役者のひとりだとされる。バトラーの論述のいくつかの節からすると、言説がすべてであり、問題＝物質は発言の形をとってのみ現実になり、文化はすべて問題＝物質となる（バトラーの著作のタイトルをもじった表現）ように思われる。この観点からすると、ファッションは身体に現実を与える言説である。

しかし、近年の新しい唯物論のフェミニストによるバトラーの著作の再読は、この位置づけに特別な意味合いを与えてきた。ジェンダー研究者のイリス・ファン・デル・トインが指摘してきたように、これは進行中の議論であり、そこでは一部のフェミニストがバトラーの唯物論を「単純に否定している」が、「バトラーの著作の根本的な特徴を形成するパラドックス――私たちは言語の外部には存在しないが、言語によって決定づけられるわけでもない――が新しい唯物論に向けかう最良の出発点である」と主張する者もいる〔40〕。バトラーの研究では、カレン・バラッド〔41〕、ロージ・ブライドッティ〔42〕、エリザベス・グロス〔43〕、ダナ・ハラウェイ〔44〕などの他のフェミニスト思想家と協調して、明らかに身体的物質性が賭けられている〔45〕。エリザベス・グロスがこの思想家グループについて述べたように、彼女らは社会構築主義者でもなく平等主義者でもなかった。彼女らにとって、身体は文化がそこに書きこんでいくようなタブラ・ラサ〔白紙状態〕ではなく、むしろつねにセックス化/ジェンダー化された生きた身体であった。こうして、このグループは、身体が主体でもあり客体でもある、「これ以上小さくすることのできない根本的な男女間の差異という概念を共有する」〔46〕。それはすなわち文化的な印づけや刻印の過程における行為主体性《エージェンシー》の起源なのである。

この視点によって、ファッション・スタディーズにおいて新たな方法で身体を分析することが可能となった。フェミニズムの理論家のイリヤ・パーキンスが議論しているように、ファッションのような統合システムにおける行為主体性《エージェンシー》を見るためには、二つのレベルでファッションを考察することが必要である。それはすなわち「ファッションの個別交渉のレベルと、大量消費の場としてのファッション産業の両方であり、そのことによって行為主体性《エージェンシー》についての細かな議論が可能となる」〔47〕。パーキンスが指摘するように、ファッションを私的な邂逅でもあり大衆操作でもあるとするこの読解は、フェミニズム的概念としての行為主体性《エージェンシー》──行為主体性《エージェンシー》を故意に切り離されたものとして理解することを可能にした──に「大きな影響」を与えたバトラーのパフォーマティヴィティの理論によって可能となったものでもある［48］。この意味でファッションは、そのなかでは身体が理解可能であると同時に理解可能性から逃れるものでもあるという、バトラーであれば「理解可能性のマトリクス」［49］と呼ぶものであり、ブライドッティが身体の動的構造と「生成過程」とのあいだの緊張関係として描写したものの内部にある［50］。身体の動的な物質性は強迫的な反復──それを通じて身体が堆積する──を超える。この超過は、身体を文化によってもたらされる理解可能性の閾値と一致させようと努力して、身体を過度に取り締まることとなる。

この洞察は、ファッションモデルに関する私自身の研究課題にとってきわめて重要であった。私はモデルの日々の実践のなかに、モデルの身体、人格、全体的な「見た目《ルック》」の管理と調整に関する「過度の取り締まり」の例を発見した［51］。たとえばモデル事務所は、衣服、髪型、生活環境、旅行手配、スケジュール、社会活動を指示することによって、少女たちをモデルにする［52］。彼らはモデルたちに、従順さと若さという女性に求められる理想と合致させるために、年齢を詐称させた。同様に、多くのモデルは、外見を女性的に見せるためにハイヒールを着用させられ、食事、体重、身体のサイズを監視するために測定と厳しい個人管理を強要された［53］。強い警戒は、身体の完全性に対する絶え間ない脅威を意味する。ファッショナブルな身体は、どうしても保証されることのない反復的行為において何度も作られ続ける。それはある面ではファッションのうつろいやすさのためであり、ある面では身体が標準値を超えがちであるためだ。それゆえどうしても完全に制御されることはない。

おわりに

ここまでの議論を要約するならば、ジュディス・バトラーの洞察は、身体、衣服、権力を取り巻く中心的かつ現在進行中の問題を評価するための、緻密で批評的な視点をもたらしていると主張できる。バトラーは男性と女性という自然なものとみなされてきたカテゴリーを根本的に揺るがすことを通じてセクシュアリティについての概念を打ち壊した。それによってファッションの魅力を批判的に評価し、ファッションのプロセスに不可欠の——以前は認められていなかった——転覆的な力を確認するための道を彼女は開いた。身体の自然らしさに疑問を抱くことによって、身体は裸であってもつねにすでに着衣であることも明らかになった。この境界線の曖昧さは、身体を衣服の分析に差し戻すのに役立った。こうしてバトラーの理論的な立場は、システムとしてのファッションと、生きた身体で起こる私的な邂逅との両方を検討することを容易にした。バトラーの著作は、身体がファッションとしての言説において反復されるたびにどのように例示化されるのかを私たちに示すことで、たんなる表面にとどまることなくさらに先へと進もうとする、ファッションのあらゆる解釈の基礎となったのである。

原註

[1] Valerie Steele, *Fetish: Fashion, Sex, and Power*, New York, Oxford University Press, 1997. Valerie Steele, *The Corset, A Cultural History*, New Haven, Yale University Press, 2003. Valerie Steele and Laird Borelli, *Handbags: A Lexicon of Style*, New York, Rizzoli, 2000.

[2] Shaun Cole, *Don We Now Our Gay Apparel*, London, Bloomsbury, 2000.

[3] Joanie Erickson and Jeanine Cogan, *Lesbians, Levis, and Lipstick: The Meaning of Beauty in Our Lives*, New York, Routledge Press, 1999.

[4] Adam Geczy and Vicki Karaminas, *Queer Style*, London, Bloomsbury, 2013.

[5] Valerie Steele, *A Queer History of Fashion: From the Closet to the Catwalk*, New Haven, Yale University Press, 2013.

[6] Judith Butler, *Gender Trouble: Feminism and the Subversion of Identity*, New York, London, Routledge, 1990, p.140.（『ジェンダー・トラブル——フェミニズムとアイデンティティの攪乱』竹村和子訳、青土社、一九九九年、二四七頁。）

[7] オントロジーとは、存在論や存在を研究する形而上学の一分野である。

[8] Judith Butler, op. cit., p. 25.（『ジェンダー・トラブル』、一九九九年、五八頁。）

[9] *Ibid.*（『ジェンダー・トラブル』、一九九九年。）

[10] *Ibid.*, p. 24.（『ジェンダー・トラブル』、一九九九年、五八頁。）

[11] *Ibid.*, p. 35ff.（『ジェンダー・トラブル』、一九九九年、七八頁以降。）

[12] *Ibid.*, p. 145.（『ジェンダー・トラブル』、一九九九年、二五五頁。）

[13] *Ibid.*, p. 33.（『ジェンダー・トラブル』、一九九九年、七二頁。）

[14] Judith Butler, Peter Osborn and Lynne Segal, 'Gender as Performance: An Interview with Judith Butler' in *Radical Philosophy*, 67, 1994, p. 33.（「パフォーマンスとしてのジェンダー」竹村和子訳、『批評空間』第二期第八号、一九九六年、五〇頁。）

[15] Judith Butler, *Gender Trouble*, p. 148.（『ジェンダー・トラブル』、一九九九年、二五九頁。）

[16] Judith Butler, *Bodies that Matter: On the Discursive Limits of Sex*, New York and London, Routledge, 1993, p. 232.（サラ・サリー『ジュディス・バトラー』竹村和子ほか訳、青土社、二〇〇五年、一五八頁の訳文を使用。）

[17] *Ibid.*, p. 232.（同書、一五八頁の訳文を使用。）

[18] Judith Butler, *Undoing Gender*, New York and London, Routledge, 2004, p. 214.

[19] Judith Butler, *Gender Trouble*, 1990, p.187.（『ジェンダー・トラブル』、一九九九年、二四二頁。）

[20] Judith Butler, *Bodies that Matter*, 1993, p. 125.

[21] Judith Butler, *Undoing Gender*, 2004, pp. 214–215.

[22] *Ibid.*, pp. 214–215.

[23] Rosemary Hennessy, 'Queer Visibility in Commodity Culture' in *Cultural Critique*, winter, 29, 1994–95, p. 28.

[24] Judith Butler, *Bodies that Matter*, 1993.

[25] Gayle Rubin, 'Sexual Traffic: Interview with Judith Butler' in *Differences: A Journal of Feminist Cultural Studies*, 6 (2–3), 1994, p. 79.（「性の交易」河口和也＋キース・ヴィンセント訳、『現代思想』一九九七年一二月号、青土社、一九九七年、三〇三 - 三〇四頁。）

[26] フロイトの分析の徹底的な批判にもかかわらず、同じインタビューのこの後の発言で明らかなように、バトラーは彼の研究を賞賛していた。「ある時点で、私はフロイトに立ち戻って初期の性科学の一部を読み、次のようなことに気づきました。性的逸脱に関するフロイトの註釈は素晴らしく——とはいえ限定的なのですが——、非常に密度の高い、豊かで興味深く既存の文献に介入したものでした。彼の輝きと名声、そして精神分析と精神分析の説明の役割によって、性の多様性についての彼の註釈は一種の規範だとされています。」*Ibid.*, p. 80.（同書、三〇五頁。）〔筆者はバトラーの発言としているが、実際はルービンの発言である。〕

[27] George Shulman, 'On Vulnerability as Judith Butler's Language of Politics: From Excitable Speech to Precarious Life' in *WSQ*, 39 (1–2), 2011, p. 230.

[28] Alison Bancroft, 'How Fashion Is Queer' in *The Quouch*, 14 March 2013, retrieved through http://theqouch.com/category/gender-studies/ on 8 January 2014.

[29] Kyoo Lee, 'Should my Bum Look Bigger in This? Re-dressing the De Beauvoirean Femme' in P. Eugenia and E. Wissinger (eds), *WSQ: Fashion,* 41 (1–2), 2013, pp. 184–193.

[30] Judith Butler, 'Sex and Gender in Simone de De Beauvoir's Second Sex' in *Yale French Studies,* (72), 1986, pp. 35–49. Kyoo Lee, op. cit.

[31] Kyoo Lee, op. cit., p. 189.

[32] Ibid., p. 189.

[33] Judith Butler, 'Sex and Gender in Simone de De Beauvoir's Second Sex', 1986, p. 48.

[34] Ibid., p. 49.

[35] Kyoo Lee, op. cit., p. 190.

[36] Judith Butler, *Gender Trouble,* 1990, p. 33.（『ジェンダー・トラブル』、一九九九年、七二頁。）

[37] Judith Butler, *Bodies that Matter*, 1993, p. 229ff.

[38] Judith Butler, *Gender Trouble,* 1990.（『ジェンダー・トラブル』、一九九九年。）

[39] Jacques Derrida, *Of Grammatology,* Baltimore, Johns Hopkins University Press, 1997 [1976], p. 158.（『根源の彼方に――グラマトロジーについて（下）』足立和浩訳、現代思潮社、一九七六年、三六頁。）本書の第一四章も参照。

[40] Iris Van der Tuin, 'New Feminist Materialisms: Review Essay' in *Women's Studies International Forum*, 34 (4), 2011, p. 273.

[41] Karen Barad, 'Posthumanist Performativity: How Matter Comes to Matter'in *Signs: Journal of Women in Culture and Society*, 28 (3), 2003, pp. 801–831.

[42] Rosi Braidotti, *Metamorphoses: Towards a Materialist Theory of Becoming*, Oxford, Polity Press, 2002. Rosi Braidotti, *Nomadic Subjects: Embodiment and Sexual Difference in Contemporary Feminist Theory*, New York, Columbia University Press, 2011[1994].

[43] Elizabeth Grosz, *Volatile Bodies: Toward a Corporeal Feminism*, Indianapolis, Indiana University Press, 1994.

[44] Donna Haraway, *Simians, Cyborgs and Women: The Reinvention of Nature*, London, Free Association Books, 1991.（『猿と女とサイボーグ――自然の再発明』高橋さきの訳、青土社、二〇〇〇年。）

[45] 次の文献のカレン・バラッドとロージ・ブライドッティのインタビューも参照のこと。Rick Dolphijn and Iris van der Tuin (eds.), *New Materialism: Interviews and Cartographies*, Open Humanities Press, 2012.

[46] Elizabeth Grosz, *op. cit*., pp. 17–18. ここでグロスは、とりわけリュス・イリガライ、エレーヌ・シクスー、ガヤトリ・スピヴァク、ジェーン・ギャロップ、モイラ・ゲーテンス、ヴィッキー・カービー、ナオミ・ショア、モニク・ウィティッグの著作を参照している。

[47] Ilya Parkins, 'Building a Feminist Theory of Fashion' in *Australian Feminist Studies*, 23 (58), 2008, p. 510.

[48] *Ibid*., p. 510.

[49] Judith Butler, *Gender Trouble*, 1990.（『ジェンダー・トラブル』、一九九九年。）

[50] Rosi Braidotti, *Nomadic Subjects*, 2011, p. 17.

[51] Elizabeth Wissinger, 'Modeling Consumption: Fashion Modeling Work in Contemporary Society' in *Journal of Consumer Culture,* 9 (2), 2009, pp. 273–96.

[52] モデル業界では、仕事をするには年を取りすぎているということを意味するために、モデルを「女性（woman）」と呼ぶことは侮辱にあたる。

[53] Elizabeth Wissinger, 'Fashion Modeling, Blink Technologies and New Imaging Regimes' in D. Bartlett, S. Cole and A. Rocamora (eds.), *Fashion Media: Past and Present,* London, Bloomsbury, 2013. Elizabeth Wissinger, *Fashion Modeling in the Age of the Blink*, New York, New York University Press, forthcoming.

監訳者あとがき

本書は、Agnès Rocamora and Anneke Smelik (eds.), *Thinking through Fashion: A Guide to Key Theorists*, London and New York, I.B. Tauris, 2016 の全訳である。カール・マルクスやジークムント・フロイトといった、いわゆる現代思想の原点とされる思想家からブリュノ・ラトゥールやジュディス・バトラーら今なお活躍中の思想家までが取りあげられ、彼らの思想や概念がどのようにファッション研究に適用できるかが論じられている。各章の概要については編者の二人が序章で説明しているため、ことさら繰り返す必要はないだろう。ここでは、国内外のファッション研究における本書の位置づけを簡単に述べておきたい。

実のところ、日本でのファッション研究と欧米のそれとは文脈が少し異なる。本書の（日本の）読者の多くは、「ファッションと哲学」というタイトルを見たときに、頭の片隅で鷲田清一氏のことを思い浮かべたにちがいない。一九八九年に出版された鷲田の『モードの迷宮』――ファッション誌『マリ・クレール』での連載は八七年から八八年にかけて掲載された――は、およそ三〇年経った今でも、ファッション論に興味を持つ人ならおそらく誰しもが避けて通ることのできないテクストであるからだ。そして、この著作こそが日本のファッション研究の特異性を表している。鷲田は本来の専門であるモーリス・メルロ゠ポンティの現象学をベースに、身体論的な観点からファッションについて衣服について論じたのだが、そこでは衣服と身体の関係が重視されたため、衣服の物質的な側面が重要とされていたのである。

だが、欧米のファッション研究はそうではなかった。少し前までは欧米のファッション研究者の多くが、ファッションを中世後期以降にヨーロッパで生まれた西洋固有のシステムだと考えており――編者を含め、こうした西洋中心主義的な思考に異を唱える研究者も最近は増えてきたが――、それゆえファッションは古代には存在せず、また西洋以外にも存在しなかったとみなされてきたのである。古代にも、西洋以外にも衣服は存在したにもかかわらず。したがって欧米のファッション論のメインストリームは必然的に、衣服論にはならなかった。そうした状況のなか、昨今の新しい唯物論《ニュー・マテリアリズム》への注目によってようやくファッションの物質的側面が注目されはじめたと言うこともできよう。編者が序章で衣服の物質性を強調しているのはそのためである。

　このように述べたとしても、もちろん日本の読者にとって本書が新しくないというわけではまったくない。鷲田は古今東西さまざまな文献からファッションについてのテクストを集め、彼なりの解釈を加えた。たしかにその視野の広さにはただただ驚くしかないのだが、それでもなおすべてを網羅してるわけではないのも事実である。たとえば『モードの迷宮』の引用文献と本書で取りあげられている思想家のリストとを照らしあわせてみると、メルロ＝ポンティ、ロラン・バルト、ジャン・ボードリヤールの名が重なっているものの、そこにはミシェル・フーコーもジャック・デリダもジル・ドゥルーズも出てこなければ、アーヴィング・ゴフマンやピエール・ブルデューといった社会学系の思想家の名を見つけることもできない。これらはおそらく氏の関心によるものであろうが、さらに時代的なことを考慮に入れるなら、『モードの迷宮』が執筆・出版された一九八〇年代末はようやくラトゥールが活躍しはじめた時期であるし、バトラーの『ジェンダー・トラブル』はいまだ世に出ていなかった。このように、鷲田が言及していない思想家が少なからずいるにもかかわらず、そして『モードの迷宮』以降もさまざまな思想家が現れてきたにもかかわらず、鷲田とは別な仕方で、哲学的に、かつ広い視野を持ってファッションを論じるような書籍はあまり現れなかった。だが、ようやく本書でファッションに関する理論のアップデートを行うことができたのではないだろうか。

本書は基本的にはファッションの研究書として編まれたものである。実際、編者あるいは各章の著者はしばしばファッション研究（study of fashion）あるいはファッション・スタディーズ（fashion studies）という言葉を使う。しかし、豊富な実例が挙げられている各論考は、「ファッション批評」――個人的にはファッション批評とファッションデザイン批評を使い分けたいのだが、詳細に論じている紙幅がないのでここでは通例にならってファッション批評を用いることにする――として読むことも可能である。しかも、言うなれば「更新されたファッション批評」として。ファッション批評は通常、ある作家や作品を論じることだと理解されている。実際、本書でもコム・デ・ギャルソンやマルタン・マルジェラ、ヴィクター&ロルフなど、おなじみのデザイナーやブランドが論じられるが、こういったテクストをファッション批評だと思う人がほとんどだろう。だが、本書で議論の俎上にあげられるのはそうした作家や作品だけではない。いくつかの章では、たとえば私たちが毎日ワードローブのなかから服を選ぶ行為（ルーマン、ゴフマン）、バイヤーによる商品の買いつけ（ラトゥール）、ファッションブログ（ブルデュー）といったテーマ、すなわち私たちの日常的な実践、ビジネス、ジャーナリズムなどにまつわるさまざまな主題が論じられる。ファッションはなにも作品として存在しているだけではないため、行為、制度、環境などについて論じることもファッション批評とみなされるべきであろう。そして、本書はその実践として格好の例となっている。

最後に、タイトルと翻訳について申し添えておきたい。原書のタイトルをそのまま訳すならば、『ファッションを通して考えること』となる。この表現が各章のいたるところに――しかも括弧などで強調されながら――使われているのはそのためである。だが、どうしても日本語の書籍タイトルとしてはまわりくどいため、よりシンプルに『ファッションと哲学』とし、サブタイトルで説明を補うような形にした。

翻訳は、各章の訳文を担当者が作成し、それに蘆田が手を入れる形で進めていった。訳語については訳者とやり取りをしながら定めたが、著者によって用語の使い方が異なることが少なからずあり、各章で文脈に応じて訳語を使い分けざるをえなかった。そのため、本書全体として統一することは困難であったが、日本語で通読したときにできるだけ違和感が生じないようにしたつもりである。また、本書はテーマや分析の方法が多岐にわたるため、思わぬミスや誤訳があるかもしれない。もしそうした過失があったとしたら、それは監訳者である蘆田の責任である。引用文は、既訳があるものに関してはそれを参照させていただいたが、文脈に応じて適宜修正を加えている箇所が少なくないことを断っておく。また、原書の引用文献などに明らかな間違いがあった場合には、訳者・監訳者の判断により修正した。

この翻訳企画が実現することになったきっかけは、「こんな本の翻訳があったらいいのに」と私が何気なくTwitterでつぶやいた一言である。それを見たフィルムアート社の薮崎今日子さんがその日のうちに連絡をくださり、あれよあれよという間に企画が進んでいくこととなった。薮崎さんがいなければこれほどスピーディに翻訳が実現することはなかっただろう。改めて感謝を述べたい。そして、タイトなスケジュールのなか、企画に賛同して各章の翻訳を担当してくれた訳者のみなさんにも感謝したい。

＊

「世も末だな」――鷲田清一氏が『モードの迷宮』を発表したころ、哲学者がファッションを論じることに対して恩師のひとりからこのように言われたらしい。二〇〇〇年代初頭、私が大学院の入試を受けたとき、面接官のひとりに「ファッションなんて研究してどうするんだ」と苦言を呈された。このような、ファッションを軽視というよりむしろ敵視する風潮はいずれなくなるだろうと期待していた。だが、つい最近こんな話を耳にした。ファッションについての卒業論文を書きたいと指導教員に伝えた大学生が、「学術的な貢献ということを考えなさい」と諭された、と。

『モードの迷宮』が生まれたのは一九八九年、つまり平成元年であった。それからさまざまなことが起こった。インターネットが普及した。EUが生まれ、通貨が統一された。さらにそこからイギリスが離脱しようとしている。男女という二項対立は自明のものでなくなった。サッカーの日本代表がワールドカップに出場した。安室奈美恵がデビューし、そして引退した。ドゥルーズも、デリダも、ボードリヤールも亡くなった。そして今年、平成が終わろうとしている。まさに一時代が始まり、そして終わりを迎えるくらいの時間が経った。それにもかかわらず、アカデミックな世界でのファッションをめぐる状況はそれほど変わらなかったようだ。おそらく本書という一手だけでこの状況を変えることはできないのだろう。だが、それでもなお駒を指す手を止めなければ、五年後か、一〇年後か、はたまた五〇年後かわからないが、きっと趨勢は変わるに違いない。本書が次の新たな一手を生み出すきっかけになることを切に願う。

二〇一八年一一月一七日

蘆田裕史

索引

凡例
・本書内の人名およびブランド名を項目に挙げた。
・各章で冠せられている思想家の項目については、該当章での言及は自明であると判断しページ番号は割愛した。

英字

ア行

カ行

サ行

タ行

ナ行

ハ行

マ行

ヤ行

ラ行

ワ行

参考文献

序章

- Arjun Appadurai (ed.), *The Social Life of Things: Commodities in Cultural Perspective*, Cambridge, University Press, 2013 [1986].
- Chris Barker, *Cultural Studies: Theory and Practice*, London, Sage, 2011.
- Estelle Barrett and Barbara Bolt (eds.), *Carnal Knowledge: Towards a 'New Materialism' through the Arts*, London and New York, I.B. Tauris, 2013.
- Roland Barthes, 'Death of the Author', reprinted in *Image, Music, Text*, S. Heath (trans.), Glasgow, Fontana Collins, 1967.（「作者の死」『物語の構造分析』花輪光訳、みすず書房、一九七九年）
- ——, *Mythologies*, A. Lavers (trans.), London, Paladin, 1973.（『神話作用』篠沢秀夫訳、現代思潮社、一九六七年）
- ——, *The Pleasure of the Text*, R. Miller (trans.), New York, Hill and Wang, 1973.（『テクストの快楽』沢崎浩平訳、みすず書房、一九七七年）
- ——, *A Lover's Discourse: Fragments*, R. Howard (trans.), New York, Hill and Wang, 1977.（『恋愛のディスクール・断章』三好郁朗訳、一九八〇年）
- ——, *The Fashion System*, M. Ward and R. Howard (trans.), Berkeley and Los Angeles, University of California Press, 1990 [1967].（『モードの体系——その言語表現による記号学的分析』佐藤信夫訳、みすず書房、一九七二年）
- Charles Baudelaire, 'Le Peintre de la Vie Moderne', in *Baudelaire: Ecrits sur L'Art*, Paris, Le Livre de Poche, 1999 [1863].（「現代生活の画家」『ボードレール批評（二）』阿部良雄訳、筑摩書房、一九九九年）
- Jean Baudrillard, *Symbolic Exchange and Death*, I. Grant (trans.), London, Sage, 1993 [1976].（『象徴交換と死』今村仁司・塚原史訳、筑摩書房、一九九二年）
- ——, *Simulations*, New York, Semiotext(e), 1983.
- Zygmunt Bauman, *Liquid Modernity*, Cambridge, Polity Press, 2000.（『リキッド・モダニティ——液状化する社会』森田典正訳、大月書店、二〇〇一年）
- ——, *Culture in a Liquid Modern World*, Cambridge, Polity, 2011.（『リキッド化する世界の文化論』伊藤茂、青土社、二〇一四年）
- Tony Bennett and Patrick Joyce (eds.), *Material Powers: Cultural Studies, History, and the Material Turn*, London and New York, Routledge, 2010.
- Arthur Asa Berger, *Manufacturing Desire: Media, Popular Culture, and Everyday Life*, New Brunswick, Transaction Publishers, 1996.
- Steven Best and Douglas Kellner, *Postmodern Theory: Critical Interrogations*, London, Macmillan, 1991.
- Barbara Bolt, 'Introduction' in Estelle Barrett and Barbara Bolt (eds.), *Carnal Knowledge: Towards a 'New Materialism' through the Arts*, London and New York, I.B. Tauris, 2013.
- Rosi Braidotti, *Patterns of Dissonance: A Study of Women and Contemporary Philosophy*, Cambridge, Polity Press, 1991.
- ——, *Metamorphoses: Towards a Materialist Theory of Becoming*, Cambridge, Polity Press, 2002.
- Christopher Breward, *The Culture of Fashion*, Manchester, Manchester University Press, 1995.

- ——, *Fashion*, Oxford, Oxford University Press, 2003.
- Bill Brown, 'Thing Theory' in *Critical Inquiry*, 28 (1), 2001, pp. 1–22.
- ——, 'The Matter of Materialism' in Tony Bennett and Patrick Joyce (eds.), *Material Powers: Cultural Studies, History, and the Material Turn*, London and New York, Routledge, 2010.
- Barbara Burman and Carole Turbin (eds.), *Material Strategies: Dress and Gender in Historical Perspective*, Oxford, Blackwell, 2003.
- Judith Butler, *Gender Trouble*, New York and London, Routledge, 1990.（『ジェンダー・トラブル——フェミニズムとアイデンティティの攪乱』竹村和子訳、青土社、一九九九年）
- Dani Cavallaro, *Critical and Cultural Theory*, London, Athlone Press, 2001.
- Michel de Certeau, *The Practice of Everyday Life*, Berkeley, University of California Press, 1988.（『日常的実践のポイエティーク』山田登世子訳、国文社、一九八七年）
- Dipesh Chakrabarty, *Provincializing Europe: Postcolonial Thought and Historical Difference*, Princeton, Princeton University Press, 2000.
- Shaun Cole, *The Story of Men's Underwear*, New York, Parkstone, 2009.
- Diana Coole and Samantha Frost (eds.), *New Materialisms: Ontology, Agency, and Politics*, Durham, Duke University Press, 2010.
- Fred Davis, *Fashion, Culture, and Identity*, Chicago, University of Chicago Press, 1992.
- Gilles Deleuze and Félix Guattari, *A Thousand Plateaus: Capitalism and Schizophrenia*, B. Massumi (trans.), Minneapolis, University of Minnesota Press, 1987 [1980].（『千のプラトー』宇野邦一・小沢秋広・田中敏彦・豊崎光一・宮林寛・守中高明訳、河出書房新社、一九九四年）
- Jacques Derrida, *Of Grammatology*, G. C. Spivak (trans.), Baltimore, Johns Hopkins University Press, 1976.（『根源の彼方に——グラマトロジーについて』足立和浩訳、現代思潮社、一九七二年）
- Thomas Docherty (ed.), *Postmodernism: A Reader*, New York, Columbia University Press, 1993.
- Rick Dolphijn and Iris van der Tuin. *New Materialism: Interviews and Cartographies*, Open Humanities Press, 2012.
- Simon During (ed.), *The Cultural Studies Reader*, London, Routledge, 1993.
- Terry Eagleton, *The Significance of Theory*, Oxford, Blackwell, 1990.（『理論の意味作用』山形和美訳、法政大学出版局、一九九七年）
- Joanne B. Eicher, *Dress and Ethnicity: Change across Space and Time*, Oxford, Berg, 1999.
- Shmuel N. Eisenstadt, 'Multiple Modernities' in *Daedalus*, 129 (1), 2000, pp. 1–29.
- Joanne Entwistle, *The Fashioned Body: Fashion, Dress and Modern Social Theory*, Cambridge, Polity, 2000.（『ファッションと身体』鈴木信雄監訳、日本経済評論社、二〇〇五年）
- Caroline Evans, 'Yesterday's Emblems and Tomorrow's Commodities: The Return of the Repressed in Fashion Imagery Today' in S. Bruzzi and P. Church Gibson (eds.), *Fashion Cultures: Theories, Explorations and Analysis*, London, Routledge, 2000.
- ——, *Fashion at the Edge: Spectacle, Modernity and Deathliness*, London, Yale University Press, 2003.
- ——, *The Mechanical Smile: Modernism and the First Fashion Shows in France and America, 1900–1929*, London, Yale University Press, 2013.
- Michel Foucault, 'What is an Author' reprinted in J.D. Faubion (ed.) (1994), *Aesthetics, Method and Epistemology*, London, Allen Lane, 1969.（『作者とは何か?』清水徹・豊崎光一訳、哲学書房、一九九〇年）
- ——, *The History of Sexuality*, vol. 1, R. Hurley (trans.), London, Penguin, 1990 [1976].（『知への意志』

渡辺守章訳、新潮社、一九八六年）
- ——, *The Archaeology of Knowledge*, London, Routledge, 2004 [1969].（『知の考古学』中村雄二郎訳、河出書房新社、一九七〇年）
- Sigmund Freud, 'Interpretation of Dreams' in J. Stratchey (ed.), *Standard Edition*, London, Hogarth, 1964 [1900].（『夢判断』高橋義孝訳、新潮社、二〇〇五年）
- Dilip Parameshwar Gaonkar (ed.), *Alternative Modernities*, Durham, Duke University Press, 2001.
- Paul Gilroy, *The Black Atlantic: Modernity and Double Consciousness*, London, Verso, 1993.（『ブラック・アトランティック——近代性と二重意識』上野俊哉・毛利嘉孝・鈴木慎一郎訳、月曜社、二〇〇六年）
- Lawrence Grossberg, Cary Nelson and Paula A. Treichler (eds.), *Cultural Studies*, Routledge, New York, 1992.
- Stuart Hall, *Representation: Cultural Representations and Signifying Practices*, London, Sage, 1997.
- Donna Haraway, 'Situated Knowledges: The Science Question in Feminism and the Privilege of Partial Perspective', 1988, reprinted in *Simians, Cyborgs and Women: The Reinvention of Nature*, London, Free Association Books, 1991.（『猿と女とサイボーグ——自然の再発明』高橋さきの訳、青土社、二〇〇〇年）
- Hildi Hendrickson (ed.), *Clothing and Difference: Embodied Identities in Colonial and Post-colonial Africa*, London, Duke University Press, 1996.
- Matt Hills, *How to do Things with Cultural Theory*, London, Bloomsbury, 2005.
- Bell Hooks, *Yearning: Race, Gender, and Cultural Politics*, Boston, South End Press, 1990.
- ——, *Black Looks: Race and Representation*, Boston, South End Press, 1992.
- Linda Hutcheon, *The Politics of Postmodernism*, London, Routledge, 1989.（『ポストモダニズムの政治学』川口喬一訳、法政大学出版局、一九九一年）
- Luce Irigaray, *This Sex Which Is Not One*, Ithaca, Cornell University Press, 1985.（『ひとつではない女の性』棚沢直子・小野ゆり子・中嶋公子訳、勁草書房、一九八七年）
- Fredric Jameson, *Postmodernism, or the Cultural Logic of Late Capitalism*, London, Verso, 1991.
- David Jary and Julia Jary, *Collins Dictionary of Sociology*, Glasgow, Harper Collins, 1995.
- Paul Jobling, *Fashion Spreads: Words and Image in Fashion Photography since 1980*, Oxford, Berg, 1999.
- Yuniya Kawamura, *Fashion-ology: An Introduction to Fashion Studies*, New York, Berg, 2005.
- Dorinne Kondo, *About Face: Performing Race in Fashion and Theater*, London, Routledge, 1997.
- Susanne Küchler and Daniel Miller, *Clothing as Material Culture*, Oxford, Berg, 2005.
- Jacques Lacan, *Écrits: A Selection*, New York, Norton, 1977.（『エクリ Ⅰ－Ⅲ』宮本忠雄他訳、弘文堂、一九七二－八一年）
- Bruno Latour, *Reassembling the Social: An Introduction to Actor-Network-Theory*, Oxford, Oxford University Press. 2005.
- Ulrich Lehmann, *Tigersprung: Fashion in Modernity*, London, MIT Press, 2000.
- Reina Lewis, *Modest Fashion: Styling Bodies, Mediating Faith*, London, I.B. Tauris, 2013.
- Gilles Lipovetsky, *The Empire of Fashion: Dressing Modern Democracy*, Princeton, Princeton University Press, 1994.
- ——, *Hypermodern Times*, London, Polity, 2005.
- Jean-François Lyotard, *The Postmodern Condition*, Manchester, Manchester University Press, 1984.（『ポストモダンの条件』小林康夫訳、書肆風の薔薇、一九八六年）
- Karl Marx, *Capital, Volume One*, B. Fowkes (trans.), London, Penguin, 1990 [1867].

- Margaret Maynard, *Dress and Globalisation*, Manchester, Manchester University Press, 2004.
- Maurice Merleau-Ponty, *Phenomenology of Perception*, London and New York, Routledge, 2002.（『知覚の現象学』中島盛夫訳、法政大学出版局、二〇一五年）
- Christian Metz, *Psychoanalysis and Cinema: The Imaginary Signifier*, London, MacMillan, 1982.（『映画と精神分析——想像的シニフィアン』鹿島茂訳、白水社、二〇〇八年）
- Daniel Miller (ed.), *Material Cultures: Why Some Things Matter*, Chicago, University of Chicago Press, 1998.
- ——, *Stuff*, Cambridge, Polity, 2010.
- C. Wright Mills, *The Sociological Imagination*, Oxford, Oxford University Press, 2000 [1959] .（『社会学的想像力』伊奈正人・中村好孝訳、筑摩書房、二〇一七年）
- W.J.T. Mitchell, *Picture Theory: Essays on Verbal and Visual Representation*, Chicago, University of Chicago Press, 1994.
- Emanuela Mora, Agnès Rocamora and Paolo Volonté, 'The Internationalization of Fashion Studies: Rethinking the Peer-reviewing Process' in *International Journal of Fashion Studies*, 1 (1), 2014, pp. 3–17.
- Sandra Niessen, Ann Marie Leshkowich and Carla Jones, *Re-orienting Fashion: The Globalisation of Asian Dress*, Oxford, Berg, 2003.
- B. Joseph Pine II and James H. Gilmore, *The Experience Economy*, Cambridge, Harvard Business School Press, 1999.
- Leslie W. Rabine, *The Global Circulation of African Fashion*, Oxford, Berg, 2002.
- Norma Rantisi, 'The Designer in the City and the City in the Designer' in D. Power and A.J. Scott (eds.), *Cultural Industries and the Production of Culture*, New York, Routledge, 2004.
- Agnès Rocamora, *Fashioning the City: Paris, Fashion and The Media*, London, I.B. Tauris, 2009.
- ——, 'Hypertextuality and Remediation in the Fashion Media: The Case of Fashion Blogs' in *Journalism Pratice*, 2012. pp. 92–106.
- Regina Root, 'Mapping Latin American Fashion', in S. Black, A. De La Haye, J. Entwistle, A. Rocamora, R. Root and H. Thomas (eds.), The Handbook of Fashion Studies, London, Bloomsbury 2013.
- Richard Rorty, *The Linguistic Turn: Recent Essays in Philosophical Method*, Chicago, University of Chicago Press, 1967.
- Edward W. Said, 'Traveling Theory' in *The World, the Text, and the Critic*, Cambridge, Harvard University Press, 1982.
- Walter Santagata, 'Creativity, Fashion and Market Behavior' in D. Power and A.J. Scott (eds.), *Cultural Industries and the Production of Culture*, New York, Routledge, 2004.
- Ferdinand de Saussure, *The Course in General Linguistics*, R. Harris (trans.), Chicago and La Salle, Open Court, 1996 [1916].（『一般言語学講義』小林英夫訳、岩波書店、一九七二年）
- Kaja Silverman, *The Subject of Semiotics*, New York, Oxford University Press, 1983.
- Stuart Sim (ed.), *The Icon Critical Dictionary of Postmodern Thought*, Cambridge, Icon Books, 1998.
- Georg Simmel, 'Fashion' in D.N. Levine (ed.), *Georg Simmel*, Chicago, University of Chicago Press, 1971 [1904].
- Domna Stanton, 'Language and Revolution: The Franco-American Dis-Connection' in H. Eistenstein and A. Jardine (eds.), *The Future of Difference*, Boston, Hall, 1980.
- John Storey (ed.), *What is Cultural Studies? A Reader*, London, Arnold, 1996.

- Marita Sturken and Lisa Cartwright, *Practices of Looking: An Introduction to Visual Culture*, Oxford, Oxford University Press, 2009.
- Trinh T. Minh-Ha, *Woman, Native, Other: Writing Postcoloniality and Feminism*, Bloomington, Indiana University Press, 1989.（『女性・ネイティヴ・他者――ポストコロニアリズムとフェミニズム』竹村和子訳、岩波書店、一九九五年）
- Timotheus Vermeulen and Robin van den Akker, 'Notes on Metamodernism' in *Journal of Aesthetics and Culture*, 2: 1–13, 2010.
- Barbara Vinken, *Fashion Zeitgeist: Trends and Cycles in the Fashion System*, Oxford, Berg, 2000.
- Raymond Williams, *Culture and Society: 1780–1950*, Harmondsworth, Penguin, 1958.（『文化と社会一七八〇－一九五〇』若松繁信・長谷川光昭訳、ミネルヴァ書房、二〇〇八年）
- ――, *Keywords*, London, Fontana, 1983.（『完訳 キーワード辞典』椎名美智・武田ちあき・越智博美・松井優子訳、平凡社、二〇〇二年）
- Elizabeth Wilson, *Adorned in Dreams: Fashion and Modernity*, London, I.B. Tauris, 2003.
- Tim Woods, *Beginning Postmodernism*, Manchester, Manchester University Press, 1999.
- Sophie Woodward, *Why Women Wear What They Wear*, Oxford, Berg, 2007.

第1章　カール・マルクス

- Anon, 'City life at the Turn of the 20th Century' in *EyeWitness to History*, retrieved from http://www.eyewitnesstohistory.com on 20 November 2013, 2000.
- Roland Barthes, *The Fashion System*, M. Ward and R. Howard (trans.), London, University of California Press, 1998 [1983].（『モードの体系――その言語表現による記号学的分析』佐藤信夫訳、みすず書房、一九七二年）
- Jean Baudrillard, *For A Critique of the Political Economy of The Sign*, St. Louis, Telo, 1981.（『記号の経済学批判』今村仁司・宇波彰・桜井哲夫訳、法政大学出版局、一九八二年）
- ――, *Selected Writings*, London, Polity, 1988.
- Pierre Bourdieu, *Distinction: A Social Critique of the Judgment of Taste*, Cambridge, Harvard University Press, 1984.（『ディスタンクシオン――社会的判断力批判（Ⅰ・Ⅱ）』石井洋二郎訳、藤原書店、一九九〇年）
- Christopher Breward, *The Hidden Consumer: Masculinities, Fashion and City Life 1860–1914*, Manchester, Manchester University Press, 1999.
- Alex Callinicos, *The Revolutionary Ideas of Karl Marx*, London, Bookmarks, 1983.
- ――, *The Revenge of History: Marxism and the Eastern European Revolutions*, Cambridge, Polity, 1991.
- Pamela Church-Gibson, *Fashion and Celebrity Culture*, London, Berg, 2012.
- Tony Cliff, *State Capitalism in Russia*, London, Bookmarks, 1988.
- Jennifer Craik, *Fashion: The Key Concepts*, Oxford, Berg, 2009.
- Tim Edwards, *Fashion in Focus: Concepts, Practices and Politics*, London, Routledge, 2011.
- Norbert Elias, *The Civilizing Process: The History of Manners*, Oxford, Blackwell, 1978.（ノルベルト・エリアス『文明化の過程（上）――ヨーロッパ上流階層の風俗の変遷』赤井慧爾・中村元保・吉田正勝訳、法政大学出版局、二〇一〇年。『文明化の過程（下）――社会の変遷/文明化の理論のための見取図』波田節夫・溝辺敬一・羽田洋・藤平浩之訳、法政大学出版局、二〇一〇年）

- Friedrich Engels, *The Condition of the Working Class in England*, London, Penguin, 2009 [1845].（『イギリスにおける労働者階級の状態（上・下）』一條和夫・杉山忠平訳、岩波書店、一九九〇年）
- *Joanne Entwistle, The Fashioned Body, Fashion, Dress and Modern Social Theory, Cambridge,* Polity, 2000.（『ファッションと身体』鈴木信雄監訳、日経経済評論社、二〇〇五年）
- ——, *The Aesthetic Economy of Fashion: Markets and Values in Clothing and Modelling*, Oxford, Berg, 2011.
- Ben Fine and Ellen Leopold, *The World of Consumption*, London, Routledge, 1993.
- Joanne Finkelstein, *The Fashioned Self*, Cambridge, Polity Press, 1991.（『ファッションの文化社会学』成実弘至訳、せりか書房、一九九八年）
- Mike Gonzalez, *A Rebel's Guide to Marx*, London, Bookmarks, 2006.
- Georg Wilhelm Friedrich Hegel, *Hegel's Logic*, Being Part One of *the Encyclopedia of the Philosophical Sciences*, Oxford, Oxford University Press, 1975.（『小論理学』牧野紀之訳、未知谷、二〇一八年）
- Robert Hughes, *The Shock of the New: The Hundred-Year History of Modern Art, Its Rise, Its Dazzling Achievement, Its Fall*, 2nd edition, New York, McGraw-Hill, 1991.
- Jeannette Jarnow and Kitty G. Dickerson, *Inside the Fashion Business*, 6th edition, Upper Saddle River, Prentice-Hall, 1997.
- Beverly Lemire, *Dress, Culture and Commerce: The English Clothing Trade before the Factory*, 1660–1800, Basingstoke, Macmillan, 1997.
- Ellen Leopold, 'The Manufacture of the Fashion System' in J. Ash, and E. Wilson (eds.), *Chic Thrills: A Fashion Reader*, London, Pandora Press, 1992.
- Karl Marx, *Economic and Philosophical Manuscripts*, retrieved from https://www.marxists.org/archive/marx/works/1844/manuscripts/labour.htm on 25 November 2013, 1844.（『経済学・哲学草稿』城塚登・田中吉六訳、岩波書店、一九六四年）
- ——, *Early Writings*, New York, McGraw-Hill, 1963.
- ——, 'Theses on Feuerbach' in *Early Writings*, Harmondsworth, Penguin, 1974.（『フォイエルバッハ論』松村一人訳、岩波書店、一九六〇年）
- ——, *Preface to a Contribution to the Critique of Political Economy*, Peking, Foreign Languages Press, 1976 [1859].（『経済学批判』武田隆夫訳、岩波書店、一九五六年）
- ——, *Capital Volume One*, London, Penguin, 1990 [1867].（『資本論（一－三）』向坂逸郎訳、岩波書店、一九六九年）
- ——, *Grundrisse*, London, Penguin, 1993 [1857].（『経済学批判要綱』高木幸二郎訳、大月書店、一九五八年）
- Karl Marx and Friedrich Engels, *Selected Works*, Moscow, Foreign Languages Publishing House, 1973.
- ——, *The German Ideology*, London, Lawrence and Wishart, 1975 [1845].（『ドイツ・イデオロギー』古在由重訳、岩波書店、一九五六年）
- ——, *The Communist Manifesto*, London, Verso, 1998 [1848].（『共産党宣言』大内兵衛・向坂逸郎訳、岩波書店、一九五六年）
- Janice Miller, *Fashion and Music*, London, Berg, 2011.
- John Molyneux, *The Point Is to Change It! An Introduction to Marxist Philosophy*, London, Bookmarks, 2012.
- Annie Phizacklea, *Unpacking the Fashion Industry: Gender, Racism, and Class in Production*, London, Routledge, 1990.

- Elizabeth Rouse, *Understanding Fashion*, London, BSP Professional Books, 1989.
- Marshall Sahlins, *Culture and Practical Reason*, Chicago, University of Chicago Press, 1976.
- Lucy Siegle, 'Fashion Still Doesn't Give a Damn about the Deaths of Garment Workers' in *the Guardian*, Sunday 5 May, 2013.
- Georg Simmel, 'Fashion' in *International Quarterly*, 10: 130–55, 1971 [1904].
- Don Slater, *Consumer Culture and Modernity*, Cambridge, Polity, 1997.
- Peter Stallybrass, 'Marx's Coat' in P. Spyer (ed.), *Border Fetishisms: Material Objects in Unstable Spaces*, New York, Routledge, 1998.
- Naomi Tarrant, *The Development of Costume*, London, Routledge, 1994.
- Thorstein Veblen, *The Theory of the Leisure Class: An Economic Study of Institutions*, New York, Macmillan, 1899.（『有閑階級の理論』村井章子訳、筑摩書房、二〇一六年）
- Elizabeth Wilson, *Adorned in Dreams: Fashion and Modernity*, London, I.B. Tauris, 2003 [1985].

第2章　ジークムント・フロイト

- Alison Bancroft, *Fashion and Psychoanalysis: Styling the Self*, London, I.B. Tauris, 2012.
- John Berger, *Ways of Seeing*, London, Penguin, 1972.
- Geraldine Biddle-Perry and Janice Miller, '... And If Looks Could Kill: Making Up the Face of Evil' in C. Balmain and L. Drawmer (eds.), *Something Wicked This Way Comes: Essays on Evil and Human Wickedness*, New York, Rodopi, 2009.
- Raphael M. Bonelli, *Fashion, Lifestyle and Psychiatry*, London, Bloomsbury, 2013.
- Malcolm Bowie, *Lacan*, Cambridge, Harvard University Press, 1993.
- Rosi Braidotti, *Nomadic Subjects: Embodiment and Sexual Difference in Contemporary Feminist Theory*, New York, Columbia University Press, 1994.
- Teresa Brennan, *Between Feminism and Psychoanalysis*, London, Routledge, 2002.
- Judith Butler, *Gender Trouble: Feminism and the Subversion of Identity*, London, Taylor and Francis, 1990.（『ジェンダー・トラブル——フェミニズムとアイデンティティの攪乱（新装版）』竹村和子訳、青土社、二〇一八年）
- Giovanni Costigan, *Sigmund Freud: A Short Biography*, London, Robert Hale, 1967.
- Barbara Creed, *The Monstrous-Feminine: Film, Feminism, Psychoanalysis*, New York, Routledge, 1993.
- Fred Davis, *Fashion, Culture and Identity*, Chicago, University of Chicago Press, 1994.
- Anthony Elliott and Bryan S. Turner, *On Society*, Cambridge, Polity Press, 2012.
- Joanne Entwistle, *The Fashioned Body: Fashion, Dress and Modern Social Theory*, Cambridge, Polity Press, 2000.
- John Carl Flügel, *The Psychology of Clothes*, London, Woolf, 1930.
- Sigmund Freud, *The Interpretation of Dreams*, A.A. Brill (trans.), New York, MacMillan, 1913.（「夢解釈」『フロイト全集4』『フロイト全集5』新宮一成訳、岩波書店、二〇〇七 - 二〇一一年）
- ——, 'Fetishism' in J. Strachey (ed.), *The Standard Edition of the Complete Works of Sigmund Freud*, Vol. 21, London, Hogarth Press, 1961.（「フェティシズム」『フロイト全集 19』加藤敏・石田雄一・大宮勘一郎訳、岩波書店、二〇一〇年）
- ——, *Beyond the Pleasure Principle*, London, Routledge, 2003.（「快原理の彼岸」『フロイト全集 16』須藤

訓任・藤野寛訳、岩波書店、二〇〇六年）
- Diana Fuss, ‘Fashion and the Homospectorial Look’ in *Critical Inquiry*, 18, pp. 713–737, 1992.（「ファッションと同性を鑑賞する視線」『問いかけるファッション——身体・イメージ・日本』成実弘至編、せりか書房、二〇〇一年）
- Lorraine Gamman and Margaret Marshment, *The Female Gaze: Women as Viewers of Popular Culture*, Seattle, Real Comet Press, 1989.
- Marjorie Garber, *Vested Interests: Cross Dressing and Cultural Anxiety*, New York, Routledge, 2012.
- Peter Gay, *A Godless Jew: Freud, Atheism and the Making of Psychoanalysis*, New Haven,, Yale University Press, 1987.（『神なきユダヤ人——フロイト・無神論・精神分析の誕生』入江良平訳、みすず書房、一九九二年）
- ——, (ed.) *The Freud Reader*, London, Vintage, 1995.
- Luce Irigaray, *Speculum of the Other Woman*, New York, Cornell University Press, 1985.
- ——, *This Sex Which Is Not One*, New York, Cornell University Press, 1985.（『ひとつではない女の性』棚沢直子・小野ゆり子・中嶋公子訳、勁草書房、一九八七年）
- Kelly Ives, *Cixous, Irigaray, Kristeva: The Jouissance of French Feminism*, Maidstone, Crescent Moon Publishing, 2013.
- Susan Kaiser, *Fashion and Cultural Studies*, London, Bloomsbury, 2012.
- Jacques Lacan, *Ecrits: A Selection*, London, Routledge, 2001.（『エクリ Ⅰ－Ⅲ』宮本忠雄ほか共訳、弘文堂、一九七二－一九八一年）
- Joyce McDougall, *Theaters of the Body: A Psychoanalytic Approach to Psychosomatic Illness*, New York, Norton, 1989.
- Tara McPherson, *Reconstructing Dixie: Race, Gender and Nostalgia in the Imagined South*, Durham, Duke University Press, 2003.
- Janice Miller, ‘Heroes and Villains: When Men Wear Makeup’ in S. Bruzzi and P. Church Gibson (eds.), *Fashion Cultures Revisited: Theories, Explorations and Analysis*, Oxford, Routledge, 2013.
- Nicholas Mirzoeff, *An Introduction to Visual Culture*, London, Routledge, 1999.
- ——, *An Introduction to Visual Culture*, 2nd edn, London, Routledge, 2009.
- Siamak Movahedi and Gohar Homayounpour, ‘Fort!/Da! Through the Chador: The Paradox of the Woman’s Invisibility and Visibility’ in W. Muller-Funk, I. Scholz-Strasser and H. Westerink (eds.), *Psychoanalysis, Monotheism and Morality*, Leuven, Leuven University Press, 2013.
- Laura Mulvey, ‘Visual Pleasure and Narrative Cinema’ in Screen, 16 (3): 6–18, 1975.（「視覚的快楽と物語映画」斉藤綾子訳『「新」映画理論集成1——歴史／人種／ジェンダー』岩本憲児・武田潔・斉藤綾子編、フィルムアート社、一九九八年、一二六－一四一頁）
- Griselda Pollock, *Vision and Difference: Feminism, Femininity and the Histories of Art*, Oxford, Routledge, 2003.（『視線と差異——フェミニズムで読む美術史』萩原弘子訳、新水社、一九九八年）
- Leslie W. Rabine, ‘A Woman’s Two Bodies: Fashion Magazines, Consumerism and Feminism’ in S. Benstock and S. Ferriss (eds.), *On Fashion*, New Brunswick, Rutgers University Press, 1994.（「なぜ、女は二つの身体を持つのか」『問いかけるファッション——身体・イメージ・日本』成実弘至編、せりか書房、二〇〇一年）
- Philip Rieff, *Freud: The Mind of the Moralist*, Chicago, University of Chicago Press, 1959.
- Joan Riviere, ‘Womanliness as Masquerade’ in A. Hughes (ed.), *The Inner World and Joan Riviere: Collected Papers*, 1929–1958, London, Karnac, 2011.

- Gillian Rose, *Visual Methodologies: An Introduction to the Interpretation of Visual Materials*, London, Sage, 2001.
- Kaja Silverman, *The Acoustic Mirror: The Female Voice in Psychoanalysis and Cinema*, Bloomington, Indiana University Press, 1988.
- Laurence Simmons, *Freud's Italian Journey*, New York, Rodopi, 2006.
- Anneke Smelik, 'Lara Croft, Kill Bill and Feminist Film Studies' in R. Buikema and I. van der Tuin (eds.), *Doing Gender in Media, Art and Culture*, London, Routledge, 2009.
- Gayatri Spivak, *In Other Worlds: Essays in Cultural Politics*, Abingdon, Routledge, 1998.（『文化としての他者（復刊版）』鈴木聡・大野雅子・鵜飼信光・片岡信訳、紀伊国屋書店、二〇〇〇年）
- Valerie Steele, *Fetish: Fashion, Sex and Power*, Oxford, Oxford University Press, 1996.
- Anthony Storr, *Freud: A Very Short Introduction*, Oxford, Oxford University Press, 2001.
- Leigh Summers, *Bound to Please: A History of the Victorian Corset*, Oxford, Berg, 2001.
- Clare L. Taylor, *Women, Writing and Fetishism, 1890–1950: Female Cross-gendering*, Oxford, Clarendon Press, 2003.
- Efrat Tseëlon, *The Masque of Femininity*, London, Sage, 1995.
- Allen S. Weiss, *Perverse Desire and the Ambiguous Icon*, Albany, SUNY Press, 1994.
- Elizabeth Wilson, *Adorned in Dreams: Fashion and Modernity*, London, I.B. Tauris, 2005.

第3章　ゲオルク・ジンメル

- Herbert Blumer, 'Fashion: From Class Differentiation to Collective Selection' in *The Sociological Quarterly*, 10 (3), 1969, pp. 275–91.
- Michael Carter, *Fashion Classics from Carlyle to Barthes*, Oxford and New York, Berg, 2003.
- Lewis A. Coser (ed.), *Georg Simmel*, Englewood Cliffs, Prentice Hall, 1958.
- Murray S. Davis, 'Georg Simmel and the Aesthetics of Social Reality' in *Social Forces*, 51 (3), 1973, pp. 320–29.
- Denis Diderot, *Rameau's Nephew and Other Works*, J. Barzun and R.H. Bowen (trans.), New York, Doubleday, 1956.（『ラモーの甥』小場瀬卓三訳、角川書店、一九九六年）
- Elizabeth L. Eisenstein, *The Printing Press as an Agent of Change: Communications and Cultural Transformations in Early-modern Europe. Volumes I and II Complete in one Volume*, Cambridge, Cambridge University Press, 1979.
- Caroline Evans, *The Mechanical Smile: Modernism and the First Fashion Shows in France and America 1900–1929*, New Haven, Yale University Press, 2013.
- David Frisby, *Sociological Impressionism: A Reassessment of Georg Simmel's Social Theory*, London, Heinemann, 1981.
- Siegfried Gronert, 'Simmel's Handle: A Historical and Theoretical Design Study' in *Design and Culture*, 4 (1), 2012, pp. 55–72.
- Jukka Gronow, 'Taste and Fashion: The Social Function of Fashion and Style' in *Acta Sociologica*, 36 (2), 1993, pp. 89–100.
- Jürgen Habermas, 'Georg Simmel on Philosophy and Culture: Postscript to a Collection of Essays', M. Deflem (trans.) in *Critical Inquiry*, 22 (3), 1996 [1991], pp. 403–14.

- Ulrich Lehmann, *Tigersprung*, Cambridge and London, MIT Press, 2002.
- Donald N. Levine, Ellwood B. Carter and Eleanor Miller Gorman, 'Simmel's Influence on American Sociology. I' in *American Journal of Sociology*, 81 (4), 1976, pp. 813–45.
- Gilles Lipovetsky, *The Empire of Fashion: Dressing Modern Democracy*, C. Porter (trans.), Princeton, Princeton University Press, 2002[1987].
- Peter McNeil, *Fashion: Critical and Primary Sources Volume 1: Late Medieval to Renaissance*, Oxford and New York, Berg, 2009.
- Roman Meinhold, *Fashion Myths: A Cultural Critique*, J. Irons (trans.), Bielefeld, Transcript Verlag, 2013.
- Natàlia Cantó Milà, *A Sociological Theory of Value: Georg Simmel's Sociological Relationism*, Bielefeld, Transcript Verlag, 2005.
- Aileen Ribeiro, *Facing Beauty: Painted Women and Cosmetic Art*, New Haven, Yale University Press, 2011.
- Daniel Roche, *The Culture of Clothing: Dress and Fashion in the Ancient Regime*, J. Birrell (trans.), Cambridge, Cambridge University Press, 1994 [1989].
- Ruth P. Rubinstein, *Dress Codes: Meanings and Messages in American Culture*, Boulder, Westview Press, 1995.
- Albert Salomon and Gary D. Jaworski, 'Georg Simmel Reconsidered' in *International Journal of Politics, Culture and Society*, 8 (3), 1995, pp. 361–378.
- Ann-Mari Sellerberg, 'The Practical! Fashion's Latest Conquest' in *Free Inquiry in Creative Sociology*, 12 (1), 1984, pp. 80–82.
- ——, *A Blend of Contradictions: Georg Simmel in Theory and Practice*, New Brunswick and London, Transaction Publishers, 1994.
- Georg Simmel, 'The Philosophy of Fashion and Adornment', K. H. Wolff (trans.) in *The Sociology of Georg Simmel*, New York, The Free Press, 1950 [1905].
- ——, 'Fashion' in *The American Journal of Sociology*, LXII (6), 1957 [1904], pp. 541–558.（「モードの哲学」岸本督司・古川真宏・渡部洋平訳『vanitas』No. 003、ファッションニスタ、二〇一四年に別ヴァージョンの翻訳あり）
- ——, 'The Problem of Style', M. Ritter (trans.) in *Theory, Culture and Society: Explorations in Critical Social Science*, 8 (3), 1991 [1908], pp. 63–71.
- ——, D. Frisby and M. Featherstone (eds.), 'The Philosophy of Fashion' in *Simmel on Culture: Selected Writings*, London, Sage Publications, 1997.
- Werner Sombart, *Luxury and Capitalism*, W. R. Dittmar (trans.), Ann Arbor, University of Michigan Press, 1967 [1913].（『恋愛と贅沢と資本主義』金森誠也訳、講談社、二〇〇〇年）
- George B. Sproles, 'Analysing Fashion Life Cycles: Principles and Perspectives' in *Journal of Marketing*, 45 (4), 1981, pp. 116–124.
- Frédéric Vandenberghe, 'Simmel and Weber as Idealtypical Founders of Sociology' in *Philosophy & Social Criticism*, 25 (57), 1999, pp. 57–80.
- Thorstein Veblen, *Theory of the Leisure Class*, New York, B.W. Huebsch, 1912 [1899].（『有閑階級の理論（新版）』村井章子訳、筑摩書房、二〇一六年）
- Barbara Vinken, *Fashion Zeitgeist: Trends and Cycles in the Fashion System*, Oxford and New York, Berg, 2005.

- Ellen Wayland-Smith, 'Passing Fashion: Mallarmé and the Future of Poetry in the Age of Mechanical Reproduction' in *MLN*, 117 (4), French Issue, 2002, pp. 887–907.
- Elizabeth Wilson, *Adorned in Dreams: Fashion and Modernity*, London, Virago, 1985.

第4章　ヴァルター・ベンヤミン

- Charles Baudelaire, 'De L'Héroisme de la Vie Moderne' in Y.G. Dantec (ed.), '*Salon de 1846*', *Œuvres Complètes*, Paris, Pléiade, 1954.（「一八四六年のサロン」『ボードレール全集（Ⅳ）』福永武彦編、人文書院、一九六四年、八三 - 九二頁）
- —— 'Le Beau, la Mode et le Bonheur' in Y.G. Dantec (ed.), '*Le Peintre de la Vie Moderne*', *Œuvres Complètes*, Paris, Pléiade, 1954.（「現代生活の画家」『ボードレール全集（Ⅳ）』福永武彦編、人文書院、一九六四年、二九四 - 二九七頁）
- —— 'Le Public Moderne et la Photographie ' in Y.G. Dantec (ed.), '*Salon de 1859*', *Œuvres Complètes*, Paris, Pléiade, 1954.（「一八五九年のサロン」阿部良雄訳、『ボードレール全集（Ⅳ）』福永武彦編、人文書院、一九六四年、一七六 - 一八二頁）
- Walter Benjamin, *Illuminations*, H. Zohn (trans.), London, Fontana/Collins, 1968.
- ——, 'Das Paris des Second Empire bei Baudelaire' in *Charles Baudelaire: Ein Lyriker im Zeitalter des Hochkapitalismus*, Frankfurt am Main, Suhrkamp, 1969.（「ボードレール論――ボードレールにおける第二帝政期のパリ」『パリ論／ボードレール論集成』浅井健二郎編訳、筑摩書房、二〇一五年）
- —— *The Arcades Project*, H. Eiland and K. McLaughlin (trans.), Cambridge, Belknap of Harvard University Press, 1999[1938].（『パサージュ論（Ⅰ）-（Ⅴ）』今村仁司他訳、岩波書店、一九九三 - 一九九五年）
- ——, 'Das Paris des Second Empire bei Baudelaire' in M. Jennings (ed.), *Walter Benjamin, The Writer of Modern Life: Essays on Charles Baudelaire*, H. Eiland et al. (trans.), Cambridge, Belknap of Harvard University Press, 2006.（「ボードレール論――ボードレールにおける第二帝政期のパリ」『パリ論／ボードレール論集成』浅井健二郎編訳、筑摩書房、二〇一五年）
- ——, 'The Work of Art in the Age of its Technological Reproducibility' in M.W. Jennings, B. Doherty and Y.L. Thomas (eds.), *The Work of Art in the Age of Its Technical Reproducibility and Other Writings on Media*, Cambridge, Belknap of Harvard University Press, 2008.（「複製技術時代の芸術作品」多木浩二『ベンヤミン「複製技術時代の芸術作品」精読』、岩波書店、二〇〇〇年、一三三 - 二〇三頁）
- ——, 'Über den Begriff der Geschichte' in *Gesammelte Schriften*, Frankfurt am Main, Suhrkamp, 1974. Walter Benjamin, Howard Eiland and Michael W. Jennings (eds.), *Selected Writings,Volume 3: 1935–1938*, Boston, Harvard University Press, 2006.（『［新訳・評注］歴史の概念について』鹿島毅訳、未来社、二〇一五年）
- Walter Benjamin, Howard Eiland and Michael W. Jennings (eds.), *Selected Writings, Volume 3: 1935–1938*, Boston, Harvard University Press, 2006.
- Christine Buci-Glucksmann, *Baroque Reason: The Aesthetics of Modernity*, London, Sage, 1994.（『バロック的理性と女性原理――ボードレールからベンヤミンへ』杉本紀子訳、筑摩書房、一九八七年）
- Caroline Evans, *Fashion at the Edge: Spectacle, Modernity and Deathliness*, New Haven and London, Yale University Press, 2003.
- Vicki Karaminas, 'Image: Fashionscapes – Notes Toward an Understanding of Media Technologies and

their Impact on Contemporary Fashion Imagery' in A. Geczy and V. Karaminas (eds.), *Fashion and Art*, London and New York, Bloomsbury, 2012.
- Ulrich Lehmann, *Tigersprung, Fashion in Modernity*, Cambridge, MIT Press, 2000.
- Gyorgy Markus, 'Walter Benjamin or The Commodity as Phantasmagoria' in *New German Critique*, (83), Special Issue on Walter Benjamin, 2001.
- Michael Sheringham, *Everyday Life: Theories and Practices from Surrealism to the Present*, Oxford, Oxford University Press, 2006.
- Uwe Steiner, *Walter Benjamin: An Introduction to his Work and Thought*, Michael Winkler (trans.), Chicago, University of Chicago Press, 2010.
- Michael Taussig, *Walter Benjamin's Grave*, Chicago, University of Chicago Press. 2006.
- Rosalind Williams, *Dream Worlds: Mass Consumption in Late Nineteenth-Century France*, Berkeley, University of California Press, 1982.（『夢の消費革命――パリ万博と大衆消費の興隆』吉田典子・田村真理訳、工作舎、一九九六年）
- Elizabeth Wilson, 'Magic Fashion' in *Fashion Theory: The Journal of Dress, Body and Culture*, 8 (4): 375–85, 2004.

第5章　ミハイル・バフチン

- Hilton Als, 'Life as a Look' in *The New Yorker*, 74 (6), 30 March 1998, pp. 82–86.
- Emily Apter, 'Reflections on Gynophobia' in M. Merk et al. (ed.), *Coming Out of Feminism*, Oxford, Blackwell Publishing, 1998.
- Barbara A. Babcock (ed.), *The Reversible World: Symbolic Inversion in Art and Society*, Ithaca, Cornell University Press, 1978.（『さかさまの世界――芸術と社会における象徴的逆転』岩崎宗治・井上兼行訳、岩波書店、一九八四年）
- Mikhail Bakhtin, *The Dialogical Imagination*, C. Emerson and M. Holquist (trans.), Austin, University of Texas Press, 1981 [1975].
- ―――, *The Problems of Dostoyevsky's Poetics*, C. Emerson (trans.), Minneapolis, University of Minnesota Press, 1984 [1963].（『ドストエフスキーの詩学』望月哲男・鈴木淳一訳、筑摩書房、一九九五年）
- ―――, *Rabelais and His World*, H. Iswolsky (trans.), Bloomington, Indiana University Press, 1984 [1965].（『フランソワ・ラブレーの作品と中世・ルネッサンスの民衆文化』川端香男里訳、せりか書房、一九七三年）
- Henri Bergson, 'Laughter' in W. Sypher (ed.), *Comedy*, New York, Doubleday Anchor Books, 1966.（『笑い』合田正人・平賀裕貴訳、筑摩書房、二〇一六年）
- Richard M. Berrong, 'Finding Anti-Feminism in Rabelais: or, A Response to Wayne Booth's Call for an Ethical Criticism' in *Critical Inquiry*, 11 (4), 1985, pp. 687–96.
- Wayne Booth, 'Freedom of Interpretation: Bakhtin and the Challenge of Feminist Criticism' in *Critical Inquiry*, 9 (1), 1982, pp. 45–76.
- Patrizia Calefato, 'Style and Styles between Fashion and the Grotesque' in *The Clothed Body*, Oxford, Berg, 2004.
- Mariuccia Casadio, 'Georgina Godley' in M. L. Frisa and S. Tonchi (eds.), *Excess: Fashion and the*

Underground in the 80s, Milan, Charta, 2004.
- Frances Connelly (ed.), *Modern Art and the Grotesque*, Cambridge, Cambridge University Press, 2003.
- Bill Cunningham, 'The Collections' in *Details*, September 1989.
- Terry Eagleton, *Criticism and Ideology: A Study in Marxist Literary Theory*, London, New Left Books, 1981.
- Umberto Eco, 'Frames of Comic Freedom' in U. Eco, V. V. Ivanov and M. Rector, *Carnival!*, New York, Mouton Publishers, 1984.（『カーニヴァル！』池上嘉彦・唐須教光訳、岩波書店、一九八七年）
- Norbert Elias, *The Civilizing Process*, Oxford, Blackwell, 1994 [1939].（『文明化の過程（上）』赤井慧爾・中村元保・吉田正勝訳、法政大学出版局、一九七八年。『文明化の過程（下）』波田節夫・溝辺敬一・羽田洋・藤平浩之訳、法政大学出版局、一九七八年）
- Joanne Entwistle, '"Power Dressing" and the Construction of the Career Woman' in M. Nava et al. (ed.), *Buy this Book: Studies in Advertising and Consumption*, London, Routledge, 1997.
- Caroline Evans, '"Dress becomes Body becomes Dress": Are you an Object or a Subject?' in *032c Magazine*, 4, 2002–2003, pp. 82–83.
- ———, *Fashion at the Edge: Spectacle, Modernity, and Deathliness*, New Haven, Yale University Press, 2003.
- ———, and Susannah Frankel, *The House of Viktor & Rolf*, London, Merrell and the Barbican Gallery, 2008.
- John Fiske, 'Offensive Bodies and Carnival Pleasures' in *Understanding Popular Culture*, London, Routledge, 1991.
- Lorraine Gamman, 'Visual Seduction and Perverse Compliance: Reviewing Food Fantasies, Large Appetites and "Grotesque" Bodies' in S. Bruzzi and P. Church Gibson (eds.), *Fashion Cultures: Theories, Explorations and Analysis*, London, Routledge, 2000.
- Michael Gardiner and Michael M. Bell (eds.), *Bakhtin and the Human Sciences*, London, Sage, 1998.
- Dirk Gindt, 'Björk's Creative Collaborations with the World of Fashion' in *Fashion Theory*, 15 (4), 2011, pp. 425–50.
- Francesca Granata, 'Fashion of Inversions: The Grotesque and the Carnivalesque in Contemporary Belgian Fashion' in *Modus Operandi: State of Affairs in Current Research on Belgian Fashion*, Antwerp, ModeMuseum, 2008.
- ———, 'Fashioning the Grotesque' in F. Granata, H. Ingeborg and S. van der Zijpp, *Bernhard Willhelm and Jutta Kraus*, Amsterdam, NAI Publishers, 2009.
- ———, *The Bakhtinian Grotesque in Fashion at the Turn of the Twenty-First Century* [PhD Thesis], London, University of the Arts, 2010.
- ———, 'Deconstruction Fashion: Carnival and the Grotesque' in *The Journal of Design History*, 26 (2), 2013, pp. 182–98.
- Linda Hutcheon, 'Modern Parody and Bakhtin' in G.S. Morson and C. Emerson (eds.), *Rethinking Bakhtin: Extensions and Challenges*, Evanston, Northwestern University Press, 1989.
- Wolfgang Kayser, *The Grotesque in Art and Literature*, Bloomington, Indiana University Press, 1963.（『グロテスクなもの——その絵画と文学における表現』竹内豊治訳、法政大学出版局、一九六八年）
- Julia Kristeva, *Revolution in Poetic Language*, M. Waller (trans.), New York, Columbia University Press, 1984.（『詩的言語の革命 第1部』原田邦夫訳、勁草書房、一九九一年。『詩的言語の革命 第3部』枝川昌雄・原田邦夫・松島征訳、勁草書房、二〇〇〇年）

- ———, *Tales of Love*, L. S. Roudiez (trans.), New York, Columbia University Press, 1987.
- ———, *Strangers to Ourselves*, L. S. Roudiez (trans.), New York, Columbia University Press, 1991.（『外国人——我らの内なるもの』池田和子訳、法政大学出版局、一九九〇年）
- David Kunzle, *Fashion and Fetishism: A Social History of the Corset, Tight-Lacing, and other Forms of Body Sculpture in the West,* Totowo, Rowman and Littlefield Publishers, 1982.
- Emily Martin, 'The Fetus as Intruder: Mother's Bodies and Medical Metaphors' in R. Davis-Floyd and J. Dumit (eds.), *Cyborg Babies: From Techno-sex to Techno-tots,* New York, Routledge, 1998.
- Kelly Oliver, *Reading Kristeva: Unravelling the Double-Bind*, Bloomington, Indiana University Press, 1993.
- ———, *Knock Me Up, Knock Me Down: Images of Pregnancy in Hollywood Films*, New York, Columbia University Press, 2012.
- Daniel L. Purdy (ed.), *The Rise of Fashion*, Minneapolis, University of Minnesota Press, 2004.
- Esther Rothblum and Sondra Solovay (eds.), *The Fat Studies Reader*, New York, New York University Press, 2009.
- Mary Russo, *The Female Grotesque: Risk, Excess, and Modernity*, New York, Routledge, 1995.
- Peter Stallybrass and Allon White, *The Politics and Poetics of Transgression*, Ithaca, Cornell University Press, 1986.（『境界侵犯——その詩学と政治学』本橋哲也訳、ありな書房、一九九五年）
- Robert Stam, *Subversive Pleasures: Bakhtin, Cultural Criticism, and Film*, Baltimore, Johns Hopkins University Press, 1989.（『転倒させる快楽——バフチン、文化批評、映画』浅野敏夫訳、法政大学出版局、二〇〇二年）
- Valerie Steele, *The Corset: A Cultural History*, New Haven, Yale University Press, 2001.
- Allon White, 'The Struggle Over Bakhtin: Fraternal Reply to Robert Young' in *Cultural Critique*, (8), 1987–1988, pp. 217–41.
- Lynn Yaeger, 'Material World: Padded Sell' in *The Village Voice*, 1 April 1997.

第6章　モーリス・メルロ＝ポンティ

- Markus Brüderlin and Annelie Lütgens (eds.), *Art & Fashion: Between Skin and Clothing*, Bielefeld, Kerber, 2011.
- Nicholas Callaway (ed.), *Issey Miyake: Photographs by Irving Penn*, New York, New York Graphic Society, 1988.
- Nick Crossley, 'Merleau-Ponty, the Elusive Body and Carnal Sociology' in *Body & Society*, 1 (1), SAGE Publications, 1995.
- Thomas. J. Csordas, 'Embodiment and Cultural Phenomenology' in G. Weiss and H.F. Haber (eds.), *Perspectives on Embodiment: The Intersections of Nature and Culture*, New York and London, Routledge, 1999.
- Joanne Entwistle, 'Fashioning the Career Woman: Power Dressing as a Strategy of Consumption' in M. Talbot and M. Andrews (eds.), *All the World and Her Husband: Women and Consumption in the Twentieth Century*, London, Cassell, 2000.
- Caroline Evans, *Fashion at the Edge*, New Haven and London, Yale University Press, 2003.
- Mike Featherstone, 'Body, Image and Affect in Consumer Culture' in *Body & Society*, 16 (1), 2010.

- Mark Holborn, *Issey Miyake*, Cologne, Benedikt Taschen, 1995.
- Richard Martin, 'Our Kimono Mind: Reflections on "Japanese Design: A Survey since 1950"' in *Journal of Design History*, 8 (3), 1995.
- Maurice Merleau-Ponty, *The Primacy of Perception*, Evanston, Northwestern University Press, 1964.（『言語と自然——コレージュ・ドゥ・フランス講義要録』滝浦静雄・木田元訳、みすず書房、一九七九年に一部所収）
- ——, *The Phenomenology of Perception*, London, Routledge and Kegan Paul, 1962 [1945].（『知覚の現象学』中島盛夫訳、法政大学出版局、二〇〇九年）
- ——, *The Prose of the World, Evanston*, Northwestern University Press, 1973 [1969].（『世界の散文』滝浦静雄・木田元訳、みすず書房、一九七九年）
- ——, *The Visible and the Invisible*, A. Lingis (trans.), Evanston, Northwestern University Press, 1969.（『見えるものと見えないもの——付・研究ノート』滝浦静雄・木田元訳、みすず書房、二〇一七年）
- Paul Sweetman, 'Stop Making Sense?: The Problem of the Body in Youth/Sub/ Counter-Culture' in S. Cunningham-Burley (ed.), *Exploring the Body*, Basingstoke, Palgrav, 2001.
- ——, 'Shop-Window Dummies?' in J. Entwistle and E. Wilson (eds.), *Body Dressing*, Oxford and New York, Berg, 2001.
- Gail Weiss, *Body Images: Embodiment as Intercorporeality*, London and New York, Routledge, 1999.
- Iris Marion Young, 'Breasted Experience' in I.M. Young (ed.), *Throwing Like a Girl and other Essays in Feminist Philosophy and Social Theory*, Bloomington, Indiana University Press, 1990.
- ——, 'Women Recovering our Clothes' in S. Benstock and S. Ferriss (eds.), *On Fashion,* New Brunswick, Rutgers University Press, 1994.

第7章　ロラン・バルト

- Rebecca Arnold, 'Heroin Chic' in *Fashion Theory*, 3 (3), 1999, pp. 279–95.
- Roland Barthes, 'Réponses' [interview] in *Tel Quel*, 47 (autumn), 1971, pp. 89–107.
- ——, *The Elements of Semiology*, A. Lavers and C. Smith (trans.), New York, Hill and Wang, 1973.（「記号学の原理」『零度のエクリチュール』石川美子訳、みすず書房、一九七一年）
- ——, *Mythologies*, A. Lavers (trans.), London, Paladin, 1973.（『神話作用』篠沢秀夫訳、現代思潮社、一九六七年）
- ——, *Image, Music, Text*, S. Heath (trans.), Glasgow, Fontana Collins, 1978.（『第三の意味——映像と演劇と音楽と』沢崎浩平訳、みすず書房、一九八四年）
- ——, *Camera Lucida*, R. Howard (trans.), London, Flamingo, 1982.（『明るい部屋——写真についての覚書』花輪光訳、みすず書房、一九八五年）
- ——, *The Fashion System*, M. Ward and R. Howard (trans.), Berkeley and Los Angeles, University of California Press, 1990 [1967].（『モードの体系——その言語表現による記号学的分析』佐藤信夫訳、みすず書房、一九七二年）
- ——, *The Pleasure of the Text*, R. Miller (trans.), Oxford, Basil Blackwell, 1990 [1973].（『テクストの快楽』沢崎浩平訳、みすず書房、一九七七年）（『テクストの楽しみ』鈴村和成訳、みすず書房、二〇一七年）
- ——, *The Semiotic Challenge*, R. Howard (trans.), Berkeley and Los Angeles, University of California Press, 1994.（『記号学の冒険』花輪光訳、みすず書房、一九八八年）

- ——, *The Language of Fashion*, A. Stafford (trans.), Sydney, Power Publications, 2006.（『モード論集』山田登世子編訳、筑摩書房、二〇一一年に一部翻訳あり）
- Jean Baudrillard, *Simulacra and Simulations*, S.F. Glaser (trans.), Ann Arbor, University of Michigan Press, 1994.（『シミュラークルとシミュレーション』竹原あき子訳、法政大学出版局、一九八四年）
- ——, *The System of Objects*, J. Benedict (trans.), London and New York, Verso, 1996 [1968].（『物の体系——記号の消費』宇波彰訳、法政大学出版局、一九八〇年）
- Patrizia Calefato, *The Clothed Body*, Oxford and New York, Berg, 2004.
- Champfleury, *Les Chats*, Paris, J. Rothschild, 1869.
- T. J. Clark, *The Painting of Modern Life: Paris in the Art of Manet and his Followers*, London, Thames and Hudson, 1985.
- Charlotte Cotton, *Imperfect Beauty: The Making of Contemporary Fashion Photographs*, London, Victoria and Albert Museum, 2000.
- Jonathan Culler, *Structuralist Poetics: Structuralism, Linguistics and the Study of Literature*, London, Routledge, Kegan and Paul, 1975.
- ——, *Barthes*, London, Fontana, 1987.
- James Elkins, 'Marks, Traces etc.: Nonsemiotic Elements in Pictures' in *Critical Inquiry* (summer), 1995, pp. 822–60.
- Caroline Evans, 'Masks, Mirrors and Mannequins: Elsa Schiaparelli and the Decentered Subject' in *Fashion Theory*, 3 (1), 1999, pp. 3–31.
- ——, *Fashion at the Edge*, New Haven, and London, Yale University Press, 2003.
- Jean-Marie Floch, *Semiotics, Marketing and Communication: Beneath the Signs, the Strategies*, London, Palgrave, 2001.
- George Heard Hamilton, *Manet and his Critics*, New York, Norton, 1969.
- Anne C. Hanson, *Manet and Modern Tradition*, New Haven, and London, Yale University Press, 1977.
- Stephen Heath, *Vertige du Déplacement*, Paris, Fayard, 1974.
- Dick Hebdige, *Subculture: The Meaning of Style*, London, Methuen, 1979.（『サブカルチャー——スタイルの意味するもの』山口淑子訳、未来社、一九八六年）
- Willian Innes Homer, Catharine Johnson, *Stieglitz and the Photo-Secession 1902*, New York, Viking Press, 2002.
- Paul Jobling, *Fashion Spreads: Word and Image in Fashion Photography since 1980*, Oxford and New York, Berg, 1999.
- ——, 'On the Turn – Millennial Bodies and the Meaning of Time in Andrea Giacobbe's Fashion Photography' in *Fashion Theory*, 6 (1), 2002, pp. 3–24.
- ——, '" Twice the va va voom?": Transitivity, Stereotyping and Differentiation in British Advertising for Renault Clio III' in *Visual Studies*, 26 (3), 2011, pp. 244–59.
- —— *Advertising Menswear: Masculinity and Fashion in the British Mass Media since 1945*, London and New York, Bloomsbury, 2014.
- Gerald Needham, 'Manet, Olympia, and Pornographic Photography' in T.B. Hess and N. Nochlin (eds.), *Woman as Sex Object*, New York, Newsweek, 1972.
- Agnès Rocamora, *Fashioning the City: Paris, Fashion and the Media*, London, I.B. Tauris, 2009.
- Rick Rylance, *Roland Barthes*, London, Harvester Wheatsheaf, 1994.
- Ferdinand de Saussure, *The Course in General Linguistics*, R. Harris (trans.), Chicago and La Salle, IL,

Open Court, 1996 [1916].（『新訳ソシュール一般言語学講義』町田健訳、研究社、二〇一六年）
- Josh Sims, *Icons of Men's Style*, London, Laurence King, 2011.
- John A. Smith, Chris Jenks, 'Manet's Olympia' in *Visual Studies*, 21 (2), 2006, pp. 157–66 .
- Gary Tinterow, *Manet/Velazquez: The French Taste for Spanish Painting*, New York, Metropolitan Museum of Art, 2003.
- Judith Williamson, *Decoding Advertisements: Ideology and Meaning in Advertising*, London, Marion Boyars, 1978.

第8章　アーヴィング・ゴフマン

- Halla Beloff, 'Re-telling Lesbian Identities: Beauty and Other Negotiations' in E. Tseëlon (ed.), *Masquerade and Identities*, London, Routledge, 2001.
- Matthew Gardner Birnbaum, *Taking Goffman on a Tour of Facebook: College Students and the Presentation of Self in a Mediated Digital Environment* [PhD thesis], Tucson, University of Arizona, 2008.
- Mark C. Bolino, K. Michele Kacmar, William H. Turnley and J. Bruce Gilstrap, 'A Multi-level Review of Impression Management Motives and Behaviors' in *Journal of Management*, 34 (6), 2008, pp. 1080–1109.
- Cindy L. Cain, 'Integrating Dark Humor and Compassion: Identities and Presentations of Self in the Front and Back Regions of Hospice' in *Journal of Contemporary Ethnography*, 41 (6), 2012, pp. 668–69.
- Christie Davies, 'Stigma, Uncertain Identity and Skill in Disguise' in E. Tseëlon (ed.), *Masquerade and Identities*, London, Routledge, 2001.
- Marlese Durr and Adia M. Harvey Wingfield, 'Keep Your "n" in Check: African American Women and the Interactive Effects of Etiquette and Emotional Labor' in *Critical Sociology*, 37 (5), 2011, pp. 557–571.
- Alma Erlich, 'Time Allocation: Focus Personal Care'. Household Research Project, TIS No G87002, London, Unilever Research, 1987.
- Gary Alan Fine and Philip Manning, 'Erving Goffman' in *The Blackwell Companion to Major Social Theorists*, Oxford, Blackwell, 2003.
- Sigmund Freud, 'The "Uncanny"' in J. Strachey (ed.), *The Standard Edition of the Complete Works of Sigmund Freud, Vol. 17 (1917–1919): The Infantile Neurosis and Other Works*, J. Strachey (trans.), London, The Hogarth Press and the Institute of Psychoanalysis, 1955 [1919].（「不気味なもの」『フロイト全集17』須藤訓任・藤野寛訳、岩波書店、二〇〇六年）
- Liz Frost, 'Theorising the Young Woman in the Body' in *Body & Society*, 11 (1), 2005, pp. 63–85.
- Clifford Geertz,'Blurred Genres: The Refiguration of Social Thought' in *American Scholar*, 49 (2), 1980, pp. 165–179.
- Erving Goffman, 'On Cooling the Mark Out: Some Aspects of Adaptation to Failure' in *Psychiatry*, 15, 1952, pp. 451–63.
- ——, *Communication Conduct in an Island Community* [PhD thesis], Chicago, University of Chicago, 1953.
- ——, *The Presentation of Self in Everyday Life*, London, Penguin, 1959.（『行為と演技——日常生活にお

ける自己呈示』石黒毅訳、誠信書房、一九七四年）
- ——, 'Role Distance' in *Encounters: Two Studies in the Sociology of Interaction*, Indiana-polis, Bobbs-Merrill, 1961.（『出会い——相互行為の社会学』佐藤毅・折橋徹彦訳、誠信書房、一九八五年）
- ——, *Asylums: Essays on the Social Situation of Mental Patients and Other Inmates*, Toronto, Anchor Books, 1961.（『アサイラム——施設被収容者の日常世界』石黒毅訳、誠信書房、一九八四年）
- ——, *Behavior in Public Places: Notes on the Social Organization of Gatherings*, New York, Free Press, 1963.（『集まりの構造——新しい日常行動論を求めて』丸木恵祐・本名信行訳、誠信書房、一九八〇年）
- ——, *Stigma: Notes on the Management of Spoiled Identity*, New York, Touchstone, 1963.（『スティグマの社会学——烙印を押されたアイデンティティ』石黒毅訳、せりか書房、一九七〇年）
- ——, 'Embarrassment and Social Organization' in *Interaction Ritual: Essays in Face to Face Behavior*, Chicago, Aldine, 1967.（『儀礼としての相互行為——対面行動の社会学』広瀬英彦・安江孝司訳、法政大学出版局、一九八六年）
- ——, *Relations in Public*, New York, Doubleday, 1971.
- ——, 'The Interaction Order' in *American Sociological Review*, 48, 1983, pp. 1–17.
- Samantha Holland, *Alternative Femininities: Body, Age and Identity*, Oxford, Berg, 2004.
- Savita Kumra and Susan Vinnicombe, 'Impressing for Success: A Gendered Analysis of a Key Social Capital Accumulation Strategy' in *Gender*, Work and Organization, 17 (5), 2010, pp. 521–546.
- Peter K. Manning, 'Goffman on Organizations' in *Organization Studies*, 29 (5), 2008, pp.677–699.
- Daniel Miller and Sophie Woodward, *Blue Jeans: The Art of the Ordinary*, Oakland, University of California Press, 2012.
- Amanda Nosko, Eileen Wood and Seija Molema, 'All About Me: Disclosure in Online Social Networking Profiles: The Case of FACEBOOK' in *Computers in Human Behavior*, 26, 2010, pp. 406–418.
- Phillips, H., *Do People Dress for Themselves?* [BA Hons dissertation], Leeds, University of Leeds, 2014.
- Thomas Scheff, 'The Ubiquity of Hidden Shame in Modernity' in *Cultural Sociology*, 2014, pp. 1–13.
- Barry R. Schlenker, 'Self-presentation' in M.R. Leary and J.P. Tangney (eds.), *Handbook of Self and Identity*, New York, Guilford Press, 2003.
- Efrat Tseëlon, *Communicating via Clothing* [PhD thesis], Oxford, University of Oxford, 1989.
- ——, 'Self-presentation through Appearance: A Manipulative vs. a Dramaturgical Approach' in *Symbolic Interaction*, 15 (4), 1992, pp. 501–514.
- ——, 'Is the Presented Self Sincere? Goffman, Impression-management and the Postmodern Self' in *Theory, Culture & Society*, 9, 1992, pp. 115–128.
- ——, 'What is Beautiful is Bad: Physical Attractiveness as Stigma' in *Journal for the Theory of Social Behaviour*, 22, 1992, pp. 295–309.
- ——, *The Masque of Femininity: The Presentation of Woman in Everyday Life*, London, Sage, 1995.
- ——, 'Ontological, Epistemological and Methodological Clarifications in Fashion Research: From Critique to Empirical Suggestions' in A. Guy, E. Green and M. Banim (eds.), *Through the Wardrobe: Women's Relationships with their Clothes*, Oxford, Berg, 2001.
- ——, 'How Successful is Communication via Clothing? Thoughts and Evidence for an Unexamined Paradigm' in A.M. Gonzalez and L. Bovone (eds.), *Identities Through Fashion: A Multidisciplinary Approach*, Oxford, Berg, 2012.
- Inci Ozum Ucok, *Transformations of Self in Surviving Cancer: An Ethnographic Account of Bodily Appearance and Selfhood* [PHD thesis], Austin, The University of Texas at Austin, 2002.

- Gary Watt, *Dress, Law and Naked Truth: A Cultural History of Fashion and Form*, London, Bloomsbury, 2013.
- Winter Ka-wai Wong, 'Faces on Facebook: A Study of Self-presentation and Social Support on Facebook' in *Discovery–SS Student E-Journal*, 1, 2012, pp. 184–214.
- Sophie Woodward, *Why Women Wear What They Wear*, Oxford, Berg, 2007.

第9章　ジル・ドゥルーズ

- Rosi Braidotti, *Metamorphoses: Towards a Materialist Theory of Becoming*, Cambridge, Polity, 2002.
- ——, *Transpositions: On Nomadic Ethics*, Cambridge, Polity, 2006.
- Jamie Brassett, 'Entropy (Fashion) and Emergence (Fashioning)' in C. Breward and C. Evans (eds.), *Fashion and Modernity*, Oxford, Berg, 2005.
- Giuliana Bruno, 'Pleats of Matter, Folds of the Soul' in D. Rodowick (ed.), *Afterimages of Gilles Deleuze's Film Philosophy*, Minneapolis, University of Minnesota Press, 2010.
- Ian Buchanan and Clair Colebrook (eds.), *Deleuze and Feminist Theory*, Edinburgh, Edinburgh University Press, 2000.
- Angel Chang, entry on 'Viktor & Rolf' in V. Steele (ed.), *The Berg Companion to Fashion*, Oxford, Berg, 2010.
- Manfred E. Clynes, M., interview in C. Hables (ed.), *The Cyborg Handbook*, London, Routledge, 1995.
- Clair Colebrook, *Gilles Deleuze*, London, Routledge, 2002.（『ジル・ドゥルーズ』國分功一郎訳、青土社、二〇〇六年）
- ——, *Understanding Deleuze*, Crows Nest, Allen & Unwin, 2002.
- ——, *Deleuze: A Guide for the Perplexed*, London, Continuum, 2006.
- Tom Conley, 'Folds and Folding' in C. Stivale (ed.), *Gilles Deleuze: Key Concepts*, London, Acumen, 2005.
- Gilles Deleuze, 'Intellectuals and Power: A Conversation between Michel Foucault and Gilles Deleuze' , D.F. Bouchard (ed.), *Language, Counter-Memory, Practice: Selected Essays and Interviews by Michel Foucault*, Ithaca, Cornell University Press, 1980 [1972].（「知識人と権力」『ドゥルーズ・コレクション 2 権力／芸術』宇野邦一監訳、河出書房新社、二〇一五年、八 - 二四頁）
- ——, 'Postscripts on the Societies of Control' in *October*, 59, 1992, pp. 3–7.（「追伸——管理社会について」『記号と事件——一九七二 - 一九九〇年の対話』宮林寛訳、河出書房新社、二〇〇七年）
- ——, *The Fold: Leibniz and the Baroque*, T. Conley (trans.), Minneapolis, University of Minnesota Press, 1993 [1988].（『襞——ライプニッツとバロック』宇野邦一訳、河出書房新社、一九九八年）
- ——, *Difference and Repetition*, P. Patton (trans.), New York, Columbia University Press. 1994[1968].（『差異と反復（上・下）』財津理訳、河出書房新社、二〇〇七年）
- Gilles Deleuze and Félix Guattari, *Anti-Oedipus: Capitalism and Schizophrenia*, R. Hurley, M. Seem and H.R. Lane (trans.), Minneapolis: University of Minnesota Press, 1983 [1972].（『アンチ・オイディプス（上・下）』宇野邦一訳、河出書房新社、二〇〇六年）
- ——, *A Thousand Plateaus: Capitalism and Schizophrenia*, B. Massumi (trans.), Minneapolis, University of Minnesota Press, 1987 [1980].（『千のプラトー——資本主義と分裂症（上・中・下）』宇野邦一・小沢秋広・田中敏彦・豊崎光一・宮林寛・森中高明訳、河出書房新社、二〇一〇年）

- ――, *What Is Philosophy?*, H. Tomlinson and G. Burchell (trans.), New York, Columbia University Press, 1994 [1991].（『哲学とは何か』財津理訳、河出書房新社、二〇一二年）
- Caroline Evans, *Fashion at the Edge: Spectacle, Modernity and Deathliness*, New Haven, Yale University Press, 2003.
- ――, and Susannah Frankel, *The House of Viktor & Rolf*, London, New York, Merrell, 2008.
- Chris Hables-Gray. (ed.), *The Cyborg Handbook*, London, Routledge, 1995.
- Gilles Lipovetsky, *The Empire of Fashion: Dressing Modern Democracy*, Catherine Porter (trans.), Princeton, Princeton University Press, 2002 [1987].
- Peta Husper Malins, 'An Ethico-Aesthetics of Heroin Chic' in I. Buchanan and J. Hughes (eds.), *Deleuze and the Body*, Edinburgh, Edinburgh University Press, 2010.
- Simon O'Sullivan, entry on 'Fold' in A. Parr (ed.), *The Deleuze Dictionary*, Edinburgh, Edinburgh University Press, 2005.
- ――, *Art Encounters Deleuze and Guattari: Thought beyond Representation*, Basingstoke, Palgrave/Macmillan, 2006.
- Adiran Parr (ed.), *The Deleuze Dictionary*, Edinburgh, Edinburgh University Press, 2005.
- Bradley Quinn, *Techno Fashion*, Oxford, Berg, 2002.
- Stephen D. Seely, 'How Do You Dress a Body without Organs? Affective Fashion and Nonhuman Becoming' in *Women's Studies Quarterly*, 41, 2013, pp. 247–65.
- Sabine Seymour, *Fashionable Technology: The Intersection of Design, Fashion, Science and Technology*, Vienna, Springer, 2009.
- Georg Simmel, 'The Philosophy of Fashion and Adornment', K. H. Wolff (trans.) in *The Sociology of Georg Simmel*, New York, The Free Press, 1950 [1905].
- Anneke Smelk, 'The Performance of Authenticity' in *Address: Journal for Fashion Writing and Criticism*, 1(1), 2011, pp. 76–82.
- ――, 'Fashioning the Fold: Multiple Becomings' in R. Braidotti and R. Dolphijn (eds.), *The Deleuzian Century: Art, Activism, Society*, Amsterdam, Rodopi, 2014.
- ――, 'Cybercouture: The Fashionable Technology of Pauline Van Dongen, Iris Van Herpen and Bart Hess', in *From Delft Blue to Denim Blue: Contemporary Dutch Fashion*, London, I.B. Tauris, 2016.
- Amy Spindler and Dick J. Siersema, *Viktor & Rolf Haute Couture Book*, Groningen, Groninger Museum, 2000.
- Charles J. Stivale, (ed.), *Gilles Deleuze: Key Concepts*, London, Acumen, 2005.
- Damian Sutton and David Martin-Jones, *Deleuze Reframed: Interpreting Key Thinkers for the Arts*, London, I.B. Tauris, 2008.
- Torkild Thanem and Louise Wallenberg, 'Buggering Freud and Deleuze: Toward a Queer Theory of Masochism' in *Journal of Aesthetics & Culture*, 2010, 2, pp. 1–10.

第10章　ミシェル・フーコー

- Sandra Lee Bartky, 'Foucault, Femininity and the Modernization of Patriarchal Power' in L. Diamond and L. Quinby (eds.), *Feminism and Foucault: Reflections on Resistance*, Boston, Northeastern University Press, 1998.

- Shari Benstock and Suzanne Ferriss (eds.), *On Fashion*, New Brunswick, Rutgers University Press, 1994.
- John Berger, *Ways of Seeing*, London, Penguin, 1972.（『イメージ――視覚とメディア』伊藤俊治訳、筑摩書房、二〇一三年）
- Susan Bordo, 'Anorexia Nervosa: Psychopathology as the Crystallization of Culture' in L. Diamond and L. Quinby (eds.), *Feminism and Foucault: Reflections on Resistance*, Boston, Northeastern University Press, 1998.
- Staf Callewaert, 'Bourdieu, Critic of Foucault: The Case of Empirical Social Science against Double-Game-Philosophy' in *Theory*, Culture & Society, 23 (6), 2006, pp. 73–98.
- Margaret Carlisle Duncan, 'The Politics of Women's Body Images and Practices: Foucault, the Panopticon and Shape Magazine' in *Journal of Sport and Social Issues*, 18 (1), 1994, pp. 48–65.
- Jennifer Craik, *The Face of Fashion: Critical Studies in Fashion*, London, Routledge, 1993.
- Inés Dussell, 'Fashioning the Schooled Self' in B. M. Baker and K. E. Heyning (eds.), *Dangerous Coagulations: The Uses of Foucault in the Study of Education*, New York, Peter Lang, 2004.
- Joanne Entwistle, '"Power Dressing" and the Construction of the Career Woman' in M. Nava et al. (eds.), *Buy This Book: Studies in Advertising and Consumption*, London, Routledge, 1997.
- ――, *The Fashioned Body: Fashion, Dress and Modern Social Theory*, Cambridge, Polity, 2000.（『ファッションと身体』鈴木信雄監訳、日本経済評論社、二〇〇五年）
- ――, 'The Dressed Body' in J. Entwistle and E. Wilson (eds.), *Body Dressing*, Oxford, Berg, 2001.
- ――, *The Aesthetic Economy of Fashion: Markets and Values in Clothing and Modelling*, Oxford, Berg, 2009.
- Joanne Finkelstein, *The Art of Self-Invention: Image and Identity in Popular Visual Culture*, London, I.B. Tauris, 2007.
- Michel Foucault, 'The Subject and Power' in H. L. Dreyfus and P. Rabinow (eds.), *Michel Foucault: Beyond Structuralism and Hermeneutics*, New York, Harvester-Whatsheaf, 1982.（「主体と権力」ヒューバート・L・ドレイファス、ポール・ラビノウ『ミシェル・フーコー――構造主義と解釈学を超えて』山形頼洋・鷲田清一他訳、筑摩書房、一九九六年）
- ――, *The History of Sexuality, Vol. 1*, R. Hurley (trans.), London, Penguin, 1990 [1976].（『知への意志（性の歴史Ⅰ）』渡辺守章訳、新潮社、一九八六年）
- ――, *Discipline and Punish: The Birth of the Prison*, A. Sheridan (trans.), London, Penguin, 1991 [1977].（『監獄の誕生――監視と処罰』田村俶訳、新潮社、一九七七年）
- ――, 'Return to History' in J. D. Faubion (ed.), *Aesthetics, Method and Epistemology*, London, Allen Lane, 1994.（「歴史への回帰」『フーコー・コレクション4 権力・監禁』小林康夫・石田英敬・松浦寿輝編、筑摩書房、二〇〇六年）
- ――, 'Panopticism' in N. Leach (ed.), *Rethinking Architecture*, London, Routledge, 1997.
- ――, *Madness and Civilization: A History of Insanity in the Age of Reason*, R. Howard (trans.), London, Routlege, 2001 [1967].（『狂気の歴史――古典主義時代における』田村俶訳、新潮社、一九七五年）
- ――, *The Archaeology of Knowledge*, London, Routledge, 2004 [1969].（『知の考古学』中村雄二郎訳、河出書房新社、二〇〇六年）
- Nancy Fraser, 'Michel Foucault: A "Young Conservative"?' in *Ethics*, 96 (1), 1985, pp. 165–84.
- Jürgen Habermas, *The Philosophical Discourse of Modernity*, Lawrence, The MIT Press 1990.（『近代の哲学的ディスクルス（Ⅰ・Ⅱ）』三島憲一・轡田収・木前利秋・大貫敦子訳、岩波書店、一九九九年）

- Cressida Heyes, *Self-Transformations: Foucault, Ethics, and Normalized Bodies*, Oxford, Oxford University Press, 2007.
- Ku Hok Bun, 'Body, Dress and Cultural Exclusion: Experiences of Pakistani Women in "Global" Hong Kong' in *Asian Ethnicity*, 7 (3), 2006, pp. 285–302.
- Michael Humphreys and Andrew D. Brown, 'Dress and Identity: A Turkish Case Study' in *Journal of Management Studies*, 39 (7), 2002, pp. 927–52.
- Ingrid Jeacle, 'Governing and Calculating Everyday Dress' in *Foucault Studies*, (13), 2012, pp. 82–98.
- Susan B. Kaiser, *Fashion and Cultural Studies*, London, Berg, 2012.
- E. Ann Kaplan, *Women and Film: Both Sides of the Camera*, London, Methuen, 1983.（『フェミニスト映画——性幻想と映像表現』水田宗子訳、田畑書店、一九八五年）
- Margaret A. McLaren, *Feminism, Foucault and Embodied Subjectivity*, New York, SUNY Press, 2002.
- Brian McVeigh, 'Wearing Ideology: How Uniforms Discipline Minds and Bodies in Japan' in *Fashion Theory*, 1 (2), 1997, pp. 189–214.
- Daphne Meadmore and Colin Symes, 'Of Uniform Appearance: A Symbol of School Discipline and Governmentality' in *Discourse: Studies in the Cultural Politics of Education*, 17 (2), 1996, pp. 209–26.
- Ashley Mears, 'Discipline of the Catwalk: Gender, Power and Uncertainty in Fashion Modeling' in *Ethnography*, 9 (4), 2008, pp. 429–56.
- Laura Mulvey, 'Visual Pleasure and Narrative Cinema' in *Screen*, 16 (3), 1975, pp. 6–18.（「視覚的快楽と物語映画」斉藤綾子訳『「新」映画理論集成1——歴史／人種／ジェンダー』岩本憲児・武田潔・斉藤綾子編、フィルムアート社、一九九八年、一二六 - 一四一頁）
- Linda Nochlin, *Women, Art and Power and Other Essays*, London, Thames and Hudson, 1994.
- Shauna Pomerantz, 'Cleavage in a Tank Top: Bodily Prohibition and the Discourses of School Dress Codes' in *The Alberta Journal of Educational Research*, 53 (4), 2007, pp. 373–86.
- Daniel Purdy, 'Sculptured Soldiers and the Beauty of Discipline: Herder, Foucault and Masculinity' in M. Henn and H. A. Pausch (eds.), *Body Dialectics in the Age of Goethe*, Amsterdamer Beiträge zur neuren Germanistik, Vol. 55, Leiden, Rodopi, 2003.
- John Rajchman, 'The Story of Foucault's History' in *Social Text*, 8, 1983–84, pp. 3–24.
- Agnès Rocamora, *Fashioning the City: Paris, Fashion and the Media*, London, I. B. Tauris, 2009.
- Joseph Rouse, 'Power/Knowledge' in G. Cutting (ed.), *Cambridge Companion to Foucault*, Cambridge, Cambridge University Press, 1994.
- Jana Sawicki, *Disciplining Foucault: Feminism, Power, and the Body*, Hove, Psychology Press, 1991.
- Anna Secor, 'The Veil and Urban Space in Istanbul: Women's Dress, Mobility and Islamic Knowledge' in *Gender, Place and Culture*, 9 (1), 2002, pp. 5–22.
- Gary Shapiro, *Archaeologies of Vision: Foucault and Nietzsche on Seeing and Saying*, Chicago, University of Chicago Press, 2003.
- Valerie Steele, *The Corset: A Cultural History*, New Haven, Yale University Press, 2001.
- Lars Svendsen, *Fashion: A Philosophy*, London, Reaktion Books, 2006.
- Charles Taylor, 'Foucault on Freedom and Truth' in Political Theory, 12 (2), 1984, pp. 164–65.
- Efrat Tseëlon, *The Masque of Femininity: The Presentation of Woman in Everyday Life*, London, Sage, 1995.
- Jane Tynan, '"Quakers in Khaki": Conscientious Objectors' Resistance to Uniform Clothing in World War I' in S. Gibson and S. Mollan (eds.), *Representations of Peace and Conflict*, Basingstoke, Palgrave/

Macmillan, 2012.
- ——, *British Army Uniform and the First World War: Men in Khaki*, Basingstoke, Palgrave MacMillan, 2013.
- Alexandra Warwick and Dani Cavallaro, *Fashioning the Frame: Boundaries, Dress and the Body*, Oxford and New York, Berg, 1998.

第11章　ニクラス・ルーマン

- Herbert Blumer, 'Fashion: From Class Differentiation to Collective Selection' in *Sociological Quaterly*, 10 (3), 1969, pp. 275–91.
- Christian Borch, *Niklas Luhmann*, London, Routledge, 2011.（『ニクラス・ルーマン入門――社会システム理論とは何か』庄司信訳、新泉社、二〇一四年）
- Pierre Bourdieu, *Distinction: A Social Critique of the Judgement of Taste*, London, Routledge, 1996.（『ディスタンクシオン――社会的判断力批判（I・II）』石井洋二郎訳、藤原書店、一九九〇年）
- Pierre Bourdieu and Yvette Delsaut, 'Le Couturier et sa Griffe: Contribution à une Théorie de la Magie' in *Actes de la Recherche en Sciences Sociales*, 1 (1), 1975, pp. 7–36.
- Jacques Derrida, *Of Grammatology*, G.C. Spivak (trans.), Baltimore, Johns Hopkins University Press, 1974 [1967].（『根源の彼方に――グラマトロジーについて（上・下）』足立和浩訳、現代思潮社、一九七二年）
- ——, *Writing and Difference*, A. Bass (trans.), Chicago, University of Chicago Press, 1978 [1967].（『エクリチュールと差異（上・下）』若桑毅訳、法政大学出版局、一九七七－八三年）
- Elena Esposito, *DieVerbindlichkeit des Vorübergehenden: Paradoxien der Mode*, Frankfurt am Main, Suhrkamp, 2004.
- ——, 'Originality through Imitation: The Rationality of Fashion' in *Organization Studies*, 32 (5), 2011, pp. 603–13.
- Susan B. Kaiser, Richard H. Nagasawa and Sandra S. Hutton, 'Construction of an SI Theory of Fashion: Part I: Ambivalence and Change' in *Clothing and Textiles Research Journal*, 13 (3), 1995, pp. 172–83.
- Yuniya Kawamura, *The Japanese Revolution in Paris Fashion*, Oxford, Berg, 2004.
- Gilles Lipovetsky, *The Empire of Fashion: Dressing Modern Democracy*, Princeton, Princeton University Press, 2002.
- Ingrid Loschek, *When Clothes become Fashion: Design and Innovation Systems*, Oxford, Berg, 2009.
- Niklas Luhmann, 'Udo H.A. Schwarz, Das Modische' in *Soziologische Revue*, 7, 1984, pp. 73–74.
- ——, 'Individuum, Individualität, Individualismus' in *Gesellschaftsstruktur und Semantik: Studien zur Wissenssoziologie der modernen Gesellschaft*, Band 3, Frankfurt am Main, Suhrkamp, 1989.（『社会構造とゼマンティク（1・2・3）』徳安彰訳、法政大学出版局、二〇一一年）
- ——, 'Meaning as Sociology's Basic Concept' in *Essays on Self-Reference*, New York, Columbia University Press, 1990.（『批判理論と社会システム理論――ハーバーマス＝ルーマン論争』佐藤嘉一・山口節郎・藤澤賢一郎訳、木鐸社、一九八七年）
- ——, 'The Improbability of Communication' in *Essays on Self-Reference*, New York, Columbia University Press, 1990.（『自己言及性について』土方透・大澤善信訳、国文社、一九九六年）
- ——, *DieWissenschaft der Gesellschaft*, Frankfurt am Main, Suhrkamp, 1990.（『社会の科学』徳安彰

訳、法政大学出版局、二〇〇九年）
- ——, 'Deconstruction as Second-Order Observing' in *New Literary History*, 24, 1993, pp. 763–82.
- ——, *Social Systems*, J. Bernarz Jr (trans.), Stanford, Stanford University Press, 1995 [1984].（『社会システム理論（上・下）』佐藤勉監訳、恒星社厚生閣、一九九三－九五年）
- ——, 'The Paradoxy of Observing Systems' in *Cultural Critique*, 31, 1995, pp. 37–55.
- ——, *Observations on Modernity*, W. Whobrey (trans.), Stanford, Stanford University Press, 1998 [1992].
- （『近代の観察』馬場靖雄訳、法政大学出版局、二〇〇三年）
- ——, 'The Concept of Society' in A. Elliott (ed.), *Contemporary Social Theory*, Oxford, Blackwell.
- ——, *Art as a Social System*, E. Knodt (trans.), Stanford, Stanford University Press, 2000 [1995].（『社会の芸術』馬場靖雄訳、法政大学出版局、二〇〇四年）
- ——, 'What is Communication?' in W. Rasch (ed.), *Theories of Distinction: Re-describing the Descriptions of Modernity*, Stanford, Stanford University Press, 2002.
- ——, *Einführung in die Systemtheorie*, D. Baecker (ed.), Heidelberg, Carl-Auer-Systeme Verlag, 2002.（『システム理論入門——ニクラス・ルーマン講義録（1）』土方透監訳、新泉社、二〇〇七年）
- ——, *The Theory of Society*, R. Barrett (trans.), Stanford, Stanford University Press, 2012 [1997].（『社会理論入門——ニクラス・ルーマン講義録（2）』土方透監訳、新泉社、二〇〇九年）
- Talcott Parsons, *The Social System*, London, The Free Press of Glencoe, 1951.（『社会体系論』佐藤勉訳、青木書店、一九七四年）
- Bjorn Schiermer, 'Mode, Bewusstsein und Kommunikation' in *Soziale Systeme, Zeitschrift für Soziologische Theorie*, 16 (1), 2010, pp. 121–49.
- Willem Schinkel, 'The Autopoiesis of the Artworld after the End of Art' in *Cultural Sociology*, 4 (2), 2010, pp. 267–90.
- Doris Schmidt, *Die Mode der Gesellschaft: Eine systemtheoretische Analyse*, Baltmannsweiler, Schneider Verlag, 2007.
- Udo H.A. Schwarz, *Das Modische: Zur Struktur sozialen Wandels der Moderne*, Berlin, Duncker & Humblot, 1982.
- Roberta Shapiro, 'Art et Changement Social: l'Arti cation' in P. Le Quéau (ed.), *Vingt Ans de Sociologie de l'art: Bilan et Perspectives*, Paris, L'Harmattan, 2007.
- George Spencer-Brown, *Laws of Form*, London, Allen & Unwin, 1969.（『形式の法則』大澤真幸・宮台真司訳、朝日出版社、一九八七年）
- Andrew Tuck, 'When Fashion is no Longer Fashionable' in *Monocolumn*, retrieved from http://monocle.com/monocolumn/design/when-fashion-is-no-longer-fashionable on 2 March 2013, 2013.
- Elizabeth Wilson, *Adorned in Dreams: Fashion and Modernity*, London, I.B. Tauris, 2013.

第12章　ジャン・ボードリヤール

- Malcolm Barnard, *Fashion as Communication*, Hove, Psychology Press, 2002.
- Jean Baudrillard, *For a Critique of the Political Economy of the Sign,* C. Levin (trans.), St. Louis, Telos, 1981 [1972].（『記号の経済学批判』今村仁司・宇波彰・桜井哲夫訳、法政大学出版局、一九八二年）
- ——, *Simulations*, P. Foss, P. Patton and P. Beitchman (trans.), New York, Semiotext(e), 1983.
- ——, *America*, C.Turner (trans.), London, Verso, 1989 [1986].（『アメリカ——砂漠よ永遠に』田中正人訳、

法政大学出版局、一九八八年）
- ――, *Seduction*, B. Singer (trans.), New York, St. Martin's Press, 1990 [1979].（『誘惑の戦略』宇波彰訳、法政大学出版局、一九八五年）
- ――, *Fatal Strategies,* P. Beitchman and W.G.J. Niesluchowski (trans.), New York, Semiotext(e), 1990 [1983].（『宿命の戦略』竹原あき子訳、法政大学出版局、一九九〇年）
- ――, *Symbolic Exchange and Death*, I. Grant (trans.), London, Sage, 1993 [1976].（『象徴交換と死』今村仁司・塚原史訳、筑摩書房、一九九二年）
- ――, 'Prophylaxis and Virulence' in *The Transparency of Evil: Essays on Extreme Phenomena*, J. Benedict (trans.), London, Verso, 1993 [1990].（『透きとおった悪』塚原史訳、紀伊國屋書店、一九九一年）
- Zygmunt Bauman, *Intimations of Postmodernity*, London, Routledge, 1992.
- ――, *Globalization: The Human Consequences,* Cambridge, Polity, 1998.（『グローバリゼーション――人間への影響』澤田眞治・中井愛子訳、法政大学出版局、二〇一〇年）
- ――, *Liquid Modernity*, Cambridge, Polity, 1999.（『リキッド・モダニティ――液状化する社会』森田典正訳、大月書店、二〇〇一年）
- J. Anderson Black and Madge Garland, *A History of Fashion*, London, Orbis, 1975.（『ファッションの歴史（上・下）』山内沙織訳、PARCO出版局、一九七七 - 七八年）
- Herbert Blumer, 'Fashion: From Class Differentiation to Collective Selection' in *Sociological Quarterly,* 10, 1969, pp. 275–91.
- Vivien Burr, *Social Constructionism*, London, Routledge, 2003.（『ソーシャル・コンストラクショニズム――ディスコース・主体性・身体性』田中一彦・大橋靖史訳、川島書店、二〇一八年）
- Diana Crane, *Fashion and its Social Agendas: Class, Gender, and Identity in Clothing*, Chicago University Press, 2000.
- Michael Drolet (ed.), *The Postmodernism Reader: Foundational Texts*, London, Routledge.
- Elizabeth Ewing, *Fur in Dress*, London, Batsford, 1981.
- Anthony Giddens, *Modernity and Self Identity,* Cambridge, Polity, 1991.（『モダニティと自己アイデンティティ――後期近代における自己と社会』秋吉美都・安藤太郎・筒井淳也訳、ハーベスト社、二〇〇五年）
- Laurence B. Glickman (ed.), *Consumer Society in American History: A Reader,* Ithaca, Cornell University Press 1999 [1970] (reprinted from M. Poster (ed.), *Jean Baudrillard: Selected Writings,* Palo Alto, Stanford University Press, 1988).
- Erving Goffman,(1951) 'Symbols of Class Status' in *British Journal of Sociology,* 2, 1951, pp. 294–304.
- Fredric Jameson, 'Postmodernism or the Cultural Logic of Late Capitalism' in *New Left Review*, 146, 1984, pp. 53–92.
- Charles Jencks, *The Story of Post-modernism: Five Decades of the Ironic, Iconic and Critical in Architecture*, Hoboken, John Wiley, 2011.
- René König, *The Restless Image: A Sociology of Fashion*, F. Bradley (trans.), introduced by T. Wolfe, London, George Allen & Unwin, 1973.
- James Laver, *Costume and Fashion: A Concise History,* Oxford, Oxford University Press, 1985 [1969].
- Angela McRobbie, 'Second-Hand Dresses and the Role of the Ragmarket' in A. McRobbie (ed.), *Zoot Suits and Second Hand Dresses: An Anthology of Fashion and Music*, London, MacMillan, 1989.
- Richard Sennett, The Fall of Public Man, London, Faber and Faber, 1976.（『公共性の喪失』北山克彦・高階悟訳、晶文社、一九九一年）
- Georg Simmel, 'Fashion' in *American Journal of Sociology*, 62, 1957 [1904], pp. 541–58.

- Efrat Tseëlon, *Communicating Via Clothes* [PhD Thesis], Oxford, University of Oxford, 1989.
- ——, 'Fashion and Signification in Baudrillard' in D. Kellner (ed.), *Baudrillard: A Critical Reader*, Oxford, Blackwell, 1994.
- ——, *The Masque of Femininity: The Presentation of Woman in Everyday Life,* London, Sage, 1995.
- ——, 'Is Identity a Useful Critical Tool?' in *Critical Studies in Fashion & Beauty,* 1 (2), 2010, pp. 151–59.
- ——, 'How Successful is Communication via Clothing? Thoughts and Evidence for an Unexamined Paradigm' in A.M. Gonzalez and L. Bovone (eds.), *Identities through Fashion: A Multidisciplinary Approac*h, Oxford, Berg, 2012.
- ——, 'Fashion and the Orders of Masking' in *Critical Studies in Fashion & Beauty,* 3, 2012, pp. 3–9.
- Elizabeth Wilson, *Adorned in Dreams: Fashion and Modernity,* London, I.B. Tauris, 2013 [1985].

第13章　ピエール・ブルデュー

- Lisa Adkins and Beverley Skeggs (eds.), *Feminism after Bourdieu*, Oxford, Wiley-Blackwell, 2004.
- Chris Anderson, 'The Long Tail', retrieved from http://www.wired.com/wired/archive/12.10/tail.html on 2 August 2013, 2004.
- Roland Barthes, *The Fashion System*, Berkeley, University of California Press, 1990 [1967].（『モードの体系——その言語表現による記号学的分析』佐藤信夫訳、みすず書房、一九七二年）
- Jay David Bolter, *Writing Space*, New York, Routledge, 2001.（『ライティング スペース——電子テキスト時代のエクリチュール』黒崎政男・下野正俊・伊古田理訳、産業図書、一九九四年）
- Pierre Bourdieu (dir.), *Un Art Moyen: Essai sur les Usages Sociaux de la Photographie*, Paris, Minuit, 1965.（『写真論——その社会的効用』山縣熙・山縣直子訳、法政大学出版局、一九九〇年）
- Pierre Bourdieu, 'Champ Intellectuel et Projet Créateur' in *Les Temps Modernes*, 246, 1966, pp. 865–906.（「知の場と創造投企」ジャン・ブイヨン編『構造主義とは何か』伊東俊太郎・田島節夫・花崎皐平・荒川幾男・松崎芳隆・井村順一訳、みすず書房、一九八一年、一〇五 - 一四四頁）
- ——, 'The Forms of Capital' in J.E. Richardson (ed.), *Handbook of Theory of Research for the Sociology of Education*, Westport, Greenwood Press, 1986.
- ——, *Les Règles de l'Art*, Paris, Seuil, 1992.（『芸術の規則（Ⅰ・Ⅱ）』石井洋二郎訳、藤原書店、一九九五 - 一九九六年）
- ——, *The Field of Cultural Production*, Cambridge, Polity Press, 1993
- ——, 'Haute Couture and Haute Culture' in P. Bourdieu, *Sociology in Question*, London, Sage, 1993.（「オート・クチュールとオート・キュルチュール」『社会学の社会学』田原音和監訳、、藤原書店、一九九一年）
- ——, *Sociology in Question*, London, Sage, 1993 [1984].（『社会学の社会学』、田原音和監訳、藤原書店、一九九一年）
- ——, *Distinction: A Social Critique of the Judgement of Taste*, London, Routledge, 1996 [1979].（『ディスタンクシオン——社会的判断力（Ⅰ・Ⅱ）』石井洋二郎訳、藤原書店、一九九〇年）
- ——, *Photography: A Middle-Brow Art*, Cambridge, Polity Press, 1996.（『写真論——その社会的効用』山縣熙・山縣直子訳、法政大学出版局、一九九〇年）
- ——, *The Rules of Art*, Cambridge, Polity Press, 1996 [1992].（『芸術の規則（Ⅰ・Ⅱ）』石井洋二郎訳、藤原書店、一九九五年-一九九六年）

- ——, *The Logic of Practice*, Cambridge, Polity Press, 1997.（『実践感覚（1・2）』今村仁司・福井憲彦・塚原史・港道隆訳、みすず書房、二〇〇一年）
- ——, *Practical Reason*, Stanford, Stanford University Press, 1998 [1994].（『実践理性——行動の理論について』、加藤晴久・石井洋二郎・三浦信孝・安田尚訳、藤原書店、二〇〇七年）
- ——, *Esquisse d'une Théorie de la Pratique*, Paris, Seuil, 2000 [1972].
- ——, *Les Structures Sociales de L'Economie*, Paris, Seuil, 2000.（『住宅市場の社会経済学』山田鋭夫・渡辺純子訳、藤原書店、二〇〇七年）
- ——, *Masculine Domination,* Cambridge, Polity Press, 2001.（『男性支配』坂本さやか・坂本浩也訳、藤原書店、二〇一七年）
- ——, *Science of Science and Reflexivity*, Cambridge, Polity, 2004[2001].（『科学の科学』加藤晴久訳、二〇一〇年、八九頁）
- ——, 'The Political Field, the Social Field, and the Journalistic Field' in Rodney Benson and Erik Neveu (eds.), *Bourdieu and the Journalistic Field*, Cambridge, Polity, 2005.
- ——, and Alain Darbel, *The Love of Art*, Cambridge, Polity, 1997.（『美術愛好——ヨーロッパの美術館と観衆』山下雅之訳、木鐸社、一九九四年）
- ——, and Yvette Delsaut, 'Le Couturier et sa Griffe: Contribution à une Théorie de la Magie' in *Actes de la Recherche en Sciences Sociales*, 1, 1975, pp. 7–36.
- ——, and Loïc J. D. Wacquant, *An Invitation to Reflexive Sociology*, Cambridge, Polity Press, 1996.（『リフレクシヴ・ソシオロジーへの招待——ブルデュー、社会学を語る』水島和則訳、藤原書店、二〇〇七年）
- Nicholas Brown and Imre Szeman, *Pierre Bourdieu: Fieldwork in Culture*, Oxford, Rowman and Littlefield, 2000.
- Craig Calhoun, Edward Lipuma and Moishe Postone (eds.), *Bourdieu: Critical Perspectives*, Cambridge, Polity Press, 1995.
- Tara Chittenden, 'Digital Dressing Up: Modelling Female Teen Identity in the Discursive Spaces of the Fashion Blogosphere' in *Journal of Youth Studies*, 13 (4), 2010, pp. 505–20.
- Diana Crane, *Fashion and Its Social Agenda*, Chicago, University of Chicago Press, 2000.
- Fiona Devine, 'Habitus and Classficiations' in Elizabeth Silva and Alan Warde (eds.), *Cultural Analysis and Bourdieu's Legacy*, London, Routledge, 2010.
- Tim Edwards, *Fashion in Focus*, London, Routledge 2010.
- Joanne Entwistle and Agnès Rocamora, 'The Field of Fashion Materialized: A Study of London Fashion Week' in *Sociology*, 40 (4), 2006, pp. 735–51.
- Alice Fisher, 'The Fashion Students' Power List 2013' in the *Observer,* retrieved from http://www.theguardian.com/fashion/2013/mar/03/fashion-students-power-list-2013 on 2 April 2013, 2013.
- John Frow, 'Accounting for Tastes: Some Problems in Bourdieu's Sociology of Culture' in *Cultural Studies*, 1 (1), pp. 59–73.
- Claude Grignon and Jean-Claude Passeron, *Le Savant et le Populaire: Misérabilisme et Populisme en Sociologie et en Littérature,* Paris, Hautes Etudes / Gallimard Le Seuil, 1989.
- Richard Jenkins, *Pierre Bourdieu*, London, Routledge, 1996.
- Michèle Lamont, *Money, Morals and Manners: The Culture of the French and the American Upper-Middle Class*, Chicago, University of Chicago Press, 1992.
- ——, 'Looking Back at Bourdieu' in E. Silva and A. Warde (eds.), *Cultural Analysis and Bourdieu's Legacy*, New York, Routledge, 2010.

- George P. Landow, *Hypertext 2.0*, Baltimore, Johns Hopkins University Press, 1997.
- Ane Lynge-Jorlèn, 'Between Frivolity and Art: Contemporary Niche Fashion Magazines' in *Fashion Theory*, 16 (1), 2012, pp. 7–28.
- Edward F. McQuarrie, Jessica Miller, and Barbara J. Phillips, 'The Megaphone Effect and Audience in Fashion Blogging' in *Journal of Consumer Research*, 40 (1), 2013, pp. 136–58.
- Angela McRobbie, *British Fashion Design: Rag Trade or Image Industry?*, London, Routledge, 1998.
- ——, *The Uses of Cultural Studies*, London, Sage, 2005.
- Suzy Menkes, 'The Circus of Fashion', retrieved from http://tmagazine.blogs.nytimes.com/2013/02/10/the-circus-of-fashion/ on 22 February 2013, 2013.
- Susie Mesure, 'Fluff Flies as Fashion Writers Pick a Cat Fight with Blogger', retrieved from http://www.independent.co.uk/life-style/fashion/news/fluff-flies-as-fashion-writers-pick-a-cat-fight-with-bloggers-1884539.html on 6 March 2011, 2010.
- Vincent Mosco, *The Digital Sublime: Myth, Power and Cyberspace*, Cambridge, MIT Press, 2005.
- Louis Pinto, *Pierre Bourdieu et la Théorie du Monde Social*, Paris, Albin Michel, 1998.
- Diana Reay, 'From the Theory of Practice to the Practice of Theory: Working with Bourdieu in Research in Higher Education Choice' in E. Silva and A. Warde (eds.), *Cultural Analysis and Bourdieu's Legacy*, London, Routledge, 2010.
- Agnès Rocamora, 'High Fashion and Pop Fashion: The Symbolic Production of Fashion in *Le Monde and The Guardian' in Fashion Theory: The Journal of Dress, Body, Culture*, 5 (2), 2001, pp. 123–42.
- ——, 'Fields of Fashion: Critical Insights into Bourdieu's Sociology of Culture' in *Journal of Consumer Culture*, 2 (3), 2002, pp. 341–62.
- ——, '*Le Monde's Discours de Mode: Creating the Créateurs' in French Cultural Studies*, 13, 1 (37), 2002, pp. 83–98.
- ——, '"Over to You": Writing Readers in the French Vogue' in *Fashion Theory: The Journal of Dress, Body, Culture*, 10 (1/2), 2006, pp. 153–74.
- ——, *Fashioning the City: Paris, Fashion and the Media*, London, I.B. Tauris, 2009.
- ——, 'Personal Fashion Blogs: Screens and Mirrors in Digital Self-portraits' in *Fashion Theory: The Journal of Dress, Body, Culture*, 15 (4), pp. 407–24.
- Richard Shusterman, *Pragmatist Aesthetics: Living Beauty, Rethinking Art*, Lanham and Oxford, Rowman & Littlefield, 2000.（『ポピュラー芸術の美学——プラグマティズムの立場から』秋庭史典訳、勁草書房、一九九九年）
- Elizabeth Silva and Alan Warde (eds.), *Cultural Analysis and Bourdieu's Legacy*, London, Routledge, 2010.
- Georg Simmel, 'Fashion', in D.N. Levine (ed.), *Georg Simmel*, Chicago, University of Chicago Press, 1971 [1904].
- Beverley Skeggs, 'Exchange, Value and Affect: Bourdieu and "the Self "' in L. Adkins and B. Skeggs (eds.), *Feminism after Bourdieu*, Oxford, Wiley-Blackwell, 2004.
- David Swartz, *Culture and Power: The Sociology of Pierre Bourdieu*, Chicago, University of Chicago Press, 1997.
- Sarah Thornton, *Club Cultures: Music, Media and Subcultural Capital*, London, Polity, 1997.
- Anne Witz, 'Anamnesis and Amnesis in Bourdieu's Work: The Case for a Feminist Anamnesis' in *Feminism after Bourdieu*, Oxford, Wiley-Blackwell, 2004.

- Yuli Ziv, *Fashion 2.0: Blogging your Way to the Front Row*, CreateSpace Independent Publishing Platform, 2011.

第14章　ジャック・デリダ

- Roland Barthes, 'Death of the Author', reprinted in (1978) *Image, Music,Text*, S. Heath (trans), Glasgow, Fontana Collins, 1967.（『物語の構造分析』花輪光訳、みすず書房、一九七九年）
- Andrew Benjamin, 'Deconstruction and Art/The Art of Deconstruction' in C. Norris and A. Benjamin (eds.) *What is Deconstruction?*, London and New York, Academy Editions/St Martins Press, 1988.
- Peter Brunette and David Wills, *Screen/Play: Derrida and Film Theory*, Princeton, Princeton University Press, 1989.
- Judith Butler 'Jacques Derrida' in *London Review of Books*, 26 (21), 2004.
- Chuck Byrne and Martha Witte, 'A Brave New World: Understanding Deconstruction', in *Print* 44 (6), 1990.
- John D. Caputo, *Deconstruction in a Nutshell*, New York, Fordham University Press, 1997.
- Jonathan Culler, 'Why Deconstruction Still Matters: A Conversation with Jonathan Culler', interview with Paul Sawyer in Cornell Chronicle (http://news.cornell.edu/stories/2008/01/why-deconstruction-still-matters-according-jonathan-culler).
- Kaat Debo, 'Maison Martin Margiela "20", The Exhibition' in *Maison Martin Margiela* [exhibition catalogue], Antwerp, ModeMuseum, 2008.
- Jacques Derrida, *Of Grammatology*, G.C. Spivak (trans), Baltimore, John Hopkins University Press, 1976.（『根源の彼方に――グラマトロジーについて（上・下）』足立和浩訳、現代思潮新社、一九七二年）
- ――, *Positions*, A. Bass (trans), Chicago, University of Chicago Press, 1982.（『ポジシオン』高橋允昭訳、青土社、二〇〇〇年）
- ――, 'Letter to a Japanese Friend' (dated 1983) in D. Wood and R. Bernasconi (eds.), *Derrida and Différance*, Evanston, North Western University Press, 1988.（「〈解体構築〉DÉCONSTRUCTIONとは何か」丸山圭三郎訳、『思想』第七一八号、岩波書店、一九八四年）
- Encyclopedia Britannica, 'Deconstruction', retrieved through http://www/britannica.com/EBchecked/topic/155306/deconstruction on 11 June 2014.
- Bonnie English, *Japanese Fashion Designers: The Work and Influence of Issey Miyake,Yohji Yamamoto, and Rei Kawakubo*, London, Berg, 2010.
- Caroline Evans, 'The Golden Dustman: A Critical Evaluation of the Work of Martin Margiela' in *Fashion Theory*, 2 (1), 1998.
- ――, *Fashion at the Edge*, New Haven, and London, Yale University Press, 2003.
- Michel Foucault, 'What is an Author?', reprinted in J.D. Faubion (ed.) (1994) *Aesthetics, Method and Epistemology*, London, Allen Lane.（『作者とは何か?』清水徹・豊崎光一訳、哲学書房、一九九〇年）
- Alison Gill, 'Deconstruction Fashion: The Making of Unfinished, Decomposing and Re-assembled Clothes' in *Fashion Theory*, 2 (1), 1998.
- Niall Lucy, *A Derrida Dictionary*, Oxford, Blackwell, 2004.
- Ellen Lupton and J. Abbott Miller, 'Deconstruction and Graphic Design' in *Design, Writing, Research: Writing on Graphic Design*, New York, Princeton Architectural Press, 1996.

- Ane Lynge-Jorlén, 'When Silence Speaks Volumes: On Martin Margiela's Cult of Invisibility and the Deconstruction of the Fashion System' in *Vestoj*, 2 (winter), 2010.
- Richard Martin and Harold Koda, *Infra-Apparel*, New York, Metropolitan Museum of Art/ Harry Abrams 1993.
- Katherine McCoy and David Frej, 'Typography as Discourse' in H. Armstrong (ed.) (2009) *Graphic Design Theory: Readings from the Field*, New York, Princeton Architectural Press, 1988.（「言説としてのタイポグラフィ」ヘレン・アームストロング編『Graphic Design Theory――グラフィックデザイナーたちの〈理論〉』小川浩一訳、BNN新社、二〇一七年）
- John McCumber, *Time and Philosophy*, Durham, Acumen, 2011.
- Jack Reynolds, 'Jacques Derrida 1930–2004' in *Internet Encyclopaedia of Philosophy,* (retrieved through http://www.iep.utm.edu/derrida/#H3 on 8 May 2014.)
- Kim Sawchuk,'A Tale of Inscription: Fashion Statements', reprinted in M. Barnard (ed.), *Fashion Theory: A Reader*, Oxon, Routledge, 2007.
- Hugh J. Silverman, *Textualities: Between Hermeneutics and Deconstruction*, New York and London, Routledge, 1994.
- Amy M.Spindler, 'Coming Apart' in *The New York Times*, 25 July, 1993, Styles Section: 1.
- Barbara Vinken, *Fashion Zeitgeist: Trends and Cycles in the Fashion System*, M. Hewson (trans), Oxford and New York, Berg, 2005.
- ――, 'The New Nude' in *Maison Martin Margiela* [exhibition catalogue], Antwerp, ModeMuseum, 2008.
- Alexandra Warwick and Dani Cavallaro, *Fashioning the Frame: Boundaries, Dress and the Body*, Oxford and New York, Berg, 1998.
- Mark Wigley, *The Architecture of Deconstruction*, Cambridge, MIT Press, 1993.
- Philip Johnson and Mark Wigley, *Deconstructivist Architecture*, New York and Boston, Museum of Modern Art/Little Brown & Co., 1988.
- Simon M. Wortham, *Continuum Philosophy Dictionaries: Derrida Dictionary*, London, Continuum, 2010.
- Olivier Zahm, Before and After Fashion' in *Artforum*, 33 (7), 1995.

第15章　ブリュノ・ラトゥール

- Patrik Aspers, *Markets in Fashion: A Phenomenological Approach*, Stockholm, City University Press, 2001.
- Pierre Bourdieu, *Outline of a Theory of Practice*, Cambridge, Cambridge University Press, 1977.
- ――, *The Logic of Practice*, Cambridge, Polity Press, 1990.（『実践感覚（1）』今村仁司、港道隆訳、みすず書房、二〇〇一年。『実践感覚（2）』今村仁司、塚原史、福井憲彦、港道隆訳、みすず書房、二〇〇一年）
- Rosetta Brooks, 'Fashion Photography, The Double-Page Spread: Helmut Newton, Guy Bourdin and Deborah Turberville' in J. Ash and E. Wilson (eds.), *Chic Thrills: A Fashion Reader*, London, Pandora Press, 1992.
- Michel Callon, 'Introduction' in *The Laws of the Markets*, Oxford, Blackwell, 1998.
- Michel Callon, Cécile Méadel and Vololona Rabeharisoa, 'The Economy of Qualities' in A. Barry and D. Slater (eds.), *The Technological Economy*, London, Routledge, 2005.
- Louise Crewe, 'Unravelling Fashion's Commodity Chains' in A. Hughes and S. Reimer (eds.), *Geographies of Commodity Chains*, London, Routledge, 2004.

- Joanne Entwistle, 'The Aesthetic Economy: The Production of Value in the Field of Fashion Modelling' in *Journal of Consumer Culture*, 2 (3), 2002, pp. 317–40.
- ——, *The Aesthetic Economy of Fashion: Markets and Value in Clothing and Modelling*, Oxford, Berg, 2009.
- Joanne Entwistle and Agnès Rocamora, 'The Field of Fashion Materialized: A Study of London Fashion Week' in *Sociology*, 40 (4), 2006, pp. 735–51.
- Joanne Entwistle and Don Slater, 'Models as Brands: Critical Thinking about Bodies and Images' in J. Entwistle and E. Wissinger (eds.), *Fashioning Models: Image,Text and Industry*, Oxford, Berg, 2012.
- ——, 'Reassembling the Cultural: Fashion Models, Brands and the Meaning of "Culture" after ANT' in *Journal of Cultural Economy*, 7 (2), 2014, pp. 161–177.
- Ben Fine and Ellen Leopold, *The World of Consumption*, London, Routledge, 1993.
- Marie-France Garcia-Parpet, 'The Social Construction of a Perfect Market: The Strawberry Auction at Fontaines-en-Sologne' in D. MacKenzie, F. Muniesa and L. Sui (eds.), *Do Economists Make Markets?: On the Performativity of Economics*, Princeton, Princeton University Press, 2007.
- Alex Hughes and Suzanne Reimer (eds.), *Geographies of Commodity Chains*, London, Routledge, 2004.
- Paul Jobling, *Fashion Spreads: Word and Image in Fashion Photography since 1980*, Oxford, Berg, 1999.
- Karin Knorr Cetina and Urs Bruegger, 'Traders' Engagement with Markets: A Postsocial Relationship' in Ash Amin and Nigel Thrift (eds.), *The Blackwell Cultural Economy Reader*, Oxford, Blackwell, 2004.
- Bruno Latour, *Pandora's Hope*, Cambridge, Harvard University Press, 1999, p. 24.（『科学論の実在——パンドラの希望』川崎勝・平川秀幸訳、産業図書、二〇〇七年）
- ——, *Science in Action: How to Follow Scientists and Engineers Through Society*, Milton Keynes, Open University Press, 1987.（『科学が作られているとき——人類学的考察』川崎勝・高田紀代志訳、産業図書、一九九九年）
- ——, *We Have Never Been Modern*, Hertfordshire, Harvester Wheatsheaf, 1991,（『虚構の「近代」——科学人類学は警告する』川村久美子訳、新評論、二〇〇八年）
- ——, *Reassembling the Social: An Introduction to Actor-Network-Theory*, Oxford, Oxford University Press, 2005.
- Bruno Latour and Steve Woolgar, *Laboratory Life: The Social Construction of Scientific Facts*, Princeton, Princeton University Press, 1979.
- John Law, 'Economics as Interference' in P. du Gay and M. Pryke (eds.), *Cultural Economy*, London, Sage, 2002, pp. 21–38.
- Ellen Leopold, 'The Manufacture of the Fashion System' in J. Ash and E. Wilson (eds.), *Chic Thrills: A Fashion Reader*, London, Pandora, 1992.
- Deborah Leslie and Suzanne Reimer, 'Spatializing Commodity Chains' in *Progress in Human Geography*, 23 (3), 1999, pp. 401–20.
- ——, 'Fashioning Furniture: Restructuring the Furniture Commodity Chain' in *Area*, 35 (4), 2003, pp. 427–37.
- Celia Lury, *Brands: The Logos of the Global Economy*, London, Routledge, 2004.
- ——, 'BRAND AS ASSEMBLAGE: Assembling Culture' in *Journal of Cultural Economy*, 2 (1), 2009, pp. 67–82.
- Ane Lynge-Jorlén, 'Between Frivolity and Art: Contemporary Niche Fashion Magazines' in *Fashion Theory: The Journal of Dress, Body and Culture*, 16 (1), 2012, pp. 7–28.

- ——, 'Preaching to the Already Converted' in P. McNeill and L. Wallenberg (eds.), *Nordic Fashion Studies*, Stockholm, Axl Books, 2012.
- Donald MacKenzie, Fabian Muniesa and Lucia Sui (eds.), *Do Economists Make Markets?: On the Performativity of Economics*, Princeton, Princeton University Press, 2007.
- Liz Moor, *The Rise of Brands*, Oxford, Berg, 2007.
- Mika Pantzar and Elizabeth Shove, 'Understanding Innovation in Practice: A Discussion of the Production and Reproduction of Nordic Walking' in *Technology Analysis and Strategic Management*, 22 (4), 2005, pp. 447–62.
- Sherry Beth Ortner, *Anthropology and Social Theory: Culture, Power, and the Acting Subject*, Durham, Duke University Press, 2006.
- Elizabeth Shove, *Comfort, Cleanliness and Convenience: The Social Organization of Normality*, Oxford, Berg, 2003.
- ——, 'Consumers, Producers and Practices: Understanding the Invention and Reinvention of Nordic Walking' in *Journal of Consumer Culture*, 5 (1), 2005, pp. 43–64.
- Elizabeth Shove, Matthew Watson, Martin Hand and Jack Ingram, *The Design of Everyday Life*, Oxford, Berg, 2007.
- Julie Sommerlund, 'Mediations in Fashion' in *Journal of Cultural Economy*, 1 (2), 2008, pp. 165–80.
- Immanuel Wallerstein, *The Capitalist World-Economy*, Cambridge, Cambridge University Press, 1979.（『資本主義世界経済（Ｉ）——中核と周辺の不平等』藤瀬浩司、麻沼賢彦、金井雄一訳、名古屋大学出版会、一九八七年。『資本主義世界経済（II）——階級・エスニシティの不平等、国際政治』日南田静眞完訳、名古屋大学出版会、一九八七年）

第16章　ジュディス・バトラー

- Alison Bancroft, 'How Fashion Is Queer' in *The Quouch*, 14 March 2013, retrieved through http://theqouch.com/category/gender-studies/ on 8 January 2014.
- Karen Barad, 'Posthumanist Performativity: How Matter Comes to Matter' in *Signs: Journal of Women in Culture and Society*, 28 (3), 2003, pp. 801–831.
- Roland Barthes, *The Fashion System*, Berkeley, University of California Press, 1990 [1963].（『モードの体系——その言語表現による記号学的分析』佐藤信夫訳、みすず書房、一九七二年）
- Rosi Braidotti, *Metamorphoses: Towards a Materialist Theory of Becoming*, Oxford, Polity Press, 2002.
- ——, *Nomadic Subjects: Embodiment and Sexual Difference in Contemporary Feminist Theory*, 2nd ed, New York, Columbia University Press, 2011.
- Christopher Breward, *The Culture of Fashion*, Manchester, Manchester University Press, 1995.
- Judith Butler, 'Sex and Gender in Simone de De Beauvoir's Second Sex' in *Yale French Studies*, (72), 1986, pp.35–49.
- ——, *Gender Trouble: Feminism and the Subversion of Identity*, New York and London, Routledge, 1990.（『ジェンダー・トラブル——フェミニズムとアイデンティティの攪乱』竹村和子訳、青土社、一九九九年）
- ——, *Bodies that Matter: On the Discursive Limits of Sex*, New York and London, Routledge, 1993.
- ——, *Undoing Gender*, New York and London, Routledge, 2004.
- ——, Peter Osborn and Lynne Segal, 'Gender as Performance: An Interview with Judith Butler' in

Radical Philosophy, 67, 1994, pp. 32–39.（「パフォーマンスとしてのジェンダー」竹村和子訳、『批評空間』第二期第八号、一九九六年、四八 - 六三頁）
- Shaun Cole, *Don We Now Our Gay Apparel*, London, Bloomsbury, 2000.
- Simone De Beauvoir, *The Second Sex*, H.M. Parshley (trans. and ed.), New York, Alfred A. Knopf, 1953.（『[決定版] 第二の性（1・2）』井上たか子他監訳、新潮社、一九九七年）
- Jacques Derrida, *Of Grammatology*, Baltimore, Johns Hopkins University Press, 1997 [1976].（『根源の彼方に――グラマトロジーについて（上・下）』足立和浩訳、現代思潮社、一九七六年）
- Rick Dolphijn and Iris van der Tuin (eds.), *New Materialism: Interviews and Cartographies*, Open Humanities Press, 2012.
- Joanie Erickson and Jeanine Cogan, *Lesbians, Levis, and Lipstick: The Meaning of Beauty in Our Lives*, New York, Routledge Press, 1999.
- John Carl Flügel, *The Psychology of Clothes*, Brooklyn, AMS Press, 1976 [1930].
- Adam Geczy and Vicki Karaminas, *Queer Style*, London, Bloomsbury, 2013.
- Elizabeth Grosz, *Volatile Bodies: Toward a Corporeal Feminism*, Indianapolis, Indiana University Press, 1994.
- Donna Haraway, *Simians, Cyborgs and Women: The Reinvention of Nature*, London, Free Association Books, 1991.（『猿と女とサイボーグ――自然の再発明』高橋さきの訳、青土社、二〇〇〇年）
- Rosemary Hennessy, 'Queer Visibility in Commodity Culture' in *Cultural Critique*, winter, 29, 1994–95, pp. 31–76.
- Kyoo Lee, 'Should my Bum Look Bigger in This? Re-dressing the De Beauvoirean Femme' in Paulicelli Eugenia and Elizabeth Wissinger (eds.), *WSQ: Fashion*, 41 (1–2), 2013, pp. 184–193.
- Ilya Parkins, 'Building a Feminist Theory of Fashion' in *Australian Feminist Studies*, 23 (58), 2008, pp. 501–515.
- Gayle Rubin, 'Sexual Traffic: Interview with Judith Butler' in *Differences: A Journal of Feminist Cultural Studies*, 6 (2–3), 1994, pp. 62–99.（「性の交易」河口和也＋キース・ヴィンセント訳、『現代思想』一九九七年一二月号、青土社、一九九七年、二九〇 - 三二三頁）
- George Shulman, 'On Vulnerability as Judith Butler's Language of Politics: From Excitable Speech to Precarious Life' in *WSQ*, 39 (1–2), 2011, pp. 227–35.
- Valerie Steele, *Fetish: Fashion, Sex, and Power*, New York, Oxford University Press, 1997.
- ――, *The Corset, A Cultural History*, New Haven, Yale University Press, 2003.
- ――, *A Queer History of Fashion: From the Closet to the Catwalk*, New Haven, Yale University Press, 2013.
- ―― and Laird Borelli, *Handbags: A Lexicon of Style*, New York, Rizzoli, 2000.
- Iris Van der Tuin, 'New Feminist Materialisms: Review Essay' in *Women's Studies International Forum*, 34 (4), 2011, pp. 271–77.
- Elizabeth Wissinger, 'Modeling Consumption: Fashion Modeling Work in Contemporary Society' in *Journal of Consumer Culture*, 9 (2), 2009, pp. 273–96.
- ――, 'Fashion Modeling, Blink Technologies and New Imaging Regimes' in Djurdja Bartlett, Shaun Cole and Agnès Rocamora (eds.), *Fashion Media: Past and Present*, London, Bloomsbury, 2013.
- ――, *Fashion Modeling in the Age of the Blink*, New York, New York University Press, forthcoming.

著者プロフィール

アニェス・ロカモラ（Agnès Rocamora）

ロンドン・カレッジ・オブ・ファッション准教授。著書に*Fashioning the City: Paris, Fashion and the Media* , 2009。編著に*The Handbook of Fashion Studies*, 2013、*Fashion Media: Past and Present*, 2013など。

アネケ・スメリク（Anneke Smelik）

ラトバウト大学（ナイメーヘン、オランダ）教授。著書に*Mirror Cracked: Feminist Cinema and Film Theory,* 1998、編著に*Delft Blue to Denim Blue. Contemporary Dutch Fashion,* 2016、*Performing Memory in Art and Popular Culture*, 2013など。

＊

ジョアン・エントウィスル（Joanne Entwistle）

ロンドン・キングス・カレッジ上級講師。著書に*The Fashioned Body: Fashion, Dress and Modern Social Theory*, 2000（ジョアン・エントウィスル『ファッションと身体』鈴木信雄訳、日本経済評論社、2005年）、*The Aesthetic Economy: Markets and Value in Clothing and Modelling*, 2009など。

アダム・ゲッツィ（Adam Geczy）

シドニー芸術大学上級講師。著書に*Reframing Art*, 2006（Michael Carterとの共著）、*Fashion and Art*, 2012（Vicki Karaminasとの共編著）など。

アリソン・ジル（Alison Gill）

西シドニー芸術大学デザイン・エデュケーター。論文に'Recoding Abandoned Products', 2012（Mellick Lopesとの共同執筆）など。

フランチェスカ・グラナータ（Francesca Granata）

パーソンズ美術大学（ニューヨーク）准教授。著書に*Experimental Fashion: Performance Art, Carnival and the Grotesque Body*, 2017など。

ポール・ジョブリング (Paul Jobling)

ブライトン大学研究員。著書に*Fashion Spreads: Word and Image in Fashion Photography since 1980*, 1999、*Man Appeal: Advertising, Modernism and Menswear*, 2005、*Advertising Menswear: Masculinity and Fashion in the British Media since 1945*, 2015など。

ヴィッキ・カラミナス (Vicki Karaminas)

マッセイ大学 (ウェリントン、ニュージーランド) 教授。著書に*Fashion and Art*, 2012、Queer Style, 2013 (共にAdam Geczyとの共編著) のほか、*The Men's Fashion Reader*, 2009、*Fashion in Fiction: Text and Clothing in Literature, Film and Television*, 2009 (共にPeter McNeilとの共編著) など多数。

ピーター・マックニール (Peter McNeil)

シドニー工科大学教授、ストックホルム大学教授。近刊に*Pretty Gentlemen: Macaroni Men and the Eighteenth-Century Fashion World*, 2018。その他、Shoes: A History From Sandals to Sneakers, 2006のほか、編著に*The Men's Fashion Reader*, 2009、*Fashion in Fiction: Text and Clothing in Literature, Film and Television*, 2009 (共にVicki Karaminasとの共編著) など多数。

ジャニス・ミラー (Janice Miller)

ロンドン・カレッジ・オブ・ファッション上級講師。著書に*Fashion and Music*, 2011がある。

ルウェリン・ネグリン (Llewellyn Negrin)

タスマニア芸術大学上級講師。著書に*Appearance and Identity: Fashioning the Body in Postmodernity*, 2009がある。

オレリー・ファン・ドゥ・ペール (Aurélie Van de Peer)

ヘント大学、ルーヴェン大学にて博士号取得。*Fashion Theory, Cultural Sociology, The International Journal of Cultural Studies and Poetics*などの媒体に寄稿。

アンソニー・サリヴァン（Anthony Sullivan）

ロンドン・カレッジ・オブ・ファッション上級講師。*TheWiley Blackwell Encyclopaedia of Consumption and Consumer Studies, 2015*などに寄稿。

エフラト・ツェーロン（Efrat Tseëlon）

リーズ大学教授。著書に*The Masque of Femininity: The Presentation of Woman in Everyday Life*, 1995、*Masquerade and Identities: Essays on Gender, Sexuality and Marginality*, 2001、*Fashion and Ethics: Critical Studies in Fashion and Beauty, Volume II*, 2014など。

ジェイン・ティナン（Jane Tynan）

セントラル・セント・マーティンズ美術大学（ロンドン）講師。著書に*British Army Uniform and the First World War: Men in Khaki*, 2013など。

エリザベス・ウィッシンガー（Elizabeth Wissinger）

ボロウ・オブ・マンハッタン・コミュニティ大学（ニューヨーク）准教授。著書に*This Year's Model: Fashion, Media, and the Making of Glamour*, 2015、*Fashioning Models: Image, Text and Industry*, 2012（Joanne Entwistleとの共編著）など。

訳者プロフィール（五十音順）

蘆田裕史（あしだ・ひろし）

京都精華大学ポピュラーカルチャー学部講師。共著に『ファッションは語りはじめた——現代日本のファッション批評』（フィルムアート社、2011年）、『1990年代論』（河出書房新社、2017年）など。論文に「言葉と衣服」（『新潮』113巻6、9、12号、2016年）、訳書にマリオ・ペルニオーラ『無機的なもののセックス・アピール』。ファッションの批評誌『vanitas』の編集や、本と服の店「コトバトフク」の運営にも携わる。

安齋詩歩子（あんさい・しほこ）

横浜国立大学大学院都市イノベーション学府修士課程修了。横浜国立大学非常勤教員（都市イノベーション学府Y-GSCスタジオアシスタント）。論文に「『触れる』ことと『着る』こと——G・G・ド・クレランボーからの一考察」（日本記号学会編『「美少女」の記号論——アンリアルな存在のリアリティ（叢書セミオトポス12）』新曜社、2017年）など。

大久保美紀（おおくぼみき）

1984年、札幌生まれ。パリ第8大学大学院で美学・現代芸術学博士号取得。同大学講師、キュレーター。主著に*Exposition de soi à l'époque mobile/liquide*, 2017、*Arts Awareness*, 2018、*Aesthetic considerations of Body Consciousness*, 2018がある。企画展覧会に「ファルマコン－医療とエコロジーのアートによる芸術的感化」（2017、京都・大阪）など。

小林嶺（こばやし・れい）

早稲田大学文学研究科 博士後期課程、日本学術振興会特別研究員。論文に「エロスから発話へ?——レヴィナスにおける初期エロス論の展開1935–1950」（『In-vention』第6号、2018年）、共著に『ファッションは更新できるのか?会議——人と服と社会のプロセス・イノベーションを夢想する』（共編著、フィルムアート社、2015年）。

西條玲奈（さいじょう・れいな）

非常勤研究員・京都造形芸術大学。論文に「第二部　II　芸術・デザイン」（『人工知能・ロボットと労働・雇用をめぐる視点:科学技術に関する調査プロジェクト報告書』江間有沙他著、国立国会図書館、2018年）、「反復可能な芸術作品の存在論におけるまばらなメレオロジー唯名論」（学位論文、北海道大学学術成果コレクション、2014年、https://eprints.lib.hokudai.ac.jp/dspace/handle/2115/57745）、「性愛の対象としてのロボットをめぐる社会状況と倫理的懸念」（『倫理と社会』28号、2013年）。

関根麻里恵（せきね・まりえ）

学習院大学大学院人文科学研究科身体表象文化学専攻博士後期課程。論文に「リアルクローズ化する『マンガファッション』」（『vanitas』Vol.002、2013年）、「ソフィア・コッポラの〈ヴァンダリスト〉性に関する一考察——第三波フェミニズムと「ライオット・ガール」の文脈からコッポラを〈深読み〉する」（『ユリイカ』50巻4号、2018年）、共著に「ラブドールはガラテアの夢を見るか——メディアとしての、メディアのなかのラブドール」（岡本健・松井広志編『ポスト情報メディア論』ナカニシヤ出版、2018年）など。

原山都和丹（はらやま・とわに）

京都精華大学ポピュラーカルチャー学部助手。京都女子短期大学部生活造形学科、上田安子服飾専門学校卒業。アパレルOEM会社で生産管理、製糸会社にて編み物キットの企画・制作などを経て現職。個展に「ハタラキモンのニット展」（gallery 110、2017年）。

平芳裕子（ひらよし・ひろこ）

神戸大学大学院人間発達環境学研究科准教授。東京大学大学院総合文化研究科博士課程単位取得退学。博士（学術、神戸大学）。著書に『まなざしの装置 ファッションと近代アメリカ』（青土社、2018年）、共著に『西洋近代の都市と芸術1　ローマ』（竹林舎、2013年）『相対性コムデギャルソン論』（フィルムアート社、2012年）、『人間像の発明』（ドメス出版、2006年）など。

藤嶋陽子（ふじしま・ようこ）

東京大学大学院学際情報学府・博士課程。論文に 'The Rise of the Historical and Cultural Perspective in Fashion Studies in Japan.' *International Journal of Fashion Studies*, 5(1), 2018. 共著に「着こなしの手本を示す——読者モデルからインフルエンサーへ」（岡本健・松井広志編『ポスト情報メディア論』ナカニシヤ出版、2018年）。

山内朋樹（やまうち・ともき）

京都教育大学教員、庭師。フランスの庭師ジル・クレマンの研究を軸に、都市の片隅に息づく生態系に現代の庭の可能性を探っている。現在は庭の石組を身体と相関的な動的構造として分析するプロジェクトを進行中。論考に「なぜ、なにもないのではなく、パンジーがあるのか浪江町における復興の一断面」（『アーギュメンツ』#3、2018年）、訳書にジル・クレマン『動いている庭』（みすず書房、2015年）。

ファッションと哲学

16人の思想家から学ぶファッション論入門

2018年12月20日　初版発行

編著者	アニェス・ロカモラ＆アネケ・スメリク
監訳者	蘆田裕史
訳者	安齋詩歩子、大久保美紀、小林嶺、西條玲奈、関根麻里恵、原山都和丹、平芳裕子、藤嶋陽子、山内朋樹

ブックデザイン	加藤賢策（LABORATORIES）
DTP	和田真季（LABORATORIES）
編集	薮崎今日子（フィルムアート社）

発行者	上原哲郎
発行所	株式会社フィルムアート社 〒150-0022 東京都渋谷区恵比寿南1丁目20番6号 第21荒井ビル TEL 03-5725-2001 FAX 03-5725-2626 http://www.filmart.co.jp
印刷・製本	シナノ印刷株式会社

Printed in Japan
ISBN978-4-8459-1716-7　C0010

jamin

Barthes

Merlea

Freud

Derrida

Baudrillard

Marx

Butler

euze

Bourdieu

Simme

Foucault

Goffma

Bakhti